航空服务艺术与管理本科系列教材

航空情报服务

Aeronautical Information Service

李艳伟 ◎ 主　编
张馨予 ◎ 副主编

电子工业出版社
Publishing House of Electronics Industry
北京·BEIJING

内 容 简 介

本书主要根据《国际民用航空公约》附件 15 中规定的各缔约国提供航空情报服务的要求，以及我国实施航空情报服务的具体情况，按照航空情报信息的生命周期，围绕航空情报数据的收集、整理、设计、发布和应用，详细阐述了各航空情报信息产品的特点和相互关系。本书共 7 章，具体包括航空情报服务概述、机场基础知识、航图、航行通告、航空资料汇编、导航数据库与编码、电子飞行包。本书内容详尽，不仅介绍了各类航空情报信息资料，还介绍了航空情报服务向航空情报管理过渡的发展趋势，以及航空公司中导航数据库和电子飞行包的应用，便于读者深刻理解航空情报信息的管理模式。本书参照民航相关部门发布的最新行业标准、航图编绘规范、航行通告格式规范进行编写。本书各章后均附复习思考题，这些题目来自飞行签派员执照考试题库、民用航空空中交通管制员执照考试题库和航空情报员执照考试题库，便于读者进行思考和复习。本书可以作为高等院校民航交通运输专业、交通管理专业、机场运行管理专业等相关航空专业的航空情报服务课程教材，也可以作为一线航空情报员、飞行签派员、空中交通管制员等相关运行人员的参考书籍。

未经许可，不得以任何方式复制或抄袭本书之部分或全部内容。
版权所有，侵权必究。

图书在版编目（CIP）数据

航空情报服务 / 李艳伟主编. —北京：电子工业出版社，2023.1
航空服务艺术与管理本科系列教材
ISBN 978-7-121-44491-3

Ⅰ.①航… Ⅱ.①李… Ⅲ.①民用航空－情报服务－高等学校－教材 Ⅳ.①F56 ②G252.8

中国版本图书馆 CIP 数据核字（2022）第 208366 号

责任编辑：刘淑丽
印　　刷：中煤（北京）印务有限公司
装　　订：中煤（北京）印务有限公司
出版发行：电子工业出版社
　　　　　北京市海淀区万寿路 173 信箱　邮编　100036
开　　本：787×1092　1/16　印张：18.25　字数：468 千字
版　　次：2023 年 1 月第 1 版
印　　次：2023 年 1 月第 1 次印刷
定　　价：59.00 元

凡所购买电子工业出版社图书有缺损问题，请向购买书店调换。若书店售缺，请与本社发行部联系，联系及邮购电话：（010）88254888，88258888。
质量投诉请发邮件至 zlts@phei.com.cn，盗版侵权举报请发邮件至 dbqq@phei.com.cn。
本书咨询联系方式：（010）88254182，liusl@phei.com.cn。

航空服务艺术与管理本科系列教材建设委员会

丛书总主编：

刘　永　　北京中航未来科技集团有限公司董事长兼总裁

丛书总策划：

王益友　　中国东方航空集团驻国外办事处原经理，教授

丛书编委会秘书长：

胡明良　　江南影视艺术职业学院航空乘务学院副院长

丛书编委会成员：（按姓氏笔画数排序，姓氏笔画数相同者，按姓名第 2 个字笔画数排序）

刘岩松　　沈阳航空航天大学民用航空学院院长

刘　超　　华侨大学厦航学院副院长兼空乘系主任

李广春　　郑州航空工业管理学院民航学院院长

张树生　　山东交通学院航空学院原院长、山东通用航空研究院院长

陈　健　　北华航天工业学院外国语学院院长

郑步生　　南京航空航天大学金城学院航空运输与工程学院院长

宫新军　　滨州学院乘务学院院长

熊越强　　桂林航天工业学院教授

前　言

航空情报服务是交通运输、机场运行管理、空中交通管制等专业开设的一门课程。航空情报资料的使用能力是从事民航工作的航空情报员、飞行签派员、空中交通管制员必备的一项能力。本书根据《国际民用航空公约》附件4和附件15、《民用航空情报工作规则》、《民用机场精密进近地形图编绘规范》等国际公约、我国部门规章和行业标准，结合飞行签派员执照、航空情报员执照、空中交通管制员执照相关规则中对航空情报知识体系的要求，介绍了航空情报服务工作的内容、主要任务、民用航空一体化航行资料、航图、AIP等。

本书共7章。其中，沈阳航空航天大学李艳伟编写了第一、第二、第三、第六和第七章，唐山海运职业学院交通运输学院张馨予编写了第四章和第五章。李艳伟负责全书的统稿。第一章为航空情报服务概述，详细介绍了航空情报服务工作、民用航空情报服务机构、航空情报服务产品、航空情报原始资料的收集和提供、航空情报管理等。第二章为机场基础知识，主要介绍了机场、机场灯光系统、机场标志和标记牌、机场净空等。第三章为航图，详细介绍了机场图、标准仪表进/离场图、仪表进近图等各种航图的布局和识读方法。第四章为航行通告，主要介绍了一级航行通告、雪情通告和火山通告的识读方法。第五章为航行资料汇编，主要介绍了AIP、NAIP的组成、编写要求及各部分的主要内容。第六章为导航数据库与编码，主要介绍了导航数据库、导航数据库编码、导航数据库的数据比对和验证。第七章为电子飞行包，主要介绍了电子飞行包审定依据和批准程序、电子飞行包软硬件等级分类。

本书的专业性和实用性都很强，适合交通运输、机场运行管理、空中交通管制等专业的学生使用，也适合从事民航工作的相关人员使用。

由于航空知识及民航相关法规、规章、规范性文件更新较快，加上编者水平有限，书中难免有不妥或疏漏之处，敬请读者批评指正。

编　者

目 录

第一章 航空情报服务概述 ... 1
- 第一节 航空情报服务工作 ... 1
- 第二节 民用航空情报服务机构 ... 15
- 第三节 航空情报服务产品 ... 16
- 第四节 航空情报原始资料的收集和提供 ... 20
- 第五节 航空情报管理 ... 25

第二章 机场基础知识 ... 39
- 第一节 机场 ... 39
- 第二节 机场灯光系统 ... 50
- 第三节 机场标志和标记牌 ... 69
- 第四节 机场净空 ... 83

第三章 航图 ... 90
- 第一节 航图概述 ... 90
- 第二节 机场图 ... 99
- 第三节 机场障碍物图 ... 116
- 第四节 精密进近地形图 ... 127
- 第五节 航路图及区域图 ... 134
- 第六节 标准仪表离场图 ... 160
- 第七节 标准仪表进场图 ... 172
- 第八节 仪表进近图 ... 177
- 第九节 民用机场最低监视引导高度图 ... 208

第四章 航行通告 ... 218
- 第一节 航行通告概述 ... 218
- 第二节 一级航行通告 ... 219
- 第三节 雪情通告 ... 231
- 第四节 火山通告 ... 239

第五章 航空资料汇编 ... 245
- 第一节 《中华人民共和国航空资料汇编》 ... 245
- 第二节 《中国民航国内航空资料汇编》 ... 246
- 第三节 民用航空机场使用细则 ... 249
- 第四节 飞行前资料公告 ... 254

第六章 导航数据库与编码 ········258
第一节 导航数据库 ········258
第二节 导航数据库编码 ········262
第三节 导航数据库的数据比对和验证 ········266

第七章 电子飞行包 ········270
第一节 电子飞行包审定依据和批准程序 ········270
第二节 电子飞行包软硬件等级分类 ········272

附录A 太原武宿国际机场使用细则样本 ········275
参考文献 ········283

第一章
航空情报服务概述

本章学习目标

- 掌握航空情报服务的主要内容；
- 了解我国航空情报服务机构的分类和职责；
- 掌握我国一体化民用航空情报系列资料；
- 了解航空情报员执照的相关要求和取得流程；
- 理解航空情报管理的运行模式。

第一节 航空情报服务工作

一、航空情报服务的定义及作用

1. 航空情报服务的定义

航空情报服务为民用航空运输提供航空数据和信息，是空中交通管理的核心业务之一。航空情报服务是指收集整理、审校编辑和出版发布为保证航空器飞行安全和正常所需的各种航行资料。民用航空情报服务的任务是收集、整理、编辑民用航空资料，设计、制作、发布有关我国领域内及根据我国缔结或参加的国际条约规定区域内的航空情报服务产品，提供及时、准确、完整的民用航空活动所需的航空情报。

航空情报服务的内容是多种多样的，包括通信导航服务、气象信息服务、交通管制服务、机场常见服务等，基本上只要是可能对飞机飞行产生影响的内容，都包含在航空情报服务中，也只有实现对飞机飞行过程的全面覆盖，才能切实保障飞行安全。

航空情报服务工作的基本内容包括以下几项。

（1）收集、整理、审核民用航空情报原始资料和数据。

（2）编辑出版一体化航空情报资料和各种航图等。

（3）制定、审核机场使用细则。

（4）接收处理、审核发布航行通告。
（5）提供飞行前和飞行后航空情报服务及空中交通管理工作所必需的航空资料与服务。
（6）提供航空地图、航空资料及数据产品。
（7）组织实施航空情报员的技术业务培训。

2. 航空情报的作用

航空情报是组织实施飞行的重要依据，其在保证飞机飞行安全方面发挥着相当重要的作用。

1）提供民航航班正常运作所需要的航线数据

航班在飞行过程中，其所经过的导航台、航路点等连接而成的数据线就是航线数据，用以记录航班的飞行痕迹。航线数据的作用主要体现在以下两个方面。

（1）民航航班的情报中心通过汇编航班的航线数据，及时修改航空情报动态信息管理系统（Aeronautical Information Dynamic Information Management System，CNMS）中的航线数据与预定义航班，为非正常航班和正常航班提供精准的导航数据与航线数据。航班在正式起飞之前，飞行机组人员在做准备工作时，要依照汇编航线中制定的航路或航空公司的临时飞行计划，对航线数据有提前的了解和掌握，如航线中的限制、飞行时间和航向等，保证航行的效率和安全。同时，机组人员在航行中能利用航线数据调用航线，不需要人工输入，从而大大减轻了机组人员在飞行中的负担，减少了飞行失误或误差，提高了航行的准确度。例如，在某民航公司的某趟航班中，由于机组人员没有重视情报中心的航线数据，人工输入的航线数据出错，造成航班没有按照预定的航线飞行，对航班的正常运作造成了严重的影响。

（2）借助航线数据可以达到自动导航飞机的目的，保证航班在预定的时间和预定的地点在预定的航线上飞行，大大提高航班飞行的正常性。例如，某航空公司在试运行某次航班时，在检查飞行程序时发现离场代号不符合标准，并在确认后及时报告给有关部门，有关部门汇报给了该航空公司的情报中心，情报中心及时发布了航行通告，对航班离场代号进行了更正，从而保证了航班的正常运作。航线数据的及时性和准确性对航空安全有重要影响，航空公司要对航线数据提高重视和加强管理。

2）提供民航航班正常运作所需要的航行通告

在静态纸质资料不足的情况下，可以利用航行通告。航行通告的内容主要包括航行程序、设备和所提供服务等发生的变化与状况，也包括关系到航行安全的变化和危险。航行通告的作用主要体现在以下两个方面。

（1）民航航班在飞行中，情报中心如果发现了临时性、突发性问题并会对航班的正常运行造成影响，就会向航班及时发布有关航行通告，如目的机场关闭、备降没有接收、因维护而关闭了跑道等临时性事件。情报中心借助CNMS将有效的航行通告及时发布出去，并经由有关节点将通告转发到国际系列、国内通告中，最后到达各个地区的机场。

（2）民航情报中心借助CNMS，能对国际和国内的各种通告进行及时、准确的接收，如公务报告、触发性航行信息、火山灰航行通告、航行通告等。通过分析通告内容，对于会对飞行安全造成一定影响的公告，情报人员要及时通报给各个有关部门。航班机组人员借助CNMS或飞行之前的公告资料，可以及时掌握飞行航路、各个机场的具体状况，提前做好应急预案。例如，某航空公司的某趟航班在降落时出现误差，降落到了还未运行的跑道上，尽管未发生人员伤亡，但对航班的正常运作造成了一定影响，其主要原因就是情报中心未及时发布新跑道的航行通告，未及时提醒航班机组人员。

3）提供民航航班正常运作所需要的航图资料

在民用航空情报系统中，有较为系统和完整的航图资料，如航路图、汇编的航空资料等。在航空活动中，航行规定、航行路线、高度、标准、限制等都会编制成图表，这些图表总称为航图。专业人员会定时更新航图，将航图资料发送给航行单位，提供航班飞行的最新数据。民航单位的情报中心一般都有精确化、完整化和系统化的航图，服务于每次航行，保证航行的顺畅和安全。例如，某次航班在正式运作之前，航空公司的情报单位将精确的航图提供给机组人员，方便机组人员在飞机正式飞行前对航路情况有全面的了解，做好飞行判断。航图的使用，一方面能节省飞行人员翻阅航行信息的时间，另一方面能大大提高飞行的安全性。因此，在民航航班的正常运作中，航图提供的各项航空情报服务，必须及时、准确、完整，否则就有可能导致飞行事故或飞行事故征候的发生。

二、航空情报服务相关术语的定义

（1）情报：某种信息情况的传递和报道，并对其进行分析研究，编写完整、系统的资料，作为生产、工作和从事各种活动的依据。

（2）航空数据：用便于通信、解释或处理的正规格式表示的航行事实、概念或指令。

（3）航空情报：对航空数据进行收集、分析和整理后所产生的情报资料。

（4）航空情报服务：为在划定区域内负责提供航行安全、正常和效率所必需的航空资料/数据而建立的服务，英文全称为 Aeronautical Information Service（AIS）。AIS 在广义上包括航空情报服务和航图。这里的航空情报主要是文字和数据信息，所以狭义的航空情报服务仅指航空情报，并不包括航图。而航图主要是图示表达，是航空情报机构提供的一类资料，作为一种永久性的资料被收录在航空资料汇编中。本书采用广义的 AIS，既包括航空情报的详细内容，也包括航图。

（5）航空情报管理：航空情报管理（Aeronautical Information Management，AIM）是在 AIS 的基础上发展起来的，实现了对 AIS 的一体化和动态管理，能够在全球范围内进行航空数据的传递和交互，这些数据能够满足航空工作的实际需求。AIM 系统可实现对航空情报服务的动态管理，保证航空情报工作的经济性、安全性和高效性。

三、航空情报服务工作人员要求

民用航空情报员，是指从事收集、整理、编辑民用航空资料，设计、制作、发布航空情报产品，提供及时、准确、完整的民用航空活动所需的航空情报服务的人员。

民用航空情报员执照，是指民用航空情报员执照持有人（以下简称持照人）具有符合要求的知识、技能和经历，有资格从事航空情报服务工作的证明文件。

1. 民用航空情报员执照申请人应具备的知识

（1）与情报员管理、航空情报服务、航空数据管理、航图有关的法律、法规、规章和标准；《国际民用航空公约》及其附件、文件的相关内容。

（2）航空情报服务的组织与实施。
（3）航图的制作、识别和使用。
（4）航空情报服务工作中所用设备的原理、使用与限制。
（5）与航空情报服务工作有关的人的因素。
（6）飞行原理，航空器、动力装置与系统的操作原理与功能。
（7）航空气象学、气象文件与资料的使用和判读、影响飞行运行及安全的天气现象的起源与特征、测高法。
（8）空中导航的原理，导航系统与目视助航设备的原理、限制及精度，主要航空通信设备的工作原理及运用。
（9）领航学，推测和无线电领航方法、航图作业、航线飞行计划拟订、高度表拨正程序。
（10）目视与仪表飞行程序设计、机场最低运行标准制定的基本知识。
（11）所在机场的航空资料、航图，机场净空及机场有关设施。
（12）机场范围或半径 50 千米范围内的各类通信、导航设施的类别、位置、有效距离、呼号、频率及使用程序。
（13）机场范围内空中交通特点、航线结构及飞行程序。
（14）有关航线的地形、走向、高度层配备及气象特点。
（15）机场范围内的气象特征和危险天气的演变规律及对飞行的影响。
（16）各种性质的飞行组织保障工作程序。
（17）各种飞行勤务保障单位的联系程序、保障设施和能力。
（18）与有关空中交通服务单位的工作关系、协调程序和手段。
（19）航空专业英语。
（20）质量管理系统相关知识。
（21）空中交通管理和航空信息管理概念、政策、技术。
（22）应当具备的其他相关知识。

2．民用航空情报员执照申请人应当具备的技能

（1）熟练进行各类航行通告、飞行动态电报的编发和处理。
（2）熟练掌握民用航空固定通信电报拍发程序，正确使用通信设备收发电报。
（3）熟练编辑、审核原始技术资料，处理静态航空数据。
（4）熟练使用各种航空情报资料和航图。
（5）能够正确使用航行通告代码和简缩字。
（6）能够独立主持提供飞行前和飞行后航空情报服务，向机组或其他用户讲解飞行需要的航空情报，回答机组和其他用户在飞行准备中提出的问题。
（7）能够制订和受理飞行计划。
（8）能够利用航图进行地图作业，并进行一般领航计算。
（9）能看懂天气图并能进行天气形势的一般分析，择优选择航线和有利飞行高度层。
（10）能够对机型、机场、航线的性能进行分析。
（11）能够正确实施紧急处置程序。

(12) 能够用英语就本专业范围内的工作进行会话、阅读、编写电报。
(13) 能够独立编写机场使用细则。
(14) 熟练操作航空情报自动化系统。
(15) 其他表现出与履行岗位职责相适应的能力和水平。

3. 民用航空情报员执照取得流程

民用航空情报员执照取得流程如图 1-1 所示。

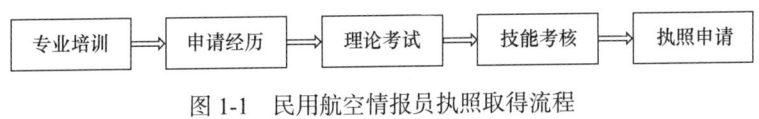

图 1-1　民用航空情报员执照取得流程

1) 专业培训

申请执照考试前，首先应经过中国民用航空局（以下简称民航局）的专业培训，即民用航空情报培训。民用航空情报培训由民用航空情报培训机构提供。民航局负责全国民用航空情报培训工作的统一管理。民航地区管理局负责协调和监督管理本辖区民用航空情报培训工作。

民用航空情报培训分为民用航空情报基础培训（以下简称基础培训）和民用航空情报岗位培训（以下简称岗位培训）。民用航空情报员执照申请人应当按照《民用航空情报员执照管理规则》的要求，在申请前完成基础培训和岗位培训。

（1）基础培训。基础培训是为了使受训人具备从事民用航空情报工作的基本知识和基本技能，在符合条件的民用航空情报培训机构进行的初始培训，是进入岗位培训和取得民用航空情报员执照的前提条件。

基础培训的时间不得少于 800 小时，可以在学历教育期间完成。管制、签派等相关专业培训合格的学员转入民用航空情报专业学习的，基础培训时间可以适当减少，但不得少于 200 小时。

基础培训合格证内容包括培训合格证编号、受训人姓名、照片、身份证号、培训内容、培训时间、培训单位签章等。

（2）岗位培训。岗位培训是为了使受训人适应岗位所需的专业技术知识和专业技能，由民用航空情报服务机构进行的培训。岗位培训包括岗位资格培训、业务提高培训和新技术培训。

① 岗位资格培训是指为使受训人掌握必需的业务知识和技能，取得在民用航空情报岗位独立工作的资格而进行的培训。岗位资格培训时间不得少于 1 000 小时。

② 业务提高培训每 2 年至少进行 1 次，培训的时间和内容应当由民用航空情报服务机构根据受训人和民用航空情报工作的实际需要确定。

③ 新技术培训是指为掌握民用航空领域最新科学技术、技术标准或设备的使用而进行的不定期培训。

实施民用航空情报员岗位培训，应当成立培训组。培训组应当为每位受训人制订培训计划，培训计划应当包括培训的种类、内容、方式、时间、地点、受训人、培训机构、培训教员、培训主管、管理机构及其他应当说明的事项。进行模拟操作和实际操作时，每位受训人都应当有一名相应的岗位培训教员监督指导。

岗位培训结束后，应当进行检查，检查工作由培训主管和培训教员共同实施。岗位资格培训、业务提高培训和新技术培训完成后,应当通过相应的考核。培训主管应当对受训人做出追加培训、终止培训或培训合格的结论。

岗位培训结束后,培训主管应当填写"受训人岗位培训登记表",并存入民用航空情报员技术档案。

2)申请经历

申请人应当符合下列申请经历要求。

(1)按照民用航空情报培训的相关规定,完成岗位培训并达到相关要求。

(2)在持照人的监督下,完成至少3个月的岗位见习工作。

3)理论考试

取得培训合格证,并满足规定的申请经历要求后,申请人方可参加理论考试。申请人的理论考试由工作单位所在地的民航地区管理局组织。

情报员执照理论考试可以通过笔试或计算机辅助考试实现。理论考试为百分制,成绩在80分(含)以上的申请人方可获得理论考试合格证。理论考试合格者由工作单位所在地的民航地区管理局颁发合格证。理论考试合格证有效期为3年。

4)技能考核

根据规定取得培训合格证,并满足规定的申请经历要求后,申请人方可参加技能考核。申请人的技能考核由工作单位所在地的民航地区管理局组织,并安排情报检查员主持考核。情报员执照技能考核内容应当符合《民用航空情报员执照管理规则》对申请人应当具备的技能的要求。

情报员执照技能考核可以通过在实际运行环境中或模拟环境中了解申请人技术能力的方式进行。情报员执照技能考核按优、良、中、差评定。考核评定在良(含)以上者为考核合格。主持技能考核的情报检查员应当详细记录考核情况,分析申请人的技术水平,并评定技能考核结果。经主持技能考核的情报检查员评定,情报员执照技能考核合格者由民航地区管理局签发技能考核合格证。技能考核合格证有效期为1年。

5)执照申请

符合规定条件的申请人应当向工作单位所在地的民航地区管理局提交规定的"民用航空情报员执照申请表",以及申请人身份证明、学历证明、培训合格证、理论考试合格证、技能考核合格证、岗位培训和工作经历证明及近期照片等申请材料。民用航空情报员执照申请表样例如表1-1所示。

表1-1 民用航空情报员执照申请表样例

基本信息																	
姓名(汉语及全拼)					性别				国籍					一寸免冠白底照片			
出生日期					出生地				民族								
身份证明编号																	
0	0	0	0	0	0	0	0	0	0	0	0	0	0	0	0	0	0
工作单位									联系电话								
通信地址									邮政编码								
学历					毕业院校和专业				毕业时间								

（续）

工作简历	起止年月	在何单位、任何职务及职称
申请信息		
培训合格证信息		
编　　号 ＿＿＿＿＿＿＿＿＿＿＿＿＿		颁发单位 ＿＿＿＿＿＿＿＿＿＿＿＿＿
颁发日期 ＿＿＿＿＿＿＿＿＿＿＿＿＿		有效日期 ＿＿＿＿＿＿＿＿＿＿＿＿＿

4．民用航空情报员执照管理

申请人获得航空情报员执照后，应当遵守下列执照管理规定。

1）近期经历

持照人应当满足下列近期经历要求。

（1）每 6 个月内在航空情报工作岗位的工作时间不少于 60 小时，或者少于 60 小时但是完成了至少 1 个月的岗位熟练培训。

（2）熟悉与履行执照工作职责相关的、现行有效的规则、程序和资料。

（3）按照规定完成有关岗位培训并达到相关要求。

2）不得从事航空情报服务工作的情形

持照人有下列情形之一的，不得从事航空情报服务工作。

（1）在饮用任何含酒精饮料之后的 8 小时之内或处在酒精作用之下、血液中酒精含量等于或大于 0.04%，或者受到任何作用于精神的物品影响损及工作能力时。

（2）持照人被依法暂停行使执照权利期间。

3）执照管理档案、检查及注册要求

（1）持照人所在单位应当建立民用航空情报员技术档案，如实记录持照人岗位培训、理论考试、技能考核、执照检查、岗位工作等技术经历。

（2）持照人从事执照相应的岗位工作时，应当携带执照或将执照保存在岗位所在单位，便于接受执照检查。

（3）持照人应当在其工作单位所在地的民航地区管理局进行执照注册，注册的有效期为 3 年。颁发执照时，民航地区管理局应当进行首次注册。

（4）持照人执照未经注册或注册无效的，不得独立从事航空情报服务工作。

四、航空情报法规体系

民航局依据《中华人民共和国民用航空法》和《中华人民共和国飞行基本规则》，参照国际民航组织的相关要求，结合我国的实际情况，构建了金字塔结构的航空情报法规体系，从塔尖到塔基分别为法规层文件、规范层文件、执行层文件，涉及运行管理、人员资质能力管理、质量安全管理、数据管理、产品管理、自动化系统管理 6 个方面，以保证我国航空情报服务工作的顺利开展和实施。目前我国航空情报法规体系包含 32 份文件，以规章、管理程序、咨询通告、行业标准、管理文件、工作手册、信息通告的形式发布，如表 1-2 所示。

表 1-2　现有航空情报服务相关法规标准及规范性文件

类型	内容
中国民航规章	（1）《民用航空情报工作规则》（运行管理） （2）《民用航空情报培训管理规则》（人员资质能力管理） （3）《民用航空情报员执照管理规则》（人员资质能力管理） （4）《航空企业申请提供航行资料的暂行规定》（产品管理）
管理程序/咨询通告	（1）《中国民用机场原始资料提供及上报规程》（数据管理） （2）《航空情报工作特情处置管理办法》（质量安全管理） （3）《民用航空情报员执照管理办法》（人员资质能力管理） （4）《民用航空情报检查员管理办法》（人员资质能力管理） （5）《民用航空情报检查员管理办法》（人员资质能力管理） （6）《关于航行通告国际系列划分的通告》（数据管理） （7）《民用航空航行通告发布规定》（数据管理）
行业标准	（1）《民用航空航行通告编发规范》（运行管理） （2）《民用航空航行通告代码选择规范》（数据管理） （3）《民用航空图编绘规范》（数据管理） （4）《中国民航国内航空资料汇编编写规范》（产品管理） （5）《世界大地测量系统-1984（WGS-84）民用航空应用规范》（数据管理） （6）《民用航空目视航空图（1∶500000）及目视终端区图（1∶250000）编绘规范》（数据管理）
管理文件/工作手册/信息通告	（1）《民航空管系统航空情报运行管理规范》（运行管理） （2）《民航航行情报处理系统管理规定》（自动化系统管理） （3）《民航航行情报工作定期汇报制度》（运行管理） （4）《航行情报人员技术档案管理暂行规定》（人员资质能力管理） （5）《民用航空空中交通管制和情报基础专业培训大纲》（人员资质能力管理） （6）《民用航空情报员执照理论考试大纲》（人员资质能力管理） （7）《民用航空图编绘图示》（产品管理） （8）《民用航空情报航行通告代码选择指南》（数据管理） （9）《民用航空情报航行通告 E 项要素编写指南》（数据管理） （10）《民航空管系统航空情报原始资料上报及审核程序指导手册》（数据管理） （11）《民用机场障碍物图-A 型（运行限制）编绘规范》（数据管理） （12）《民用机场精密进近地形图编绘规范》（数据管理） （13）《民用航空仪表航路图及区域图编绘规范》（数据管理） （14）《民航空管系统管制员和情报员资质信息系统管理规定》（人员资质能力管理） （15）《中国民航航空情报管理（AIM）实施指南》（运行管理）

五、一体化民用航空情报系列资料

《中国民用航空情报工作规则》第六条规定，民用航空活动应当接受和使用统一有效的民用航空情报。第十一条规定，依法发布的一体化民用航空情报系列资料是实施空中航行的基本依据。一体化民用航空情报系列资料主要由下列内容组成：航空资料汇编、航空资料汇编修订、航空资料汇编补充资料、航行通告及飞行前资料公告、航空资料通报、有效的航行通告校核单和明语摘要。

1．航空资料汇编

航空资料汇编是由国家发行或国家授权发行、载有空中航行所必需的具有持久性质的航空资料的出版物。《中华人民共和国航空资料汇编》（Aeronautical Information Publication，AIP）是外国民用航空器在我国境内飞行必备的综合性资料。AIP 用中、英两种文字编辑出版，包括经批准的国际机场及其他对外开放机场、航路、设施及有关的规章制度等内容。

《中国民航国内航空资料汇编》（National Aeronautical Information Publication，NAIP）是由国务院民用航空行政主管部门负责出版发行的，不包括我国香港特别行政区、澳门特别行政区和台湾地区的航空资料。NAIP 是一体化航空情报系列资料的一个组成部分，由总则、航路、机场三部分组成，每部分根据需要分成若干章节，包括民用机场和军民合用机场的民用部分、航路、设施及有关规章制度等内容。NAIP 是我国民用航空器进行境内飞行必备的综合性资料，使用中文编辑出版。

为保证我国民用航空器在军用机场备降的需要，应当出版《军用备降机场手册》，作为 NAIP 的补充。NAIP、《军用备降机场手册》不得向外国任何单位或个人提供。AIP 和 NAIP 必须定期修订或重新印刷，使其数据保持最新。AIP 和 NAIP 包括印刷版和电子版，印刷版应以活页形式发行。AIP 和 NAIP 中的每一页都应注明出版日期和（或）生效日期。日期由年、月、日组成。

此外，应定期印发列有 AIP 每页的页码和出版日期的校核单，以帮助用户保持其汇编为现行版本。应 28 天发布一次校核单，对 AIP 进行修订，对于永久性变更，应将其作为对 AIP 的修订进行公布。对运行有重要意义的变更，应符合航空资料定期颁发制的要求。

2．航空资料汇编修订

对 AIP、NAIP 和《军用备降机场手册》中的资料所做的永久性变更，必须发布 AIP 修订、NAIP 修订和《军用备降机场手册》修订等航空资料汇编修订，以保持汇编资料的准确和完整。

航空资料汇编修订发布后，应当以触发性航行通告的形式予以提示。在每期航空资料汇编修订单中，都应当标明修订资料汇编的名称、编号、出版部门、出版日期和生效日期等。在如图 1-2 所示的航空资料汇编修订样例中，出版日期为 2010 年 7 月 15 日，生效日期为 2010 年 8 月 25 日 16：00，出版部门为中国民用航空局空中交通管理局（以下简称空管局）航空情报服务中心，地址是北京市朝阳区十里河 2272 信箱。

TELEGRAPHIC ADDRESS
AFTN: ZBBBYOYX
COMM: CIVIL AIR BEIJING
FAX: 8610 67347230

PEOPLE'S REPUBLIC OF CHINA
CIVIL AVIATION ADMINISTRATION OF CHINA
AERONAUTICAL INFORMATION SERVICE
P. O. BOX 2272, BEIJING

AIP CHINA
Amendment
Nr. 09
Jul. 15, 2010
EFF:1008251600

1.	换入下列各页: Insert the following pages:			2.	取消下列各页: Delete the following pages:		
	GEN	0.4-1/2	2010-7-15		GEN	0.4-1/2	2010-7-1
		0.4-3/4	2010-7-15			0.4-3/4	2010-7-1
		0.4-5/6	2010-7-15			0.4-5/6	2010-7-1
		0.4-7/8	2010-7-15			0.4-7/8	2010-7-1

图 1-2 航空资料汇编修订样例

正常修订应采用换页的方式进行,尽量减少手改或注释。修订时应当采用固定、统一的格式,便于用户识别换页。对运行有重大影响的事件,应按航空资料定期颁发制进行修订,并在资料上标注"AIRAC"(航空资料定期颁发制的英文缩写)。

以航行通告方式发布过的航空情报,需要纳入或修订相应的航空资料汇编时,应当及时印发航空资料汇编修订,并在修订单中注明被编入的航行通告编号。航空资料汇编修订页中主要内容的变动,应当以明显的符号或文字注释予以提示。

3. 航空资料汇编补充资料

航空资料汇编补充资料应当公布有效期在 3 个月以上的临时变更,或者虽然有效期不到 3 个月,但篇幅大、图表多的临时性数据资料。航空资料汇编补充资料以黄色纸张印刷,补充资料的全部或部分内容有效的,该补充资料应保留在航空资料汇编中。

航空资料汇编补充资料不定期出版,按照日历年顺序编号。航空资料汇编补充资料发布后,应当以触发性航行通告的形式予以提示。

航空资料汇编补充资料样例如图 1-3 所示,样例的上部主要包括发布机构名称、地址、电话、传真、资料名称、编号和补充资料发布日期;其余部分为补充资料的内容。

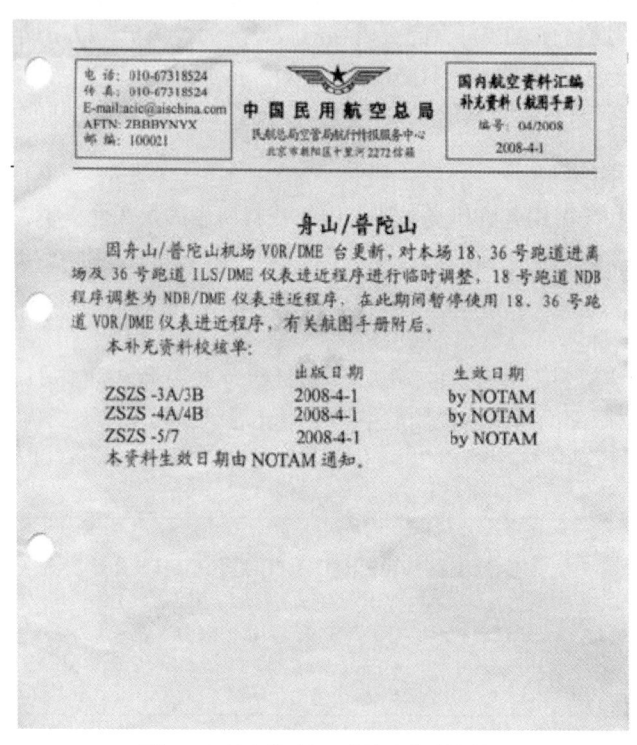

图 1-3 航空资料汇编补充资料样例

4. 航行通告及飞行前资料公告

1)航行通告

航行通告(Notice to Airmen,NOTAM)是有关航行的设施、服务、程序等的设立、状况、变化,以及涉及航行安全的危险情况及其变化的通知。

航行通告的收集整理、审核发布工作，应当由航空情报服务机构负责实施，其他任何单位和个人不得发布航行通告。

航行通告分为国际、国内和地区系列的航行通告，S 系列的雪情通告（SNOWTAM），以及 V 系列的火山通告（ASHTAM）。航行通告应当按照标准格式，通过航空固定通信网络发布。航行通告的发布应当采用航行通告预定分发制度，直接分发给预先指定的收报单位。

全国民用航空情报中心应当就航空资料汇编修订、航空资料汇编补充资料、航空资料通报的发布，签发提示生效信息的触发性航行通告。

触发性航行通告的生效日期应当与航空资料汇编修订、航空资料汇编补充资料、航空资料通报的生效日期相同，并保持 14 天的有效期。

2）飞行前资料公告

飞行前资料公告（Pre-flight Information Bulletin，PIB），是在飞行前准备的，对航空运行有重要意义的有效航行通告资料，它对保障航空器的飞行安全和正常高效起着非常重要的作用。

机场民用航空情报单位应当提供 PIB，提供 PIB 应当遵守以下规定。

（1）PIB 至少包括制作时间、发布单位、有效期、起飞站、第一降落站及其备降场、航路及与本次飞行有关的航行通告和其他紧急资料。

（2）提供的 PIB 不得早于预计起飞前 90 分钟从航行通告处理系统中提取。

（3）PIB 的提供情况应有相应记录。

PIB 的形成过程大体分为两个步骤。

第一步，由航空情报部门对关于机场区域、机场内与航行相关的重要设备及航路上的导航设备、航行区域内发生任何影响飞行安全的国内/国际航行通告进行收集、编辑、发布，并将处理后的航行通告输入现行的 CNMS 数据库中以便查询、备用。同时根据与用户的协议将其需要的航行通告转发给用户。这些用户包括航空公司、区域管制、飞行服务中心通告室等保障飞行安全的相关单位和部门。

第二步，由飞行服务中心通告室或航空公司情报部门根据航班需求，从 CNMS 数据库中将所需 NOTAM 汇总并以 PIB 特有的格式提取出来，供飞行员及相关人员使用。PIB 样例如图 1-4 所示。

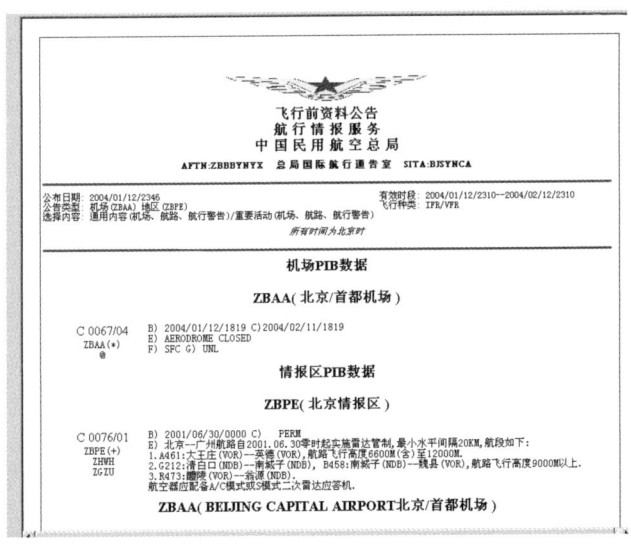

图 1-4　PIB 样例

由此可见，PIB 的内容完全来源于航行通告的内容，所以 PIB 的内容包括发布航行通告的情况、影响飞行安全的任何情况及雪情通告发布内容。

5．航空资料通报

涉及法律法规、空中航行、技术与管理、飞行安全等方面内容，但不适宜以航空资料汇编或航行通告形式发布的，应当以航空资料通报（Aeronautical Information Circular，AIC）的形式公布。

1）适合以 AIC 形式发布的条件

（1）有关法律、法规、程序、设施的任何重大变更的长期预报。

（2）有关可能影响飞行安全的解释性和咨询性资料。

（3）有关技术、法律、行政性事务的解释性和咨询性资料或通知。

2）适合以 AIC 形式发布的具体内容

（1）所提供的航行程序、服务和设施的重大变更的预报。

（2）实施导航系统的预报。

（3）涉及飞行安全的航空器事故或事故征候调查的重要资料。

（4）有关防止对国际民用航空进行非法干扰行为的规定的资料。

（5）与驾驶员有特殊关系的医疗问题的通知。

（6）对驾驶员提出的有关避免健康受到危害的告警。

（7）某些天气现象对航空器飞行的影响。

（8）影响航空器操作技术的新险情资料。

（9）有关航空禁运物品的规章。

（10）国家法令要求及国家公布变更法令的情况。

（11）空勤人员执照要求。

（12）航空人员培训。

（13）国家法律规定的适用或豁免。

（14）特定型号设备的使用与维护的建议。

（15）实际或计划可用的新版或修订版航图。

（16）机载通信设备。

（17）减少噪声的说明性资料。

（18）选定的适航指令。

（19）航行通告系列或其分发范围的变更，新版航空资料汇编或其内容、范围和格式的重大变更。

（20）有关除雪计划的先期情报。

（21）类似情况的其他资料。

AIC 格式如图 1-5 所示。其中，上部内容包括卷号、发布日期、发布机构、发布机构地址、电话、传真及邮箱等信息。

```
┌─────────────────────────────────┬──────────────┐
│ TELIGRAPHIC ADDRESS │ PEOPLE'S REPUBLIC OF CHINA │ AIP CHINA │
│ AFTN: ZBBBYOYZ      │ CIVIL AVIATION ADMINISTRATION OF │ AIC │
│ COIBL CIVIL AIR BEIJING │ AHCINA AERONATICAL INFORMATIN │ Nr02/10 │
│ FAX: 8610 61347231  │ SERVIC                         │ July 15, 2010 │
│                     │ J o.box 2272,beijing           │ │
├─────────────────────────────────┴──────────────┤
│ AIC 正文                                        │
│                                                │
└────────────────────────────────────────────────┘
```

图 1-5　AIC 格式

6．有效的航行通告校核单和明语摘要

1）航行通告核校单

航空情报服务机构应当建立航行通告的校核制度。航行通告校核单（Checklist）是用于帮助用户检查和校对现行航行通告的状况，以保证航行通告的完整和正确，并提醒用户注意最新发布的航空情报资料的一种特殊形式的航行通告。

航空情报服务机构应当每个日历月至少拍发一次规定格式的航行通告校核单，校核单应当列出现行有效的航行通告清单。

航行通告校核单内容如下所示。

(C0001/99 NOTAMR C3097/98

A)ZBPE B)9901021204 C)9902021200EST

E)CHECK LIST:

YEAR=1996 4325 4331 4339 4347

YEAR=1997 4278 4279 4280 428I 4282 4283

YEAR=1998 2436 2454 3974 3999 4252 4263 4265 4349 4441）

2）航行通告明语摘要

全国民用航空情报中心应当定期印发有效航行通告明语摘要。航行通告明语摘要主要用于存放航行通告明语的摘要，包括有效的 NOTAM 明语、最新的国内航空资料汇编修订序列号、有效的 NAIP 补充资料和 AIC 序列号）。航行通告明语摘要样例如图 1-6 所示。

六、航空情报资料参考系统

航空情报资料涉及航路、航线、空域、障碍物等多方面的数据，航空情报服务机构在收集、审核、汇总、处理及发布航空数据时，必须有统一的参考系统。航空情报资料参考系统主要包括时间参考系统、水平参考系统、垂直参考系统、计量单位等。

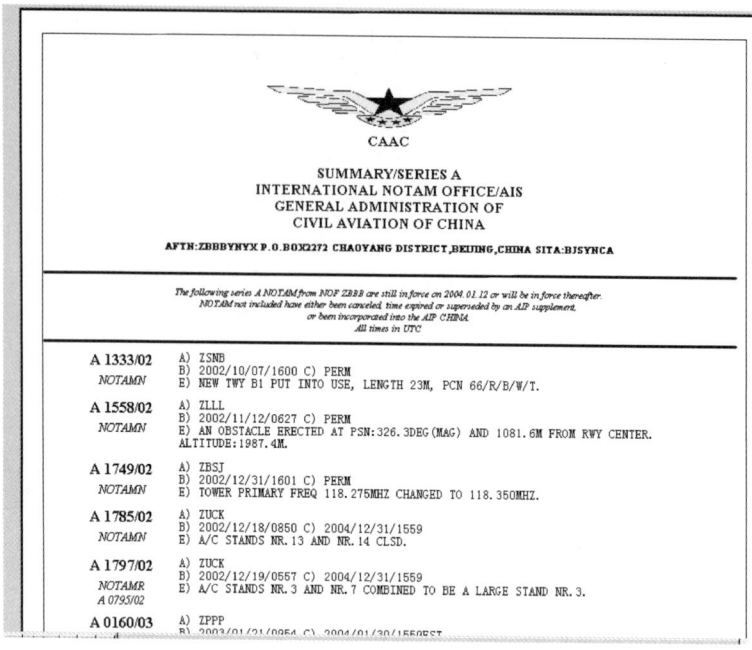

图1-6 航行通告明语摘要样例

1. 时间参考系统

根据《国际民用航空公约》附件15的规定，对于国际民用航空，格里历和协调世界时（UTC）必须用作时间参考系统。UTC是国际时间局和国际地球自转局保持的计时法，并且作为协调发布标准频率和时间信号的基础。

在我国，根据《民用航空情报工作规则》第十四条的规定，对外提供的民用航空情报所涉及的时间参考系统应当采用UTC时间。

2. 水平参考系统

根据《国际民用航空公约》附件15的规定，世界大地测量系统-1984（WGS-84）必须用作国际空中航行的水平参考系统。因此，公布（标示经纬度）的航空地理坐标，必须使用WGS-84测得的参考数据表示。

在我国，根据《民用航空情报工作规则》第十三条的规定，民用航空情报所涉及的地理位置坐标应当基于国家规定或批准的大地坐标系统。

3. 垂直参考系统

根据《国际民用航空公约》附件15的规定，引力相关高度（标高）与通称为大地水准面的平面之间具有关系的平均海平面（Mean Sea Level，MSL）基准面，必须用作国际空中航行的垂直参考系统。大地水准面普遍最接近MSL。大地水准面是指在地球引力场中，与在各大陆不断延伸的平静的MSL相一致的等势平面。

在我国，根据《民用航空情报工作规则》第十三条的规定，民用航空情报所涉及的地理位置坐标和高程数据应当基于国家规定或批准的大地坐标系统及高程系统。对外提供的地理坐标和所采用的坐标系统应当经国家测绘主管部门核准。

4. 计量单位

根据《国际民用航空公约》附件 15 的规定，发布航行资料/数据所用计量单位应该符合国家对《国际民用航空公约》附件 5《空中和地面运行中所使用的计量单位》所载表格的使用做出的决定。

在我国，根据《民用航空情报工作规则》第十二条的规定，在民用航空情报工作中，应当采用国家法定计量单位，根据需要可在公布的航空情报服务产品中添加英制注释。

第二节 民用航空情报服务机构

民用航空情报服务机构由民航局设立或批准设立。民用航空情报服务工作由民用航空情报服务机构实施，民用航空情报服务机构应当在指定的职责范围内提供民用航空情报服务。

根据《民用航空情报工作规则》的规定，我国民用航空情报服务机构分三级设立，从上到下分别是：全国民用航空情报中心、地区民用航空情报中心（目前由地区空管局飞行服务中心承担相关工作）、机场民用航空情报单位[目前由各空管分局（站）情报单位承担相关工作]。其中，地区民用航空情报中心还承担了所在机场民用航空情报单位的职责。自从我国航空公司、机场、空管正式分离之后，各系统内的航空情报工作都有了不同的侧重点。

一、民用航空情报服务机构的基本条件

航空情报服务机构应当具备下列基本条件。

（1）航空情报服务机构应使用配置统一的航空情报自动化处理系统和连接航空固定电信网的计算机终端。

（2）配备符合提供航空情报服务工作需要的，持有有效航空情报员执照的专业技术人员。

（3）设有值班、飞行准备和资料存储等功能的基本工作场所。

（4）配备满足工作所需的办公、通信和资料存储等基本设施设备和工具。

（5）配备本单位所需的民用航空情报服务产品，与航空情报工作紧密相关的法规标准和规定，供咨询和飞行前讲解使用的参考图表和文件等。

（6）国际机场及其他对外开放机场的航空情报服务机构应当配备与之通航国家的航空资料及相关的国际民用航空组织（International Civil Aviation Organization，ICAO）出版物。

（7）配备航空情报服务需要的其他设施和设备。

二、民用航空情报服务机构的职责

1. 全国民用航空情报中心的职责

（1）协调全国民用航空情报的运行工作。

（2）负责与联检单位、民航局有关部门、民航局空管局有关部门等原始资料提供单位建立联系，收集航空情报原始资料。

（3）审核、整理、发布 AIP、NAIP、航空资料汇编补充资料、AIC、《军用备降机场手册》，负责航图的编辑出版和修订工作。

（4）提供有关航空资料和信息的咨询服务。

（5）负责我国航空情报服务产品的发行。

（6）负责国内、国际航行通告、航空资料和航空数据的交换工作，审核指导全国民航航行通告的发布。

（7）负责航行通告预定分发制度的建立与实施。

（8）承担全国航空情报自动化系统的运行监控。

（9）向各地区民用航空情报中心提供航空情报业务运行、人员培训等技术支持。

2．地区民用航空情报中心的职责

地区民用航空情报中心应当履行下列职责。

（1）协调本地区民用航空情报的运行工作。

（2）收集、初步审核、上报本地区各有关业务部门提供的航空情报原始资料。

（3）接收、处理、发布航行通告，指导检查本地区航行通告的发布工作。

（4）组织实施本地区航空资料和数据的管理。

（5）负责本地区航空情报自动化系统的运行监控。

（6）向本地区机场航空情报单位提供航空情报业务运行、人员培训等技术支持。

地区民用航空情报中心可同时承担所在机场民用航空情报单位的职责。

3．机场民用航空情报单位的职责

机场民用航空情报单位应当履行下列职责。

（1）收集、初步审核、上报本机场及与本机场有关业务单位提供的航空情报原始资料。

（2）接收、处理、发布航行通告。

（3）组织实施本机场飞行前和飞行后航空情报服务。

（4）负责本单位及本机场空中交通管理部门所需的航空资料、航空地图的管理和供应工作。

航空情报服务机构的办公场所应当设在便于机组接受航空情报服务的位置。

三、民用航空情报服务机构服务的时间要求

全国民用航空情报中心、地区民用航空情报中心、国际机场民用航空情报单位应当提供24小时航空情报服务；其他航空情报服务机构应当在其负责区域内航空器飞行的整个期间及前后各90分钟内提供航空情报服务。民用航空情报服务机构应当安排航空情报员在规定的服务时间内值勤。

第三节 航空情报服务产品

航空情报服务产品是以综合性配套航空资料（航行通告和飞行前资料公告除外）的具体内容形式（包括航图）或以适用的电子媒介形式提供的航空资料。

一、航空情报服务产品的分类

最初，航空情服务机构仅提供NAIP及修订、AIP及修订、AIC、航空资料汇编补充资料、航图等传统纸质产品。全国航空情报服务中心作为政府职能部门，承担航空情报资料的编辑、

出版工作，并按照客户提交的纸质订单向客户邮寄资料。

随着计算机和网络技术的发展，为满足航空公司对电子化航空情报产品的需求，全国航空情报服务中心陆续推出了 NAIP 单机版光盘和网络版光盘、《中国民航班机航线汇编》光盘等一系列电子产品。伴随着无纸化机舱的发展，2015 年年底，全国航空情报服务中心又推出了电子飞行包（Electronic Flight Bag，EFB）数据，支持以专线的形式将 EFB 数据快速传输至航空公司。

在 AIS 时期，航空情报服务产品由全国民用航空情报中心编印发行。航空情报服务产品应当综合配套，并保证准确和完整。民用航空情报服务产品分为基本服务产品和非基本服务产品。基本服务产品包括 AIP、NAIP 和《军用备降机场手册》及其修订，航空资料汇编补充资料和 AIC，航图，发展到今天，还包括《中国民航班机航线汇编》、电子版 AIP（eAIP）、EFB 数据。AIS 时期的航空情报服务产品如图 1-7 所示。

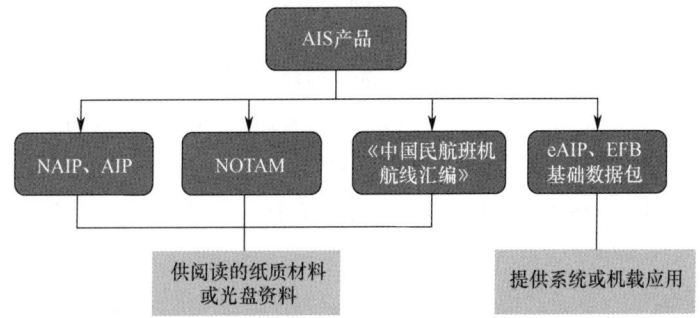

图 1-7　AIS 时期的航空情报服务产品

非基本服务产品是指根据民航发展和用户需要制作或发布的专用航空资料。随着我国民航事业和信息化技术的发展，全国航空情报服务中心应把握用户需求，扩展服务范围，推出多样化、现代化的航空情报产品，力求航空情报产品的客户化，不断融合新兴技术，使航空情报产品更加贴近用户需求，更好地服务民航运行。

二、航空资料定期颁发制

AIP、NAIP 是永久性的航空资料，但随着航空业务量的增加，越来越多的航空设施在世界各地建立，相应的航空服务也越来越多。反映这些设施运行状况及有关服务程序的建立和变更的情报大量增加，这些情报以航行通告的形式发布。世界各地每天都会有影响飞行安全的重要事件以航行通告的形式发布，不仅内容重要，而且生效日期各不相同。飞行员每天要花费很多时间去核对与起降机场、所飞航线和飞行情报区相关的航行通告，以保证按照最新公布的情报实施飞行。一些未涉及重大情况变化的航行通告的发布，使航空公司、机组的准备和飞行变得越来越困难。为了解决这个问题，ICAO 提出了发布重要情报需采用航空资料定期颁发制（Aeronautical Information Regulation and Control，AIRAC）的理念。

AIRAC 的理念是控制重大航空事件的发生，强制将重大航空事件的发生纳入计划并实现全球统一，重大航空情报资料变更采用全球统一的共同生效日期，具有高度的计划性和统一性，实现了数据的统一生效和集中处理，使工作更加有序，数据修改有固定规律可循，避免了混乱和不必要的工作量，是保证航空数据有效、保障飞行安全的一项重要措施。

1. 航空资料定期颁发制实施要求

采用 AIRAC 发布的航空资料必须遵循以下要求。

（1）相关内容的建立、撤销或变更，必须每隔 28 天更新一次，除非属于临时性内容或生效日期短于 28 天的。生效后至少 28 天内不得再行更改，如需修改，应先使用航行通告作为补充发布。

（2）各个国家根据 AIRAC 公布的资料，需印为纸质资料发布，并由各国航空情报服务部门至少提前 42 天分发（由于采取邮寄形式分发，因此在邮寄日期和接收日期之间设定了 14 天的邮寄时间），便于资料使用人提前 28 天收到。

（3）当航空资料公布重大变更（如新建机场、跑道扩建、飞行程序调整等）时，有必要尽早将此种情况通知有关各方，因此建议至少提前 56 天分发。

（4）机载导航数据库在保障飞行安全方面发挥着重要的作用，在每个周期的航空资料生效日期之前，机载导航数据提供商都有一个确定的截止日期，在此日期之后，不再接受任何数据的变更。原因是飞机飞行管理系统（Flight Management System，FMS）进行数据更新时，至少需要 20 天的时间对信息重新编码、上载信息并分发到用户手中。为了保证数据质量，确保飞行安全，必须保证 FMS 数据提供商在生效日期前至少 20 天收到修订资料，否则推至下一生效周期。

中国民航航空信息公布、处理、生效的过程及时间要求如图 1-8 所示。

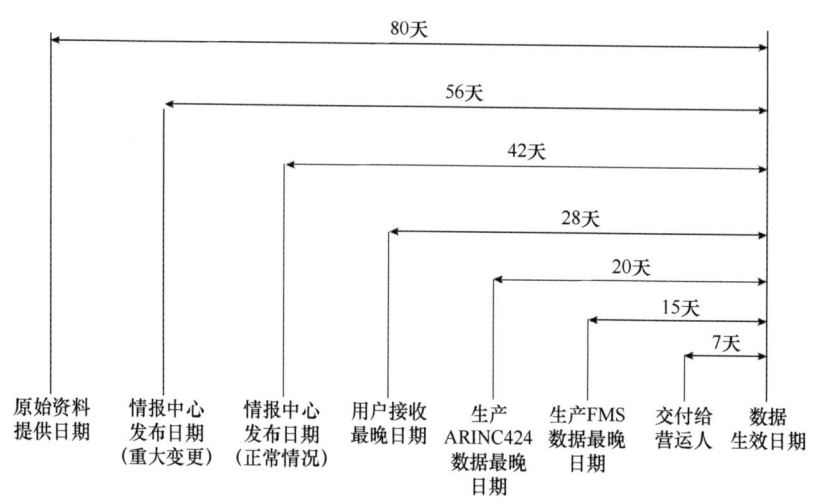

图 1-8　中国民航航空信息公布、处理、生效的过程及时间要求

2. 共同生效日期

AIRAC 要求航空运行惯例必须做出重大变更的情况按共同生效日期提前发出通知。在 AIRAC 推广使用之前，世界各国对于航空情报资料的共同生效日期没有统一标准，甚至存在个别国家临时变更本国航空情报资料共同生效日期的现象，这给实际的航空运行造成了非常大的

安全隐患。经过 ICAO 及其成员国多年来的不懈努力，AIRAC 的共同生效日期已经固定下来。共同生效日期从 1998 年 1 月 29 日开始，以 28 天为间隔计算得到，其他各年度航空资料共同生效日期由此推算，2017—2021 年共同生效日期如表 1-3 所示。

表 1-3　2017—2021 年共同生效日期

2017 年	2018 年	2019 年	2020 年	2021 年
1 月 5 日	1 月 4 日	1 月 3 日	1 月 2 日	2020 年 12 月 31 日
2 月 2 日	2 月 1 日	1 月 31 日	1 月 30 日	1 月 28 日
3 月 2 日	3 月 1 日	2 月 28 日	2 月 27 日	2 月 25 日
3 月 30 日	3 月 29 日	3 月 28 日	3 月 26 日	3 月 25 日
4 月 27 日	4 月 26 日	4 月 25 日	4 月 23 日	4 月 22 日
5 月 25 日	5 月 24 日	5 月 23 日	5 月 21 日	5 月 20 日
6 月 22 日	6 月 21 日	6 月 20 日	6 月 18 日	6 月 17 日
7 月 20 日	7 月 19 日	7 月 18 日	7 月 16 日	7 月 15 日
8 月 17 日	8 月 16 日	8 月 15 日	8 月 13 日	8 月 12 日
9 月 14 日	9 月 13 日	9 月 12 日	9 月 10 日	9 月 9 日
10 月 12 日	10 月 11 日	10 月 10 日	10 月 8 日	10 月 7 日
11 月 9 日	11 月 8 日	11 月 7 日	11 月 5 日	11 月 4 日
12 月 7 日	12 月 6 日	12 月 5 日	12 月 3 日	12 月 2 日

3．航空资料定期颁发制涉及的航空资料

1）基本资料

AIRAC 涉及的基本资料如下所示。

（1）涉及下列各项的水平和垂直界限、规章和程序的资料：飞行情报区；管制区；管制地带；空中交通服务航路；永久性危险区、禁区和限制区，包括已知活动的类别和期限；存在拦截可能的永久性区域或航路、航段；影响航行的险情、军事演习和航空器的大规模活动。

（2）无线电助航设施和通信设施的位置、频率、呼号、已知不正常情况和维修期。

（3）等待和进近程序、进场和离场程序、减噪程序及有关空中交通服务的其他程序。

（4）气象服务程序和设备，包括气象广播。

（5）机场、设施和服务时间。

（6）跑道、停止道、滑行道和停机坪。

（7）过渡高度层、过渡高度和最低扇区高度。

（8）机场道面运行程序，包括低能见度程序。

（9）进近灯光和跑道灯光。

（10）机场最低运行标准。

（11）航行障碍物的位置、高度和灯光。

（12）海关、移民和卫生服务。

2）3 种不同时限要求的航空资料

根据时间限制不同，可以将 AIRAC 涉及的资料分为必须提前 28 天送达、建议提前 28 天送达和建议提前 56 天送达 3 种类型。

（1）必须提前 28 天送达航空用户手中的航空数据和信息变更。

① 涉及下列各项的水平和垂直界限、规章和程序的资料：飞行情报区；管制区；管制地带；咨询区；空中交通服务航路；存在拦截可能的永久性区域或航路、航段；存在拦截可能的永久性区域或航路、航段。

② 无线电助航设施和通信设施的位置、频率、呼号、已知不正常情况和维修期。

③ 等待和进近程序、进场和离场程序、减噪程序以及有关空中交通服务的其他程序。

④ 过渡高度层、过渡高度和最低扇区高度。

⑤ 气象服务程序和设备，包括气象广播。

⑥ 跑道、停止道、滑行道和停机坪。

⑦ 机场道面运行程序，包括低能见度程序。

⑧ 进近灯光和跑道灯光。

⑨ 机场最低运行标准。

（2）建议提前 28 天送达航空用户手中的航空数据和信息变更。

① 航行障碍物的位置、高度、灯光。

② 机场、设施和服务的时间。

③ 海关、移民和卫生服务。

④ 临时危险区、禁区和限制区，影响航行的险情、军事演习和航空器大规模活动。

⑤ 存在拦截可能的临时性区域或航路、航段。

（3）建议提前 56 天送达航空用户手中的航空数据和信息变更。有关下列各项的设置和预定的重要变更建议提前 56 天送达航空用户手中。

① 新开放的仪表飞行规则（Instrument Flight Rules，IFR）运行国际机场。

② 国际机场新开放的 IFR 运行跑道。

③ 航路网络的设计和结构。

④ 终端区程序的设计和结构（包括由于磁差变化导致的程序改变）。

⑤ 如果整个国家或其任何重要部分受到影响或需要跨界协调，上述（2）中所列的情况。

第四节　航空情报原始资料的收集和提供

原始资料收集是航空情报服务机构汇总、制作和更新航空情报产品的基础，原始资料收集渠道的顺畅程度直接影响航空数据的发布质量。目前，地区民用航空情报中心、机场民用航空情报单位负责收集源自机场的原始资料，经处理后，通过自动化系统报送全国民用航空情报中心。其他航空情报原始资料均由全国民用航空情报中心收集。多年来，航空情报服务机构通过签订协议、召开协调会、举办培训班等多种方式与原始资料提供人建立了联系机制，努力保持原始资料收集渠道的畅通。

航空情报原始资料分为基本资料和临时资料。

基本资料是有效期在半年（含）以上较为稳定的资料，主要用于编辑 AIP、NAIP、各种航图及 AIC。

临时资料是有效期在半年以内和临时有变更的资料，主要用于发布航行通告和航空资料汇编补充资料。

航空情报原始资料主要由各个行政部门提供给航空情报服务机构。各级民用航空情报服务机构负责收集我国领土和辖区内民用航空活动必需的航空情报原始资料，管理航空数据，整理、编辑、上报、发布一体化航空情报系列资料，并发布给众多航空情报产品用户。航空情报原始资料提供流程如图 1-9 所示。

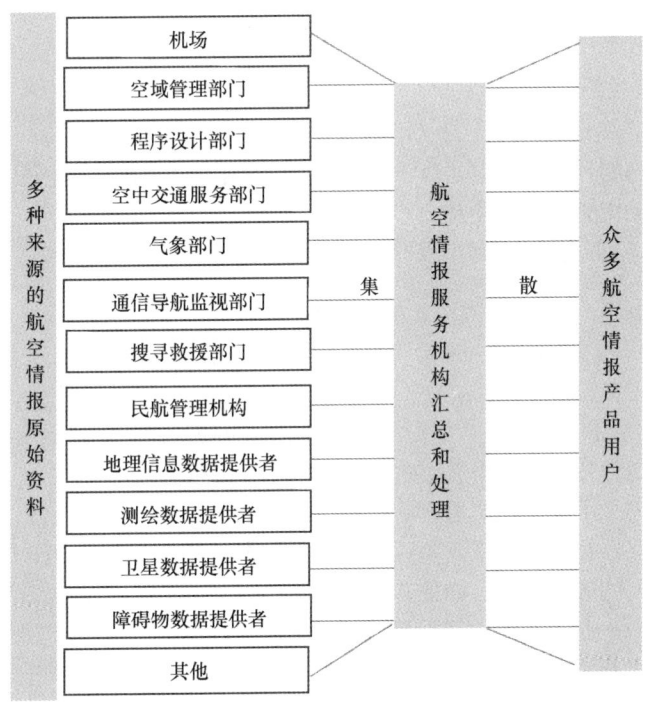

图 1-9　航空情报原始资料提供流程

一、各业务部门提供的航空情报原始资料内容

下列有关业务部门或单位应当向所在地的航空情报服务机构提供及时、准确、完整的航空情报原始资料。

1．空域规划和空中交通管制部门

（1）空中规则和空中交通服务的规定，以及与《国际民用航空公约》附件的差异。

（2）空中交通服务空域和航路的设立、变动或撤销。

（3）空中交通管制、搜寻援救服务的规定及变动。

（4）空中走廊、禁区、限制区、危险区等特殊空域的设立、改变或撤销。

（5）炮射、气球、跳伞、航空表演等影响飞行的活动。

（6）航路的关闭、开放。
（7）机场的进场和离场飞行程序。
（8）机场的仪表和目视进近程序。
（9）主要临近机场。
（10）噪声限制规定和减噪程序。
（11）机场地面运行规定。
（12）飞行限制和警告。

2．航务管理部门

（1）机场运行标准和航务管理的有关规定。
（2）机场起飞和着陆最低标准。

3．通信导航监视部门

（1）通信导航监视规定，以及与《国际民用航空公约》附件的差异。
（2）机场或航路的导航和地空通信设施的建立、撤销、工作中断与恢复、频率、识别信号、位置、发射种类和工作时间的改变及工作不正常等情况。
（3）地名代码、部门代号的增减或改变。

4．机场管理机构

（1）机场地名代码和名称。由机场管理机构提供民航局批准的机场地名代码和机场名称、机场地理位置和管理资料。
（2）机场地勤服务和设施。其中有关燃油/滑油牌号及加油设施等资料由驻场油料公司提供；涉及驻场航空公司的设备设施，由航空公司协助机场管理机构提供。
（3）救援和消防服务。由机场管理机构提供机场消防等级、救援设备、搬移受损航空器的能力（说明如果航空器在活动区或其附近抛锚，是否有搬动能力。搬动能力应以能搬动最大的机型为准。列出主要的搬运设备，如顶升气囊、活动道面、千斤顶等）。
（4）可用季节——扫雪；由机场管理机构提供：扫雪设备类型、扫雪顺序等。
（5）停机坪、滑行道及校正位置数据。由机场管理机构提供停机坪道面和强度；滑行道宽度、道面和强度；高度表校正点的位置及其标高，标高精确至0.1米/1英尺等。
（6）地面活动引导和管制系统与标识。由机场管理机构提供：航空器机位号码标记牌、滑行道引导线、航空器目视停靠/停放引导系统的使用；跑道和滑行道标志及灯光；停止排灯等。
（7）地形特征和障碍物。由机场管理机构提供：地形特征，机场周围地形的描述；半径15千米内主要障碍物；半径15~50千米范围内主要障碍物。
（8）气候特征和气候资料。由机场空中交通管理机构的气象部门提供：气候特征、气候资料（需注明资料参考年份）。
（9）机场天气观测和报告。由机场空中交通管理机构的气象部门提供：观测站名称/地名代码、观测类型与频率/自动观测设备、机场天气报告类型及是否有趋势预报、观测系统及安装位置、工作时间等。
（10）跑道物理特征。由机场管理机构提供：跑道号码、真方位和磁方位、跑道长宽、跑道强度（PCN）、跑道入口坐标及高程异常、跑道入口标高和精密进近跑道接地带最高点的标高等。
（11）公布距离（包括全跑道和非全跑道运行）。

（12）进近和跑道灯光。由机场管理机构提供：进近灯类型、长度、强度，是否有顺序闪光灯（SFL）；入口灯颜色，翼排灯；坡度灯类型、位置、仰角、MEHT（过入口最低眼高）；接地带灯长度；跑道中线灯长度、间隔、颜色、强度；跑道边灯长度、间隔、颜色、强度；跑道末端灯颜色；停止道灯长度、颜色等。

（13）直升机着陆区域。

（14）空中交通服务空域。

（15）空中交通服务通信设施。

（16）无线电导航和着陆设施。由设施产权所在单位的通导部门提供：设施名称及类型、识别、频率、坐标、相对位置等。

（17）主要邻近机场。由机场空中交通管理机构提供：机场名称、与本机场相对位置、机场基准点坐标、标高、跑道磁方位、跑道长宽、跑道强度（PCN）及道面类型等信息。

（18）噪声限制规定及减噪程序。

（19）飞行程序。

（20）其他资料。由机场管理机构负责收集提供：列出机场的其他情况，如在机场鸟群的集结情况，以及尽可能详细地介绍鸟群在栖息地和觅食区之间每日的重要活动情况、主要驱鸟措施。

5．机场油料供应部门

机场油料供应部门提供机场航空油料牌号和加油设备的可用情况。

6．气象服务机构

（1）气象规定，以及与《国际民用航空公约》附件的差异。

（2）机场气象特征和气候资料。

（3）气象设施（包括广播）及程序的建立、更改或撤销。

7．国际运输管理部门

（1）简化手续规定，以及与《国际民用航空公约》附件的差异。

（2）国际运输规定。

（3）海关、出入境有关规定。

（4）卫生检疫的规定。

8．航行收费管理部门

航行收费管理部门提供国际飞行的收费规定。

9．其他相关业务部门

其他相关业务部门提供与《国际民用航空公约》附件的差异。

航空情报原始资料提供部门或单位应当指定机构或专人，负责向航空情报服务机构提供航空情报原始资料，并与航空情报服务机构保持直接的、固定的联系。

AIS时期收集的航空情报原始资料包括现有的机场数据、空域数据、航路航线数据、导航数据、飞行程序数据、机场障碍物数据、管理类信息七大类数据，通过航空情报原始资料通知单上报。AIM时期收集的航空情报原始资料还包括电子地形和障碍物数据、地理信息数据、机场地图数据，共十大类，通过原始数据上报系统来完成。

二、提供航空情报原始资料的时间要求

航空情报原始资料提供部门或单位应当按照下述时间要求，提前将原始资料上报给航空情报服务机构。

（1）按 AIRAC 生效的航空情报，应当在共同生效日期表中选择适当的生效日期，并在预计生效日期 80 天前提供原始资料。

（2）不按照 AIRAC 生效的航空情报，应当至少在生效日期 56 天前提供原始资料，但用于拍发航行通告的除外。

（3）以航行通告发布的航空情报，应当在生效时间 24 小时以前提供原始资料。临时性的禁区、危险区、限制区及有关空域限制的，应当在生效日期 7 天前提供原始资料。不可预见的临时性资料应当立即提供。

向航空情报服务机构提供原始资料时，应当填写"航空情报原始资料通知单"（见表1-4）。提交航空情报原始资料的方式包括直接送达、特快专递、传真等。向同级航空情报服务机构提供原始资料时，通常采用直接送达的方式。

需要对外公布的法律、法规、规章和专用技术名词等航空情报原始资料应当附有英文译稿。

表 1-4　航空情报原始资料通知单

1. 航空情报原始资料提供人	
提供人：	联系电话：
提供单位：	提供日期和时间：
2. 航空情报原始资料收集人	
收集人：	联系电话：
收集单位：	联系传真：
3. 提供内容	
提供序列号：	生效日期和时间：
共　　　页	失效日期和时间：
公布方式	□ 航行通告　　　　　　　　□ 航空资料汇编修订 □ 航空资料汇编补充资料　　□ 航空资料通报
内容	
4. AIRAC 事宜	
应采用 AIRAC 但未能实施的原因：	
5. 声明	
提供的航空情报原始数据内容真实、数据准确、全面。	
负责人签字	
6. 回执	
提供序列号：	
收集单位：	
收集人：	
收集时间：	
备注：	

三、航空情报原始资料的质量控制

所谓航空情报原始资料质量，主要是指航空情报工作收集、整理、发布和提供资料的及时性、准确性和可靠性。航空情报原始资料的质量决定着航空情报产品的质量，对航空情报原始资料提供单位的质量要求是确保航空情报服务机构为用户提供高质量航空情报产品的关键。航空情报服务机构应当明确与航空情报原始资料提供单位的工作流程，建立完善的航空情报原始资料管理制度，为航空情报原始资料提供人提供资料提交工具，确保航空情报服务机构收集到质量合格的航空情报原始资料。

民用航空情报服务机构应当建立航空情报质量管理制度，并对运行情况实施持续监控。航空情报质量管理制度应当包括航空情报工作各阶段实施质量管理所需的资源、程序和方法等，确保航空情报的可追溯性、精确性、清晰度和完整性。

全国民用航空情报中心和地区民用航空情报中心应当设立专门部门，负责航空情报原始资料的收集和管理。

航空情报服务机构应当对收到的航空情报原始资料及时进行审核，审核的主要内容包括以下几项。

（1）来源于规定的原始资料提供部门。
（2）符合规定的格式。
（3）正确执行 AIRAC。
（4）满足航空情报原始资料的质量要求。
（5）有必要发布一体化民用航空情报系列资料。

经审核不符合以上要求的航空情报原始资料，航空情报服务机构应当将其退回并说明原因。

第五节 航空情报管理

一、航空情报服务向航空情报管理的过渡

以往，由于飞行距离较近，民航部门只需要按照目视原则来制定飞行规则即可。随着时代的发展，飞机上逐渐安排了无线电通信设备、导航设备，为了更好地促进航空事业发展，人们加强了对航空运行程序的管理。随着电子技术、计算机的发展，出现了各类机载设备和各种形式的航空情报服务系统，为飞机航行提供了更多的服务支持，提升了航空服务管理成效。但是，传统的航空情报服务受地区标准不同的限制，很难实现航空信息数据的交互和共享。

在 AIS 时期，航空情报服务存在以下几个问题。

（1）自动化程度不高，航空情报服务以人工为主。例如，我国更新 NAIP 的周期是 28 天，从民航局情报中心发出的更新资料是通过邮寄的方式发放的，如果发出不及时或邮寄途中出现问题，会影响更新的及时性，继而影响资料的可靠性。资料更新也是通过人工换页的方式进行的。人工参与的环节越多，出现人为"错、忘、漏"的概率就越大。

（2）提供的航空资料产品以纸质资料为主，不能以数字数据的方式提供，对于不同的计算机平台缺乏互通性，导致信息传递不及时，由此引发服务方面存在裂缝，无法实现飞行中航空情报数据的地-空传输，包括飞机在内的所有用户都无法实时通过数据网络获得最新的动态数据。

（3）产品涵盖的内容不够详尽，静态数据和动态数据结合欠佳。按照 AIRAC 周期更新的静态数据和通过 NOTAM 发布的临时性变化的动态数据之间没有任何关联。尤其是当 NOTAM 和静态数据（如航空资料汇编）的生产部门不同时，更容易产生产品分离的情况。为了获取整个空域系统的完整信息，用户最终必须订购多种航空数据产品，即使这样，数据有时也会存在矛盾之处。航空数据使用者在使用时还要进行数据对比分析，这就导致航空情报服务产品并不是"最终式"产品，而是一种"中间式"产品，影响了航空情报服务机构的价值。

随着民航事业的迅猛发展，空管系统也在逐步改善，AIS 理念也发生了变化，与日俱增的空中交通流量，使传统的以产品为中心的运行方式已不能满足现有民航事业安全、高效的运行要求，这一客观形势促使航空情报服务产品从"以产品为中心"向"以数据为中心"转变。就目前而言，我国航空情报服务数据流的自动化程度还很有限，并且不连续。建立一个有质量保证的航空信息基准数据库是 AIM 提出的满足未来情报工作发展要求的长远有效的发展目标。

最新的《中国民用航空局空管局管制情报专项发展规划（2016—2025 年）》指出，空管业务规划要适应我国民航快速可持续发展的远景目标，满足航空运输需求的不断发展，保障航空安全和运行效率的全面提高。为此，我国提出，航空情报业务要在此期间实现由 AIS 向 AIM 过渡。根据 ICAO 对航空情报业务的发展要求，未来 10 年，航空情报专业将完成由 AIS 向 AIM 过渡，建立基于航空情报交换模型的中国民航航空情报数据库和全球航空情报数据库，为中国民航现代空中交通管理系统（CAAMS）提供数字化航空数据和信息，成为推动中国民航全系统信息管理（SWIM）建设的重要助力，为提高 CAAMS 的安全水平和运行效率、促进 CAAMS 的绩效改进做出贡献。

我国于 2018 年发布了《中国民用航空情报管理（AIM）实施指南》，该指南基于对中国民用航空情报业务现状的评估和发展要求，阐述了 2017—2025 年航空情报业务发展的指导思想、发展愿景，以及达成既定目标的实施策略和实施方法，为民航空管系统建成中国民航航空情报数据库、完成由 AIS 向 AIM 过渡提供指导。

二、航空情报管理的定义及优点

1. 航空情报管理的定义

AIM 是在 AIS 的基础上发展起来的，实现了对 AIS 的一体化管理与动态管理，能够在全球范围内进行航空数据的传递和交互，这些数据能够满足航空工作的实际需求。AIM 系统可实现对 AIS 的动态管理，保证航空情报工作的经济性、安全性和高效性。

2. 航空情报管理的优点

未来，AIM 的焦点将是数据本身，用户可以定义如何使用数据来实现自身的特定需求，从 AIS 过渡到 AIM 将满足航空容量爆炸式增长的需求，有利于实现安全、经济和效益等各项目标，在时效性和信息量方面更能满足实际需求。AIM 的优点如下。

1）能够提供电子化航空情报服务产品

AIS 时期的航空情报服务产品主要是人工阅读的纸质资料。近年来，用户正在减少纸质产品的需求量，转向使用电子化产品（如 EFB），尤其需要数字化产品支持其地面运行系统和机载系统。AIM 时期航空情报服务产品的种类如图 1-10 所示。

我国在建设中国民航航空情报数据库的同时，还开发了航空情报产品制作系统，提供以下 AIM 产品。

（1）NAIP、AIP 数据和信息（包含机场、空域、航路、导航设施、飞行程序数据等）。

（2）电子地形和障碍物数据、机场地图数据，为飞行程序分析、管制预案制定、三维环境下的导航设备覆盖范围测算、航线安全分析等提供数据支持和技术保障。

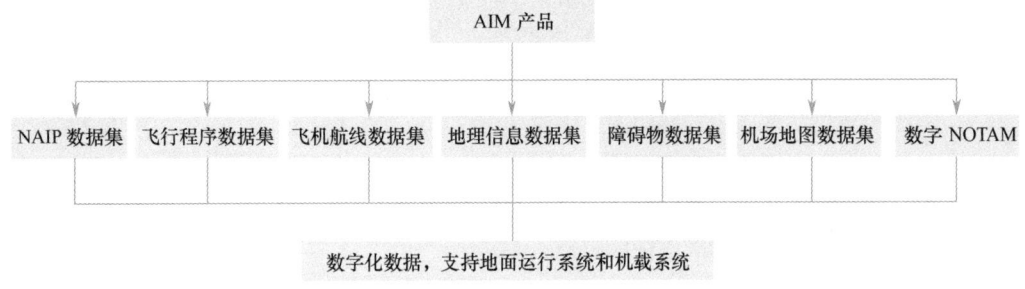

图 1-10　AIM 时期航空情报服务产品的种类

（3）地理信息数据。

（4）数字化航行通告，可实现动态数据和静态数据的真正融合，为飞行员、管制员提供更加及时、准确、直观的航行通告。

（5）班机航线数据等。

（6）ARINC 424 数据。

（7）EFB 数据。

（8）各类航图，包括电子航图。

（9）用户定制产品。

2）产品质量可信

当用户使用航空情报纸质产品时，能够通过阅读发现其中的差错，因此对纸质产品的质量要求并不严格。数字化产品是供自动化生产系统使用的数据包，用户无法识别其质量。因此，航空情报服务机构提供的数字化产品必须质量可信。

3）服务更加快捷

用户希望航空情报服务机构通过网络或专线传递航空情报服务产品。通过数字化、网络化服务，取消航空情报服务产品的印刷、邮寄环节，确保用户提前足够时间收到最新航空情报数据，更新其自动化系统数据库，并做好数据生效前的各项准备工作。

4）可提供更多的定制化服务

用户希望航空情报服务机构能够提供满足其特殊需要的定制产品和服务。在产品种类方面，分别满足管制运行、公司航路等专属需求，同时需要航空情报服务机构具有客户化的服务保障机制，实现定制化服务。

三、AIM 时期航空情报业务的运行管理体系

由 AIS 向 AIM 过渡后，航空情报业务的运行管理模式也发生了改变。为了实现从 AIS 向 AIM 的转变，应完善航空情报业务的运行管理体系，进一步明确航空情报数据在情报机构

内部的处理流程及相应职责，使各级航空情报服务机构在相互依存、发挥各自优势的同时，实现最佳运行效率。

AIS 时期航空情报业务的运行管理以纸质原始数据收集、纸质产品制作与分发为主线，具体运行管理模式如图 1-11 所示。AIS 时期航空情报业务的运行管理表现出以下特点。

（1）航空情报数据主要以纸质或 PDF 格式传递，数据传递时间长。
（2）数据链上各节点的自动化系统不统一，导致重复劳动。
（3）人工校对是实现质量控制的主要手段。
（4）没有数据生命周期的完整记录。
（5）航空情报服务产品主要供用户阅读，对数据质量要求不严格。
（6）用户对航空数据质量的信任度较低。

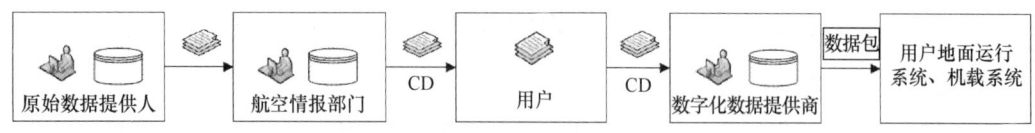

图 1-11　AIS 时期航空情报业务的运行管理模式

进入 AIM 时期，在航空情报业务运行环境中，航空情报服务机构是航空情报数据和信息处理链条（简称航空情报数据链）的中间环节，上游单位是来自民航内部和外部的众多原始数据提供单位，下游单位是航空数据和信息用户。航空情报业务运行环境如图 1-12 所示。

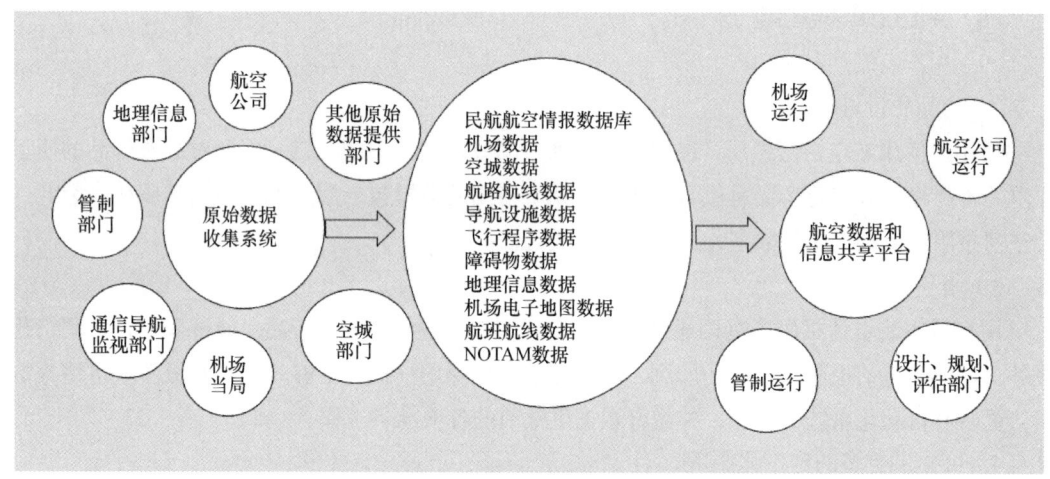

图 1-12　航空情报业务运行环境

AIM 时期航空情报的运行管理将以数字化原始数据收集、数字化产品制作和分发为主线，网络环境成为航空情报业务运行的重要基础设施，运行管理模式如图 1-13 所示。AIM 时期航空情报业务的运行管理表现出以下特点。

（1）航空数据通过网络进行传递，数据传递迅速、便捷。
（2）数据链上各节点的自动化系统高度统一，工作效率高。
（3）自动化系统是实现数据质量控制的主要手段。

（4）能够快速追溯数据生命周期的详细记录。
（5）航空情报服务产品不仅支持地面运行系统，还支持机载系统，对数据质量要求苛刻。
（6）能够证明航空数据质量，用户对数据质量有足够的信心。

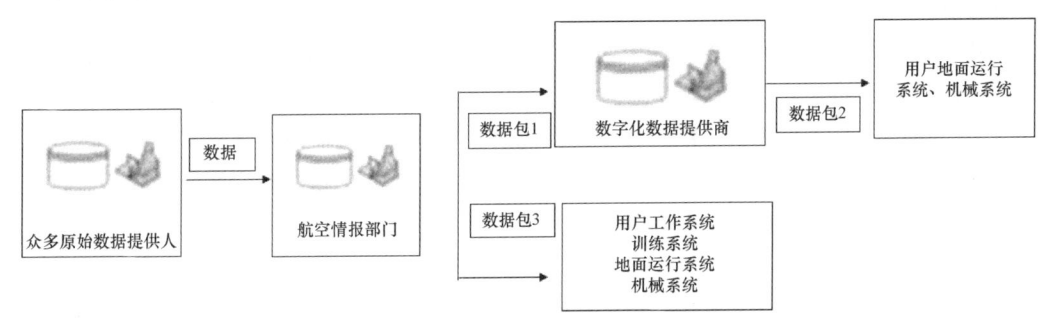

图 1-13　AIM 时期航空情报业务的运行管理模式

四、AIM 时期的航空情报服务质量控制

AIS 时期，质量管控功能不是自动化系统开发的主要目标，质量控制主要依靠人工实现。AIS 与 AIM 运行管理模式的本质区别在于数据质量和服务品质的变化。通常，航空情报服务机构通过对数据进行汇总、处理，实现原始数据 1+1>2 的转变，其中的增量就是数据质量，也是航空情报服务机构的价值体现。

航空情报服务的质量指标从 AIS 时期的准确性、分辨率、完好性 3 个，增加为 AIM 时期的准确性、分辨率、完好性、可追溯性、有效性、完整性、格式化 7 个，加大了航空情报服务机构实现原始数据 1+1>2 转变的难度。

可追溯性这个指标意味着质量安全管理范围从 AIS 时期的航空情报服务机构内部，扩展到 AIM 时期参与航空数据收集、审核、传输、处理的所有单位，从而使 AIM 时期的质量控制成为一项涉及面广、环节多的系统工程，各数据处理单位和人员都对一个或几个质量指标负有责任。航空数据质量把控环节如图 1-14 所示。因此，建立以质量安全为核心的航空情报业务运行管理体系，管控所有数据处理环节，确保向用户提供可信的数字化产品和服务，是航空情报服务机构未来工作中必须面对和解决的问题。

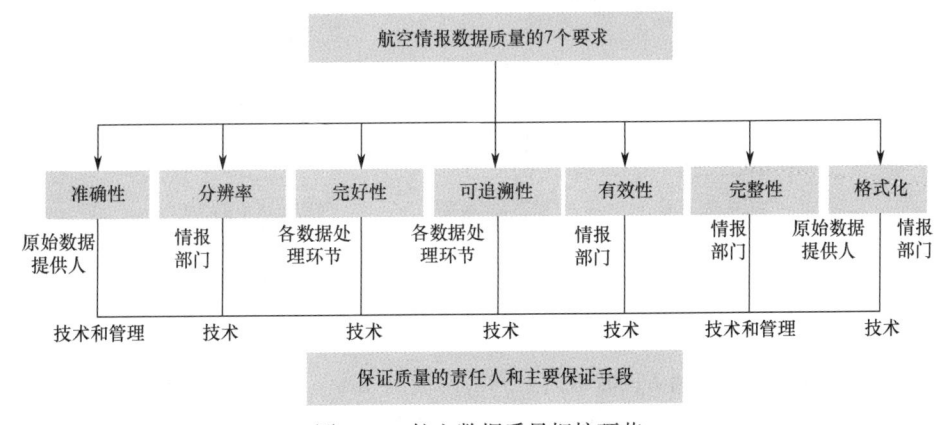

图 1-14　航空数据质量把控环节

五、航空情报自动化系统

随着前沿科技对航空情报服务的影响不断深化,自动化系统已经逐渐成为航空情报业务高效、准确运行的助手和平台。

AIM 时期,完善的航空情报自动化系统包括航空情报原始资料收集系统、一体化航空情报数据库、飞行程序数据库、机场图数据库、电子地形和障碍物数据库、地理信息数据库、产品制作系统、航行通告处理系统、航空情报数据质量控制系统、航空情报质量安全管理系统。

目前,全国民用航空情报中心的自动化系统已经建设完成的包括航行通告 CNMS、原始资料收集系统、航图制作系统、航空情报数据质量控制系统、数字 NOTAM 系统。

1. 航行通告 CNMS

CNMS 是由民航局空管局主导开发的用于接收、发送航行通告及提取 PIB 的软件系统,目前主要部署在民航局空管局情报中心、7 个地区空管局、各空管分局、空管站、航校等。

CNMS 主要有五大功能模块,分别是电报接口模块(用来与电报机进行接口,负责报文的收发,是 CNMS 和外界沟通的通道)、分类和自动处理模块(对接收的报文进行简单的分类,并根据系统配置对可进行自动处理的报文自动处理入库)、报文处理模块(用户日常工作中的大部分操作都在此模块中完成,如静态数据的维护、收发报处理、报文查询、校核单的处理、PIB 的提取等)、用户管理模块(增加、删除用户,对用户的权限和资源进行管理)、报文警告模块(对重要的报文进行报警,设定报警规则)。航行通告系统结构如图 1-15 所示。

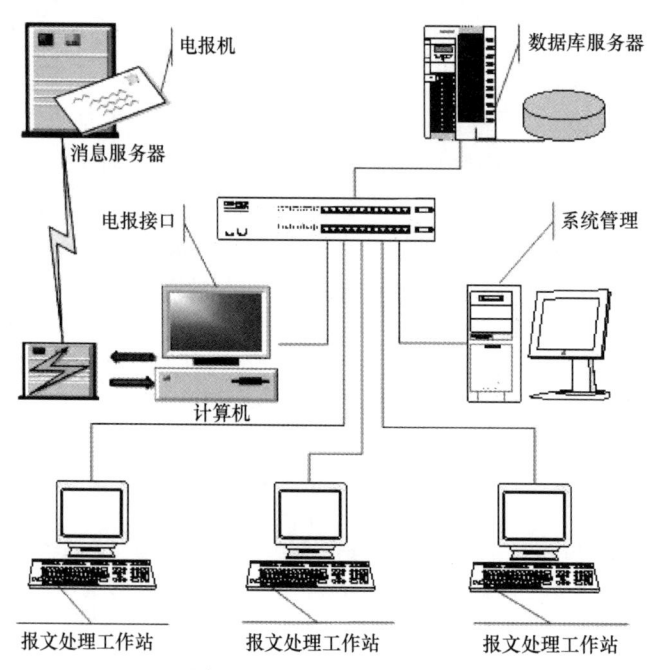

图 1-15 航行通告系统结构

CNMS 能够为需要航行通告的各级人员和部门提供完善、及时、准确、可靠的航空情报服务,在航空情报服务中最重要的部分就是提供 PIB 资料。报文处理流程如图 1-16 所示。

第一章　航空情报服务概述

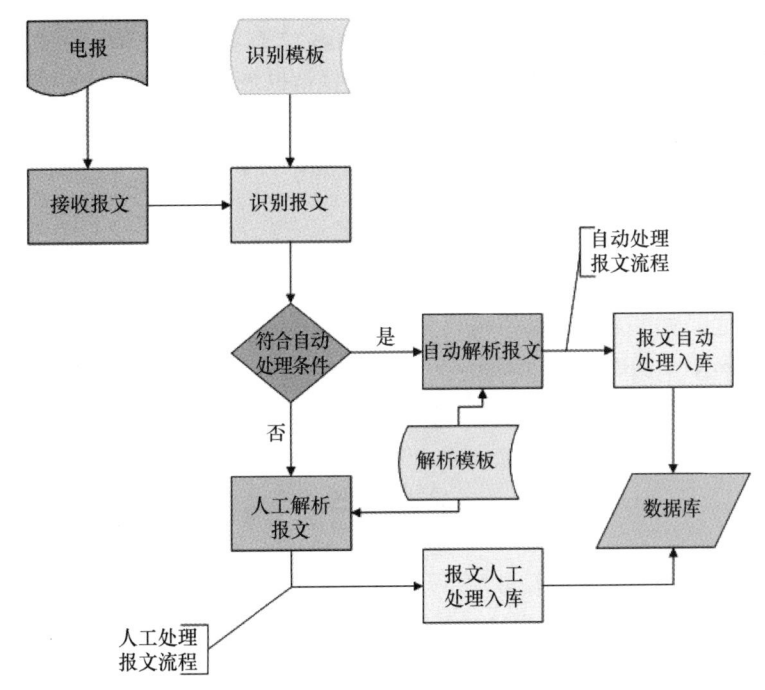

图 1-16　报文处理流程

基于民航局情报中心、各地区空管局、空管分局（站）和机场使用 CNMS 处理接收到的 NOTAM/SNOWTAM/ASHTAM 或公务报，根据需求提取符合设定条件的有效 NOTAM，组成 PIB 提供给飞行机组使用。《国际民用航空公约》附件 15 规定，基于不同的用户需求，PIB 可以通过 5 种方式提取：按机场提取；按飞行情报区提取；按窄航路提取；按情报区航路提取；按特殊区域提取。使用 CNMS 提取 PIB 时，以区域方式提取的 PIB 分为飞行机场和情报区，以航路方式提取的 PIB 分为窄航路和情报区航路。根据用户需求可提供国内机组或国际机组使用的 PIB，还可以手工定义航班进行 PIB 的提取。

（1）提取机场 PIB。提取的机场 PIB 的主要内容为指定机场的符合条件的所有有效 NOTAM。

提取时，在 CNMS 中输入机场四字代码，同时设置提取的时间范围，时间类型，天数限制，飞行种类，是否包括 I、V、M，飞行高度等。提取后经过过滤就可以得出最终的 PIB。

（2）提取情报区 PIB。提取的飞行情报区 PIB 的主要内容为该情报区内所有符合条件的有效 NOTAM 和该情报区内所有机场符合条件的有效 NOTAM。

提取时，在 CNMS 中输入飞行情报区四字代码，同时设置提取的时间范围，时间类型，天数限制，飞行种类，是否包括 I、V、M，飞行高度等。提取后经过过滤就可以得出最终的 PIB。

（3）提取窄航路 PIB。以航路方式提取窄航路 PIB 时，需保证 CNMS 中导航台、航路点、航路图底图等静态数据为最新的、正确的，然后建立预定义航线，输入航线经过的各导航台和定位点信息，根据预定义航线信息建立预定义航班。

提取窄航路 PIB 时，用户需提供的条件参数包括预定义航线信息（包括起飞机场和目的机场）、航路宽度、备降机场、起始时间和结束时间限制、天数限制、提取的 PIB 类型（国内、国外），需确认是否包括民航局所拍发的航行通告和是否提取备降情报区的航行通告。窄航路 PIB 的内容由 5 部分组成：起飞机场 NOTAM、途经情报区 NOTAM、目的机场 NOTAM、备降机场 NOTAM、相关雪情/火山通告。

提取时，在 CNMS 中输入航班号，设置航路的宽度，同时设定起始机场、目的机场、离港城市、到港城市等提取条件。

（4）提取情报区航路 PIB。提取情报区航路 PIB 时，用户需提供的条件参数包括起飞机场、目的机场、途经的飞行情报区、备降机场、起始时间和结束时间限制、天数限制、提取的 PIB 类型（国内、国外），需确认是否包括民航局所拍发的航行通告和是否提取备降情报区的航行通告。情报区航路 PIB 的内容由 5 部分组成：起飞机场 NOTAM、途经情报区 NOTAM、目的机场 NOTAM、备降机场 NOTAM、相关雪情/火山通告。

提取时，在 CNMS 中输入航班号，同时设定提取的时间范围，时间类型，天数限制，飞行种类，是否包括 I、V、M，飞行高度等。先从数据库中提取一个结果集，再从结果集中逐条过滤掉不符合条件的数据。

（5）手工定义航班。可在如图 1-17 所示的窗口手工定义航班。通过设置起飞机场、降落机场、备降机场、经过的 FIR，可以定义一条情报区航路，然后通过提取航路 PIB 界面进行临时航路 PIB 的提取。

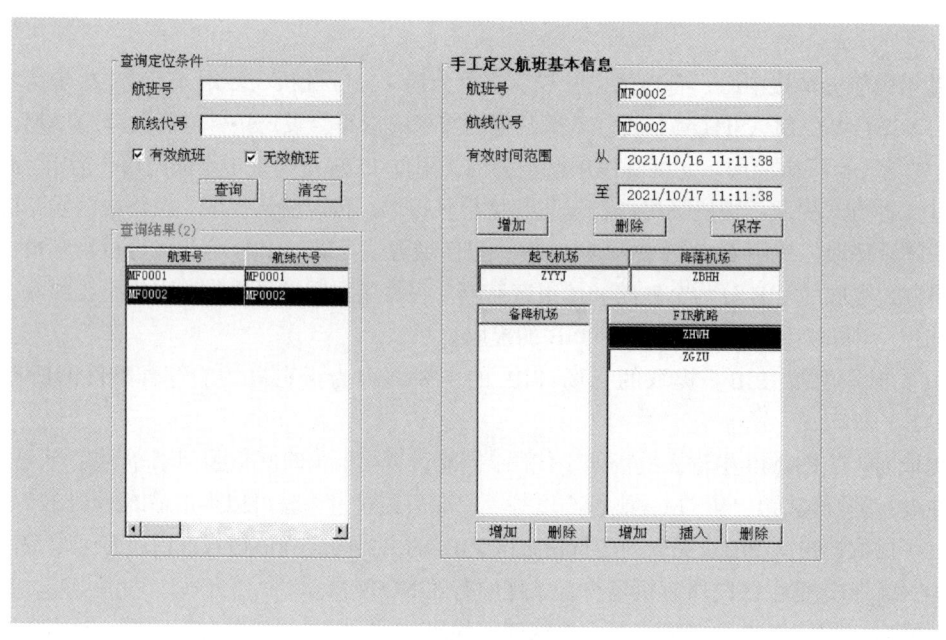

图 1-17　手工定义航班

2．原始资料收集系统

2018—2025 年，依托民航通信网（在民航通信网覆盖区域之外，根据数据保密等级和准确性要求，通过专线或 Internet 网络），建立数字化航空情报原始资料收集系统（以下简称原始资料收集系统），使该系统覆盖民航相关管理机构、空中交通管理机构、空域设计机构、机场等航空情报原始资料提供人。

原始资料提供人提供的数据内容、格式等将通过原始数据收集系统实现数字化、标准化。原始资料收集系统与数据库运行流程如图 1-18 所示。

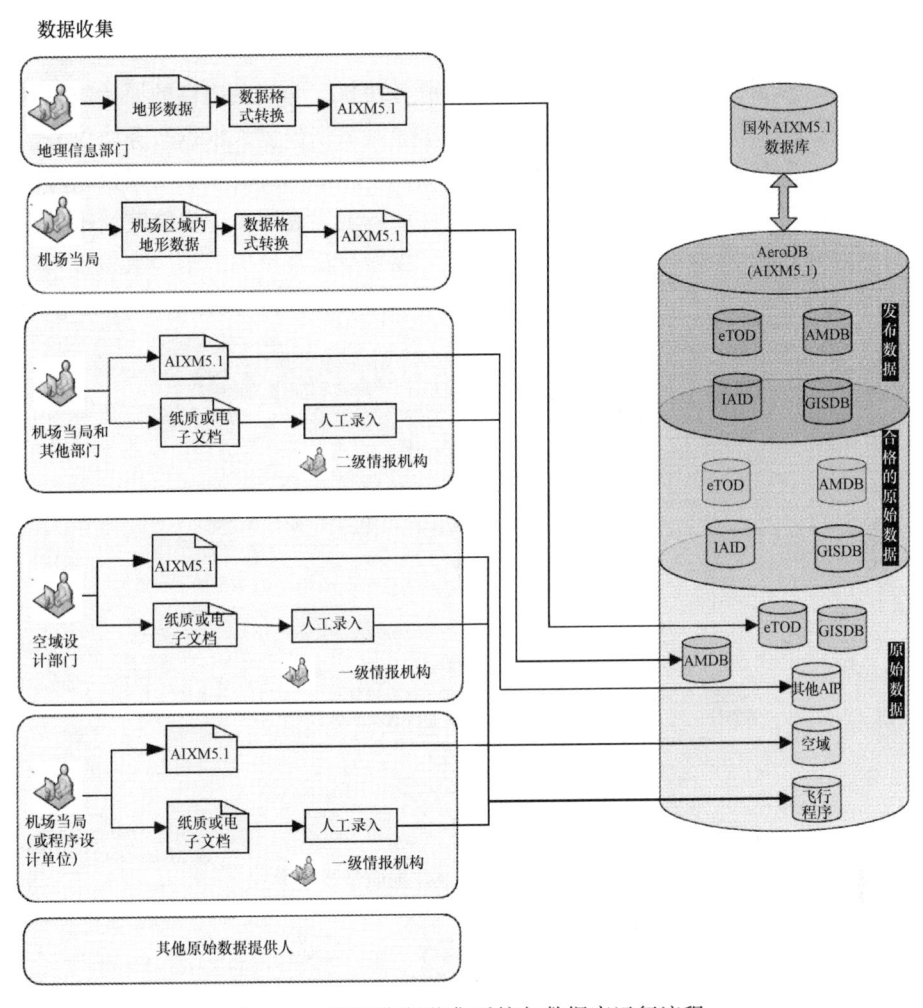

图 1-18　原始资料收集系统与数据库运行流程

3．航图制作系统

航图是空中领航和地面引导用各种航空地图的统称。《国际民用航空公约》附件 4 及 ICAO 8697 文件对航图的内容有明确规定，除一般地理信息描述外，还包含机场、导航台、航路点、障碍物、航路、航路通信、终端程序、空域等描述。这些内容受自然条件、人类活动及无线电导航系统等多重因素的影响，变动相对频繁。因此，如何及时、准确地将变化反映到航图上，成为航图制作系统的重点和难点之一。

4．航空情报数据质量控制系统

从原始数据提供人登录原始数据收集系统开始，到数据经各责任单位进行认证后进入中国民航航空情报数据库，以及后续在航空情报服务机构内部的汇总、检查、处理和产品制作，都应由自动化系统进行全程监控，实现对航空情报数据整个生命周期的质量控制。航空情报数据质量控制系统应随着 AIM 各项建设任务的完成而不断完善。未来航空情报数据质量控制分为两种模式，分别如图 1-19 和图 1-20 所示。两种模式的主要区别在于航空情报服务机构是否为原始数据提供人提供工作平台。

1）第一种航空情报数据质量控制模式

航空情报服务机构应与原始数据提供人签订服务协议，明确其提供的原始数据种类、数据质量要求和提交方式等。数据处理流程如下。①原始数据提供人依据服务协议并借助原始数据收集系统提交原始数据。②将提交的原始数据保存在中国民航航空情报数据库的原始数据存储区。③航空情报服务机构对原始数据进行认证。上述过程至少由航空情报数据质量控制系统进行三次检查：提交前由系统自动检查、二级航空情报机构的第一次检查和一级情报机构的第二次检查。

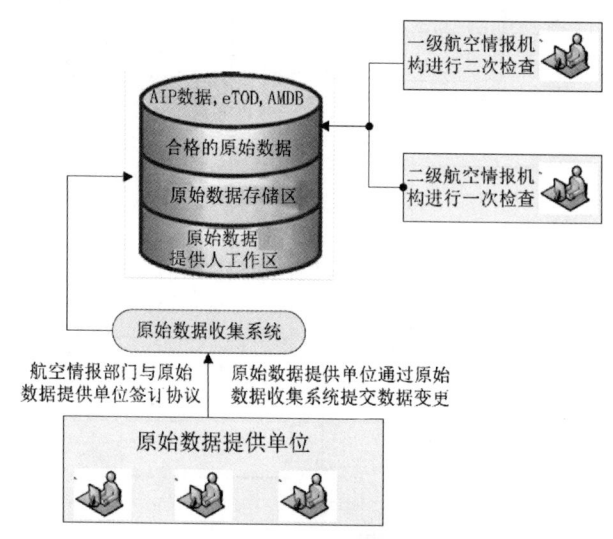

图 1-19　第一种航空情报数据质量控制模式

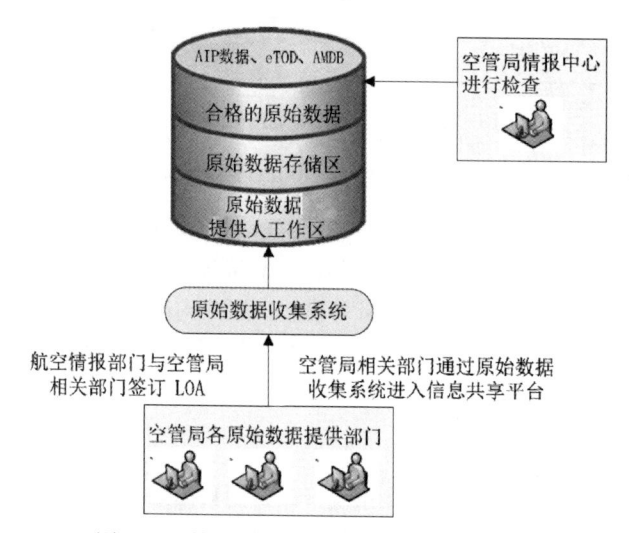

图 1-20　第二种航空情报数据质量控制模式

2）第二种航空情报数据质量控制模式

航空情报服务机构应与原始数据提供人签订服务协议，明确其提供的原始数据种类、数据质量要求和提交方式等。数据处理流程如下。①原始数据提供人依据服务协议并借助原始数据收集系统进入工作区，修改数据或创建新的数据。②提交原始数据，并将其保存在中国民航航空情报数据库的原始数据存储区。③航空情报服务机构对原始数据进行认证。上述过程至少由航空情报数据质量控制系统进行两次检查：提交前由系统自动检查，一级航空情报机构进行质量检查。

航空情报原始数据经过上述检查合格后，保存在中国民航航空情报数据库的临时存储区。航空情报服务机构对临时存储区中的数据进行汇总、编辑和加工处理，航空情报数据质量控制系统对整个数据生产过程进行监控。

5. 数字化 NOTAM 系统

在过去的十几年中，全球的 NOTAM 数量已经增加了两倍，每年的发布量达到了 100 万份。随着发布量的迅猛增长，目前使用的传统 NOTAM 的缺点越来越明显：传统 NOTAM（当前使用的 NOTAM）采用文本注释，由基本的电传打字机网络（如航空固定电信网络）分发，航空固定电信网络限制的大写字母使得英文 NOTAM 难以阅读；过多的 NOTAM 信息让使用者难以及时找到关键信息；NOTAM 的自由文本特性使任何自动解析和处理都不可靠甚至不可能；从观测、汇报不利条件到发布 NOTAM 之间的明显延迟无法保证运行的安全。现在，NOTAM 系统（CNMS）中提供临时性航空信息主要采用自由文本，结构松散，并且只能处理传统格式的 NOTAM，满足不了日益增长的对航空情报及时、准确、完整、高质量的需求，与未来高质量的自动化航空情报管理系统需求也不相符。

为解决上述问题，美国联邦航空局开发了一套新的数字化 NOTAM 系统，即联邦航行通告系统，并且已经在 350 多个机场布置使用，极大地提高了 NOTAM 的发布质量、发布效率和用户体验。联邦航行通告系统是现代化的航行通告管理系统，旨在将 NOTAM 的收集、传播和存储数字化，目标是为 NOTAM 的输入和传播创建一个单一的权威来源，以提高 NOTAM 信息的效率、安全性和数据质量。目前，美国正处于由传统 NOTAM 向数字化 NOTAM 过渡的阶段。

我国新的数字化 NOTAM 系统已提上日程。根据从 AIS 向 AIM 过渡路线的中期规划，2020—2025 年按计划开发数字化 NOTAM 系统，提供数字化 NOTAM 产品是空管系统全飞行阶段数字化运行的一项重要的基础工作。数字化 NOTAM 系统将航空情报静态数据与动态数据进行融合处理，为一线运行人员提供精细化的航空情报数据信息和空间化、图形化的运行场景。简单来说，数字化 NOTAM 系统通过对航空情报动态信息、飞行程序、机场场面信息等数据的采集、处理与整合，通过空间数据分析，实时图形化显示航空情报动态信息所影响的空域、航线、机场等信息，实时分析受影响的航班信息，并及时向管制等运行部门推送分析结果，从而实时显示机场、空域真实的运行场景，确保运行人员具有相同的情景意识，确保运行部门快速、准确地获取各类及时、有效的航空情报信息。

数字化 NOTAM 系统是基于航空情报交换模型（Aeronautical Information Exchange-Model，AIXM）5.1 版本建立的。AIXM 5.1 是由欧洲航空安全组织和美国联邦航天局共同开发的一种航空情报数据交换模型，它不仅能够以数字化格式管理和发布航空情报服务数据，而且能够提供更多种类的航空数据，如机场、空域、航路导航和飞行程序。

未来的数字化 NOTAM 系统运行模式将采用"职能分工负责，数据中央处理"的方式。具体来讲，就是原有的三级航空情报部门对数字化 NOTAM 系统拍发工作的职能分工不变，但最终的数据由设在民航局空管局（一级中心）的中央数据库集中管理，各地区空管局（二级中心）设立镜像数据库（实体库），用于支撑动态数据运行的各类静态数据由一级中心统筹维护，必要时可授权二级中心共同维护，同时质量控制将贯穿整个工作流程。数字化 NOTAM 系统的部署模式弱化了各地区航空情报员对系统的部署与维护职责，强调了提高各地区数字化 NOTAM 的编发质量，增加了各地区负责接收处理与我国建立 NOTAM 交换关系的国家和地区的 NOTAM 的职能，各地区空管局（二级中心）的镜像数据库可按照职责向用户提供授权范围内的数据服务，实行客户化管理。三级节点采用数字化形式提交 NOTAM 颁发通知单，不再拍发 NOTAM。

数字化 NOTAM 系统配备应急数据库，在应急状态下可发布传统格式的 NOTAM，同时建立 1 个同城灾备中心，选取 2 个异地灾备中心，这 3 个灾备中心均具备发布数字化 NOTAM 的条件和能力。

本章复习思考题

一、单项选择题

1. 组织实施飞行的依据是（　　）。
   A．航空情报部门提供的航空情报
   B．空中交通管制部门提供的航行资料
   C．各有关业务部门提供的航行资料
   D．不同性质的飞行，依据不同部门提供的航行资料
2. 航空情报的原始资料主要来源于（　　）。
   A．各级航空情报服务机构　　　　B．管制、签派、气象等各航空服务机构
   C．飞行程序设计部门　　　　　　D．各有关业务部门
3. 下面哪种资料不属于一体化航空情报系列资料？（　　）
   A．AIP　　　　　B．NOTAM　　　　　C．AIC　　　　　D．AIRAC
4. 在提供原始资料的分工中，空中走廊、禁区、限制区、危险区等特殊空域的设立、改变或撤销，由（　　）向航空情报部门提供。
   A．飞行标准和航务管理部门　　　B．空域规划和空中交通管制部门
   C．基建机场部门　　　　　　　　D．通信导航部门
5. 在提供原始资料的分工中，炮射等影响飞行的活动，由（　　）向航空情报部门提供。
   A．飞行标准和航务管理部门　　　B．空域规划和空中交通管制部门
   C．基建机场部门　　　　　　　　D．公安部门
6. 新导航系统实施的预报应以（　　）形式发布。
   A．AIP　　　　　B．NOTAM　　　　　C．AIC　　　　　D．AIRAC
7. 航空资料通报采用（　　）方式发出。
   A．AFTN 报　　　B．印发　　　　　　C．传真　　　　　D．SITA 报

第一章　航空情报服务概述

8．《中华人民共和国航空资料汇编》的页码校核单的发布周期是（　　）。
　　A．1年　　　　B．28天　　　　C．56天　　　　D．80天

9．国内航空资料根据民航局颁发的（　　）进行修订。
　　A．航空情报修订纪要　　　　　B．航路更改通知
　　C．航空资料修订通知　　　　　D．航空资料更改公告

10．换下来的航行资料必须按保密规定（　　）。
　　A．销毁　　　　B．存档　　　　C．上缴

11．航空情报员执照理论考试合格证有效期是（　　）。
　　A．1年　　　　B．2年　　　　C．3年

12．为保证飞行安全，航空情报室应该为每一航班提供PIB，那么如何生成完整有效的PIB？（　　）
　　A．借助国内航空资料汇编　　　B．借助完善的航空情报动态管理系统
　　C．查询AERAD资料

13．有关我国采用CNMS为机组提供PIB的方法，下列说法错误的是（　　）。
　　A．只能按航路、窄航路提取　　B．按机场、情报区提取
　　C．只能按航路、窄航路提取

14．根据AIRAC，当有新的航空资料汇编的增补或修订出现时，需发布哪种情报资料予以提示？（　　）
　　A．航行通告　　　　　　　　　B．触发性航行通告
　　C．航空资料通报

15．现行航空资料汇编补充资料的校核单应该至少多久发布一次？（　　）
　　A．1个月　　　B．2个月　　　C．3个月

16．目前我国为机组提供的PIB主要按（　　）提取。
　　A．飞行情报区　　B．航路　　　C．窄航路

17．全国民用航空情报中心、地区民用航空情报中心、机场民用航空情报单位应当提供（　　）航空情报服务；其他航空情报服务机构应当在其负责区域内航空器飞行的整个期间及前后各（　　）内提供航空情报服务。
　　A．24小时；60分钟　　　　　　B．20小时；60分钟
　　C．24小时；90分钟

18．某机场飞行程序调整，发布航空资料汇编修订，需在生效日期（　　）前发布。
　　A．56天　　　　B．28天　　　　C．42天

19．不按照AIRAC生效的航空情报，应当至少在生效日期（　　）前提供原始资料，但用于拍发航行通告的除外。
　　A．56天　　　　B．28天　　　　C．42天

20．临时性的禁区、危险区、限制区及有关空域限制的，应当在生效日期（　　）前提供原始资料。
　　A．28天　　　　B．7天　　　　C．14天

21．以航行通告发布的航空情报，应当在生效时间（　　）前提供原始资料。
　　A．7天　　　　　B．14天　　　　C．24小时

二、简答题

1．一体化民航航空情报系列资料包括哪些？
2．简述AIRAC的基本要求。
3．简述情报原始资料收集的时间要求。
4．AIS时期和AIM时期的航空情报服务产品分别有哪些？
5．简述AIS和AIM时期航空情报管理的运行模式。
6．AIM时期航空情报自动化系统包括哪些子系统？

第二章 机场基础知识

本章学习目标

- 掌握机场跑道方位的确定方法及跑道构型的类别；
- 掌握机场飞行区等级确定方法；
- 掌握机场跑道公布数据的计算；
- 掌握 PCN 格式报告的含义；
- 掌握 ACN-PCN 方法的应用；
- 了解机场标志、标记牌的识读；
- 掌握机场灯光的设置要求；
- 理解机场净空障碍物限制面的构成。

第一节 机场

一、机场的定义和分类

机场是指供航空器起飞、降落和进行地面活动而划定的一块地域或水域（水上机场）。按照服务对象，机场一般分为军用机场和民用机场两大类，用于商业性航空运输的机场也称航空港（Airport）。我国把大型民用机场称为空港，把小型机场称为航站。民用机场分为运输机场和通用机场。

二、机场系统的构成

作为商用运输的基地，机场可划分为飞行区、航站区和地面运输区三个部分。

1. 飞行区

飞行区是机场内由建筑物和室外隔离设施所围合的区域，分为空中部分和地面部分。空中部分是指机场的空域,包括进场和离场的航路;地面部分包括跑道、滑行道、停机坪和登机门,以及一些为飞机维修和空中交通管制(Air Traffic Control,ATC)服务的设施和场地,如机库、塔台、救援中心等。

2. 航站区

航站区是航空运输业务(旅客和货物)的陆、空交换区域的统称,是指机场内航站楼及其配套的站坪、交通、服务等设施所在的区域。航站区包括航站楼建筑本身及候机楼外的登机坪和旅客出入车道、站坪、交通设施、附属服务设施等,是机场对旅客服务的中心地区。

航站楼是航站区最主要的建筑物。航站楼空侧要接纳飞机。一般情况下,停靠飞机以上下旅客、装卸行李所占用的航站楼空侧边长度,要比按旅客、行李等的空间要求所确定的建筑物空侧边长度大,特别是飞机门位数较多时。为适应空侧机门位的排布要求,一般航站楼空侧边在水平面要做一定的延展和变形,以适宜飞机的停靠和地面活动。

为妥善处理航站楼与空侧的关系,人们提出了许多种航站楼水平布局方案。这些方案可归纳为4种,即线型、指廊型、卫星型和转运车型,分别如图 2-1~图 2-5 所示。旅客登机可以从登机桥登机,也可采用车辆运送登机。

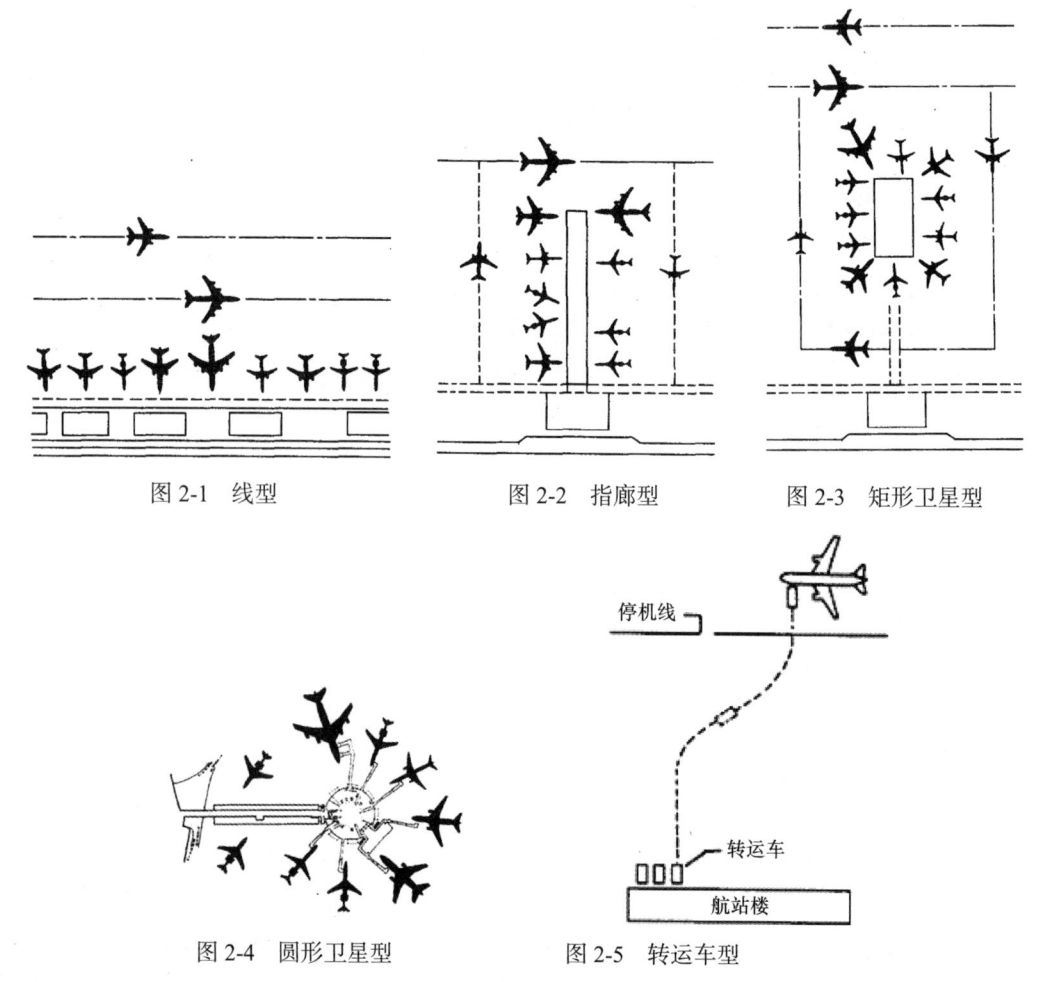

图 2-1 线型　　图 2-2 指廊型　　图 2-3 矩形卫星型

图 2-4 圆形卫星型　　图 2-5 转运车型

航站楼内部分为旅客服务区和管理服务区两大部分。旅客服务区包括值机柜台，安检、海关及检疫通道，登机前的候机厅，迎送旅客活动大厅及公共服务设施等。管理服务区包括机场行政后勤管理部门、政府机构办公区域及航空公司运营区域等。

3．地面运输区

航站楼陆侧与城市的地面交通运输系统相互衔接，地面运输区主要包括航站楼与地面交通相连接的车道边、运行道路、车辆停靠区域及停车场等区域。由于航站区地面交通的多样性（汽车、地铁、轻轨等），在考虑航站楼水平布局时必须使方案便于航站楼陆侧与地面交通运输系统进行良好的衔接。

机场是城市的交通中心之一，而且有严格的时间要求，因而从城市进出空港的通道是城市规划的一个重要部分。大型城市为了保证机场交通的通畅，都修建了从市区到机场的专用高速公路，甚至开通了地铁和轻轨交通，方便旅客出行。在考虑航空货运时，要把机场到火车站和港口的路线同时考虑在内。此外，机场还需建有大面积的停车场和相应的内部通道。

三、飞行区指标等级

飞行区指标应根据拟使用该飞行区的飞机的特性分级，包括指标Ⅰ和指标Ⅱ。指标Ⅰ根据拟使用该飞行区的飞机的最大基准飞行场地长度，分为1、2、3、4四个等级，如表2-1所示。指标Ⅱ根据拟使用该飞行区的飞机的最大翼展，分为A、B、C、D、E、F六个等级，如表2-2所示。

表2-1　飞行区指标Ⅰ

指标等级	飞机基准飞行场地长度（米）
1	＜800
2	800～1 200（不含）
3	1 200～1 800（不含）
4	≥1 800

表2-2　飞行区指标Ⅱ

指标等级	飞机翼展（米）	主起落架外轮外侧边间距（米）
A	＜15	＜4.5
B	15～24（不含）	4.5～6（不含）
C	24～36（不含）	6～9（不含）
D	36～52（不含）	9～14（不含）
E	52～65（不含）	9～14（不含）
F	65～80（不含）	14～16（不含）

机场飞行区指标等级直接决定了该机场能够起降的最大机型。例如，机场飞行区指标为4F级别，能够起降空中客车A380等四发远程宽体超大客机。我国的北京首都国际机场、上海浦东国际机场、广州白云国际机场、深圳宝安国际机场、杭州萧山国际机场、昆明长水国际机场、武汉天河国际机场等都属于4F级别的机场。

四、飞行区道面系统

飞行区的主体工程是飞行区的道面系统，主要包括跑道、滑行道等。

1. 跑道

机场跑道是指机场内用来供应航空器起飞或降落的超长条形区域，其材质可以是沥青或混凝土，可以是弄平的草、土或碎石地面，也可以是水面，甚至可以是由木板、页岩、珊瑚虫、黏土等铺设的。现在全球范围内的跑道普遍以陆地为基础。

1）跑道号

为了使驾驶员能准确地辨认跑道，每条跑道都要有一个编号，即跑道号。

确定跑道号时，首先确定坐标系，以正北为 0°，顺时针旋转到正东为 90°、正南为 180°、正西为 270°，再回到正北为 360°或 0°；每一度又可分为 60′，每一分又可分为 60″。跑道号一般以跑道磁方位角表示，由北顺时针转动为正。跑道号由两位阿拉伯数字组成，将跑道着陆方向的磁方位角度值除以 10，四舍五入后得到两位数字，同时将该数字置于跑道相反的一端，作为飞行人员和调度人员确定起降方向的标记。

例如，一条指向为西北 284°的跑道，它的编号就是 28；如果指向为西北 285°，编号就是 29。同一条跑道，因为有两个朝向，所以就有两个编号。根据数学中角度的性质可知，跑道两端的航向相差 180°，即跑道号相差 18。例如，一条正北正南方向的跑道，从北端向南看，它的编号是 18；从南端向北看，它的编号就是 36。

跑道号都是两位数，如果是一位数，就在它前面加一个 0。例如，咸阳机场跑道是东北—西南方向，指向东北的方向为 50°，跑道号就是 05，相反方向是 230°，跑道号就是 23。跑道号以宽 3 米、长 9 米的数字用明亮的白漆漆在跑道的端头，十分醒目。

在两条和三条平行跑道上，跑道号应由两位数字后加一个字母组成。

在四条或更多的平行跑道上，一组相邻的跑道应按最接近磁方位角度数的 1/10 编号，另一组相邻跑道则按次接近磁方位角度数的 1/10 编号。

驾驶员在空中可以清楚地看到跑道号，也就等于知道了飞机降落在这条跑道时的方向。在有平行跑道的情况下，跑道号中的字母排列宜采用下列顺序（从进近方向看去，自左至右）：

- 两条平行跑道：L、R。
- 三条平行跑道：L、C、R。
- 四条平行跑道：L、R、L、R。
- 五条平行跑道：L、C、R、L、R，或者 L、R、L、C、R。
- 六条平行跑道：L、C、R、L、C、R。

2）跑道构型

跑道方位和数量应根据机场净空条件、风力负荷、飞机运行类别和架次、与城市和相邻机场的关系、地形地貌、工程地质和水文地质、噪声影响、空域条件、管制运行方式等因素综合分析确定。运输不是很繁忙且常年风向相对集中的机场，只需单条跑道。运输非常繁忙的机场，则需要两条或更多条跑道。跑道构型应满足预测飞机年起降架次、高峰日起降架次、典型高峰小时起降架次对跑道实际容量的要求。

一般来说，一个机场拥有两条以上跑道可称为多跑道机场。在全球范围内，多跑道机场很多，按照跑道构型大致可分为 4 类，即平行跑道、交叉跑道、V 形跑道和混合构型跑道，如图 2-6 所示。

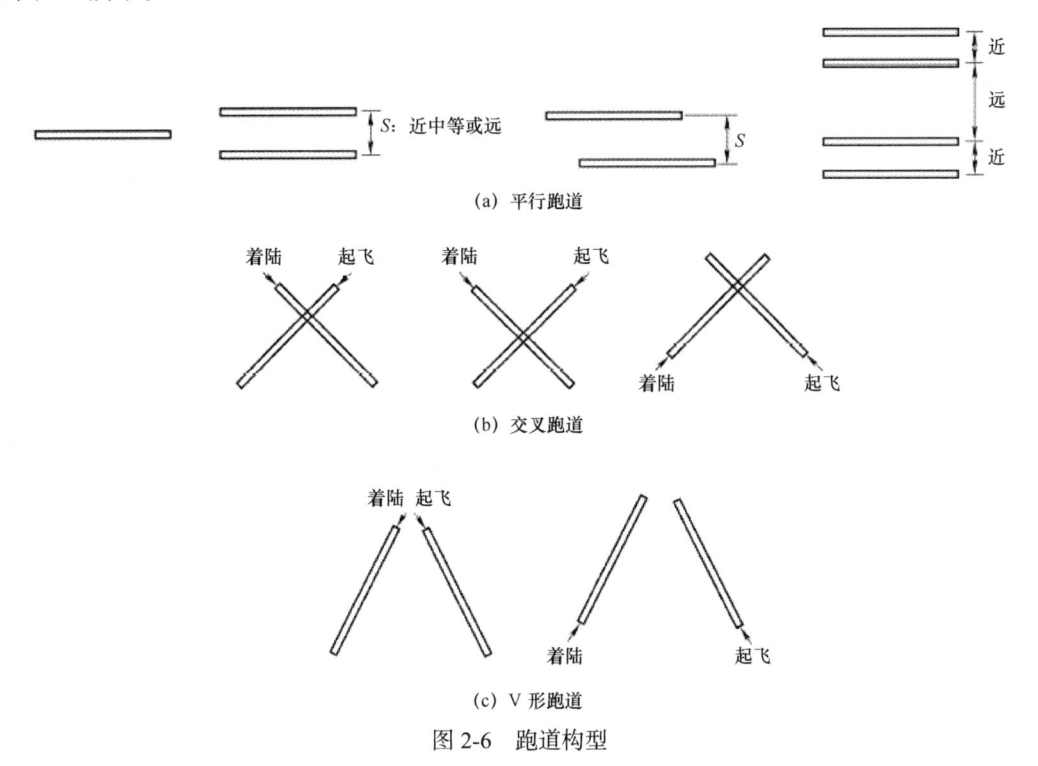

图 2-6 跑道构型

3）跑道的公布距离

当跑道设置了停止道和/或净空道以后，或者由于各种原因跑道入口内移时，必须在跑道的每个方向公布适用于飞机起降的各种可用距离，即跑道的公布距离，以便使用该机场的飞机据此正确地进行起飞和着陆。

净空道（Clearway，CWY）是设置在跑道尽头的一块长方形区域，飞机在其上空进行一部分起始爬升，到达一个规定的高度。起始点在可用起飞滑跑距离的末端。净空道对称地设置在跑道中心线的延长线上，起始宽度为 150 米，并以 15%的扩散率从起端向两侧扩散。净空道起端与跑道端或停止道端相接，长度不应超过跑道的一半。

停止道（Stopway，SWY）是起飞滑跑距离末端以外的一块长方形区域，使飞机在放弃起飞时能在上面停住。停止道与跑道处于同一条中心线上，至少与跑道同宽。

跑道的公布距离包括以下 4 个。

（1）可用起飞滑跑距离（Take Off Run Available，TORA），即适用于飞机起飞时进行地面滑跑使用的跑道长度。

（2）可用起飞距离（Take Off Distance Available，TODA），即 TORA 加上所设置的净空道长度。

（3）可用加速-停止距离（Accelerate-Stop Distance Available，ASDA），即 TORA 加上所

设置的停止道长度。

（4）可用着陆距离（Landing Distance Available，LDA），即适用于飞机着陆时进行地面滑跑使用的跑道长度。

当跑道不设置停止道和净空道，而跑道入口又位于跑道末端时，以上 4 个公布距离应相等，如图 2-7（a）所示。

设置净空道时，TODA 应包括净空道长度，如图 2-7（b）所示。

设置停止道时，ASDA 应包括停止道长度，如图 2-7（c）所示。由于周围净空条件受限，停止道无法用作净空道，因此 TODA 与 TORA 相等。

当跑道入口永久内移时，LDA 应去掉跑道入口内移长度，如图 2-7（d）所示。

当停止道和净空道同时设置，且跑道入口内移时，4 个公布距离如图 2-7（e）所示。

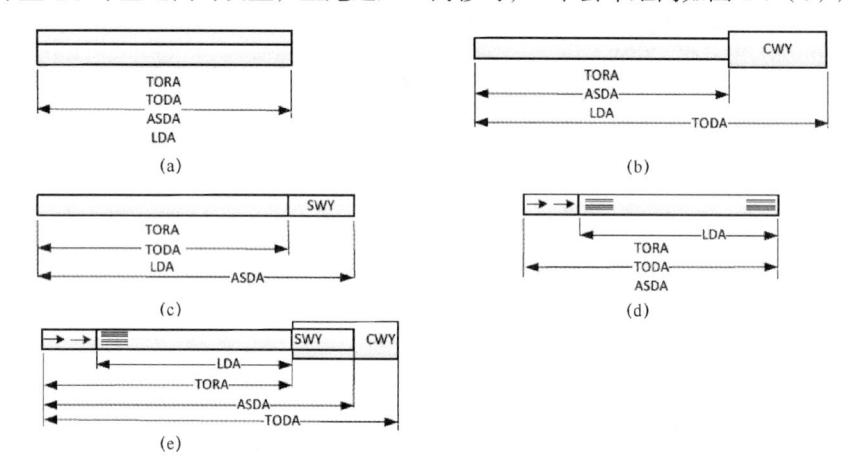

图 2-7　跑道的公布距离

图 2-7 中的公布距离均为从左向右起飞或着陆。如从两个方向起降，可照此组合。内移的跑道入口只影响向该跑道入口进近的 LDA，不影响所用相反方向运行的公布距离。

图 2-8 和表 2-3 给出了提供跑道公布距离的一种格式。如果跑道的某个方向由于飞行上的原因禁止起飞或降落，或者既不能用于起飞也不能用于降落，则必须用"不适用"（NU）字样予以公布。

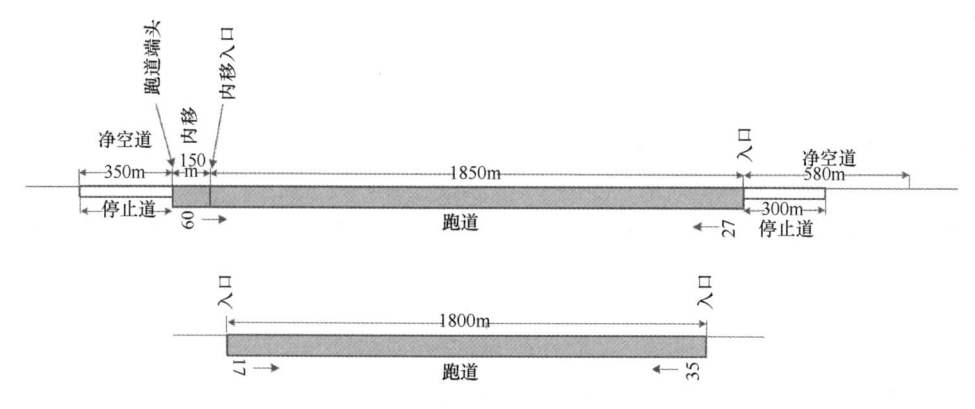

图 2-8　提供跑道公布距离的格式

表 2-3 图 2-8 中的跑道公布距离   单位：米

跑道	TORA	ASDA	TODA	LDA
09	2 000	2 300	2 580	1 850
27	2 000	2 350	2 350	2 000
17	NU	NU	NU	1 800
35	1 800	1 800	1 800	NU

注："NU"指不适用。

4）跑道强度

道面要有足够的强度，以承受飞机运行的荷载，否则道面会因产生过大的应力和变形而受到损坏。

ICAO 要求会员国必须使用 ACN-PCN 方法决定某型号飞机是否可在指定跑道上起降。其中，ACN 表示一架飞机对某种道面的相对作用；PCN 表示某个道面可供无限次使用的强度。

道面的承载强度应采用包括下列内容的 ACN-PCN 方法确定。

（1）PCN。应确定 ACN 和 PCN 的道面类型、土基强度类型、最大允许胎压和评定方法，并采用下列代号表示。

① 道面类型：
- 刚性道面，代号 R。
- 柔性道面，代号 F。
- 若道面结构是复合的或非标准类型的，应加以注解。

② 土基强度类型：
- 高强度，代号 A。刚性道面基层顶面 $k = 150 \text{ MN/m}^3$，代表大于 120 MN/m^3 的 k 值；柔性道面土基顶面 CBR = 15，代表大于 13 的 CBR 值。
- 中强度，代号 B。刚性道面基层顶面 $k = 80 \text{ MN/m}^3$，代表 $60 \sim 120 \text{ MN/m}^3$ 范围内的 k 值；柔性道面土基顶面 CBR = 10，代表 $8 \sim 13$ 范围内的 CBR 值。
- 低强度，代号 C。刚性道面基层顶面 $k = 40 \text{ MN/m}^3$，代表 $25 \sim 60 \text{ MN/m}^3$ 范围内的 k 值；柔性道面土基顶面 CBR = 6，代表 $4 \sim 8$ 范围内的 CBR 值。
- 特低强度，代号 D。刚性道面基层顶面 $k = 20 \text{ MN/m}^3$，代表小于 25 MN/m^3 的 k 值；柔性道面土基顶面 CBR = 3，代表小于 4 的 CBR 值。

③ 最大允许胎压：
- 胎压无限制，代号 W。
- 高：胎压上限至 1.75MPa，代号 X。
- 中：胎压上限至 1.25MPa，代号 Y。
- 低：胎压上限至 0.50MPa，代号 Z。

④ 评定方法：
- 技术评定：代号 T，表示对道面特性进行检测评定或理论评定。
- 经验评定：代号 U，依据使用经验，表示该道面能正常承受特定航空器的作用。用 can-PCN 的方法报告道面强度的示例见示例 1～示例 3。
  ➢ 示例 1：设置在中强度土基上的刚性道面的承载强度，用技术评定法评定道面等级序号为 80，无胎压限制，则其报告资料为 PCN80/R/B/W/T。

> 示例 2：设置在高强度土基上的性质类似柔性道面的组合道面的承载强度，用航空器经验评定法评定的道面等级序号为 50，最大允许胎压为 1.25MPa，则其报告资料为 PCN50/F/A/Y/U。

> 示例 3：设置在中强度土基上的柔性道面的承载强度，用技术评定法评定的道面等级序号为 40，最大允许胎压为 0.80MPa，则其报告资料为：PCN40/F/B/Y/T。

（2）ACN。ACN 表示飞机对具有规定的土基强度道面的相对影响。飞机的重量不同，其 ACN 值也不同，制造厂一般提供最大载重和基本重量时的 ACN 值（表 2-4 给出了几种类型的飞机在全重和基本重量时的 ACN 值），其他重量的 ACN 值可以通过以下公式计算得到。

$$ACN_{实} = ACN_{最大} - \frac{W_{最大} - W_{实际}}{W_{最大} - W_{空机}} \times (ACN_{最大} - ACN_{最小})$$

表 2-4　几种类型的飞机在全重和基本重量时的 ACN 值

飞机类型	全重 基本重量（kg）	胎压（MPa）	刚性道面 土基类型				柔性道面 土基类型			
			高	中	低	甚低	高	中	低	甚低
			ACN				ACN			
B737-200	52 616 27 293	1.10	29 13	30 14	32 15	34 16	26 12	27 13	31 14	35 15
B747SP	318 881 147 996	1.40	38 15	44 16	53 19	60 20	41 16	45 17	54 18	72 23
B747-200B	352 893 172 886	1.37	46 19	54 21	64 24	73 28	50 21	55 22	67 24	88 31
B747-400	385 557 180 985	1.41	50 17	61 21	72 25	82 30	55 21	62 23	76 26	98 34
B757-200	104 782 58 877	1.16	26 12	31 14	37 17	42 19	28 13	31 14	38 16	50 22
B767-200	136 984 80 890	1.26	32 17	37 19	44 22	51 25	36 19	38 20	45 22	63 28
A300-B2	140 000 85 690	1.23	37 19	44 22	52 26	60 30	40 21	45 23	55 26	70 35
A320-200	69 370 45 000	1.33	43 26	46 28	48 29	50 31	39 24	40 25	45 26	51 31

（3）ACN-PCN 方法。当 ACN 等于或小于 PCN 时，能在规定胎压和飞机的最大起飞重量的条件下使用该道面。如果道面强度受季节性影响有明显变化，应相应确定不同的 PCN。当 ACN 大于 PCN 时，在满足下列条件的情况下可有限制地超载运行。

① 道面没有出现破坏迹象，土基强度未显著减弱期间。

② 对柔性道面，ACN 不超过 PCN 的 10%；对刚性道面或以刚性道面为主的复合道面，ACN 不超过 PCN 的 5%。

③ 年超载运行次数不超过年总运行次数的 5%。

例 2.1 对高强度柔性道面，B732 飞机实际重量为 35 000kg 时的 ACN 值是多少？

解：已知 B732 飞机最大重量为 52 600kg，对应的 ACN 为 29；最小重量为 27 200kg，对应的 ACN 为 13，则

$$ACN_\text{实} = ACN_\text{最大} - \frac{W_\text{最大} - W_\text{实际}}{W_\text{最大} - W_\text{空机}} \times (ACN_\text{最大} - ACN_\text{最小})$$

$$ACN_\text{实} = 29 - \frac{52\,600 - 35\,000}{52\,600 - 27\,200} \times (29 - 13)$$

$$ACN_\text{实} = 18$$

5）跑道导航和助航设施等级

机场跑道配置导航和助航设施的标准，反映了该机场具备的飞行安全等级和航班正常率保障的设施完善程度，是机场的重要指标。该标准根据机场性质、地形环境、当地气象、起降机型及年飞行量等因素进行综合研究加以确定，跑道导航和助航设施等级根据配置的导航和助航设施可提供飞机以何种程序飞行来划分，分为非仪表跑道和仪表跑道。

（1）非仪表跑道。非仪表跑道是供飞机用目视进近程序飞行的跑道或用仪表进近程序飞行至某一点之后飞机可继续在目视气象条件下进近的跑道。

目视气象条件是指等于或高于规定最低标准的气象条件，用能见度、距云的距离和云高表示。

（2）仪表跑道。仪表跑道配备有目视和非目视助航设施，是供飞机使用仪表进近程序飞行的跑道。仪表跑道可分为非精密进近跑道和精密进近跑道。其中后者又可分为Ⅰ类精密进近跑道、Ⅱ类精密进近跑道和Ⅲ类精密进近跑道。

① 非精密进近跑道是配备有相应的目视助航设备和非目视助航设备的仪表跑道，能对直接进近提供方向性引导，最低下降高或决断高不低于 75 米，能见度不小于 1000 米。

② 精密进近跑道是配备有目视和非目视助航设施，能够为飞机进近提供三维航迹引导的仪表跑道。精密进近跑道按运行条件分为以下 3 种。

- Ⅰ类精密进近跑道：装有仪表着陆系统和/或微波着陆系统及目视助航设备，决断高低于 75 米，但不低于 60 米，能见度不小于 800 米或跑道视程不小于 550 米，代字为 CATⅠ。
- Ⅱ类精密进行跑道：装有仪表着陆系统和/或微波着陆系统及目视助航设备，决断高低于 60 米，但不低于 30 米，跑道视程不小于 300 米，代字为 CATⅡ。
- Ⅲ类精密进近跑道：装有仪表着陆系统和/或微波着陆系统，引导飞机至跑道并沿其表面着陆滑行，决断高低于 30 米或无决断高，跑道视程小于 300 米或无跑道视程限制，代字为 CATⅢ。Ⅲ类精密进近跑道又可分为以下 3 种。
  - ⅢA：当决断高小于 30 米或无决断高，且跑道视程不小于 175 米时运行。
  - ⅢB：当决断高小于 15 米或无决断高，且跑道视程小于 175 米但不小于 50 米时运行。
  - ⅢC：当无决断高和无跑道视程限制时运行。

6）跑道的附属地带

（1）升降带。升降带是指一块划定的包括跑道和停止道的场地，用来减少飞机冲出跑道时遭受损坏的危险，保障飞机在起飞和着陆过程中在其上空安全飞过。升降带的长、宽要求如下。

- 长：基准代码为 1、2、3、4 的仪表跑道，其跑道端向外至少延伸 60 米；代码为 1 的非仪表跑道，其跑道端向外至少延伸 30 米。
- 宽：基准代码为 3、4 的跑道，其跑道中心两侧至少延伸 150 米；基准代码为 1、2 的跑道，其跑道中心两侧至少延伸 75 米。

（2）道肩。道肩是指跑道与土面的过渡带。道肩的结构强度小于跑道，其结构强度应保证偶然滑出不至于造成飞机的结构损坏，并支承可能在道肩上行驶的车辆。

跑道道肩的宽度及其他要求如下。

- 跑道道面两侧道肩的最小宽度应为 1.5 米。
- 飞行区指标Ⅱ等级为 D 或 E 的跑道，其道面及道肩的总宽度应不小于 60 米。
- 飞行区指标Ⅱ等级为 F 的跑道，其道面及道肩的总宽度应不小于 75 米。
- 道肩的颜色最好与跑道明显不同。确有困难时，须为跑道边线标志涂漆。
- 跑道道肩与跑道相接处的表面应齐平，道肩横坡坡度应不大于 2.5%。

（3）跑道端安全区。在升降带两端，应提供跑道端安全区，用来减少飞机偶尔冲出跑道及提前接地时遭受损坏的危险。其地面必须平整、压实，并且不能有危及飞行安全的障碍物。

跑道端安全区应自升降带端向外延伸至少 90 米。飞行区指标Ⅰ等级为 3 或 4 的跑道端安全区宜自升降带端向外延伸至少 240 米；飞行区指标Ⅰ等级为 1 或 2 的跑道端安全区宜自升降带端向外延伸至少 120 米。跑道端安全区的宽度应至少等于与其相邻的跑道宽度的 2 倍，当条件许可时，应不小于与其相邻的升降带平整部分的宽度。

2. 滑行道

滑行道是机场的重要地面设施，是机场内供飞机滑行的规定通道。滑行道的主要功能是提供从跑道到候机楼区的通道，使已着陆的飞机迅速离开跑道，不与起飞滑跑的飞机相互干扰，并尽量避免延误随即到来的飞机着陆。此外，滑行道还提供了飞机由候机楼区进入跑道的通道。滑行道可将功能不同的分区（飞行区、候机楼区、飞机停放区、维修区及供应区）联结起来，使机场最大限度地发挥其容量潜力，并提高运行效率。

滑行道系统主要包括主滑行道、进/出口滑行道、飞机机位滑行通道、机坪滑行道、辅助滑行道、滑行道道肩及滑行带。滑行道系统的构成如图 2-9 所示。滑行道系统可以根据实际需要分阶段建设，逐步完善，避免一次建设费用过高而利用率又过低的问题。

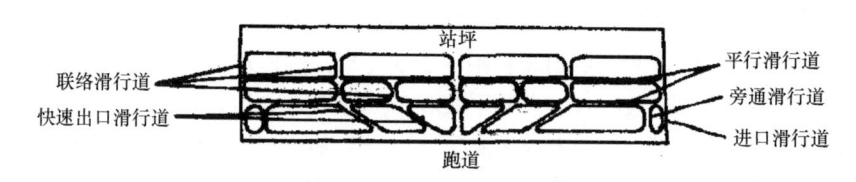

图 2-9 滑行道系统的构成

主滑行道又称干线滑行道，是飞机往返于跑道与机坪的主要通道，通常与跑道平行。进/出口（进口或出口）滑行道又称联络滑行道（俗称联络道），是沿跑道的若干处设计的滑行道，旨在使着陆飞机尽快脱离跑道。一般在跑道两端各设置一个进口滑行道。出口滑行道大多与跑道正交，快速出口滑行道与跑道的夹角为 25°~45°，最好取 30°，飞机可以较快的速度由快速出口滑行道离开跑道，不必降到最低速度。出口滑行道距跑道入口的距离取决于飞机进入跑道入口时的速度（进场速度）、接地速度、脱离跑道时的速度、减速度及出口滑行道数量、跑道与机坪的相对位置。出口滑行道数量应考虑高峰时运行飞机的类型及每类飞机的数量。

对于交通繁忙的机场，为防止前面飞机不能进入跑道而妨碍后面飞机的进入，则通过设置等待坪、双滑行道（或绕行滑行道）及双进口滑行道等方式，为确定起飞顺序提供更大的灵活性，也提高了机场的容量和效率。滑行道和跑道端处的等待坪用标志线在地面上标出，这个区域是为了让飞机在进入跑道前等待许可指令。等待坪与跑道端线应保持一定的距离，以防止等待飞机的任何部分进入跑道，成为运行的障碍物或产生无线电干扰。

有些机场还设置了旁通滑行道和绕行滑行道。当交通密度较高时，宜设置旁通滑行道。旁通滑行道应位于跑道两端附近，平行于跑道端联络道，其间距应符合要求。旁通滑行道的其他要求与普通滑行道一致。当运行需要时，宜设置绕行滑行道，以减少飞机穿越跑道的次数。绕行滑行道不应影响仪表着陆系统（Instrument Landing System，ILS）信号和飞机运行，在绕行滑行道上运行的飞机不应超过此时运行方式所需的障碍物限制面，不应干扰起飞和降落飞机驾驶员的判断，应根据运行需要，设置目视遮蔽物。

本节练习题

一、单项选择题

1．下列对基准代号的说法中，正确的是（   ）。

　　A．在各种条件一样的情况下，基准代号为4C和3B的飞行区具有同样的跑道长度

　　B．基准代号与跑道宽度无关

　　C．基准代号是机场分类的标准

　　D．基准代号不同，PCN可以相同

2．某09-27号跑道长2 800米，后09跑道延长了400米，入口移至新跑道端，此时机场基准点应（   ）。

　　A．向09号方向移200米　　　　　　B．向27号方向移200米

　　C．位置保持不变　　　　　　　　　D．A和B都对

3．假设某机场跑道的一个方向由于飞行上的原因禁止用于起飞、着陆，或者既不能用于起飞也不能用于着陆，则公布相应距离时应用（   ）表示。

　　A．NO　　　　　B．NU　　　　　C．US　　　　　D．NT

4．停止道起始于（   ）。

　　A．可用起飞滑跑距离的末端　　　　B．可用起飞距离的末端

　　C．可用着陆距离的末端　　　　　　D．可用加速停止距离的末端

5．净空道的宽度至少为（   ）。

　　A．75米　　　　　　　　　　　　　B．150米

　　C．跑道宽度的2倍　　　　　　　　D．跑道宽度的1.5倍

6．设有停止道的跑道，其净空道的起点应在（   ）。

　　A．跑道末端　　　　　　　　　　　B．停止道末端

　　C．升降带末端　　　　　　　　　　D．跑道端安全地区末端

7．对于飞行区指标Ⅰ等级为2、3、4的跑道，升降带自跑道或停止道端至少向外延伸（　　）。
　　A．60米　　　　B．30米　　　　C．45米　　　　D．90米
8．对于飞行区指标Ⅱ等级为A、B、C的跑道，其两侧道肩宽度为（　　）。
　　A．0.5米　　　B．1米　　　　C．1.5米　　　D．2.5米
9．快速出口滑行道与跑道的夹角最好为（　　）。
　　A．25°　　　　B．30°　　　　C．45°　　　　D．60°
10．具体的道面PCN值一般是（　　）。
　　A．固定的数值　　　　　　　　B．随季节性气候变化
　　C．随飞机机型的不同而变化　　D．ACN值的1.5倍
11．ACN值一般是（　　）。
　　A．固定的数值　　　　　　　　B．随温度变化
　　C．由机场建设部门提供
　　D．在不同的道面和不同的土基上，ACN值不一样
12．在低强度土基上的性质类似柔性道面的组合道面，最大允许胎压为1.0MPa，用经验评定法确定的道面等级序号为50，则应报告为（　　）。
　　A．PCN50/F/C/Y/U　　　　　B．PCN50/R/CNIT
　　C．PCN50/F/C/Y/T　　　　　D．PCN50/R/C/Y/U
13．下列说法正确的是（　　）。
　　A．同一架飞机，在不同的机场使用的起飞滑跑距离都一样
　　B．同一架飞机，ACN值是一个常数
　　C．同一架飞机，PCN值是一个常数
　　D．同一条跑道，PCN值不一定是一个常数
14．同一架B757-200飞机，重量相同，在银川机场（PCN32/F/C/Y/T）和首都机场（PCN90/R/B/W/T）上运行的ACN值（　　）。
　　A．相同　　　　B．不同　　　　C．不能确定

二、简答题

1．简述机场跑道构型有哪几种。
2．简述ACN-PCN方法使用的条件。
3．已知某机场的跑道磁方位角为55°~235°，长2 800米，北侧停止道长60米，净空道长200米，南侧无停止道，净空道长200米，因南侧有障碍物，原跑道入口内移150米。请画出该机场跑道示意图，标出跑道号码，并求出LDA、TORA、TODA、ASDA。
4．一架B747-400飞机在低强度土基上刚性道面的ACN值为72，胎压为1.2MPa，它可否在上海虹桥机场（PCN70/R/C/X/T）的跑道上起降？

第二节　机场灯光系统

　　机场灯光系统是非常重要的目视助航系统，主要作用是在白天能见度低时和夜晚为进近着陆的飞机提供目视助航信息，帮助飞行人员顺利完成进近着陆。机场灯光系统主要包括航空灯标、进近灯光系统、目视进近坡度指示系统、跑道灯光系统、滑行道灯光系统和其他灯光系统。

一、航空灯标

1. 机场灯标

当飞机主要依靠目视航行,或者机场经常出现低能见度、周围灯光或地形使机场不易被发现时,应安装机场灯标。机场灯标主要用于从空中辨明机场位置。

机场灯标必须设置在机场内或机场附近。机场灯标的各重要方向不能被物体遮蔽,并对进近着陆中的驾驶员不产生眩光。机场灯标的闪光通常为白色,或者白色与绿色;水上机场为白色和黄色交替闪光。水陆两用机场如用有色闪光,必须根据机场规定的主要用途来选择闪光的颜色。

2. 机场识别灯标

供夜间使用且从空中用其他目视方法不易识别的机场,必须设置识别灯标。识别灯标必须设置在机场内。陆地机场的识别灯标显示绿色;水上机场的识别灯标显示黄色,识别字母必须用国际莫尔斯电码传送,每分钟 6~8 个字。

二、进近灯光系统

1. 简易进近灯光系统

拟在夜间使用的飞行区指标 I 等级为 3 或 4 的非仪表跑道,应设 A 型简易进近灯光系统;拟在夜间使用的非精密进近跑道,应设 B 型简易进近灯光系统。在实际可行的情况下,宜设置 I 类精密进近灯光系统。

简易进近灯光系统应由一行位于跑道中线延长线上并尽可能延伸到距跑道入口不小于 420 米处的灯具及一排在距跑道入口 300 米处构成一个长 30 米或 18 米的横排灯的灯具组成。构成横排灯的灯具应设置在一条尽可能接近水平的直线上,垂直于中线灯线且被其平分。横排灯的灯具应布置得能够产生一种直线效果,只有当采用 30 米的横排灯时,方可在中线两侧各留一个空隙。这种空隙应保持最小值,既能满足当地要求,又不大于 6 米。简易进近灯光系统的布置如图 2-10 所示。

从图 2-10 可以看出,简易进近灯光系统分为 A 型和 B 型两种,灯具应是恒定发光灯,构成中线的灯具的纵向间距应为 60 米,只有在需要改善引导作用时才可采用 30 米的间距。最靠近跑道入口的灯具应根据选用的中线灯的纵向间距,设在距跑道入口 60 米或 30 米处。

A 型简易进近灯光系统应采用低光强、发红色光的全向灯具,灯具在水平面以上 0°~50° 范围内均应发光,其中 6°~10°范围内的光强应不小于 10cd(红光)。B 型简易进近灯光系统的中线灯和横排灯应采用发可变白光的恒定发光灯。

A 型简易进近灯光系统各灯具的对称轴线应调置为垂直于水平面。B 型简易进近灯光系统的横排灯及其与入口之间的所有短排灯的仰角应调置为 5.5°,其余短排灯的仰角为 6.0°。所有灯具的光束的对称轴线在水平面上的投影应与跑道方向平行。

A 型简易进近灯光系统宜采用并联方式供电,不必调节光强。B 型简易进近灯光系统宜采用串联方式供电,光强应能分五级调节。简易进近灯光系统宜由一个电路供电。

简易进近灯光系统应设有应急电源,应急电源应能尽快投入继续供电。对于 B 型简易进近灯光系统,应急电源的投入速度应满足灯光转换时间不大于 15 秒的要求。

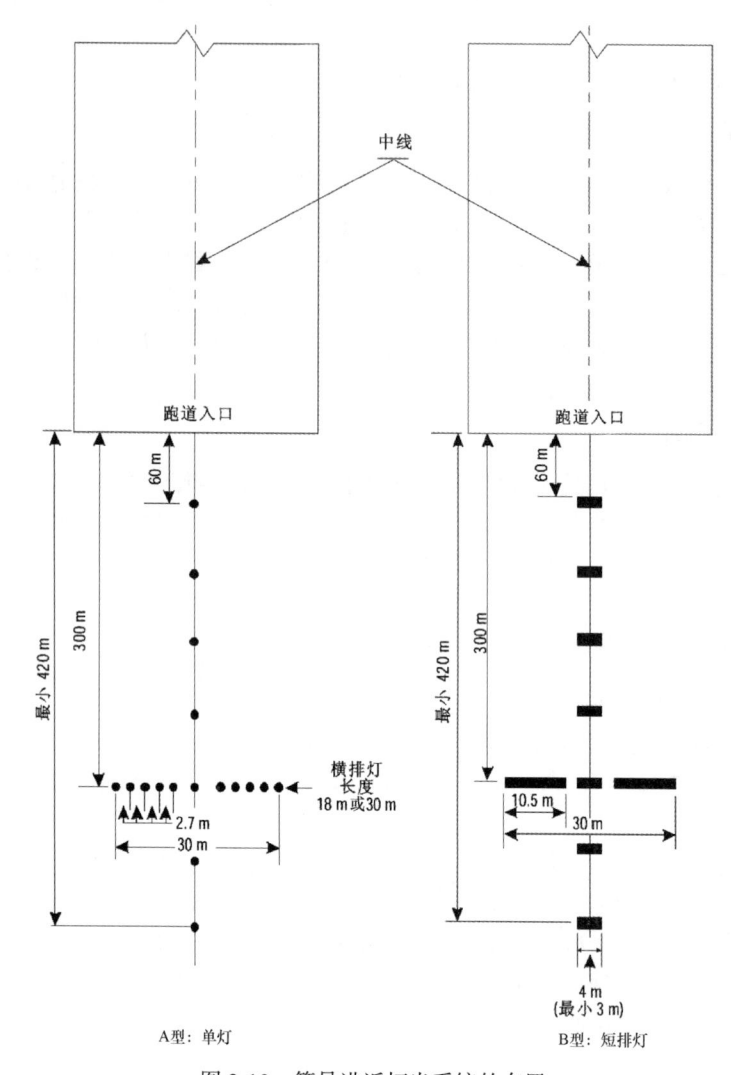

图 2-10 简易进近灯光系统的布置

2. Ⅰ类精密进近灯光系统

Ⅰ类精密进近跑道应设Ⅰ类精密进近灯光系统。

Ⅰ类精密进近灯光系统如图 2-11 所示。Ⅰ类精密进近灯光系统的全长应延伸到距跑道入口 900 米，因场地条件限制无法满足上述要求时，可以适当缩短长度，但总长度不得低于 720 米。长度不足 900 米的进近灯光系统可能会使跑道的使用受到运行限制。

Ⅰ类精密进近灯光系统应由一行位于跑道中线延长线上并尽可能延伸到距跑道入口 900 米处的中线灯及一排在距跑道入口 300 米处构成一个长 30 米的横排灯的灯具组成。

Ⅰ类精密进近灯光系统的中线灯和横排灯应是发可变白光的恒定发光灯。每一中线灯应为：

（1）A 型：在中线的最里面 300 米部分为单灯光源，在中线的中间 300 米部分为双灯光源，在中线的外端 300 米部分为三灯光源，用以提供距离信息。

（2）B 型：一个短排灯。

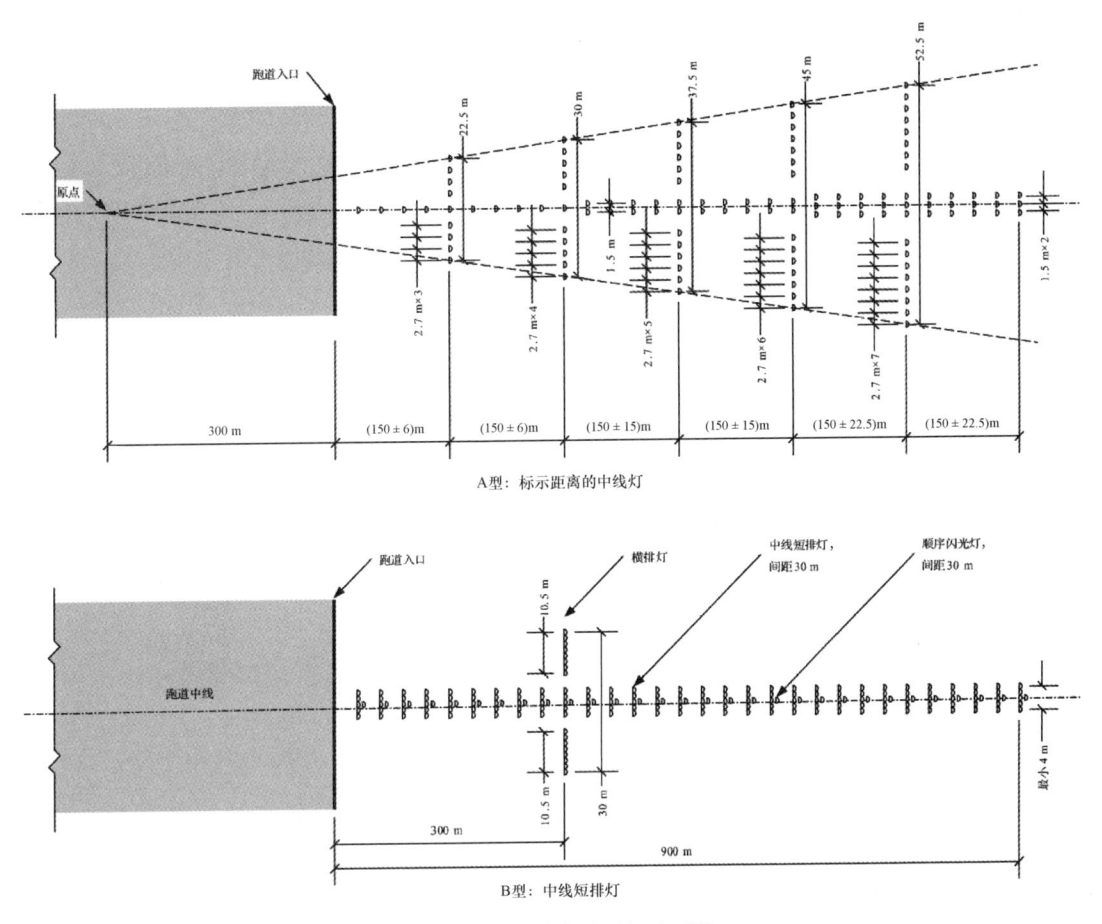

图 2-11 Ⅰ类精密进近灯光系统

3. Ⅱ类和Ⅲ类精密进近灯光系统

Ⅱ类或Ⅲ类精密进近跑道应设Ⅱ类或Ⅲ类精密进近灯光系统。

Ⅱ、Ⅲ类精密进近灯光系统全长宜为 900 米，因场地条件限制无法满足上述要求时，可以适当缩短长度，但总长度不得低于 720 米。系统应由一行位于跑道中线延长线上并尽可能延伸到距跑道入口 900 米处的灯具组成，此外还应有两行延伸到距跑道入口 270 米处的边灯和两排横排灯，其中一排横排灯距跑道入口 150 米，另一排横排灯距跑道入口 300 米。其中距跑道入口 300 米以内的灯具布置如图 2-12 所示。900 米的长度是根据在Ⅰ、Ⅱ和Ⅲ类条件下为飞行提供引导的要求确定的。长度小于 900 米可能支持Ⅱ类和Ⅲ类运行，但Ⅰ类运行可能会受到限制。如果跑道入口内移，则道面上的灯具应为嵌入式的。

应为Ⅱ类和Ⅲ类精密进近灯光系统设置能够自动投入的应急电源，应急电源的投入速度应满足灯光转换时间的要求。系统中距跑道入口 300 米以内部分的灯光转换时间应不大于 1 秒，其余部分的灯光转换时间应不大于 15 秒。系统中的顺序闪光灯应由一个能分三级调光的并联电路供电，其余均应由两个能分五级调光的串联电路供电，中线短排灯和侧边短排灯应隔排串联在两个不同的电路内，横排灯上的单灯则应隔灯串联在两个不同的电路内。

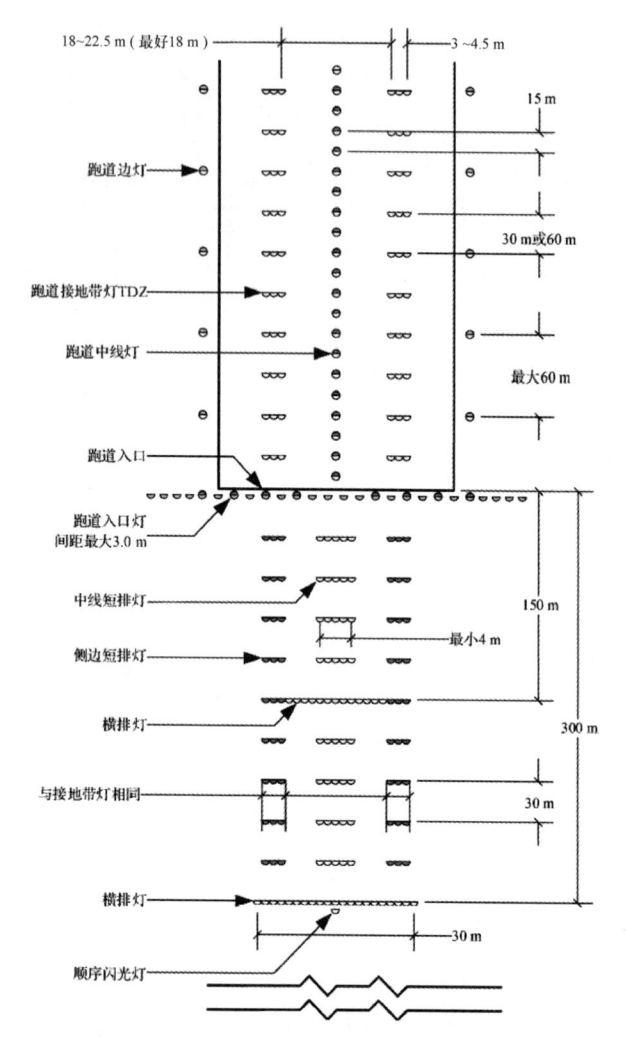

图 2-12　Ⅱ类和Ⅲ类精密进近跑道内端 300 米的进近灯光和跑道灯光

三、目视进近坡度指示系统

目视进近坡度指示系统是航空器从最后进近到跑道入口的重要目视设备，目的是保证航空器能沿正确的下滑道进入跑道，并且能安全超越障碍物。

下列情况需设置目视进近坡度指示系统。

（1）涡轮喷气飞机或有类似进近引导要求的飞机使用的跑道。

（2）飞行人员可能在进近中感到难以判断。

（3）在进近地区存在物体。

（4）跑道任何一端的具体条件在发生飞机过早接地或冲出跑道的情况下会导致严重的危险。

（5）地形或经常的气象条件使飞机在进近中可能受到异常的扰动。

目视进近坡度指示系统的种类有许多，目前比较常用的是精密进近航道指示器和目视进近坡度指示器。

1. 精密进近航道指示器

精密进近航道指示器（Precision Approach Path Indicator，PAPI）应设在跑道的左侧（对进近中的驾驶员而言），但在实际不可行时可设在跑道的右侧。当使用跑道的航空器需要未能由其他外部方式提供的目视侧滚引导时，可在跑道的另一侧设置另一组灯具。PAPI 按照灯具的组成可分为两种型号：L-880，由 4 个灯具组成（PAPI）；L-881，由 2 个灯具组成（APAPI），各灯具的光轴在水平面上的投影应平行于跑道中线，朝向进近中的航空器。全部灯具应易折，并应尽可能地安装在同一水平面上，各个灯具的仰角调置应按确定的进近坡度满足下列要求。

（1）适合向系统所在跑道端进近的航空器使用。

（2）尽可能与 ILS（如设有）的下滑航道一致，或者与微波着陆系统（Microwave Landing System，MLS）（如设有）的最小下滑航道一致。

（3）在进近中的驾驶员看见 PAPI 系统的三个红灯和一个白灯信号，或者看见 APAPI 系统的最低的"在坡度上"（一红一白）信号时，能对进近区内的所有物体保持一个安全净距。

（4）在为提供侧滚引导而在跑道两侧设置 PAPI 或 APAPI 的场合，将相应灯具的仰角设置得相同，使两组灯具的信号同时对称变化。

PAPI 和 APAPI 的灯具布置、光束和仰角调置分别如图 2-13 和图 2-14 所示。

PAPI 系统的构造和布置应使进近中的驾驶员：

- 正好在或接近进近坡时，看到离跑道最近的两个灯具为红色，离跑道较远的两个灯具为白色。
- 高于进近坡时，看到离跑道最近的灯具为红色，离跑道最远的三个灯具为白色；在高于进近坡更多时，看到全部灯具均为白色。
- 低于进近坡时，看到离跑道最近的三个灯具为红色，离跑道最远的灯具为白色；在低于进近坡更多时，看到全部灯具均为红色。

APAPI 系统的构造和布置应使进近中的驾驶员：

- 正好在或接近进近坡时，看到离跑道较近的灯具为红色，离跑道较远的灯具为白色。
- 高于进近坡时，看到两个灯具均为白色。
- 低于进近坡时，看到两个灯具均为红色。

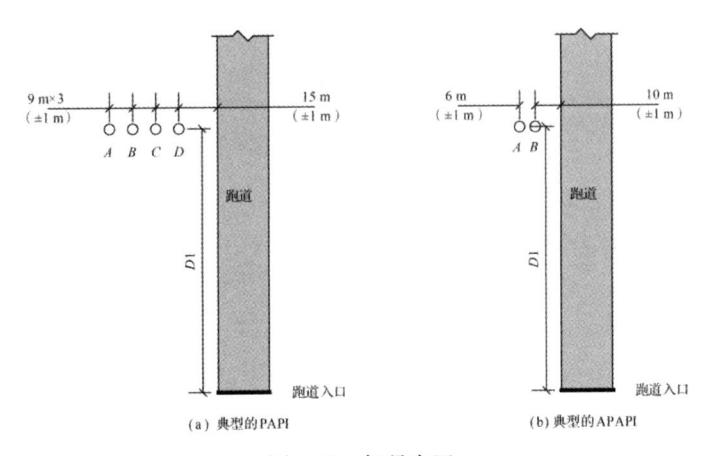

(a) 典型的 PAPI

(b) 典型的 APAPI

图 2-13　灯具布置

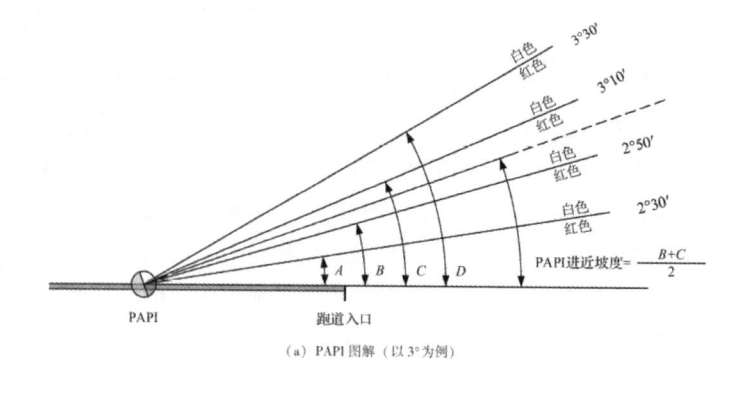

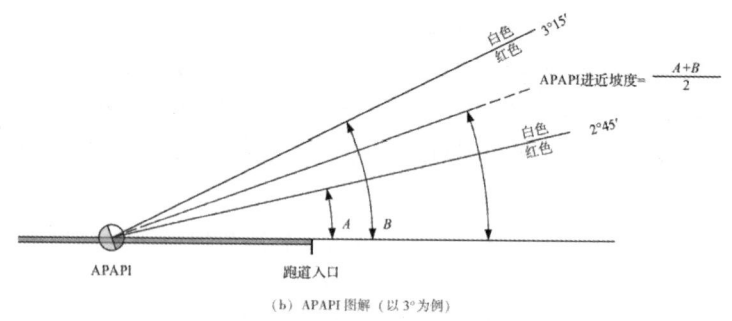

图 2-14 光束和仰角调置

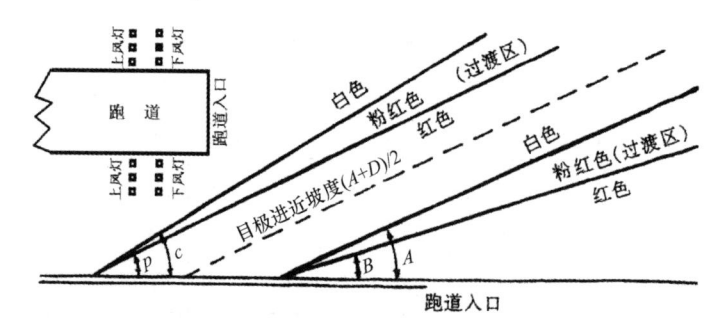

2. 目视进近坡度指示器

目视进近坡度指示器（Visual Approach Slope Indicator，VASI）是一组设于跑道旁，向驾驶员显示飞机进近下滑角度是否适合的灯号。根据规定，灯号日间最远可以在 8 千米外看见，夜间在 32 千米外看见。

1）标准目视进近坡度指示器

标准目视进近坡度指示器由 12 个灯具组成，分为上风灯和下风灯两组，设置在跑道两侧，每个灯具上部发射白色光束，下部发射红色光束，如图 2-15 所示。

图 2-15 标准目视进近坡度指示器

标准目视进近坡度指示器的构造和布置应当使进近中的驾驶员：

- 正好在下滑道时，看到上风灯为红色，下风灯为白色。
- 高于正常下滑道时，看到上风灯和下风灯均为白色。

- 低于正常下滑道时,看到上风灯和下风灯均为红色。

2)三色目视进近坡度指示器

一些民用飞机使用的跑道给高座舱的飞机提供了三色目视进近坡度指示器,这些飞机需要有足够的高度来确定更远的瞄准点。

三色目视进近坡度指示器包括红、绿、琥珀三种颜色,当进近中的驾驶员高于下滑道时,看到的是琥珀色;正好在下滑道时,看到的是绿色;低于下滑道时,看到的是红色,如图 2-16 所示。三色目视进近坡度指示器的可见距离白天为 1.5 米,夜间为 5 米。

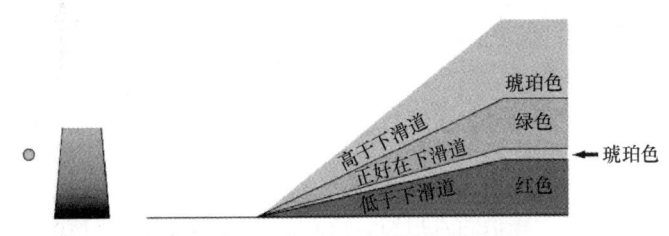

图 2-16　三色目视进近坡度指示器

3)脉冲式目视进近坡度指示器

脉冲式目视进近坡度指示器的指示原理是:当飞机在正确的下滑角度时显示白色,反之则以脉冲式红色或白色的方式向驾驶员提供信息;飞机进近角度过高会显示脉冲式白色,角度稍低会显示红色,角度过低会显示脉冲式红色,如图 2-17 所示。

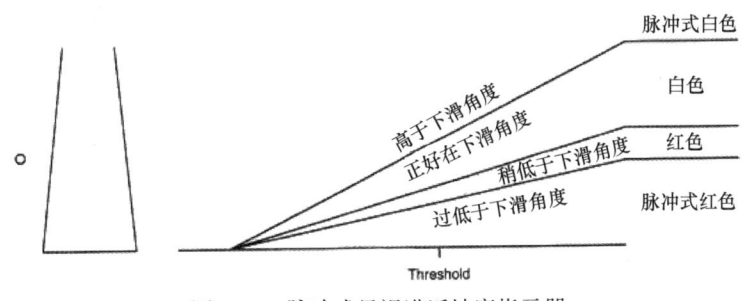

图 2-17　脉冲式目视进近坡度指示器

4)T 字目视进近下滑指示灯

T 字目视进近下滑指示灯的设计原理是:当飞机以正确的角度下滑时,驾驶员只能看到跑道两侧与跑道垂直的白色灯号;当下滑角度过高或过低时,则分别会看到一个倒 T 字(⊥)或一个正 T 字(T),且 T 字的竖边长短指示飞机下滑角度的偏离程度,十分形象。当下滑角度严重过低时,整体灯号会转为红色以警告驾驶员。但由于 T 字目视进近下滑指示灯在下滑角度正确时的灯号容易与 PAPI 指示下滑角度过高时的灯号混淆,且 T 字的竖边在下滑角度偏离不大时远距离难以看清,因此目前各机场已很少采用该款灯号。

四、跑道灯光系统

1. 跑道边灯

夜间使用的跑道或昼夜使用的精密进近跑道应设置跑道边灯。

拟供在昼间跑道视程低于800米左右的最低运行标准条件下起飞的跑道应设置跑道边灯。

跑道边灯应是发可变白光的恒定发光灯,但:

(1)在跑道入口内移的情况下,从跑道端至内移跑道入口之间的灯应对进近方向显示红色。

(2)跑道末端600米范围内的跑道边灯朝向跑道中部的灯光应为黄色。若跑道长度不足1 800米,则发黄色光的跑道边灯所占长度应为跑道长度的1/3。

2. 跑道入口灯

设有跑道边灯的跑道应设置跑道入口灯,只有跑道入口内移并设有跑道入口翼排灯的非仪表跑道和非精密进近跑道可不设置跑道入口灯。

跑道入口灯应为向跑道进近方向发绿色光的单向恒定发光灯。跑道入口灯应为总高不大于0.35米的轻型易折的立式灯具或嵌入式灯具,入口内移的入口灯应为嵌入式的。

3. 跑道入口翼排灯

当需要加强显示精密进近跑道的入口时,或者当非仪表跑道和非精密进近跑道因入口内移未设置入口灯时,应设跑道入口翼排灯。

跑道入口翼排灯应设置在跑道入口的两侧,每侧至少由5个灯具组成,垂直于跑道边线并向外延伸至少10米,最里面的灯具位于跑道边灯线上。

跑道入口翼排灯应为向跑道进近方向发绿色光的单向恒定发光灯。跑道入口翼排灯应为总高不大于0.35米的轻型易折的立式灯具或嵌入式灯具。

4. 跑道末端灯

设有跑道边灯的跑道应设置跑道末端灯。

跑道末端灯至少应由6个灯具组成,可在两行跑道边灯线之间均匀分布,也可对称于跑道中线分为两组,每组灯具应等距布置,在两组之间留一个不大于两行跑道边灯之间距离一半的缺口。

跑道末端灯应为向跑道方向发红色光的单向恒定发光灯。非精密进近跑道和精密进近跑道的跑道末端灯应为轻型易折的立式灯或嵌入式灯具。

5. 跑道中线灯

精密进近跑道和起飞跑道应设置跑道中线灯。

跑道中线灯应采用嵌入式灯具,在跑道入口至末端之间以约15米的间距沿跑道中线布置,在出口滑行道较少的一侧,允许偏离跑道中线最多0.6米。仅在跑道中线灯的维护能够保证灯具的完好率达到95%以上,同时没有两个相邻的灯具失效,而且跑道是计划在跑道视程等于或大于350米时运行的情况下,灯具的纵向间距才可改为大约30米。

为了向从入口内移的跑道端起飞的航空器提供引导,应用下列方法之一标出自跑道端至内移入口之间的跑道中线。

(1)如果自跑道端至内移入口之间的跑道上设有进近灯光系统的最末一部分灯具,则可利用这部分灯具提供起飞引导,但应调节其光强以适合起飞的需要而不眩目。

(2)在跑道端与内移入口之间设置跑道中线灯,并应能在航空器向此内移入口进近着陆时关闭这一部分跑道中线灯。应采取措施防止在跑道用于着陆时单独开亮这一部分跑道中线灯。

(3)在自跑道端至内移入口的跑道中线上设置发白色光的长度不小于3米、纵向间距30

米的短排灯组，其光强应能调节以适合起飞的需要而不眩目。

跑道入口内移的进近灯光和跑道灯光布置如图 2-18 所示。

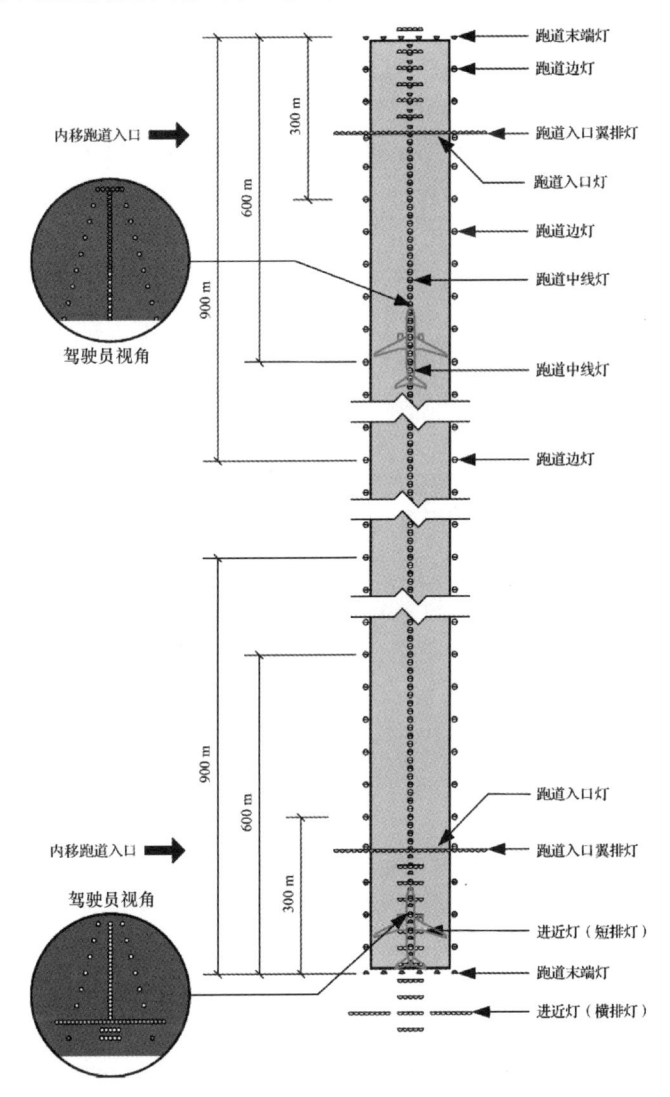

图 2-18 跑道入口内移的进近灯光和跑道灯光布置

跑道中线灯灯光自入口至距离跑道末端 900 米范围内应为白色；从距离跑道末端 900 米处开始至距离跑道末端 300 米范围内应为红色与白色相间；从距离跑道末端 300 米处开始至跑道末端应为红色。若跑道长度不足 1 800 米，则应改为自跑道中点起至距离跑道末端 300 米范围内为红色与白色相间。

6．跑道接地带灯

Ⅱ类或Ⅲ类精密进近跑道的接地带上应设置跑道接地带灯。

跑道接地带灯应由嵌入式单向恒定发白色光的短排灯组成，朝向进近方向发光。短排灯应成对地从跑道入口开始，以 30 米或 60 米设置到距跑道入口 900 米处。成对的短排灯应对称地位于跑道中线的两侧，横向间距应与接地带标志相同。接地带灯短排灯应至少由3个灯具组成，各灯具的间距应不大于1.5米。短排灯的长度应不小于3米，不大于4.5米。

除非设置了接地带灯，在进近角大于3.5°和/或可用着陆距离加上其他一些因素可使冲出跑道的风险增加的机场，应设置简易接地带灯。

简易接地带灯应是位于跑道中线每侧的一对灯具，位于最终接地带标志上风边缘以外0.3米处，两对灯具的靠里边灯具之间的横向间距应等于接地带标志的横向间距。同一对灯具之间的间隔不得大于1.5米或接地带标志宽度的一半，两者取较大值。简易接地带灯如图2-19所示。

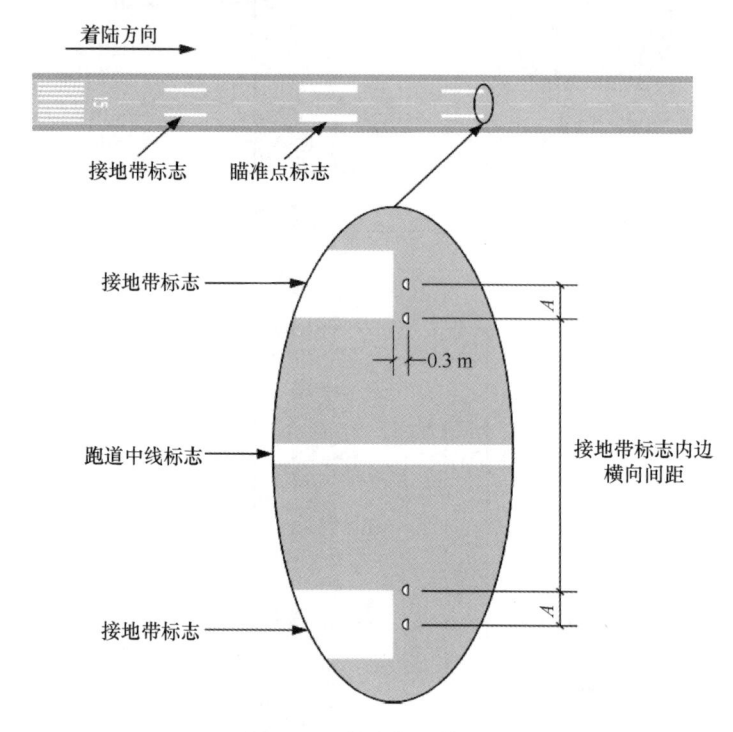

图 2-19　简易接地带灯

注：A 的尺寸为1.5米或接地带标志宽度的一半，两者取较大值。

如果设置在不带接地带标志的跑道上，简易接地带灯应安装在可提供等效接地带信息的位置。简易接地带灯应是发出可变白色光的单向恒定发光灯，应对准方向，使朝跑道方向进近的着陆飞机的驾驶员能看到。

7．跑道入口识别灯

在下列情况下应设置跑道入口识别灯。

（1）在需要使非精密进近跑道的入口更加明显或不可能设置其他进近灯光时。

（2）在跑道入口从跑道端永久位移或从正常位置临时位移并需要使入口更加明显时。

跑道入口识别灯应对称地设置在跑道中线两侧，与跑道入口在同一条直线上，在跑道两侧边灯线以外约10米处。

跑道入口识别灯应朝向进近着陆的航空器单向发光，每分钟闪60～120次白色光。

8．跑道警戒灯

跑道警戒灯分为 A 型跑道警戒灯和 B 型跑道警戒灯，如图 2-20 所示。

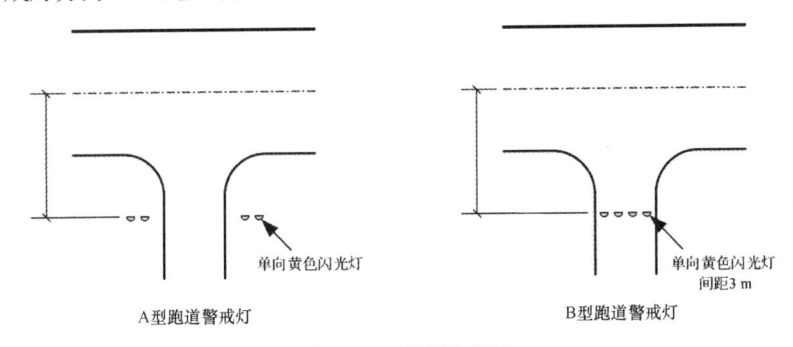

图 2-20　跑道警戒灯

应在下列情况下使用的跑道的每个跑道与滑行道（除单向运行出口滑行道外）相交处，设置 A 型跑道警戒灯。

（1）跑道视程小于 550 米且未安装停止排灯。

（2）跑道视程为 550～1 200 米且交通密度大。

在每个跑道与滑行道（除单向运行出口滑行道外）相交处，宜设置 A 型或 B 型跑道警戒灯。

B 型跑道警戒灯不应与停止排灯并列。A 型跑道警戒灯应设置在滑行道两侧，B 型跑道警戒灯应横贯滑行道设置。

A 型跑道警戒灯应包括两对背离跑道方向交替发黄色光的立式灯，设在滑行道两侧的立式停止排灯（如设有）的外侧或距离滑行道边约 3 米处（如未设立式停止排灯）。B 型跑道警戒灯应为背离跑道方向发黄色闪光的嵌入式灯，横跨滑行道全宽设置，间距为 3 米。准备在昼间使用的及作为高级地面活动引导和控制系统的一部分的跑道警戒灯应为高光强灯。

每对 A 型跑道警戒灯应以每分钟 30～60 次的频率交替闪光；B 型跑道警戒灯中相邻的灯应以每分钟 30～60 次的频率交替闪光。隔开的灯应同时闪光，闪光应时间相同，明暗相反。

五、滑行道灯光系统

1．滑行道边灯

准备在夜间使用的未设滑行道中线灯的滑行道和出口滑行道均应设置滑行道边灯。准备在夜间使用的机坪、等待坪、除冰坪和跑道掉头坪的边缘任何部分，都应设置滑行道边灯。只有当考虑了运行的性质，确认地面照明或其他方法已能提供足够的引导时，才不必设滑行道边灯。当跑道上作为标准滑行路线的一部分拟供在夜间滑行而没有滑行道中线灯时，应设置滑行道边灯。

滑行道边灯的纵向间距应不大于 60 米，但滑行道边灯设在跑道掉头坪的边缘时应不大于 30 米，在滑行道短的直线段上、转弯处和分支处的滑行道边灯间距应适当缩小。滑行道边灯应设在滑行道和各类机坪边缘之外，距滑行道和各类机坪边缘应不超过 3 米。

滑行道边灯应采用全向发蓝色光的轻型易折的立式灯具或嵌入式灯具。灯具应在自水平线到水平线以上至少 75°的范围内发光。

2. 滑行道中线灯

拟供在跑道视程小于 350 米的情况下使用的出口滑行道、滑行道、除冰/防冰设施和机坪，应设置滑行道中线灯，设置方式应确保能从跑道中线开始至停机坪上航空器开始其停放操作的地点为止提供连续的引导，只有在低交通密度且滑行道边灯和中线标志已能提供足够引导的情况下才可不设置。

拟供在跑道视程小于 350 米的情况下使用的、作为标准滑行路线的一部分的跑道上，应设置滑行道中线灯，只有在低交通密度且滑行道边灯和中线标志已能提供足够引导的情况下才可不设置。

拟供在跑道视程等于或大于 350 米的夜间情况下使用的滑行道上、复杂的滑行道相交处和出口滑行道上，应设置滑行道中线灯，只有在低交通密度且滑行道边灯和中线标志已能提供足够引导的情况下才可不设置。在可能需要勾画出滑行道边之处（如快速出口滑行道、窄滑行道），或者在有积雪的情况下，可设置滑行道边灯或标志物。

双向运行滑行道的中线灯应为双向恒定绿色灯，单向运行滑行道的中线灯应为单向恒定绿色灯，除了：

（1）双向运行滑行道，从航空器脱离跑道方向看，靠近跑道中线的第一个滑行道中线灯应发绿色光，之后应为绿色光与黄色光交替出现，最靠近红线处的灯应发黄色光，过了该位置之后的所有滑行道中线灯应发绿色光；从航空器进入跑道方向看，最靠近红线处的灯光应发黄色光，之后应为绿色光与黄色光交替出现，最远的灯应发绿色光。

（2）单向运行滑行道，从航空器脱离跑道方向看，靠近跑道中线的第一个滑行道中线灯应发绿色光，之后应为绿色光与黄色光交替出现，最靠近红线处的灯应发黄色光，过了该位置之后的所有滑行道中线灯应发绿色光；从航空器进入跑道方向看，最靠近红线处的灯光应发黄色光，之后应为绿色光与黄色光交替出现，最远的灯应发绿色光。

滑行道中线灯应设在滑行道中线标志上，只有当不可能设在标志上时，才可将灯具偏离不大于 0.6 米的距离。滑行道、出口滑行道和弯道上的滑行道中线灯布置如图 2-21 所示。

快速出口滑行道上的滑行道中线灯应从滑行道中线曲线起始点以前至少 60 米处的一点开始，一直延续到曲线终点以后滑行道中线上预期航空器将降速至正常滑行速度的一点为止，或者继续延伸，与滑行道直线段上的中线灯衔接。平行于跑道中线的那部分滑行道中线灯应始终距离跑道中线灯至少 0.6 米，灯具的纵向间距应不大于 15 米。

滑行道中线灯的灯具允许偏离滑行道中线标志至多 0.6 米。偏置的跑道和滑行道中线灯如图 2-22 所示。

3. 停止排灯

在每个通向拟在跑道视程小于 550 米情况下使用的跑道，在跑道等待位置及拟实行停止或放行控制的中间等待位置处，应设置停止排灯，但在下列情况下可不设置：

（1）具备防止航空器和车辆偶然侵入跑道的适当助航设施和程序。

（2）在跑道视程低于 550 米的情况下，具备限制同一时间内在运转区只有一架航空器和必不可少的最少车辆的运行程序。

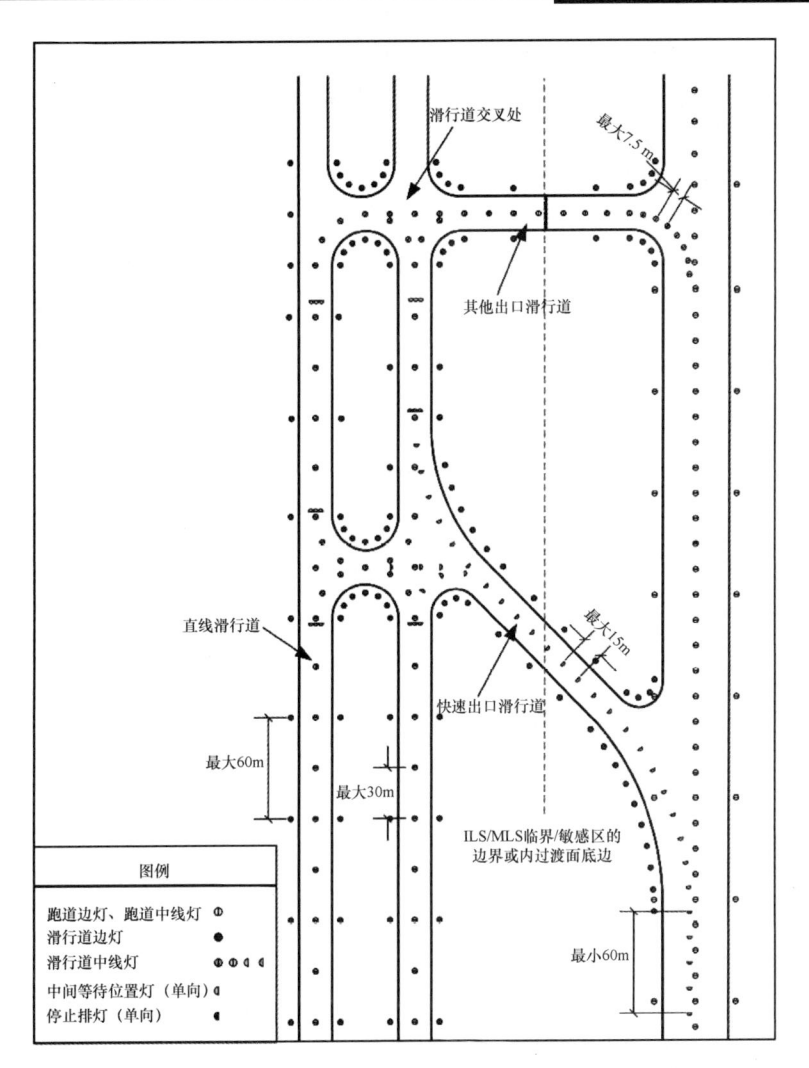

图 2-21　滑行道、出口滑行道和弯道上的滑行道中线灯布置

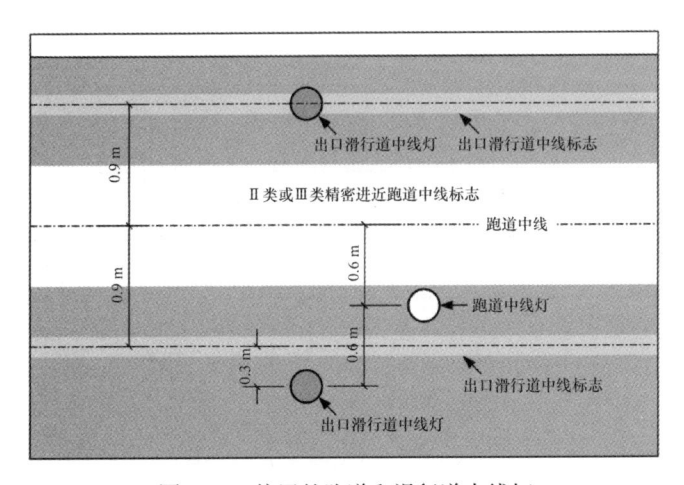

图 2-22　偏置的跑道和滑行道中线灯

对于夜间和跑道视程大于 550 米情况下使用的跑道，在跑道等待位置宜设置停止排灯，作为防止跑道侵入的有效措施之一。当要求用灯光来补充标志并用目视方法实施交通管制时，应在中间等待位置处设置停止排灯。

停止排灯应设在滑行道上要求航空器停住等待放行之处，由若干个朝向趋近停止排灯的航空器发红色光的嵌入式灯具组成。停止排灯应横贯滑行道，灯间均匀分布，距离不超过 3 米。

在常规的停止排灯可能由于雨雪等因素致使驾驶员看不清楚，或者由于要求航空器停住的位置距离停止排灯太近以致灯光被机身挡住的情况下，应在停止排灯的两端滑行道边以外至少 3 米处，各增设一对光学特性与停止排灯相同的立式灯具，并使其一直都能被趋近的驾驶员看到。停止排灯的布置如图 2-23 所示。

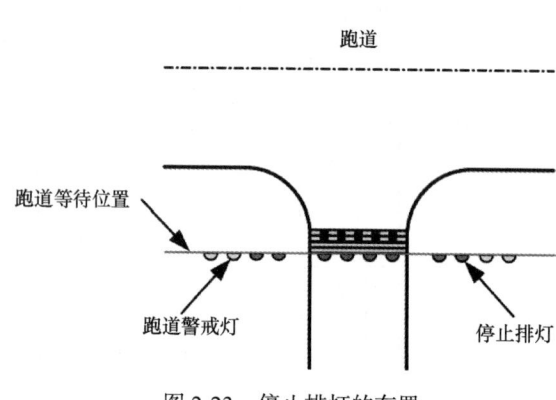

图 2-23　停止排灯的布置

4．快速出口滑行道灯

拟在跑道视程低于 350 米的情况下运行或高交通密度的跑道，应设置快速出口滑行道指示灯。一组快速出口滑行道指示灯在其运行的任何时间内均应按 6 个灯一组的全构型展示，如图 2-24 所示，否则应关闭。

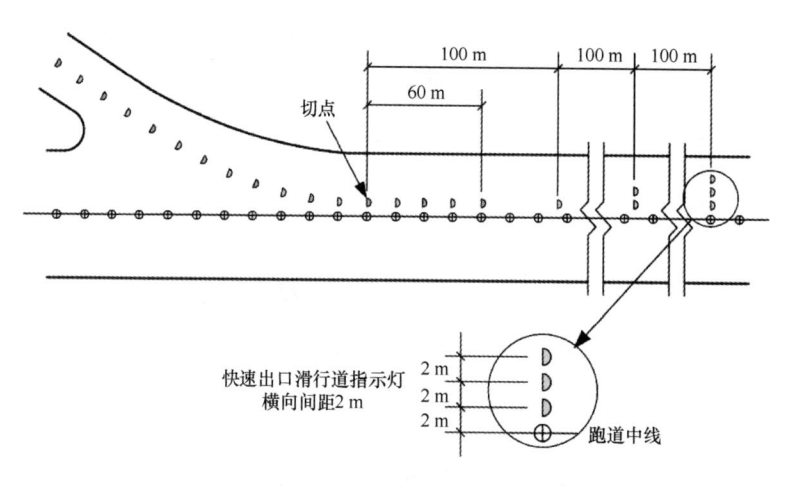

图 2-24　快速出口滑行道指示灯

一组快速出口滑行道指示灯应与相关的快速出口滑行道设在跑道中线的同一侧。在每组快速出口滑行道指示灯中，灯间距离应为 2 米，最靠近跑道中线的灯距离跑道中线应为 2 米。当跑道上有一条以上的快速出口滑行道时，每组出口滑行道的快速出口滑行道指示灯在运行时均不应与另一组正在运行的快速出口滑行道指示灯重叠。快速出口滑行道指示灯应为单向黄色恒定发光灯，朝向趋近跑道着陆的飞机。

六、其他灯光系统

1．除冰坪出口灯

在比邻滑行道的远距除冰坪的出口边界处，应设置除冰坪出口灯。除冰坪出口灯应沿除冰坪出口边界处的中间等待位置标志内侧设置，距离标志 0.3 米。除冰坪出口灯应由若干个具有类似滑行道中线灯的光学特性、朝向趋近出口边界方向发黄色光的单向嵌入式恒定发光灯组成。灯具应以 6 米的等间距设置。

2．跑道掉头坪灯

拟在跑道视程低于 350 米的情况下使用的跑道掉头坪上，应设置跑道掉头坪灯。拟在夜间使用的跑道掉头坪上，宜设置跑道掉头坪灯。

跑道掉头坪灯应设置在跑道掉头坪标志上，只有在实际不可行时才可偏离标志不超过 0.3 米。直线段上的跑道掉头坪灯的纵向间距应不大于 15 米，曲线段上的跑道掉头坪灯的间距应不大于 7.5 米。

跑道掉头坪灯应是单向绿色恒定发光灯，其光束范围应只有从位于或趋近跑道掉头坪的飞机上才能看见。

3．机位操作引导灯

在已有其他方式无法提供足够的引导时，拟供在低能见度条件下使用的有铺筑面的机坪或除冰坪上，应设置机位操作引导灯，以便利航空器正确地停放在机位上。

机位操作引导灯打开表示机位可供使用，关闭表示机位不可使用。

机位操作引导灯应与机位标志设在一起，用以标出引入线、转弯线和引出线的灯具在曲线上的间距应不大于 7.5 米，在直线段上的间距应不大于 15 米。

除标示停住位置的灯应为恒定发红色光的单向灯外，其他机位操作引导灯应为恒定发黄色光的全向灯，发出的光应在准备由其提供引导的整个区段内都能看到，灯具的光强应满足使用机位的需要，一般不宜低于 60cd。

4．盘旋引导灯

在跑道准备用于盘旋进近的情况下，若现有的进近和跑道灯光系统不能保证盘旋飞行的驾驶员识别跑道和/或进近区，则应设置盘旋引导灯。

盘旋引导灯的位置和数量应确保驾驶员能根据情况：

（1）进入第 3 边或调整飞机的方向和轨迹以保持对跑道有一个所需要的距离，并在经过跑道入口时将跑道入口辨认出来。

（2）在有其他目视助航设施提供辅助的情况下，保持看见跑道入口和/或可借以判断转到第

4边和最后进近的其他特征。

盘旋引导灯应由下列灯具组成。

- 指明跑道中线延长线和/或进近灯光系统的一部分的灯具。
- 指明跑道入口位置的灯具。
- 指明跑道方向或位置的灯具。
- 以上几种灯具的组合。

盘旋引导灯应为闪光灯或恒定发光灯，其光强和光束扩散角在预期进行目视盘旋进近的能见度和周围灯光条件下应能满足使用要求。闪光灯应发白光，恒定发光灯应发白光或为气体放电灯。

盘旋引导灯灯具的设计和安装应确保正在进近着陆、起飞或滑行的驾驶员不会感觉眩目或误解。

5. 跑道引入灯光系统

为避开障碍物、危险地形或减少噪声等，需要沿某一特定的进近航道提供目视引导的机场，应设置跑道引入灯光系统。

跑道引入灯光系统应由多组至少包括3个闪光灯的闪光灯组组成，从跑道端外常规进近航道终点上空容易发现的一点开始，以不大于1 600米的间距沿要求的特定进近航道设置，直到可见进近灯光系统、跑道或跑道灯光系统处为止。每组灯的位置和朝向应便于从前一组灯的上空发现，使引导连续不断。跑道引入灯光系统的典型布局如图2-25所示。在每个闪光灯组中可加设若干恒定发光灯，每组的几个闪光灯应同时以每秒1次的频率闪亮，各组宜由远端开始顺序向近端逐组闪光，每秒一个循环。每个闪光灯组的电源都应能由机场遥控。

6. 跑道状态灯

跑道状态灯是一种跑道侵入自主警告系统。跑道状态灯的两个基本目视组成部分是跑道进入灯和起飞等待灯，两者都可以单独安装，但两者被设计成彼此互为补充的关系。

所安装的跑道进入灯应偏离滑行道中线0.6米，位于滑行道中线灯的对面一侧，并在跑道等待位置前面0.6米处开始，一直延伸至跑道边线处。应在跑道上离跑道中线0.6米处额外安装一个灯具，并与滑行道上最后两个跑道进入灯对准。

跑道进入灯应至少包括5个灯具，并且根据所在滑行道的长度保持3.8~15.2米的纵向等间距，但安装在跑道中线附近的灯具除外。所安装的起飞等待灯应位于跑道中线灯两侧偏离中线灯1.8米处，并从距离跑道开始处115米的一个点开始，向后成对延伸，每30米一对，至少延伸450米。

拟安装的跑道进入灯应由一行沿航空器朝跑道进近的方向发红色光的嵌入式恒定发光灯组成，在每个滑行道与跑道的交叉处安装的跑道进入灯具组在该系统确定需要发出警告后2秒内开亮。

所安装的起飞等待灯应由两排朝起飞航空器方向发红色光的嵌入式恒定发光灯组成，跑道上的起飞等待灯具组在该系统确定需要发出警告后2秒内开亮。

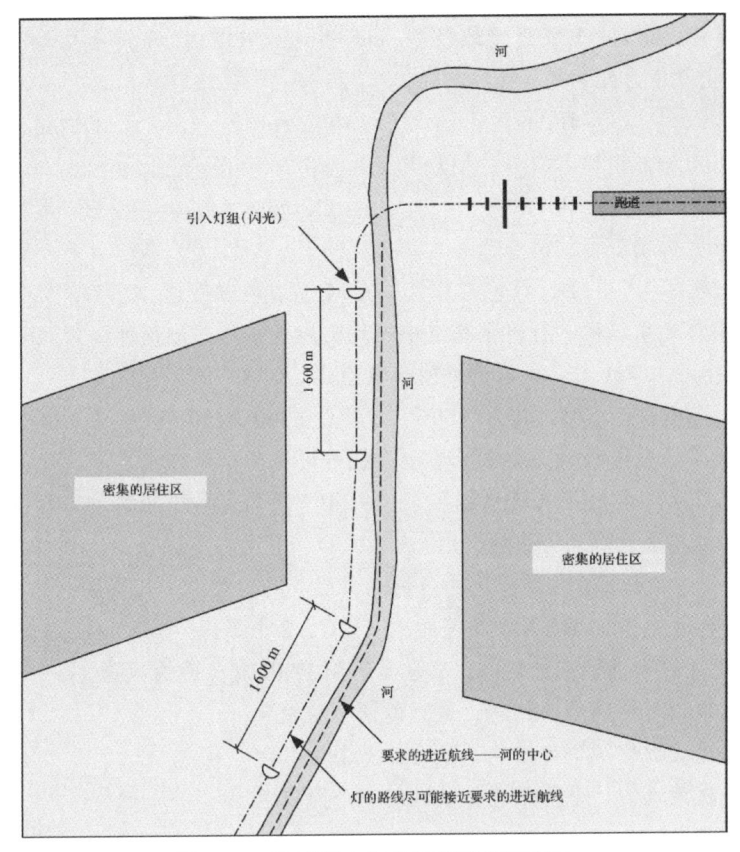

图 2-25　跑道引入灯光系统的典型布局

7. 道路等待位置灯

当在跑道视程小于 550 米和/或高交通密度的情况下使用跑道时，应在服务于跑道的所有道路等待位置设置道路等待位置灯。

道路等待位置灯应邻近道路等待位置标志，距离路边（1.5±0.5）米，宜设置在道路右侧。道路等待位置灯的高度应满足障碍物的限制要求。

道路等待位置灯应采用下列两种形式之一。

（1）一套由机场 AIC 部门控制的红绿交通灯。

（2）一个每分钟闪光 30～60 次的红色闪光灯。灯具的光束应是单向的，朝向趋近等待位置的车辆。灯具的光强应能满足在当时的能见度和周围灯光条件下使用该等待位置的需要，并不应使驾驶员感觉眩目。

本节练习题

一、单项选择题

1. 下面属于闪光灯的是（　　）。
　　A. 跑道入口灯　　B. 跑道边灯　　C. 跑道中线灯　　D. 机场灯标

2．若 a 代表停止道灯，b 代表接地带灯，c 代表跑道末端灯，d 代表入口灯，e 代表跑道中线灯，则下列灯光颜色为红色的是（　　）。
　　A．bd　　　　　　B．be　　　　　　C．ee　　　　　　D．ac

3．从着陆方向看，跑道入口灯的颜色是（　　）。
　　A．红色　　　　　B．绿色　　　　　C．黄色　　　　　B．半红半绿

4．陆地机场的机场灯标的颜色为（　　）相间。
　　A．绿色与白色　　B．绿色与蓝色　　C．白色与橙色　　D．红色与蓝色

5．简易进近灯光系统由一行位于跑道中线延长线上并尽可能延伸到距入口不少于（　　）米的中线灯和一排距入口（　　）米的横排灯具组成。
　　A．420，300　　　B．420，150　　　C．300，150　　　D．900，300

6．当飞机正常最后进近时，驾驶员看到目视进近坡度指示系统发光的情况是（　　）。
　　A．上风灯为红色，下风灯为白色　　　B．上风灯和下风灯均为红色
　　C．上风灯和下风灯均为白色　　　　　D．下风灯为红色，上风灯为白色

7．PAPI 由（　　）设置急剧变色的多灯泡（或成对单灯泡）灯具的一排灯组成。
　　A．4 个等距　　　B．4 个不等距　　C．2 个等距　　　D．2 个不等距

8．当最后进近的飞机正常进近时，驾驶员看到 PAPI 发光的情况是（　　）。
　　A．离跑道最近的两个为红色，最远的两个为白色
　　B．离跑道最近的一个为红色，最远的三个为白色
　　C．离跑道最近的三个为红色，最远的一个为白色
　　D．均为白色

9．为了使精密进近跑道入口更加明显，须垂直于跑道边灯线并延伸出该线至少 10 米设置（　　）。
　　A．跑道引入灯　　　　　　　　　　　B．跑道入口识别灯
　　C．跑道入口翼排灯　　　　　　　　　D．跑道入口灯

10．跑道中线灯颜色为红白相间的一段是（　　）。
　　A．从跑道入口到跑道末端
　　B．从跑道入口后 300 米到距跑道入口 900 米
　　C．从距跑道末端 900 米到距跑道末端 300 米
　　D．从距跑道入口 900 米到距跑道入口 300 米

11．跑道末端最后 300 米的跑道中线灯的颜色为（　　）。
　　A．红色　　　　　B．绿色　　　　　C．黄色　　　　　D．半红半黄

12．T 字灯发光的颜色是（　　）。
　　A．红色　　　　　B．绿色　　　　　C．黄色　　　　　D．白色

13．高性能飞机的驾驶员应该注意，当下滑坡度比正常的 VASI 下滑坡度大时，可能导致（　　）。
　　A．重着陆　　　　B．冲出跑道　　　C．在距离跑道入口较近的位置着陆

14．三色目视进近坡度指示器的优点是（　　）。
　　A．驾驶员可以选择下滑角度

B．正常的下滑角度可适用于高或低驾驶舱的飞机

C．目视效果好并且在更高的高度可使用

15．三色目视进近坡度指示器的高下滑道适用于（　　）。

　　A．高性能飞机　　B．直升机　　　　C．高驾驶舱飞机

16．三色目视进近坡度指示器包括（　　）。

　　A．三排灯光，分别为红色、绿色和琥珀色

　　B．一个带三色的灯，分别为红色、绿色和琥珀色

　　C．三个下滑道，每个下滑道的灯光颜色都不同，分别为红色、绿色和琥珀色

17．三色目视进近坡度指示器在夜间的正常有效范围是（　　）。

　　A．5米　　　　　　B．10米　　　　　C．15米

18．脉冲式目视进近坡度指示器包括（　　）。

　　A．三灯系统：2个脉冲式的、1个稳定的

　　B．两灯系统：1个脉冲式的、1个稳定的

　　C．一灯系统：当飞机处于下滑角度之上时为脉冲式白色，正好处于下滑角度时为稳定的白色，偏低于下滑角度时为稳定的红色或脉冲式红色

19．脉冲式目视进近坡度指示器的指示原理是（　　）。

　　A．当飞机高于下滑角度时为脉冲式白色，正好处于下滑角度时为绿色，低于下滑角度时为脉冲式红色

　　B．当飞机高于下滑角度时为脉冲式白色，正好处于下滑角度时为稳定白色，稍低于下滑角度时为稳定的红色，过低于下滑角度时为脉冲式红色

　　C．当飞机高于下滑角度时为脉冲式白色，正好处于下滑角度和航迹上时为稳定灯，偏离航迹但在下滑角度上时为脉冲式白色和红色，低于下滑角度时为脉冲式红色

二、思考题

1．机场进近灯光系统分为哪几类？

2．机场常用的目视进近坡度指示系统有哪几种？

3．Ⅱ类精密进近跑道需要安装哪些跑道灯光？

第三节　机场标志和标记牌

一、机场标志要求

（1）在两条跑道相交处，应显示较重要的那条跑道的标志，另一跑道的所有标志应中断。跑道重要性由高到低的顺序为：精密进近跑道、非精密进近跑道、非仪表跑道。

（2）在跑道与滑行道相交处，应显示跑道的各种标志（跑道边线除外），而滑行道的各种标志应中断。

（3）跑道标志应为白色。跑道标志可用无空隙的整块组成，也可由能够提供等量效果的一系列纵向线条组成。跑道标志宜采用适当品种的油漆，以尽可能减少标志引起的不均匀摩擦特

性的危险。

（4）滑行道标志、跑道掉头坪标志和飞机机位标志应为黄色。

（5）机坪安全线的颜色应鲜明，并与飞机机位标志的颜色反差良好。

（6）在夜间运行的机场内，可用反光材料涂刷铺筑面标志，以增强其可见性。

（7）需要增强对比度时，标志宜增加黑边。

（8）标志系统设置的恰当性应以是否为航空器驾驶员和/或车辆驾驶员提供准确清晰的引导为判定准则，其中采用飞机真实环境实验或实验室模拟是最有效的判定手段。

二、跑道标志

1．跑道号码标志

跑道应设置跑道号码标志，用 2 位阿拉伯数字表示，字体高度应不小于 9 米，宜为 18 米。跑道号码应设置在跑道入口标志后 12 米处。具体要求如图 2-26 所示。

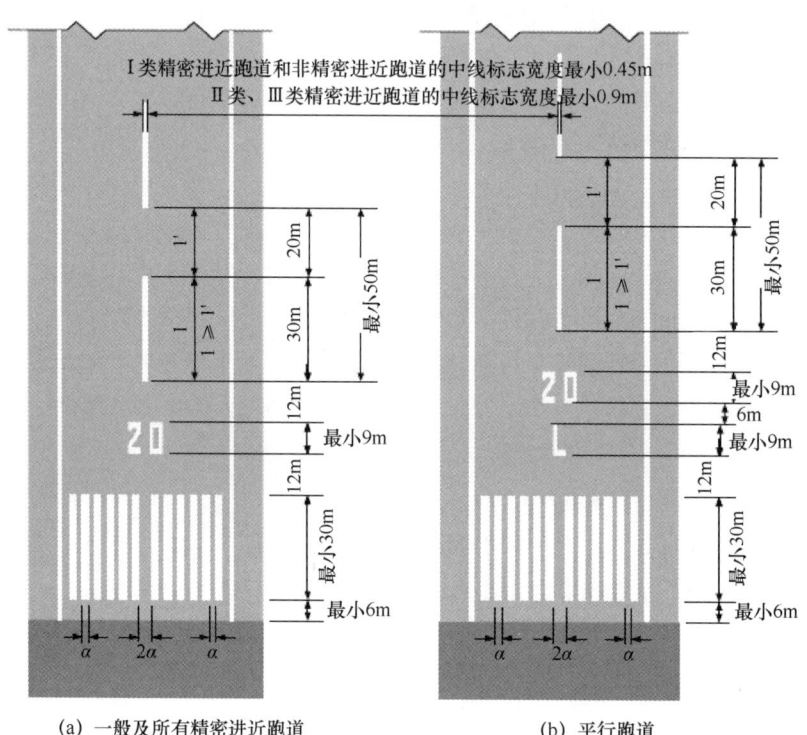

图 2-26 跑道号码标志的具体要求

注：a 约等于 1.8 米；图中展示的是跑道道面宽为 45 米时的情形。

2．跑道中线标志

跑道应设置跑道中线标志。

跑道中线标志应设置在跑道两端的跑道号码标志之间的跑道中线上，由均匀隔开的线段和间隙组成。每一线段加一个间隙的长度应不小于 50 米，不大于 75 米。每一线段的长度应至少等于间隙的长度或 30 米（取较大值），如图 2-26 所示。Ⅱ类或Ⅲ类精密进近跑道的中线标志宽度应不小于 0.9 米；Ⅰ类精密进近跑道及非精密进近跑道的中线标志宽度应不小于 0.45 米，其他跑道的中线标志宽度应不小于 0.3 米。

3．跑道入口标志

跑道入口标志应由一组尺寸相同、位置对称于跑道中线的纵向线段组成。入口标志的线段应从距跑道入口 6 米处开始，线段的总数应按跑道宽度确定，如表 2-5 所示。

表 2-5　入口标志线段数量

跑道宽度（米）	线段总数（条）
18	4
23	6
30	8
45	12
60	16

当一条跑道道面宽度不在表 2-5 规定的范围内时，应以批准的飞行区指标Ⅱ所对应的跑道宽度确定跑道入口标志线段总数。

入口标志的线段应横向布置于距跑道边不大于 3 米处或跑道中线两侧各 27 米处，以得出较小的横向宽度为准。线段长度应至少 30 米，宜为 45 米，宽约 1.8 米，线段间距约 1.8 米，且最靠近跑道中线的两条线段之间应用双倍的间距隔开。

4．跑道入口内移标志

有时由于施工或维修跑道，需要关闭部分跑道。当部分跑道关闭后，需要调整跑道入口的位置，称为跑道入口调整。有多种方法可以标识新的跑道入口。一种常见的标识调整跑道入口的方法是在跑道入口处以 3 米宽的白色线条进行标记。当跑道入口调整后，跑道已关闭的部分不可用于航空器的起飞和着陆，但可用于滑行。当跑道入口调整后，不仅关闭了进近方向跑道末端的一部分，也缩短了反方向的跑道长度。在入口标识前沿跑道横向并排喷涂黄色的箭头。

跑道入口内移是指将跑道入口从原指定的跑道开始端挪到跑道内的某一点。入口的内移减少了航空器用于着陆的可用跑道长度。内移入口内侧的跑道部分可用于本跑道的双向起飞或反向着陆。在跑道的内移入口处，沿跑道横向用 3 米宽的白色条状线对其进行标识，并在跑道端和内移的跑道入口之间，沿着跑道中线用白色的箭形符号进行标识。另外，还要沿跑道横向在入口标志线前喷涂小的白色箭头。

跑道入口若需暂时内移或永久内移，需设定跑道入口内移标志，如图 2-27 所示。

当内移跑道入口以前的跑道已不适于航空器的地面活动时，此区域应设置入口前标志，同时对该部分道面所有原跑道标志进行遮掩或清除。跑道入口前标志如图 2-28 所示。

5．接地区标志

接地区标志是对称分布在跑道中线两侧的白色方框，用以帮助驾驶员在落地时识别接地区域。

精密进近跑道必须设置接地区标志，设置在跑道中线两侧，内侧边与瞄准点内侧边相齐，标志之间纵向间距为 150 米，跑道越长，对数越多，最多 6 对。接地区标志块对数与跑道可用着陆距离的关系如表 2-6 所示。

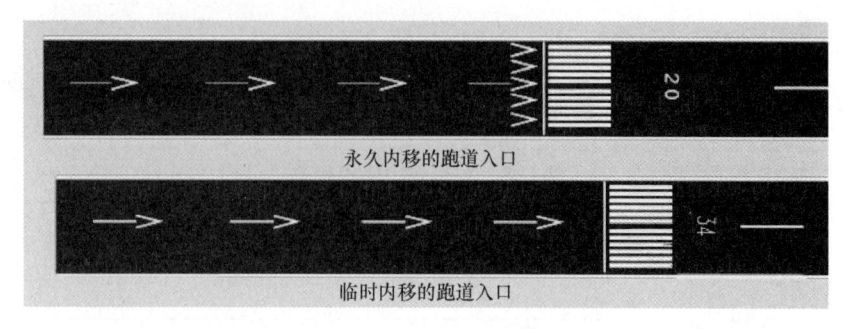

图 2-27　跑道入口内移标志

图 2-28　跑道入口前标志

表 2-6　接地区标志块对数与跑道可用着陆距离的关系

可用着陆距离或两端入口间的距离（米）	标志块对数
＜900	1
900～1 200（不含）	2
1 200～1 500（不含）	3
1 500～2 400（不含）	4
≥2 400	6

6. 瞄准点标志

仪表跑道的每个进近端都应设置瞄准点标志。瞄准点标志位于跑道进近端，对称于跑道中线，到跑道长于 2 400 米时。瞄准点起始于距入口 400 米处，长 45～60 米，宽 6～10 米。瞄准点标志由一对对称分布于跑道中线两侧的白色线段组成。

接地区标志及瞄准点标志如图 2-29 所示。

7. 跑道边线标志

有铺筑面的跑道应在跑道两侧设置跑道边线标志。

跑道边线标志应设置在跑道两端入口之间的范围内，但与其他跑道或滑行道交叉处应予以中断。在跑道入口内移时，跑道边线标志保持不变。

跑道边线标志应由一对设置于跑道两侧边缘的白色实线组成，每条线条的外边大致在跑道的边缘上。

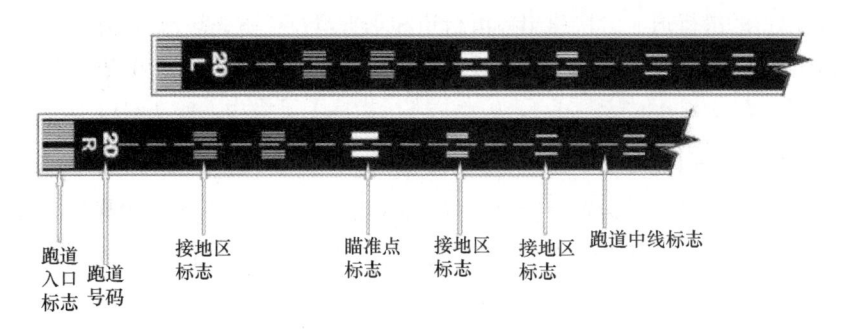

图 2-29　接地区标志及瞄准点标志

（标注：跑道入口标志、跑道号码、接地区标志、瞄准点标志、接地区标志、接地区标志、跑道中线标志）

8. 跑道中心圆标志

跑道中心圆标志设置在跑道中心，为一个有缺口的圆环。

跑道边线标志及跑道中心圆标志如图 2-30 所示。

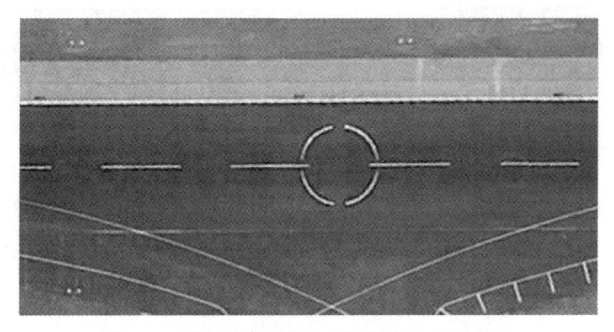

图 2-30　跑道边线标志及跑道中心圆标志

三、滑行道标志

1. 滑行道中线标志

滑行道、除冰/防冰设施及飞机机位滑行通道应设置滑行道中线标志，并能提供从跑道中线到各机位之间的连续引导。滑行道中线标志为不小于 0.15 米宽的连续黄色实线，浅色道面（如水泥混凝土道面）上的滑行道中线标志两侧宜设置不小于 0.05 米宽的黑边，如图 2-31 所示。

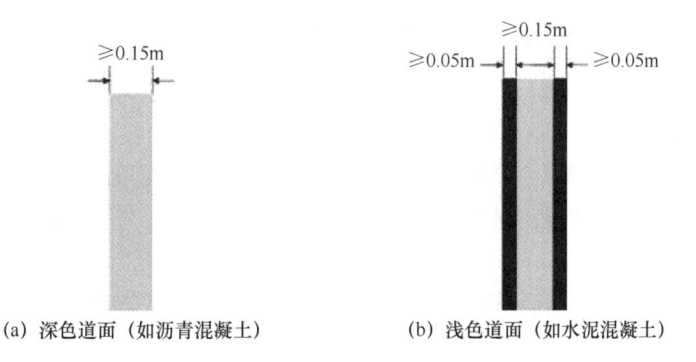

(a) 深色道面（如沥青混凝土）　　(b) 浅色道面（如水泥混凝土）

图 2-31　滑行道中线标志

滑行道中线标志在与跑道等待位置标志、中间等待位置标志及各类跑道标志相交处应中断。

作为跑道出口的滑行道（含快速出口滑行道和垂直滑行道），该滑行道中线标志应以曲线形式转向跑道中线标志，并平行于（相距 0.9 米）跑道中线延伸至超过切点一定距离，此距离在飞行指标Ⅰ等级为 3 或 4 时应不小于 60 米，飞行指标Ⅰ等级为 1 或 2 时应不小于 30 米。

2．滑行道等待位置标志

在滑行道等待位置处必须设置滑行道等待位置标志，如图 2-32 所示，可分为 A 型和 B 型两种滑行道等待位置标志。在滑行道与非仪表跑道、非精密进近跑道或起飞跑道相交处的滑行道等待位置标志应为 A 型；在滑行道与Ⅰ、Ⅱ或Ⅲ类精密进近跑道相交处，如仅设有一个滑行等待位置，则该处的滑行道等待位置标志应为 A 型；如上述相交处设有多个滑行道等待位置，则最靠近跑道的滑行道等待位置标志应为 A 型，其余离跑道较远的滑行道等待位置标志应为 B 型。

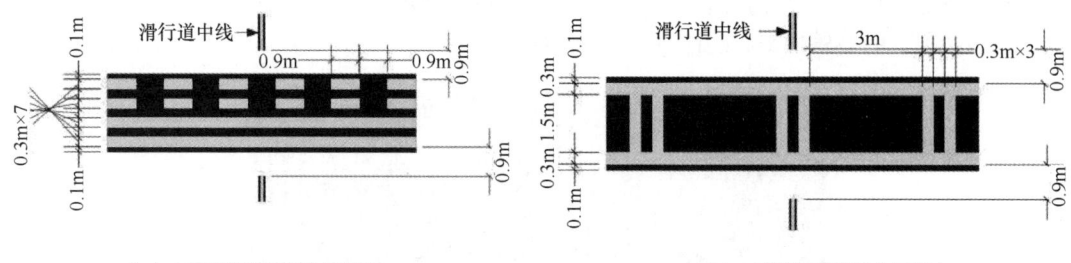

（a）A 型滑行道等待位置标志　　　　　　　　　（b）B 型滑行道等待位置标志

图 2-32　滑行道等待位置标志

B 型滑行道等待位置标志的位置由跑道所服务的最大机型及 ILS/MLS 的临界/敏感区决定，并且仅当 ILS 运行时，B 型滑行道等待位置标志才发挥作用（如机场启用Ⅱ类运行程序）。一般在 B 型滑行道等待位置的滑行道一侧或两侧还设有标明"CATⅡ"或"CATⅢ"字样的滑行引导标记牌。

3．中间等待位置标志

在中间等待位置和比邻滑行道的远距除冰/防冰设施出口边界上，应设置中间等待位置标志。在两条有铺筑面的滑行道相交处设置的中间等待位置标志应横跨滑行道，并与相交滑行道的近边有足够的距离，以保证滑行中的航空器之间有足够的净距。

中间等待位置标志应采用单条断续线（虚线），位于浅色道面上的中间等待位置标志周围宜设置黑色背景，如图 2-33 所示。

4．滑行道边线标志

凡不易与承重道面区别开来的滑行道、跑道掉头坪、等待坪和停机坪的道肩及其他非承重道面，若飞机使用这些道面会引起飞机损害，则应在非承重表面与承重表面的交界处设置滑行道边线标志。

滑行道边线标志应沿承重道面的边缘设置，使标志的外缘大致在承重道面的边缘上。滑行道边线标志由一对实线组成，颜色为黄色。

(a) 深色道面上的中间等待位置标志　　　　(b) 浅色道面上的中间等待位置标志

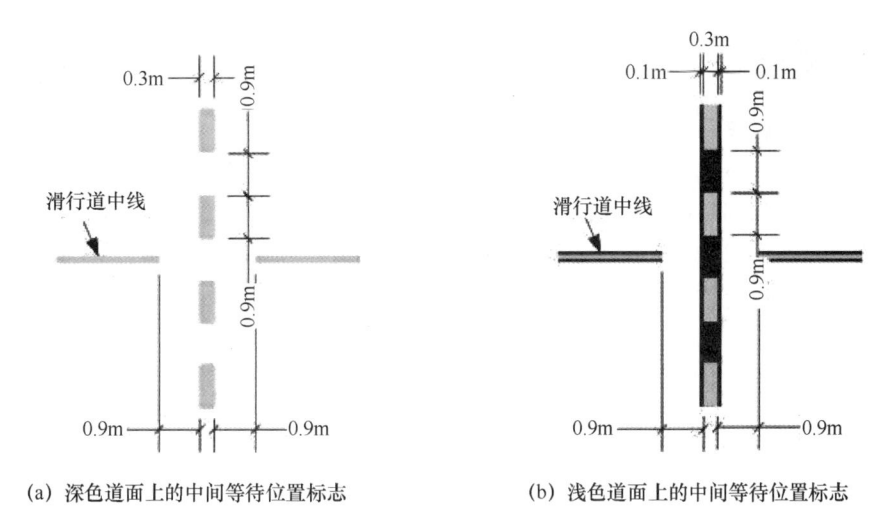

图 2-33　中间等待位置标志

5．滑行道道肩标志

在滑行道转弯处或其他承重道面与非承重道面需要明确区分处，应在非承重道面上设置滑行道道肩标志。

滑行道道肩标志由垂直于滑行边线或滑行边线的切线的线条组成。在弯道上，在每个切点处和沿弯道的各个中间点上应各设一条线条，线条间距不超过 15 米，颜色为黄色。

滑行道边线标志及滑行道道肩标志如图 2-34 所示。

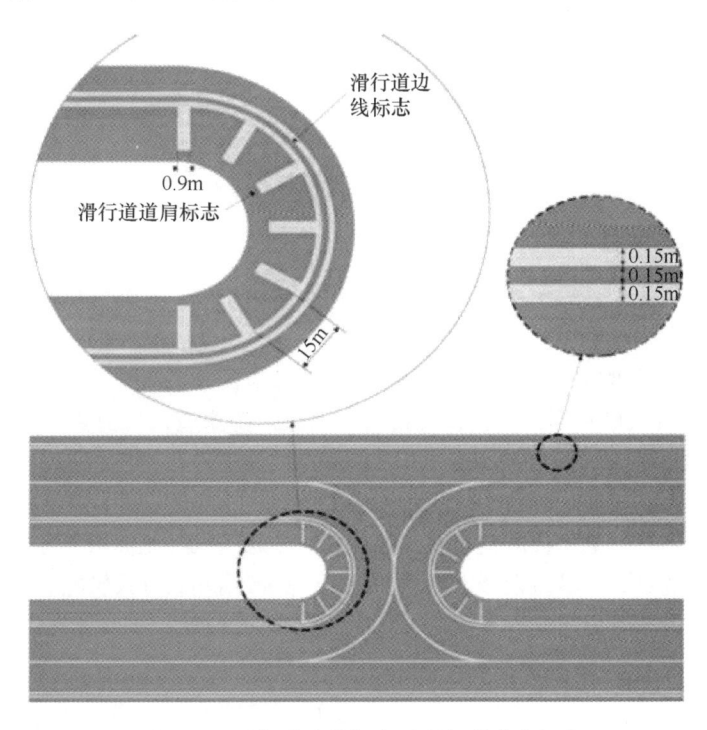

图 2-34　滑行道边线标志及滑行道道肩标志

四、其他标志

1. 跑道/滑行道关闭标志

永久或临时关闭的跑道和滑行道或其一部分，至少应在其两端设置关闭标志。如果关闭的跑道或平行滑行道长度超过 300 米，还应在中间增设关闭标志，使关闭标志的间距不大于 300 米。只有当关闭时间短暂且已由空中交通服务部门发出充分的警告时，才可免设关闭标志。如仅为暂时关闭，可用易折的路障或使用油漆以外的材料来涂刷或用其他合适的方法来明示该关闭地区。

跑道/滑行道关闭标志如图 2-35 所示，当达到最大尺寸时，宽度应与关闭的跑道或滑行道等宽，长度按比例放大。跑道上的关闭标志应为白色，划设在水泥混凝土跑道上的关闭标志宜加黑边；滑行道上的关闭标志应为黄色。

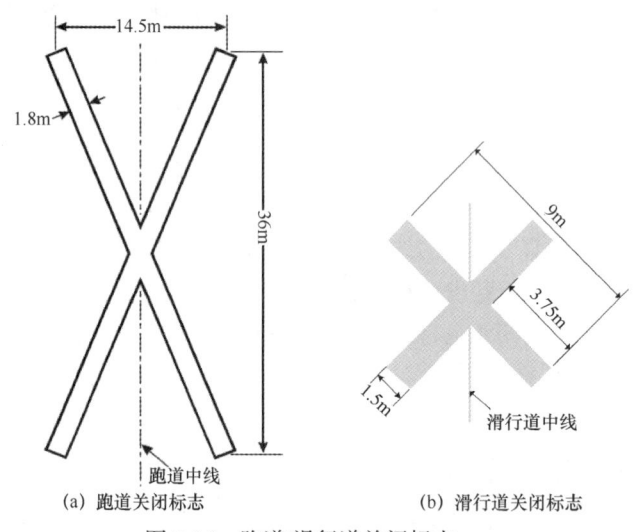

图 2-35 跑道/滑行道关闭标志

2. 着陆方向标志

飞机着陆方向标志，昼间用 T 字标志，夜间用 T 字灯标志，着陆方向的左侧距离跑道边沿 5～10 米，距离跑道着陆入口处 50～300 米。

在未设有目视进近坡度指示系统的跑道入口以内，应设 T 字标志（仅供白天使用时）。T 字标志应设置在跑道入口左侧，距跑道近边 15 米处，至跑道入口的距离应约为跑道长度的 1/15～1/10，具体根据所使用的机型确定。T 字的横应与跑道中线垂直，且由进近方向看为字母 T。T 字标志和 T 字灯的形状及最小尺寸如图 2-36 所示。

T 字标志应为白色。当供夜间使用时，着陆方向标志应以灯光标示，灯具应发白色光，以勾画出 T 字标志的轮廓，灯具应低矮、轻质和易折，一般用并联方式供电。

3. VOR 机场校准点标志

当设有 VOR 机场校准点时，应设置 VOR 机场校准点标志。VOR 机场校准点标志应为一个直径 6 米的圆，圆周线条宽 0.15 米。若要求飞机对准某一特定方向进行校准，还应通过圆心增加一条指向该方向的直径，并伸出圆周 6 米以一个箭头终结，如图 2-37 所示。VOR 机场校准点标志的位置应以飞机停稳后能接收正确的 VOR 信号的地点为圆心。VOR 机场校准点标志的颜色应为白色,为加强对比,浅色道面上的 VOR 机场校准点标志应加黑边。

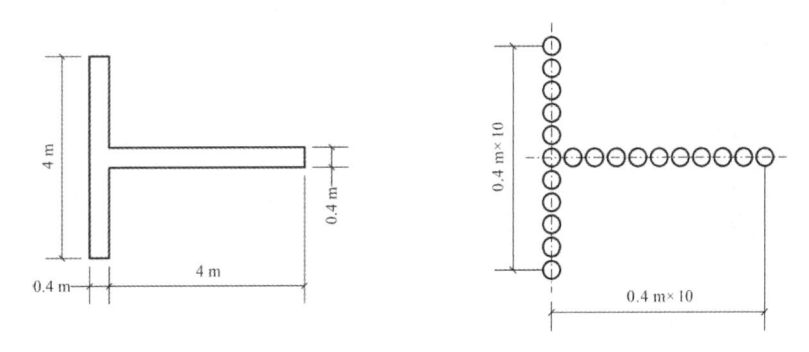

图 2-36 T 字标志和 T 字灯的形状及最小尺寸

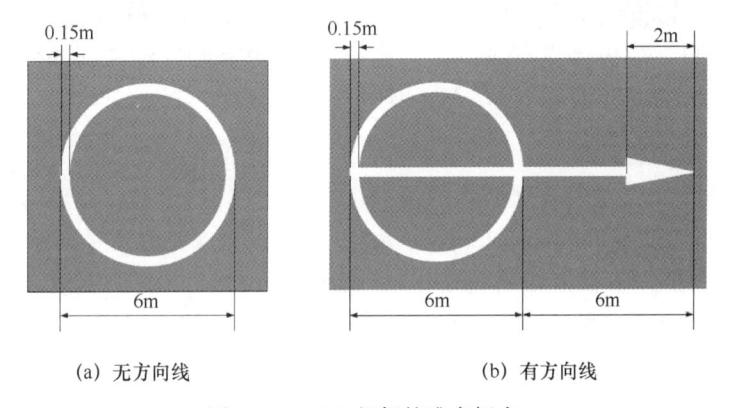

(a) 无方向线　　(b) 有方向线

图 2-37 VOR 机场校准点标志

五、机场飞行区标记牌

要在机场内实现安全有效的航空器滑行和地面活动,应设置一套标记牌系统,供航空器和车辆驾驶员在活动区内使用。

标记牌按功能可划分为强制性指示标记牌和信息指示标记牌。

1. 强制性指示标记牌

在需要指示行进中的飞机或车辆非经机场控制塔台许可不得越过的地点,必须设置强制性指示标记牌。强制性指示标记牌的文字符号应设置为红底白字,如图 2-38 所示。当由于环境或其他原因需要突出其鲜明性时,白色文字符号的外缘宜加黑色边框。跑道飞行区指标Ⅰ等级为 1 和 2 的黑色边框宽度为 10 毫米,跑道飞行区指标Ⅰ等级为 3 和 4 的黑色边框宽度为 20 毫米。

图 2-38 强制性指示标记牌

强制性指示标记牌主要包括以下几种。

1）跑道号码标记牌

跑道号码标记牌上的文字符号应包括相交跑道两端的跑道识别号码，并按观看标记牌的方向安排号码顺序。在跑道号码标记牌的外侧应设一块标明所在滑行道的位置标记牌。跑道号码标记牌如图 2-39 所示。

(a) 位置/跑道号码（左侧）

(b) 跑道号码/位置（右侧）

(c) 位置/跑道号码（左侧）

(d) 跑道号码/位置（右侧）

图 2-39　跑道号码标记牌

2）跑道等待位置标记牌

在 A 型跑道等待位置标志延长线的两端，应各设一块跑道等待位置标记牌。如果滑行道上 A 型和 B 型跑道等待位置标志相距不大于 15 米，则应将跑道号码标记牌移至 B 型跑道等待位置处，并将原应在该处设置的Ⅰ、Ⅱ或Ⅲ类等待位置标记牌取消。在 B 型跑道等待位置标志的两端应各设一块Ⅰ、Ⅱ或Ⅲ类跑道等待位置标记牌。在Ⅰ类、Ⅱ类、Ⅲ类或Ⅱ/Ⅲ类合用的跑道等待位置标记牌上的文字符号应为相应的跑道号码后加"CATⅠ"、"CATⅡ"、"CATⅢ"或"CATⅡ/Ⅲ"，具体视情况而定。Ⅱ类精密进近跑道等待位置标记牌如图 2-40 所示。

(a) 跑道等待位置

(b) 跑道号码/Ⅱ类跑道等待位置

图 2-40　Ⅱ类精密进近跑道等待位置标记牌

3）道路等待位置标记牌

道路等待位置标记牌如图 2-41 所示。

4）禁止进入标记牌

当需要禁止航空器进入一个地区时，应设置禁止进入标记牌，如图 2-42 所示。禁止进入标记牌应设置在禁止进入地区起始处的滑行道两侧，面对驾驶员。

5）用于转换频率的等待点标记牌

在机场运行要求航空器滑行至此应停住并按空管要求转换频率之处，应设置强制性指示标记牌"HP X"（X 为阿拉伯数字），如图 2-43 所示，同时应将此类信息公布在航行资料中。

图 2-41　道路等待位置标记牌　　图 2-42　禁止进入标记牌　　图 2-43　用于转换频率的等待点标记牌

2. 信息指示标记牌

信息指示标记牌是标明活动区内一个特定位置或目的地，或者提供其他信息时使用的标记牌，主要包括位置标记牌、方向标记牌、目的地标记牌、跑道出口标记牌、跑道脱离标记牌、VOR 校准点标记牌等。其中位置标记牌为黑底黄字，其他为黄底黑字。

信息指示标记牌按内容可分为不变内容标记牌和可变内容标记牌。可变内容标记牌在不使用或出现故障时，应显示一片空白。在可变内容标记牌上，从一个通知改变为另一个通知的时间应尽可能短，不超过 5 秒。

信息指示标记牌上应用下列文字表示各种地区地段。

- 跑道端用跑道号码表示。
- 滑行道用滑行道编号表示。
- 客机坪或客货共用机坪用"APRON"表示。
- 货机坪用"CARGO"表示。
- 试车坪用"RUNUP"表示。
- 国际航班专用机坪用"INTL"表示。
- 军民合用机场的军用部分用"MIL"表示。
- 军民合用机场的民用部分用"CIVIL"表示。
- 除冰坪用"DEICING"表示。

1) 位置标记牌

在需要向驾驶员提供其所在位置的信息之处，应设置位置标记牌，标出所在滑行道的编号。位置标记牌为黑底黄字，单独设置的位置标记牌还应增加一个黄色边框。

至少应在下列位置设置位置标记牌。

（1）在通往跑道的 A 型跑道等待位置处，设在跑道号码标记牌的外侧。

（2）在有可能进入其他滑行道的机坪出口处的滑行道或交点以远的滑行道，设在出口滑行道的左侧。

（3）在航空器穿越跑道或一个复杂的滑行道交叉点之后，需要证实航空器确已进入正确的滑行道之处，宜设置一块位置标记牌，设在航空器穿越后进入的滑行道左侧。若不能设在左侧，可设置在右侧，也可设在位于该处的其他标记牌的背面。

（4）位置标记牌与跑道脱离标记牌合设，设置在其外侧。

（5）位置标记牌与方向标记牌合设，构成方向标记牌组。

（6）在每一中间等待位置处应设置一块位置标记牌，但如果该处已设有方向标记牌组，则不再单独设置位置标记牌。

2）方向标记牌

在运行需要标明在一相交点的滑行道的识别代码和方向时，应设置一块方向标记牌。方向标记牌应为黄底黑字，内容包括滑行道编号和用以识别转弯方向的箭头。箭头的方向应与指示的方向一致或近似。指向左转的箭头应设在滑行道编号的左侧，指向右转或直行的箭头应设在滑行道编号的右侧。

方向标记牌应设置在滑行道的左侧，当受净距要求、地形限制，或者有其他原因导致标记牌不可能设置在滑行道的左侧时，可设置在滑行道的右侧，此时宜在地面设置信息标志作为方向标记牌的补充。常见位置和方向标记牌如图 2-44 所示。

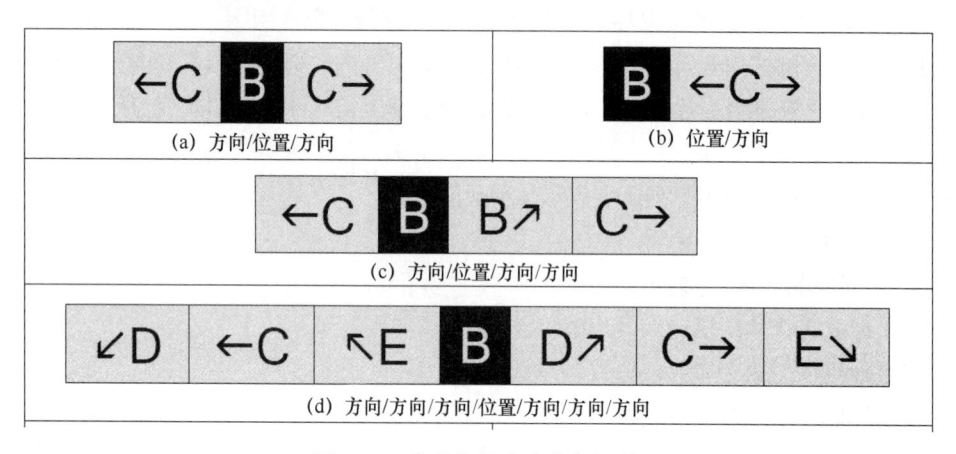

图 2-44　常见位置和方向标记牌

3）目的地标记牌

在需要用标记牌向驾驶员指明前往某一目的地滑行方向处时，宜设置一块目的地标记牌，牌面标有代表该目的地的文字符号和一个指明去向的箭头，如图 2-45 所示。

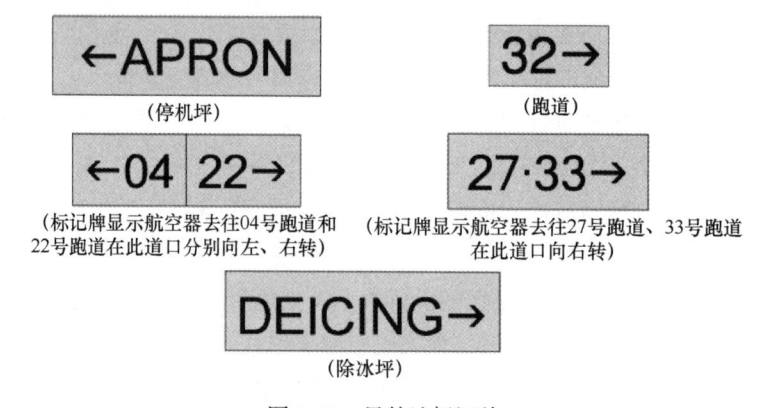

图 2-45　目的地标记牌

目的地标记牌不应与其他标记牌合设，颜色为黄底黑字。当不便设置目的地标记牌时，可设置一个滑行道终止标记牌，牌面应为黄黑交替斜纹。目的地标记牌或滑行道终止标记牌应设在终止的滑行道终端的对面。具体设置如图 2-46 和图 2-47 所示。

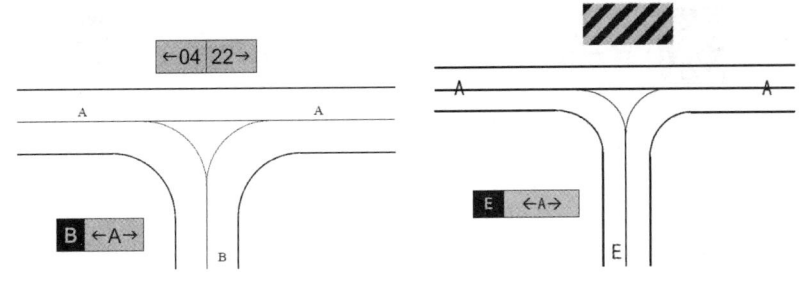

图 2-46 滑行道 T 形相交处的目的地标记牌

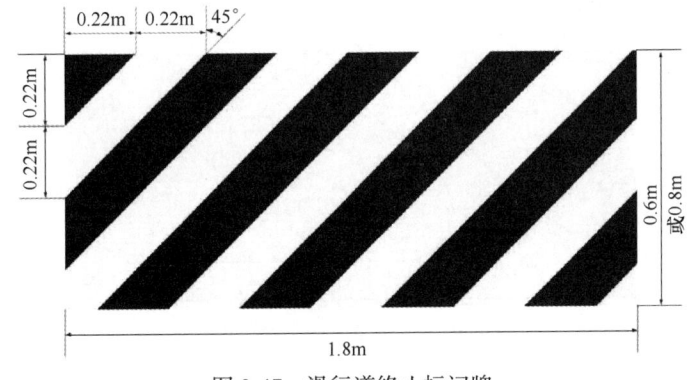

图 2-47 滑行道终止标记牌

4）跑道出口标记牌

跑道出口标记牌上的文字符号应包括跑道出口滑行道的代码和一个标明应遵循的方向的箭头，设置在跑道出口滑行道一侧，颜色应为黄底黑字。不同形式的跑道出口标记牌如图 2-48 所示。

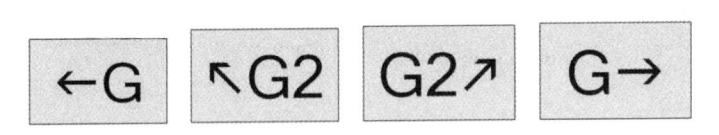

图 2-48 不同形式的跑道出口标记牌

5）跑道脱离标记牌

仪表跑道应设置跑道脱离标记牌，设置在跑道等待位置处。当跑道设有 ILS/MLS 时，跑道脱离标记牌应设置在临界/敏感区的边界或内过渡面的底边，以距离跑道中线较远者为准。跑道脱离标记牌及其设置分别如图 2-49 和图 2-50 所示。

6）VOR 校准点标记牌

在 VOR 机场校准点处，应设置 VOR 机场校准点标记牌。标记牌上的文字应包括"VOR"、用兆赫数表示的 VOR 工作频率、VOR 机场校准点的 VOR 方位角的度数（最接近值），以及以海里为单位表示的至与 VOR 合设的测距仪（DME）的距离，如图 2-51 所示。VOR 校准点标记牌的位置应尽可能接近 VOR 机场标准点，并使当航空器正确地停在 VOR 机场校准点标志上时，驾驶员能从驾驶舱里看见标记牌上的文字。

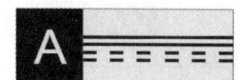

图 2-49　跑道脱离标记牌

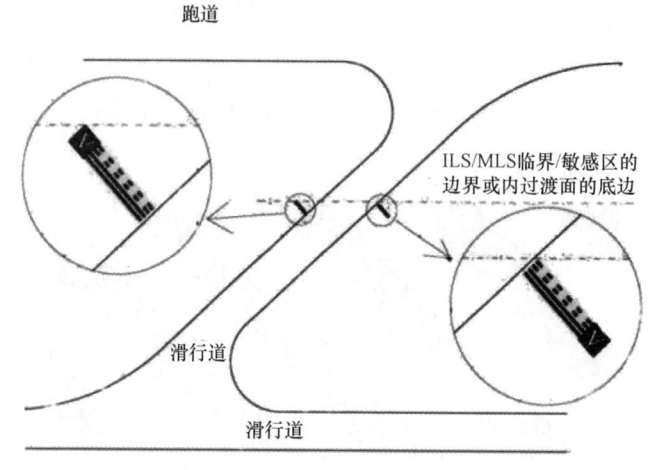

图 2-50　跑道脱离标记牌的设置

图 2-51　VOR 校准点标记牌

本节练习题

一、单项选择题

1．跑道入口标志的数量由（　　）决定。
   A．跑道长度　　　B．跑道宽度　　　C．与跑道长宽无关　　　D．下降梯度
2．VOR 机场校准点标志必须是一个直径为（　　）的圆。
   A．5 米　　　　　B．6 米　　　　　C．7 米　　　　　　　　D．15 米
3．强制性指示标记牌的颜色为（　　）。
   A．红底黑字　　　B．红底白字　　　C．黄底白字　　　　　　D．黄底黑字
4．位置标记牌的颜色为（　　）。
   A．红底黑字　　　B．红底白字　　　C．黄底白字　　　　　　D．黄底黑字
5．下列标记牌为红底白字的是（　　）。
   A．APRON　　　　B．RUNUP　　　　C．STOP

二、简答题

1．简述机场标志的一般要求。

2．简述跑道标志主要包括哪些。
3．简述机场标记牌的分类。
4．简述机场主要有哪些信息指示标记牌。

第四节　机场净空

由于飞机在机场区域内的飞行高度比较低，所以必须在机场上空划出一个区域，这个区域叫作净空区。机场能否安全有效地运行，与场址内外的地形和人工构筑物密切相关。它们可以缩短可用的起飞或着陆距离，并限制进行起降的气象条件的范围。因此，必须对机场附近沿起降航线一定范围内的空域（在跑道两端和两侧上空，为满足飞机起飞爬升、降落下滑和目视盘旋需要所规定的空域）提出要求，也就是净空要求，保证飞机在起飞和降落的低高度飞行时没有地面的障碍物妨碍导航和飞行。

机场净空区是为保证飞机起飞、着陆和复飞的安全，在机场周围划定的限制地貌、地物高度的空间区域。机场净空区由升降带、端净空区和侧净空区 3 部分组成，其范围和规格根据机场等级确定。

一、机场障碍物限制面的内容

为保障航空器起降安全和机场安全运行，防止由于机场周围障碍物增多而使机场无法使用，规定了几种机场障碍物限制面，用以限制机场及其周围地区障碍物的高度。根据《国际民用航空公约》附件 14 的规定，机场障碍物限制面包括起飞爬升面、进近面、过渡面、内水平面、锥形面、复飞面、内进近面、内过渡面。机场障碍物限制面如图 2-52 所示。

1．起飞爬升面

起飞爬升面是跑道端或净空道端外的一个倾斜的平面或其他规定的面，如图 2-52 所示。起飞爬升面的界限应包括以下部分。

（1）一条内边：位于跑道端外规定距离处，或者当设有净空道而其长度超过上述规定距离时位于净空道端处，垂直于跑道中线的一条水平线。内边的标高应等于从跑道端至内边之间的跑道中线延长线上最高点的标高。当设有净空道时，内边的标高应等于净空道中线上地面最高点的标高。

（2）两条侧边：以内边的两端为起点，从起飞航道以规定的比率均匀地扩展至一个规定的最终宽度，然后在起飞爬升面的剩余长度内继续维持这一宽度。

（3）一条外边：垂直于规定的起飞航道的一条水平线。

在起飞航道为直线的情况下，起飞爬升面的坡度应在含有跑道中线的铅垂面内度量。在起飞航道带有转弯的情况下，起飞爬升面应是一条含有对其中线的水平法线的复合面，该中线的坡度应与直线起飞航道的坡度相同。

2．进近面

进近面是跑道入口前的一个倾斜的平面或几个平面的组合，如图 2-52 所示。进近面的界限应包括以下部分。

（1）一条内边：位于跑道入口前的一个规定距离处，一条规定长度且垂直于跑道中线延长线的水平线。内边的标高应等于跑道入口中点的标高。

（2）两条侧边：以内边的两端为起点，自跑道的中线延长线以规定的比率均匀地向外散开。

（3）一条外边：平行于内边。

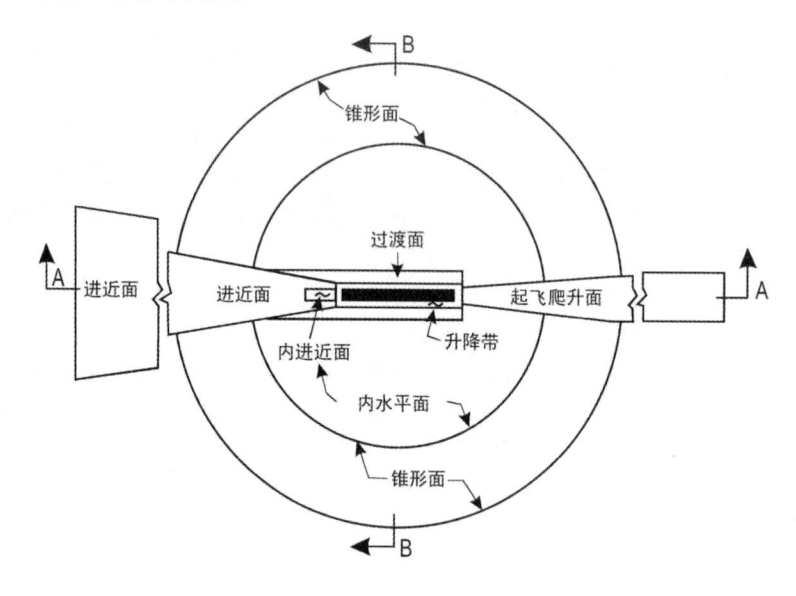

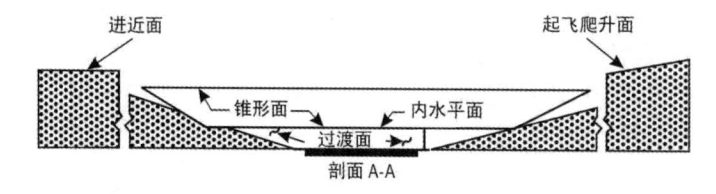

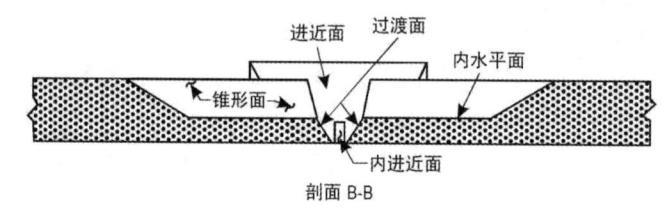

图 2-52 机场障碍物限制面

当采用横向偏置、偏置或曲线进近时，自进近面内边两端按规定的比率均匀散开的两侧边，应对称于横向偏置、偏置或曲线进近的地面航迹的中线延长线。

进近面的坡度应在包含有跑道中线的铅垂面内度量，同时应连续包含任何横向偏置、偏置或曲线进近的地面航迹的中线。

3．过渡面

过渡面是沿升降带边缘和部分进近面边缘坡度向上和向外倾斜到内水平面的一个复合面，如图 2-52 所示。过渡面的界限应包括以下部分。

（1）底边：从进近面侧边与内水平面相交处开始，沿进近面侧边向下延伸至进近面的内边，再从该处沿升降带的全场与跑道中线平行。底边上沿进近面侧边部分的标高等于进近面在该点的标高，底边上沿升降带部分的标高等于跑道中线或其延长线上最近点的标高。

（2）顶边：位于内水平面的平面上。

过渡面的坡度应在与跑道中线呈直角的铅垂面内度量。

4．内水平面

内水平面是位于机场及其周围以上的一个水平面中的一个面，如图 2-53 和图 2-54 所示。内水平面的起算标高应为跑道两端入口中点的平均标高。以跑道两端入口中点为圆心，按规定的内水平面半径画出一个圆弧，再以与跑道中线平行的两条直线和圆弧相切成一个近似椭圆形，形成一个高出起算标高 45 米的水平面。

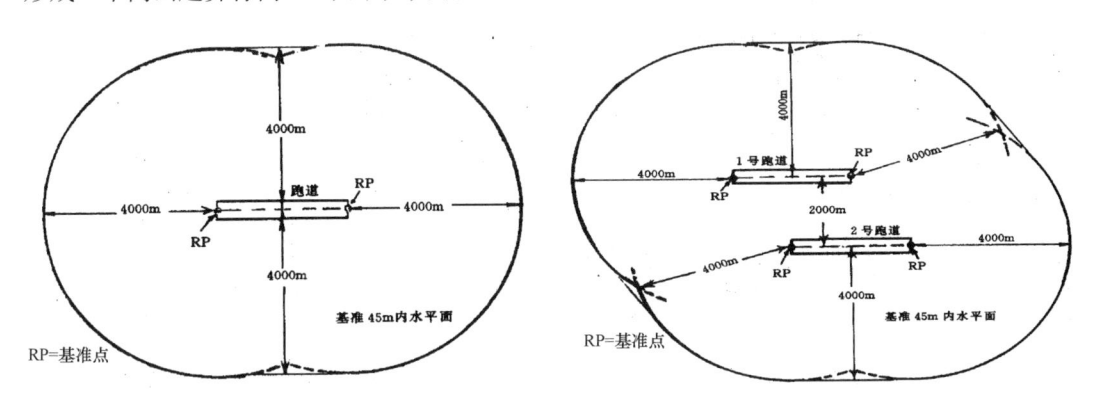

图 2-53 飞行区代码 4 的一条跑道的内水平面　　图 2-54 飞行区代码 4 的两条平行跑道的复合内水平面

5．锥形面

锥形面是从内水平面周边起向上和向外倾斜的一个面。锥形面的起端应从内水平面的周边开始，其起算标高应为内水平面的标高，以 1∶20 的坡度向上和向外倾斜，直到符合规定的锥形面外缘高度为止。锥形面的界限应包括以下部分。

（1）底边：与内水平面周边重合。

（2）顶边：高出内水平面一个规定高度的近似椭圆水平面的周边。

锥形面的坡度应在与内水平面周边呈直角的铅垂面中度量。

6．复飞面

复飞面是位于跑道入口后面一个规定距离的、在两侧内过渡面之间延伸的倾斜平面，如图 2-55 所示。复飞面的界限应包括以下部分。

（1）一条内边：位于跑道入口后面一个规定的距离并垂直于跑道中线的水平线。内边的标高应等于在内边位置处的跑道中线的标高。

（2）两条侧边：以内边的两端为起点，从含有跑道中线的垂直平面以规定的比率均匀地向外扩展。

（3）一条外边：平行于内边，并位于内水平面的平面内。

复飞面的坡度应在含有跑道中线的铅垂面内度量。

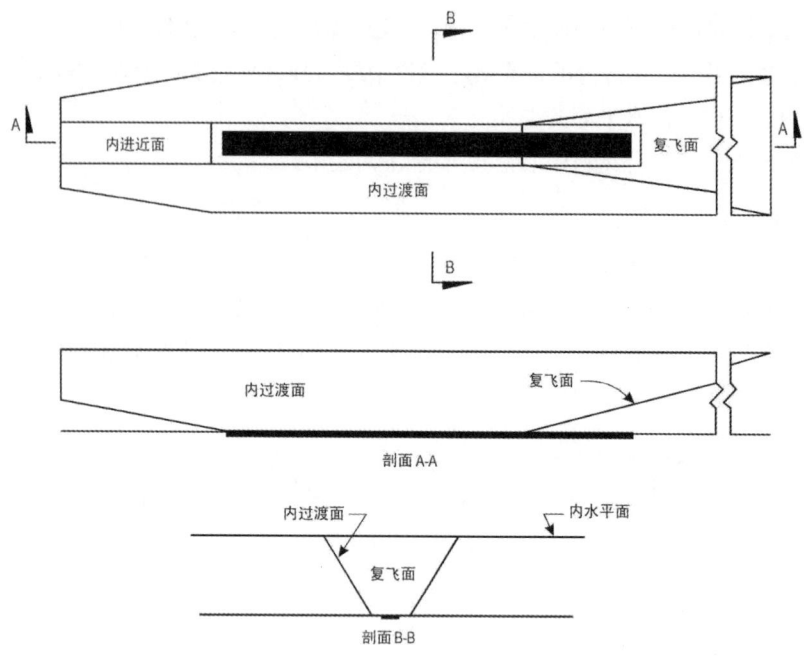

图 2-55　复飞面、内进近面、内过渡面

7．内进近面

内进近面是进近面中紧靠跑道入口前的一块长方形部分，如图 2-55 所示。内进近面的界限应包括以下部分。

（1）一条内边：与进近面内边的位置重合，一条规定长度且垂直于跑道中线延长线的水平线。

（2）两条侧边：以内边的两端为起点，平行于包含跑道中线的垂直平面，向外延伸。

（3）一条外边：平行于内边。

8．内过渡面

内过渡面是类似于过渡面的面，但更接近跑道，如图 2-55 所示。内过渡面的界限应包括以下部分。

（1）底边：从内进近面的末端开始，沿内进近面的侧边向下延伸到该面的内边，从该处沿升降带平行于跑道中线至复飞面的内边，然后从该处沿复飞面的边线向上至该边线与内水平面相交处。底边沿内进近面和复飞面的侧边部分的标高等于该点特定面的标高，底边沿升降带部分的标高等于跑道中线或其延长线上最近点的标高。

（2）顶边：位于内水平面的平面上。

内过渡面的坡度应在与跑道中线呈直角的铅垂面内度量。

二、机场障碍物限制面设置要求

不同类型的跑道必须有相应的障碍物限制面，以保证飞行安全，提高运营效率。机场障碍物限制面的具体设置要求如表 2-7 所示。

表 2-7 机场障碍物限制面设置要求

障碍物限制面	II类精密进近跑道机场	I类精密进近跑道机场	非精密进近跑道机场	非仪表跑道机场
起飞爬升面	必设	必设	必设	必设
进近面	必设	必设	必设	必设
过渡面	必设	必设	必设	必设
内水平面	必设	必设	必设	必设
锥形面	必设	必设	必设	必设
复飞面	必设	应设	可不设	可不设
内进近面	必设	应设	可不设	可不设
内过渡面	必设	应设	可不设	可不设

仪表进近跑道坡度为 2.5%的那部分进近面与下列面相交处以外的进近面应是水平的。

（1）一个高于跑道入口中点标高 150 米的水平面。

（2）通过控制超障高度或超障高（OCA/H）的任何物体顶端的水平面。

上述两者中以较高的水平面为准。

三、关于机场净空的其他要求

（1）当跑道要保障飞机在两个方向都能起飞/着陆时，则障碍物高度必须按起飞和进近较严格的要求进行控制。

（2）在内水平面、锥形面与进近面相重叠部分，障碍物高度必须按较严格的要求进行控制。

（3）当一个机场有几条跑道时，应按规定分别确定每条跑道的净空限制范围，其重叠部分按较严格的要求进行控制。

（4）对于符合遮蔽原则的高出障碍物限制面的建筑或物体，经过航行部门研究，确认不会影响飞行安全，并且经有关主管部门批准后，可以不认为是障碍物。

所谓遮蔽原则，是指当一建筑物或物体被现有不可搬迁的障碍物所遮蔽时，自该障碍物顶点向跑道方向向下倾斜 1∶10 的平面，对于不高出该面的建筑物或物体，即为被该不可搬迁的障碍物所遮蔽。

（5）新物体或现有物体进行扩建的高度不应超出起飞爬升面、进近面、过渡面、锥形面及内水平面。对在此范围内超过规定限制高度的现有物体应拆除或搬迁，除非：

① 经过专门研究，认为在航行上采取措施并经有关主管部门批准后，该物体不致危及飞行安全。在此情况下，该物体仍应被视为障碍物，按规定设置障碍灯和标志。

② 该建筑物或物体被另一现有不能搬迁的障碍物遮蔽。

（6）除由于其功能需要应设置在升降带上的易折物外，所有固定物体均不应超出内进近面、内过渡面或复飞面。在跑道用于飞机着陆期间，不应有可移动的物体高出这些限制面。

（7）当准备使用该跑道的各种飞机的操作性能要求适合应付临界的运行条件时，应考虑是否需要减小所规定的坡度。如果减小了规定的坡度，则应对起飞爬升面进行相应的调整，使之提供保障直至跑道末端 300 米的高度为止。

（8）若当地条件与海平面标准大气条件相差很大时，可适当减小坡度。减小的幅度取决于当地条件与海平面标准大气条件之间的差异程度，以及使用该跑道的飞机的性能特性和操作要求。

（9）若已存在的物体没有达到2%（1∶50）坡度的起飞爬升面，新物体应限制在保持原有的无障碍物面或保持一个坡度减小至 1.6%（1∶62.5）的限制面内。

（10）机场附近的高压输电线及其塔架应按障碍物限制面进行评估和控制，此外还应根据相关标准的要求设置障碍物标志及灯光标识。

（11）对机场障碍物限制面以外的物体：

① 在机场障碍物限制面界限以外的机场附近地区，高出地面 150 米或更高的物体应被视为障碍物，除非经过专门的航行研究表明它们并不危及飞行安全。

② 不高出进近面，但对目视或非目视助航设备的最佳位置或性能有不良影响的物体，应尽可能拆除。

③ 经航行部门研究，确认对飞行区或内水平面和锥形面范围内的飞机有危害的任何物体，均应被视为障碍物，尽可能拆除。

本节练习题

一、单项选择题

1．下列有关机场障碍物限制面的尺寸和坡度，说法正确的是（　　）。
   A．不同的基准代号，障碍物限制面的尺寸和坡度不同
   B．不同的代码，障碍物限制面的尺寸和坡度不尽相同
   C．不同的代字，障碍物限制面的尺寸和坡度不尽相同
   D．机场障碍物限制面的尺寸和坡度由不同的机型决定

2．内水平面是高出机场某基准标高（　　）的一个平面。
   A．75 米　　　　B．45 米　　　　C．30 米　　　　D．25 米

3．内水平面的高度是相对（　　）来说的。
   A．跑道入口中点　　　　　　　　B．机场标高
   C．选用的基准点标高　　　　　　D．跑道两端入口中点的平均高程

4．锥形面从（　　）外边开始以（　　）的梯度向上和向外倾斜。
   A．内水平面，1∶20　　　　　　B．进近面，1∶4
   C．过渡面，1∶20　　　　　　　D．内水平面，1∶2

5．内进近面用于（　　）跑道，呈（　　）。
   A．精密进近，长方形　　　　　　B．非精密进近，长方形
   C．精密进近，梯形　　　　　　　D．非精密进近，梯形

6．复飞面用于（　　）。
   A．非精密进近跑道　　　　　　　B．精密进近跑道

C．仪表进近跑道　　　　　　　　　　　D．目视进近跑道

7．机场附近在障碍物限制面外水平面地区内，那些高出地面 30 米同时高出机场标高 150 米的物体（　　　）。

A．可以不考虑

B．如果影响飞行程序，是航行必须避开的障碍物，应按障碍物要求对待

C．应全部被视为障碍物

D．只有大机型的机场才视其为障碍物

8．在导航台周围 50 米不得修建高于（　　　）的建筑物。

A．5 米　　　　　　B．10 米　　　　　　C．30 米　　　　　　D．50 米

9．非精密进近跑道必须设置下列（　　　）障碍物限制面。

A．锥形面、内水平面、进近面、过渡面

B．锥形面、内水平面、内进近面、过渡面

C．锥形面、内水平面、进近面、内过渡面

D．锥形面、内水平面、内进近面、复飞面

10．通常情况下符合遮蔽原则的高出障碍物限制面的建筑物或物体（　　　）。

A．不被视为障碍物

B．只有小机型的机场才视其为障碍物

C．被视为障碍物

D．只有大机型的机场才视其为障碍物

二、简答题

1．简述机场障碍物限制面的种类。

2．简述内水平面的作用。

3．简述起飞爬升面的设置要求。

4．简述障碍物遮蔽原则的内容。

第三章 航图

本章学习目标

- 了解特种航图的分类方法；
- 掌握机场图和航空器停机位/停靠图的识读方法；
- 掌握障碍物 A 型图中重要的基本概念和识读方法；
- 了解精密进近地形图的应用范围和识读方法；
- 掌握航路图的识读方法；
- 掌握标准仪表进离场图的识读方法；
- 掌握仪表进近图的识读方法；
- 了解民用机场最低监视引导高度图的识读方法。

第一节 航图概述

航图是保证航空器运行及其他航空活动所需要的有关规定、限制、标准、数据和地形等，以一定的图表形式集中编绘、提供使用的各种图的总称。《国际民用航空公约》附件4及ICAO 8697文件中，对航图内容有明确的规定，除一般地理信息描述外，还包含机场、导航台、航路点、障碍物、航路、航路通信、终端程序、空域等描述。

通过使用航图，飞行员能够判断自己驾驶的飞机所在方位、安全飞行高度、飞行最佳路径、沿途导航设备，以及飞机失事时最佳迫降机场/场地；航图还提供其他诸如无线电频率、空界等信息。航图为航行中得到现行、全面和权威性的航行数据提供了保障。2016年1月1日，由民航局空管局航空情报服务中心组织开发的中国民航电子航图正式上线，该应用程序在涵盖了NAIP全部内容的同时，还包含了《中国民航班机航线汇编》的全部内容。相比传统纸质航空情报资料，该应用程序提供的电子版航图在数据辨识清晰度、数据查询和直观展现、资料更新速度、使用携带的完整性和便捷性等方面都有极大的优势，是保障飞行安全的重要工具。

一、航图的一般制图规范

编辑制作航图应当符合《民用航空图编绘规范》的要求。飞行中，飞行员在驾驶舱里极有可能在人工光源下阅读航图，因此制作航图时应符合以下几点要求。

（1）资料的标绘应当准确、清晰、不变形、不杂乱，在所有的正常使用条件下均易于判读。

（2）航图的着色或色调和字体大小应便于驾驶员在不同的自然或人工光线条件下判读。

（3）不同航图上标绘的资料，应当按相应的飞行阶段，从一幅图平稳地过渡到另一幅图。

为满足上述要求，应注意以下几个方面的航图制作规范。

1．比例尺

绘制航图应采用国家测绘主管部门提供的航空地图或地形图作为参照图或底图。绘制的航图比例尺应当等于或小于参照图或底图的比例尺。

航图常用的比例尺主要有三种：数字比例尺（如1:1 000 000）、文字说明比例尺（如"1厘米相当于10千米"）和线段比例尺（见图3-1）。

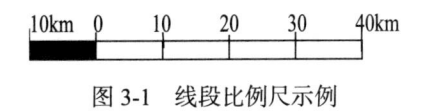

图 3-1　线段比例尺示例

图 3-1 中，比例尺为 1 厘米相当于 10 千米。

航图按照绘制时采用的比例尺的大小分为大比例尺航图（比例尺≥1:500 000）和小比例尺航图（≤1:1 000 000）。当绘制航图的目的或内容有如下特征时，应采用大比例尺航图。

（1）地面范围小，地物描述详细。

（2）用于研究地点、净空、障碍物等地形情况。

（3）设计机场仪表进近程序。

（4）超低空飞行、SAR、护林、航空摄影等。

若绘制航图时，航图覆盖地面范围大，地物描绘简单，或者用于规划航线、远程飞行时，需采用小比例尺航图。

有些航图也可不按比例尺绘制，如标准仪表进场图等。

2．图幅尺寸

为了方便飞行员在驾驶舱使用，航图的尺寸不宜太大，应采用合适的比例尺，使图幅适中。ICAO 在总结其缔约国多年制图和使用者经验的基础上，确定驾驶舱中使用航图的最佳尺寸为 210mm×148mm。有的航图实在无法缩小到标准尺寸，可以采用折叠的方法，折叠成相当尺寸大小，如航路图。

3．航图的投影方式

航图投影是使用一定的数学法则将地球表面规定的经纬网格转绘到平面上。航图一般使用高斯-克吕格投影，其中，航路图、区域图使用等角正割圆锥投影。

1）高斯-克吕格投影

高斯-克吕格投影是由德国数学家、物理学家、天文学家高斯于19世纪20年代拟定的，后经德国大地测量学家克吕格于 1912 年对投影公式加以补充，故称高斯-克吕格投影，又名"等角横切椭圆柱投影"，是地球椭球面和平面间正形投影的一种。

高斯-克吕格投影的几何概念是，假想有一个椭圆柱与地球椭球体上某一经线相切，其椭圆柱的中心轴与赤道平面重合，将地球椭球体面有条件地投影到椭圆柱面上。高斯-克吕格投影条件：①中央经线和赤道投影为互相垂直的直线，且为投影的对称轴；②具有等角投影的性质；③中央经线投影后保持长度不变。

如图 3-2 所示，假想有一个椭圆柱面横套在地球椭球体外面，并与某条子午线（此子午线称为中央子午线或轴子午线）相切，椭圆柱的中心轴通过椭球体中心，然后用一定的投影方法将中央子午线两侧各一定经差范围内的地区投影到椭圆柱面上，再将此柱面展开即成为投影面，此投影即为高斯-克吕格投影。

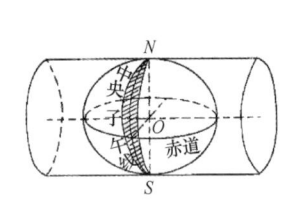

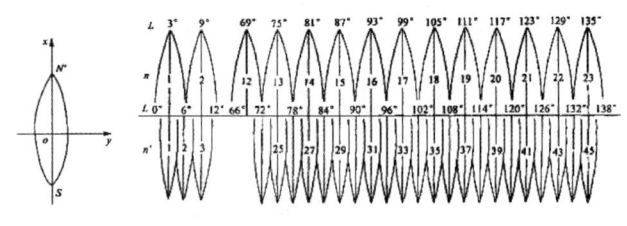

图 3-2 高斯-克吕格投影

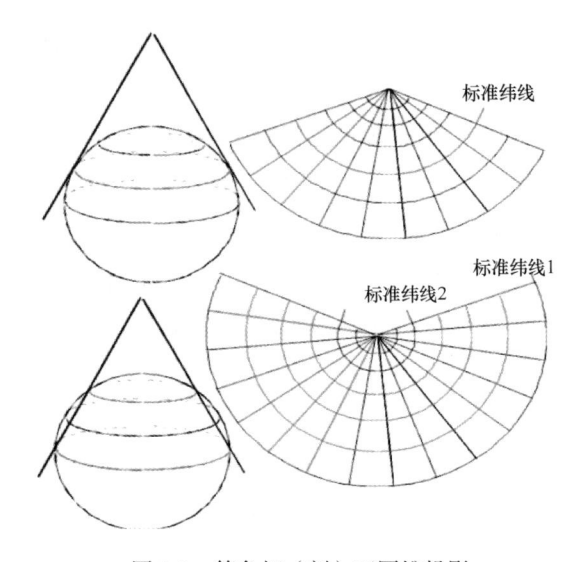

2）等角切（割）正圆锥投影

等角切（割）正圆锥投影又称兰伯特投影，由德国数学家兰伯特（J. H. Lambert）提出。这种投影是将一圆锥面套在地球椭球体外面，将地球表面上的要素投影到圆锥面上，圆锥面与地球椭球面相割（或相切），应用等角条件将经纬网投影于圆锥面上展开而成。经线表现为辐射的直线束，纬线投影成同心圆弧，是百万航图和世界地形图的数学基础。圆锥面与椭球面相割（或相切）的纬线圈称为标准纬线，相比采用单标准纬线的相切，采用双标准纬线的相割的投影变形小而均匀，如图 3-3 所示。

图 3-3 等角切（割）正圆锥投影

等角切（割）正圆锥投影的特点有：经线收敛于极点，纬线是以极点为中心的同心圆；两条标准纬线之间有一条最小比例尺纬线；两条标准纬线之间的地区长度缩短，比例尺变小；两条标准纬线之外的地区长度伸长，比例尺变大；地图等角；标准纬线上无失真；大圆航线凸向大比例尺一方；等角航线凹向极点。我国百万分之一的地形图使用此种投影方式。

我国出版的航图中，航路图、区域图采用等角切（割）正圆锥投影；机场障碍物图的底图采用高斯-克吕格 6°带投影或 3°带投影；精密进近地形图采用高斯-克吕格 3°带投影；机场图、进离场图、仪表进近图采用高斯-克吕格 6°带投影或等角切（割）正圆锥投影。

4．颜色

航图应尽量减少所用色彩的数量或直接使用单色制作与印刷。当航图必须制作成彩色图时，应考虑到飞行员在驾驶舱中利用人工光源读图这一情况，必须保证图上所有的颜色在人工和天然光线下容易分辨、阅读和判断航图中的各要素。如用彩色，一般采用黑、灰和蓝色，另有粉色等。

5．负载量

负载量是指图面上各种划线、符号和注记所占面积的比例。一幅航图上的负载量是有一定限制的，负载量太大会造成图幅紊乱，影响图的可读性。单色图的负载量小些，彩色印刷的航图负载量大大增加。随着航图上信息量的不断增加，航图通常都采用彩色印刷。航图在制作过程中，将所有与飞行无直接关系的要素统统略去，以减少负载量，突出航行有关要素，增加航图的可读性，减少飞行员确认航空数据的时间。

6．航图的定位方法

航图中的所有地物和符号都采用真北定位，需要注明方向的数据，都以磁北进行注记，同时在图上注明磁差，并加注年变率。在航图上标注磁差时，所标注的数值应取最接近出版日期年份的数值，磁差测定的年份为 5 的倍数，如 2000 年、2005 年。特殊情况下，现行数值在经过计算年变率后出现 1° 以上变化时，应标明临时日期和数值。

7．地形标绘要求

地形是指地表高低起伏的形态，是航行中的重要因素，直接影响航行的安全。航图上标绘的地形，其描绘方法必须能满足航图使用者的下述需要。

（1）定向和识别。

（2）安全超障余度。

（3）标注航空资料的清晰度。

（4）做计划。

地形标绘通常使用等高线、分层设色、标高点和地貌晕渲法的综合方法。选择方法时应考虑航图的性质、比例尺及其用途的影响。使用标高点法时，必须标出选定的突出点，对标高点数值的精度有怀疑时，必须在数值后面加注±符号，如图 3-4 所示。

● 0146　　▲ ±1705

图 3-4　标高点法

8．航图的现势性

航图的现势性是指图上内容与实际事物相一致的程度。航图是飞行时领航资料的一个来源，哪怕只是一点点差错，也可能造成不可想象的后果。例如，1948 年秋荷兰航空公司星座客机在执行阿姆斯特丹—里斯本的航班任务时，由于普雷斯特维奇机场的能见度很差，在进近过程中，降至 500 米仍不见跑道，继续进近见跑道时，跑道剩余不多，于是复飞爬升至 150 米，准备重新进近着陆，结果撞上高压线，并起火坠机。坠机的原因之一就是离机场东面不远处有一高 150 米的高压线，而航图上关于这个高压线的高却标记为 15 米。可见，航图所提供资料的现势性非常重要。

为了方便用户在使用航图过程中，遇到航图有疑问或与其他航空情报资料存在矛盾的地方时方便咨询，同时也为了保证航图的现势性，在每张航图的图边信息中都要注明出版机构、公布日期和生效日期。

9．航图的衔接关系

航空器在飞行过程中，全部飞行过程分为以下 6 个阶段。

（1）航空器自停机位置至起飞点的滑行。

（2）起飞并爬升至空中交通服务（Air Traffic Control Service，ATS）航路。

（3）ATS 航路飞行。

（4）下降至进近。

（5）进近着陆和复飞。

（6）着陆并滑行至航空器停机位置。

不同飞行阶段需要使用不同的航图，当航空器从一个飞行阶段到另外一个飞行阶段时，通常需要更换航图，因此，各种类型的航图必须提供与其飞行阶段相关的资料，并且在制图过程中注意航图之间的衔接关系，保证所提供资料的连续性。各类航图上标绘的资料，必须按相应的飞行阶段，从一幅图平稳过渡到另一幅图。

二、航图编绘流程

我国航图由中国民航局空管局航空情报服务中心负责编辑和制作。编绘依据为《民用航空航空情报工作规则》、《中国民用航空图汇编规范》、《国际民用航空公约》附件 4、ICAO 8697 文件。

航图编绘流程为：接收资料—审核—编绘—校对—定稿—印刷—成品质量检查—发行。

航空情报机构收集来源于机场、飞行程序设计单位和空域管理部门的编绘航图所需的原始资料。机场提供本机场地图、障碍物等资料，飞行程序设计单位提供进离场、进近等程序资料，空域管理部门提供空域、航路航线等资料。航空情报服务机构收集并进行数据审核后进行航图编绘与校对发布工作，交付航空公司、管制单位、机场等用户使用。

三、航图的修订

航图中的航行资料随时可能改变，对航行影响较大，保持其现行有效对航行安全至关重要。目前航图主要通过 NAIP 修订进行更新，紧急变化内容以航行通告发布。

航图的修订方法主要有手动修改、利用修订版、出版新版航图三种。

1．手动修改

当航图中修改的数据较少、容易修改时，手动修改是简单而有效的方法，但这种方法在下列情况下并不适用。

（1）修改之处很复杂，使用手动修改很难较好地完成。

（2）修改量比较大，损害了原始航图的设计及简洁性，影响航图的易读性。

（3）无法确定是否收到了所有的修订资料。

2．利用修订版

修订版是在原已印好的航图上，再套印修订版，即把库存中所有的航图都进行套印。这种方法对于那些没有分发出去的库存航图比较适用，但是由于某些航图资料数据复杂（如航路图），图幅本身的负载量就比较大，再进行套印后，会大大破坏其可读性。

3．出版新版航图

这种修订方法是解决问题的最好方法，但也有不足之处。

（1）需要大规模的制作设施。

（2）制作成本高。

（3）现有库存航图因失效而作废，经济损失较大。

以上三种方法各有利弊，需要根据修改数据的特点选择合适的方法进行航图的修订。

四、航图的分类

航图分类的方法比较多，按照不同的标准，可将航图分为不同的类型。

1．按我国颁布的航图分类

我国颁布的航图分为特种航图和航空地图两种。

特种航图包括机场障碍物 A 型图、机场障碍物 B 型图、精密进近地形图、航路图、区域图、标准仪表进场图、标准仪表离场图、仪表进近图、目视进近图、机场图、机场地面活动图、停机位置图、空中走廊图、放油区图等。特定航图用于飞行的每个阶段，并且可以从特定机场设施的地图到涵盖整个大陆的仪表路线（如全球导航图）的概况，可以随其间许多类型的不同而变化。

航空地图包括世界航图、航空图和小比例尺航空领航图等，航空地图按照规定和实际需要绘制、使用。

2．按飞行规则分类

根据飞行规则不同，可将航图划分为目视飞行航图和仪表飞行航图。

目视飞行规则（Visual Flight Rules，VFR）是指飞行员依照目视驾驶航空器。能见度需高于目视气象状态。在目视气象状态下，只要向最近的机场航管单位提出飞行计划书就可飞行，在到达目视飞行规则的高度的情况下，飞行员可以自己判断，选择理想的飞行高度。但在机场或机场周边，需依照管制单位的指示，在特别管制空域及管制区内飞行时，需使用无线电听取管制单位的指示，并依规定的位置通报。

目视飞行航图是影响低空飞行安全的重要因素，是低空飞行的保护伞和指南针。2019年12月26日，作为我国民航航空情报资料的制作发布单位，民航局空管局发布了全国目视飞行航图，升级后的中国民航通用航空信息服务平台上线运行，为通航飞行提供了"看得见、摸得着、拿得起、用得了"的有效工具，填补了我国低空飞行服务保障体系的空白。

而在仪表飞行规则下，飞行员视野中没有地表或其他参照物，只能依靠机载仪表上的数据或辅助导航来完成飞行。特种航图中的航路图、标准仪表进离场图、仪表进近图等，都属于仪表飞行航图。

3. 按空域分类

根据空域可将航图划分为航路图（也称航线图，包括高空航路图、中低空航路图）、区域图、特殊航图、航空地形图、终端区航图。不同的航图显示信息的侧重点及详细程度不同。

1）航路图

航路图是指飞机进行航路或航线飞行时使用的航图。它主要包括基本地形轮廓、飞行航路信息、航路代码、航路空域划分、航路飞行通信频率、导航台信息、经纬度坐标、限制性空域信息等与航路飞行有关的数据信息；一般分为高空航路图和中低空航路图。航路图的内容比较简单，稍看图例即可理解，比例尺一般为1∶1 000 000。

2）区域图

区域图一般都是对某些飞行活动密集、空域复杂的地区的航路图进行的放大图，从而使图中涵盖的内容更加清晰、细致，内容基本与航路图相同。区域图应覆盖整个航路图中区域图框覆盖的范围，比例尺为1∶500 000，在此不做细述。

3）特殊航图

特殊航图即供特殊目的使用的航图。

4）航空地形图

航空地形图主要提供给飞行员进行地标参考使用，航图上立体地标画出地形地貌、山河湖海、重要山峰海拔、重要地标、重要障碍物海拔等，现在这种航图不太常用。

5）终端区航图

终端区航图包括很多种类，如机场平面图、停机位图、标准仪表进/离场图、仪表进近图、空中走廊图、放油区图、机场障碍物图、等，比例尺为1∶250 000。终端区航图使用顺序如图3-5所示。

下面对其中几种终端航区图进行细致的说明。

（1）机场平面图。机场平面图的内容包括机场所在的国家和城市、机场名称、地理坐标、机场标高、机场各通信频率、跑道及滑行道平面图、进近灯光示意图、比例尺、磁差、跑道信息等。

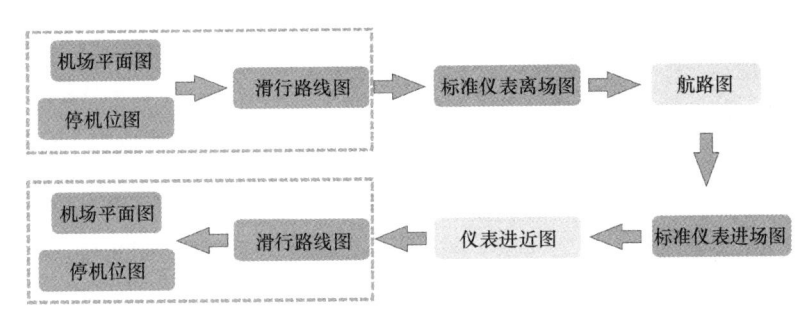

图 3-5 终端区航图使用顺序

（2）停机位图。停机位图一般只包括停机坪、停机位及与停机坪相连接的滑行道信息，有些机场没有单独的停机位图。

（3）标准仪表进场图（Standard Terminal Arrival Route，STAR）。当已经设立了标准仪表进场航线，但在区域图中不能详细表示时，提供标准仪表进场图。标准仪表进场图涵盖的内容比较广泛，除了基本的航图标题，还有标准进场图标示、进场程序代码，重要的内容包括到达机场、影响指定的标准仪表进场航线的机场、禁区、限制区、危险区及空中交通服务系统等航行资料。标准仪表进场图向机组提供航路飞行阶段到进近阶段便于其按指定标准仪表进场航线飞行的资料。

（4）标准仪表离场图。标准仪表离场图包含的内容与标准仪表进场图基本相同。

（5）仪表进近图。仪表进近图是所有终端航图中内容最丰富也是最复杂的，而且进近阶段又是非常危险和紧张的阶段，飞行员不能花费太多时间去查阅资料，因此要求飞行员对仪表进近图的内容、位置、数据结构熟悉掌握，以便在很短的时间内能够找到所需要的数据，使其能够执行预定降落跑道的仪表进近程序，包括复飞程序及适用时相应的等待程序。

（6）空中走廊图。空中走廊图的基本制图方法与航路图是一致的，只是在空中走廊所在的位置加上了走廊编号、走廊宽度、进出走廊外口限制等内容。空中走廊周围有非常密集的限制性空域，而且走廊口都有严格的高度限制。另外，每条空中走廊的宽度都应在空中走廊图中标画出来，在飞行时需要严格执行。

4．按重要程度分类

按航图对飞行的重要程度，可将航图划分为必须提供的航图、建议提供的航图、根据条件需要而制作的航图。

1）必须提供的航图

（1）机场障碍物图——ICAO A 型（运行限制）。

（2）机场图——ICAO。

（3）世界航图——ICAO 1∶1 000 000。

（4）精密进近地形图——ICAO。

（5）仪表进近图——ICAO。

（6）航路图——ICAO。

2）建议提供的航图

（1）机场障碍物图——ICAO B 型。

（2）机场地面运行图——ICAO。

（3）航空器停放/停靠图——ICAO。

（4）航空地图——ICAO 1∶500 000。

（5）航空领航图——ICAO 小比例尺。

（6）作业图——ICAO。

3）根据条件需要而制作的航图

（1）区域图——ICAO。

（2）标准仪表离场图——ICAO。

（3）标准仪表进场图——ICAO。

（4）目视进近图——ICAO。

（5）机场障碍物图——ICAO C 型。

5．按用途分类

航图按用途可划分为仅用于做计划的航图、起飞至着陆之间飞行时使用的航图、飞机在机场道面上运行时使用的航图，以及目视领航、作业和计划时使用的航图。

1）仅用于做计划的航图

（1）机场障碍物图——ICAO A 型（运行限制）。

（2）机场障碍物图——ICAO B 型。

（3）机场地形和障碍物图——ICAO（电子版）。

（4）精密进近地形图——ICAO。

2）起飞至着陆之间飞行时使用的航图

（1）航路图——ICAO。

（2）区域图——ICAO。

（3）标准仪表离场图——ICAO。

（4）标准仪表进场图——ICAO。

（5）仪表进近图——ICAO。

（6）目视进近图——ICAO。

（7）ATC 监视最低高度图。

3）飞机在机场道面上运行时使用的航图

（1）机场图——ICAO。

（2）机场地面运行图——ICAO。

（3）航空器停放/停靠图——ICAO。

4）目视领航、作业和计划时使用的航图

（1）世界航图——ICAO 1∶1 000 000。

（2）航空地图——ICAO 1∶500 000。

（3）作业图——ICAO。

（4）航空领航图——ICAO 小比例尺。

可见，航图分类的方法有很多，《国际民用航空公约》附件4中规定了18种航图的制图规范和要求。在 AIP 和 NAIP 中给出了9类可用的航图，均以《民用航空图编绘规范》作为制图依据，《民用航空图编绘规范》是根据《国际民用航空公约》附件4和 ICAO 8697 文件及我国国情制定的。近几年，我国又颁布了《民用机场障碍物图–A型（运行限制）编绘规范》（民航规〔2019〕67号）、《民用机场精密进近地形图编绘规范》（民航规〔2019〕66号）、《民用航空仪表航路图及区域图编绘规范》等，为我国航图编绘工作的统一性做出了更规范的规定。只有符合《国际民用航空公约》附件4第2章和为特定航图规定的所有标准时，航图和航图系列的名称中才可以使用"ICAO"，本书讲述的航图大部分是以我国民航局颁布的航图为例的。

本节思考题

1．简述航图的主要特征。

2．简述航图的分类。

3．简述航图常见的投影方式。

4．简述航图制定的主要依据。

5．简述航图编绘的流程。

第二节　机场图

一、机场图应用背景

根据 ICAO 的要求，凡供国际民航定期使用的机场，均需要提供机场图。

机场图向飞行机组提供的资料必须便利航空器的下列地面活动。

（1）自航空器停机位置至跑道。

（2）自跑道至航空器停机位置。

机场图还必须提供机场的重要运行资料，其范围必须包括机场各条跑道的灯光系统。机场图主要是为了让飞行员和管制员了解机场范围内各种道面的平面布局、机场内的灯光布局及目视助航标志。

二、机场图布局

《民用航空图编绘规范》规定，机场图由平面图和起飞最低标准表格两部分组成。除此之外，机场图还包括标题栏、图边信息、机场主要的灯光系统和备注信息。有些机场跑道较多，一张图无法将跑道的细节信息和其他一些备注信息都展示出来，因此需要附加图来补充这些信息，补充资料内容主要包括机场跑道道面标志和跑道灯光系统。例如，广州白云机场的机场图就包括两张图，其中也有补充资料。机场图布局如图3-6所示。

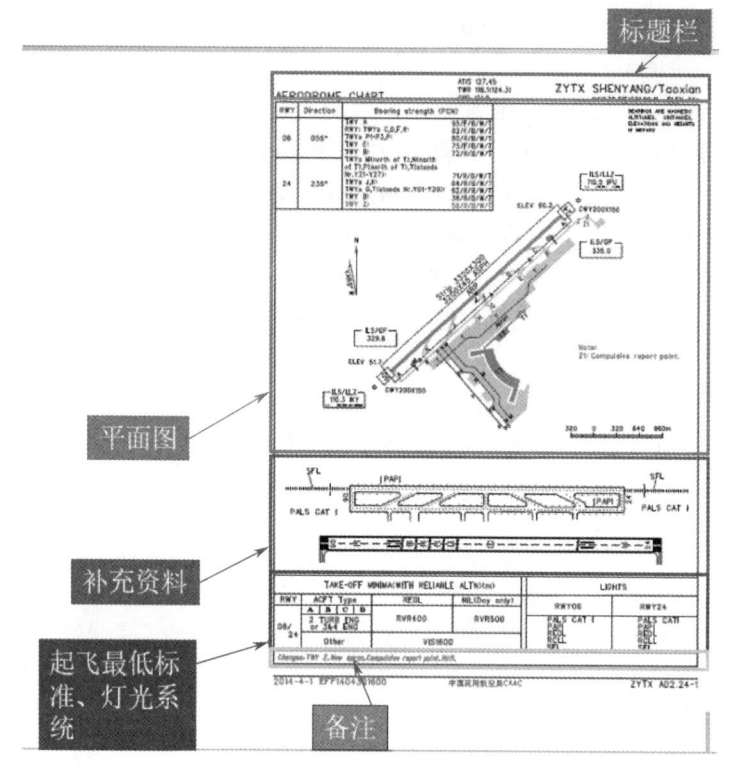

图 3-6 机场图布局

三、机场图图廓外要素

机场图图廓外要素主要包括标题栏和图边信息。

1. 标题栏

标题栏要素主要包括航图标识、通信信息、机场名、机场标高及机场基准点坐标等内容。机场图标题栏结构如图 3-7 所示。

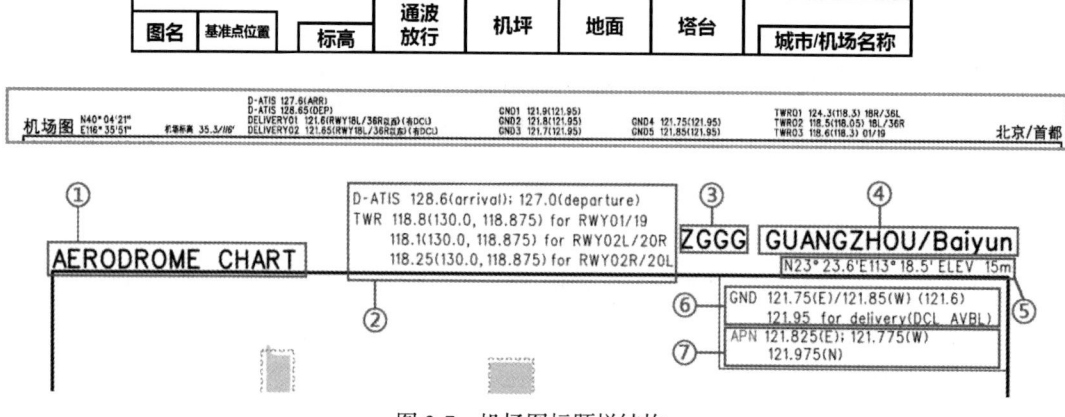

图 3-7 机场图标题栏结构

1）航图标识

ICAO 把航图的名称都用明语标注了出来，所以更好识别，不用专门去背代码。

2）通信信息

标题栏中的通信频率是航空器在机场道面上运行时用到的频率，包括自动终端情报服务、放行频率、地面管制频率、塔台管制频率、机坪管制频率。不同的机场图中给出的通信频率信息可能会不同。根据机场流量的不同，管制部门在塔台上划分不同的席位。每个塔台管制室均设置机场管制席；年起降超过 40 000 架次的机场，塔台需增设地面管制席；年起降超过 100 000 架次的机场，塔台需增设放行许可发布席。有一些流量更大的机场，会对席位进行更细致的划分，如广州白云机场的地面席位就分为东地面席位和西地面席位，塔台席位也分为东塔台席位和西塔台席位，如图 3-7 中第②部分所示。

如果机场通信频率比较多，无法将所有频率都标注在标题栏内，则会将一部分通信频率标注在平面图的上部，而标题栏内只标注自动终端情报服务和塔台管制频率。

（1）自动终端情报服务。自动终端情报服务（Automatic Terminal Information System，ATIS）为飞行员提供起飞和降落飞机时所需要的有关机场情况的信息。通常在一个单独的无线电频率上自动连续播放相关的信息服务，主要包括以下内容。

① 机场名称。

② 通播代码：机场开放期间每 30 分钟播发一次，依据内容长短，持续 30～60 秒。天气变化迅速的时候，也可以随时更新，依次以字母代码 A、B、C、D……Z 表示不同 ATIS 的编号，如 ATIS-A。

③ 观测时间。

④ 预计进近类别，如 ILS 进近。

⑤ 使用跑道，指的是起飞或着陆时使用的跑道号。

⑥ 跑道的重要情况和刹车作用。跑道的道面有湿滑或有少量积冰、积雪等重要情况时应予以说明，这些情况会使道面的刹车效应变差。

⑦ 过渡高度层。如果机场公布了过渡高度和过渡高度层的相关信息，应在 ATIS 中给出相关数据，供飞行员拨正高度表时使用。

⑧ 其他必要的运行信息。主要播报一些关于机场道面上存在的一些会影响跑道使用的信息，如跑道末端施工、跑道灯光有故障等。

⑨ 地面风向、风速等的重要变化，如有关进近、起飞爬升区内的重要天气情报。

⑩ 能见度（Visibility，VIS）、跑道视程（Runway Visual Range，RVR）。

⑪ 天气实况。

⑫ 空气温度。

⑬ 露点温度。

⑭ 高度表拨正值。

飞行员通常会在和管制员建立联系前收听通播内容，了解机场相关信息，这可以大大减少管制员的工作量。并且飞行员与管制员首次建立联系时应告知其已收听 ATIS 及编号。流量非常大的机场分别提供进港 ATIS 和离港 ATIS（如广州白云机场）。繁忙的机场自动连续播放的信息服务由空中交通服务部门负责准备和发布。国际机场的 ATIS 内容使用中文和英文交替循环进行播报。

目前我国很多大型机场都能够提供数字化自动终端情报服务（Digital ATIS，D-ATIS），如北京首都机场和广州白云机场。传统的 ATIS 采用专用的甚高频频率进行语音广播，飞行员需要检查并手工记录下收听到的 ATIS 语音广播内容。D-ATIS 结合数字化通信技术和 ATIS 技术，主要解决使用单一语音自动通播服务时间占用长、误听概率大、通播覆盖范围小等问题，同时大幅降低飞行员的工作强度和工作压力，减少信息服务中人为因素的影响，提高管制员的工作效率和安全性。D-ATIS 通过语音合成技术完全兼容现有的自动语音通播系统，并能够通过简单文字录入的方式实现临时语音合成通播等功能。

D-ATIS 的服务流程以传统自动语音情报服务流程为基础，从民用航空飞行动态固定电报报文中提取气象信息，由管制员根据机场气象采集和监测系统校验气象信息，输入跑道和其他机场运行信息，通过语音合成技术合成通播话音信号覆盖传统自动语音情报服务，并生成播报信息报文，发往 D-ATIS 部署在北京网控中心的服务器，服务器存储各个机场实时的航站自动情报服务信息，等待航空器通过地-空数据链进行申请。飞行员通过地-空数据链发送请求报文，系统服务器接到请求后根据请求类型应答对应的信息报文，以报文的方式回传至飞行员。D-ATIS 分为非自动更新 ATIS 请求、自动更新 ATIS 请求两类，处理流程分别如图 3-8 和图 3-9 所示。

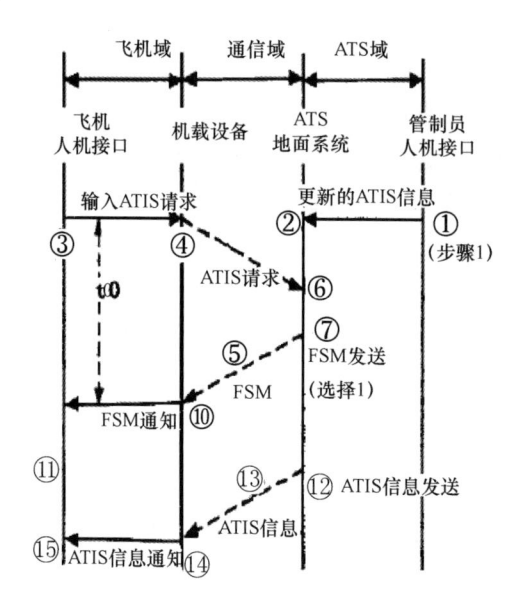

图 3-8 非自动更新 ATIS 请求时的处理流程

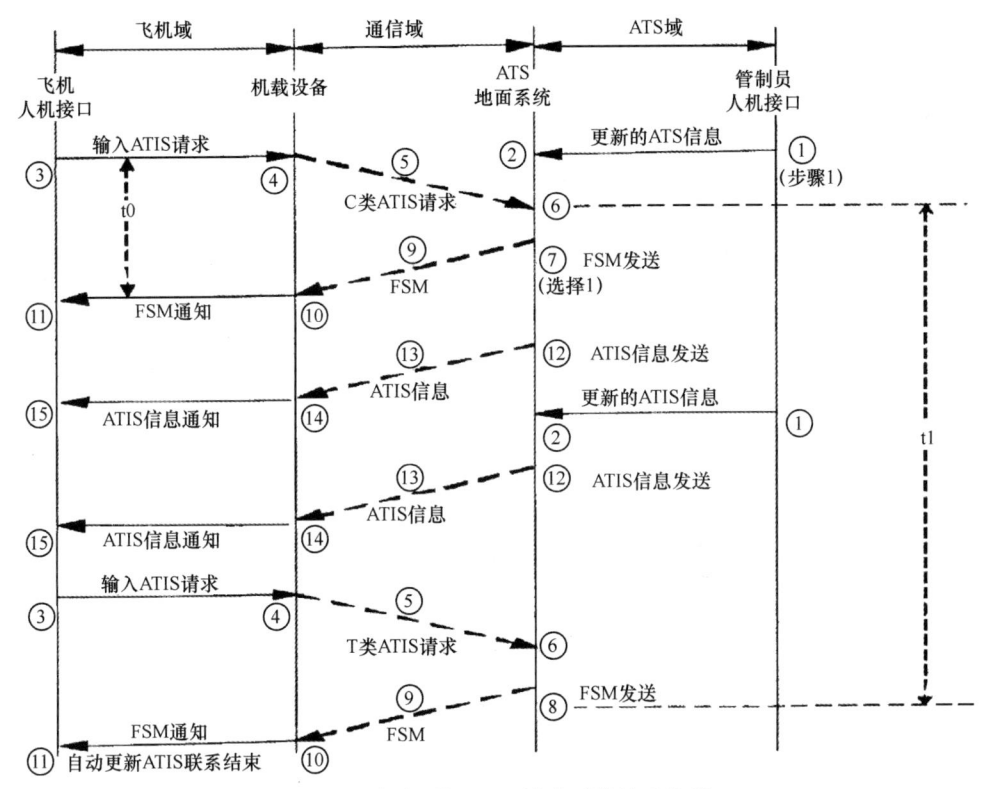

图 3-9 自动更新 ATIS 请求时的处理流程

D-ATIS 在信息服务流程上遵循 ED-89A 标准，在报文规范上同样遵循已被 ICAO 承认的 ARINC 623 协议，从而保证了在世界范围内的统一化和标准化，实现了与世界同类型产品的兼容。

D-ATIS 服务报文类型包括以下 3 类。①ATIS 为飞行器下发的根据起飞或降落状态请求所需机场的 ATIS 信息报文。②D-ATIS 应答报文为 D-ATIS 服务器对验证无误的 ATIS 报文发送相应需求的最新 ATIS 信息。③飞行系统报文（FSM）为 D-ATIS 飞行系统报文，用于对下行报文判断后找不到飞机所需回复信息或飞机下行信息错误的拒绝。

（2）放行频率。飞行员通过放行频率申请放行许可，表明该航班允许放行至目的地。放行许可中包括下列内容：航空器呼号、管制许可的界限、飞行的航路、跑道号和批准的离场程序、起始爬升高度、离场频率、应答机代码。

传统的起飞前放行（Departure Clearance，DCL）服务流程是通过人工语音方式实现的，其流程为：飞行员通过放行频率呼叫放行管制员请求放行；管制员接受请求后，通过飞行计划系统终端检查航班信息，再通过放行频率呼叫飞行员，语音通报放行信息；飞行员接到放行信息后，进行手工抄录并进行语音复述。

数字化起飞前放行（Pre-Departure Clearance，PDC）是在人工语音放行基础上升级的一种数字放行模式。PDC 依靠地空数据链通信技术，有效解决了现有人工语音方式提供服务出现的诸多问题，为放行服务提供更加安全和高效的服务，在国际上已被普遍运用。该系统支持管制员同时对多架航班进行放行管理，而不再需要逐一与机组进行语音放行管制，从而减轻了管制员和飞行员的工作量，并且可以有效消除在低质量的甚高频通话过程中可能出现的管制员与飞行员之间由于受到低质量的语音频率或方言口音影响而造成对通话信息的错误理解，提高了管制运行的效率和安全可靠性。

美国在 PDC 应用中，飞行标志、应答机编码、离场程序、巡航高度、起始高度、停机位、机型、离场频率等信息均可直接从美国联邦航空局中心计算机系统获得，再通过飞机通信寻址与报告系统将起飞前放行许可发送给航空公司的计算机。航空公司的计算机再将 PDC 报文发送给飞机。在繁忙的机场，PDC 服务使管制员的工作量得以大大减少。PDC 报文以美国航空公司电子工程委员会颁布的 ARINC 620 规范中规定的自由文形式进行组织。但在美国的 PDC 服务中，航空公司是提供服务的核心部门，它承担着向塔台提出 PDC 请求和确保将 PDC 报文准确、快速地传送给机组的责任。这种需要三方共同参与的运行模式与我国和其他绝大多数国家存在明显的不同，在除美国外的其他国家，航空公司不参与起飞前放行许可的管制，因此，美国联邦航空局推行的 PDC 服务不能在美国以外的国家推广，同样也不适合我国。

国际航空电信协会依据美国以外其他国家起飞前放行许可的管制流程，于 1998 年开始研制数据链 DCL 系统。由于美国首先提出 PDC 概念，有时我们也习惯把 DCL 系统称为 PDC 系统，但两种系统无论从报文传输规范还是从业务流程来看都存在很大的不同。DCL 系统在报文规范上遵循已被 ICAO 承认的 ARINC 623 协议，从而保证了这种起飞放行系统在世界范围内的统一化和标准化，并在美国以外的国家得到了广泛的应用。截至目前，DCL 已在比利时、丹麦、法国、德国、爱尔兰、英国、瑞典、韩国等国家近 30 个机场推广使用。DCL 系统直接由管制员和飞行员进行地对空数据链通信，而不需要航空公司参与，因此不仅简化了服务程序，同时还将语音通信的频率降至最低。我国 DCL 系统在服务标准上遵循 ARINC 623 标准，从而实现了与世界同类型产品的兼容。

机场若采用 DCL 系统，应在放行频率后予以说明。如图 3-7 中第⑥部分所示，广州白云机场的放行频率为 121.95MHz，DCL AVBL 的意思是可以使用数字化放行。

（3）地面管制频率。飞行员得到放行许可后，航空器开始做起飞前准备、上客、装货等工作。在上客快完成时，向地面席申请从停机位推出和开车。如果航空器在远机位，不需要申请推出。完成开车后，机组会向地面席申请滑行。地面席上的管制员会给予相应指令，最后都会指挥到跑道等待点。

（4）塔台管制频率。在接近或到达跑道等待点时，机组会通过塔台管制频率联系塔台管制席。如果有飞机要落地或跑道不能使用，机组会收到原地等待的指令；如果跑道可以使用，机组则会收到进入跑道的指令。在通报完起飞信息后，塔台指挥席就会发布起飞许可。在飞机上升到一定的高度后，塔台指挥席的管制员会让机组联系进近管制单位。

（5）机坪管制频率。机坪管制频率用 ADN 表示。现在有些机场地面管制和机坪管制分开运行，甚至属于不同的单位，因此会专门标注出机坪管制频率。频率后面括号中的 E、W 和 N，分别是东、西和北的意思。在广州白云机场，机坪管制扇区的东、西划分与塔台管制频率中的东、西划分基本一致，分区会在机场图中标注出来，如图 3-10 中标注的北部机坪管制区 APN（N）。白云机场的 APN（E）、APN（N）、APN（W）分别为 121.825MHz、121.975MHz、121.775MHz，可参见图 3-7。

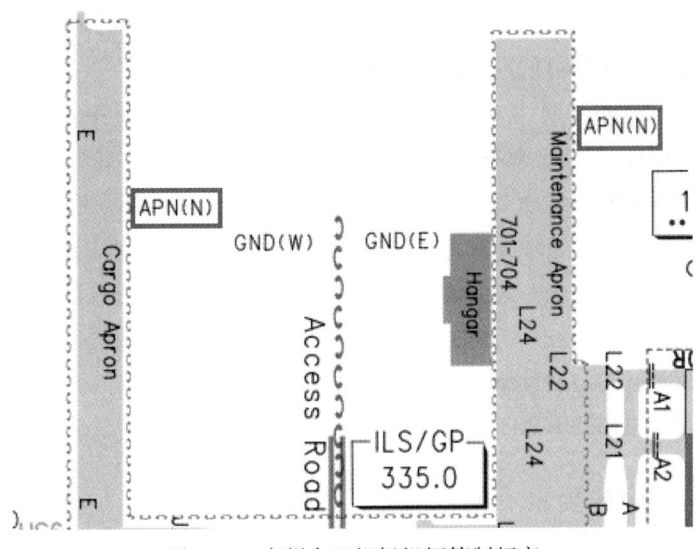

图 3-10 广州白云机场机坪管制频率

3）机场名

在标题栏的右侧会标绘城市名和机场名，城市名和机场名中间会用斜杠隔开。

4）机场标高

机场标高是起飞着陆区最高点的标高，通常以主跑道中线上最高点的标高作为机场的标高。机场标高应按"米制单位/英制单位"的格式给出，米制单位精确到 0.1 米。

5）机场基准点坐标

机场基准点是用于标定机场地理位置的一个点。如果机场只有一条跑道，机场基准点即为跑道中心线的中点。在机场图上用带十字的圆圈和字母 ARP 标注出来，如图 3-11 所示。如果机场有多条跑道，机场基准点是指该机场的几何中心。机场基准点坐标用精确到秒的经纬度表示。

图 3-11 机场基准点

2. 图边信息

图边信息主要包括出版时间、生效时间、出版机构和航图编号，具体内容如图 3-12 所示。

图 3-12 机场图图边信息

在图 3-12 中：
- 第①部分表示本次修订的内容为机坪管制频率。
- 第②部分表示发布日期为 2021 年 8 月 15 日，发布日期采用北京时间，表示方式为"{年}-{月}-{日}"，年为四位数字，月为一位或两位数字，日为一位或两位数字。
- 第③部分表示生效日期为 2021 年 9 月 11 日 16 时，生效日期采用 AIRAC 日期。NAIP 航图采用北京时间，表示方式为"EFF {年}-{月}-{日}"，其中，年为四位数字，月为一位或两位数字，日为一位或两位数字。AIP 航图采用 UTC 时间，表示方式为"EFF {年}{月}{日}{时}{分}"，其中，年、月、日、时、分均为两位数字。
- 第④部分表示航图绘制单位。
- 第⑤部分表示机场的 ICAO 代码和该图所在 AIP 的章节号。

四、机场图图廓内要素

机场图图廓内要素包括平面图、起飞最低运行标准及每条起飞跑道主要灯光系统，有些机场还包括补充资料。

1. 平面图

1）平面图中常用图例

机场图平面图标绘了机场的总体轮廓，用图示的方法描述了机场的活动区。平面图中常用图例如表 3-1 ~ 表 3-3 所示。

表 3-1　平面图中跑道、滑行道、停机坪常用图例

图例	含义	图例	含义
	有铺筑面的跑道	Ⓗ	机场内直升机停机点
	无铺筑面的跑道	SWY 60X40ASPH	停止道，长、宽及铺筑面性质
Strip 3200X300	升降带，长、宽	CWY 200X150	净空道，长、宽
U/S	关闭的跑道、滑行道或其部分不能使用	滑行等待位置	滑行道
	跑道入口内移		停机位置编号和滑行路线
	建筑物	ROUTE 4	4 号滑行路线
ARP ⊕	机场基准点	— · —	敏感区域
○ HS1	机动区冲突多发地带	A类 ‖　B类 ‖	跑道等待位置标志

（续）

图例	含义	图例	含义
地面管制区2(南向北) 地面管制区1(南向北)	地面管制区 机坪管制区	--- HP(EOT)	滑出等待点
○ ⊕	除冰区 除冰等待点	— AH	机坪等待点
▨	塔台盲区	PB16	推出等待点
⋎	推出方向	⊢	强制等待报告点
⋎	推出方向及推出停止点	⇢⇢⇢	单向滑行

表 3-2 平面图中灯光常用图例

图例	含义	图例	含义
▭	跑道接地带灯	┿┿┿┿┿	Ⅰ类精密进近灯光系统 PALS CAT Ⅰ
PAPI	精密进近航道指示器	┼┼┼┼┼	Ⅰ类精密进近灯光系统（无顺序闪光灯）PALS 光 CAT Ⅰ
⋯⋮⋯ ⋮⋮⋮⋮⋮	简易进近灯光系统（SALS）	┿┿┿┿┿	Ⅱ类精密进近灯光系统（无顺序闪光灯）PALS CAT Ⅱ
┿┿┿┿┿	Ⅰ类精密进近灯光系统（有顺序闪光灯）PALS CAT Ⅰ（SFL）	┿┿┿┿┿	Ⅱ类精密进近灯光系统（有顺序闪光灯）PALS CAT Ⅱ（SFL）

表 3-3 平面图中其他常用图例

图例	含义	图例	含义
⇠⊙⇢	VOR 校准点	↰	直升机穿越（跑道）路线
◁ ⬢ ▷	跑道视程观测点	(LP1) (LP3)	直升机起降区域
⚑	风向标	⇠--- ---⇢	离港直升机航迹 进港直升机航迹
⊣⊢ 有灯 ⊢ 无灯	着陆方向标(无灯、有灯)		

平面图信息标绘示例如图 3-13 所示。

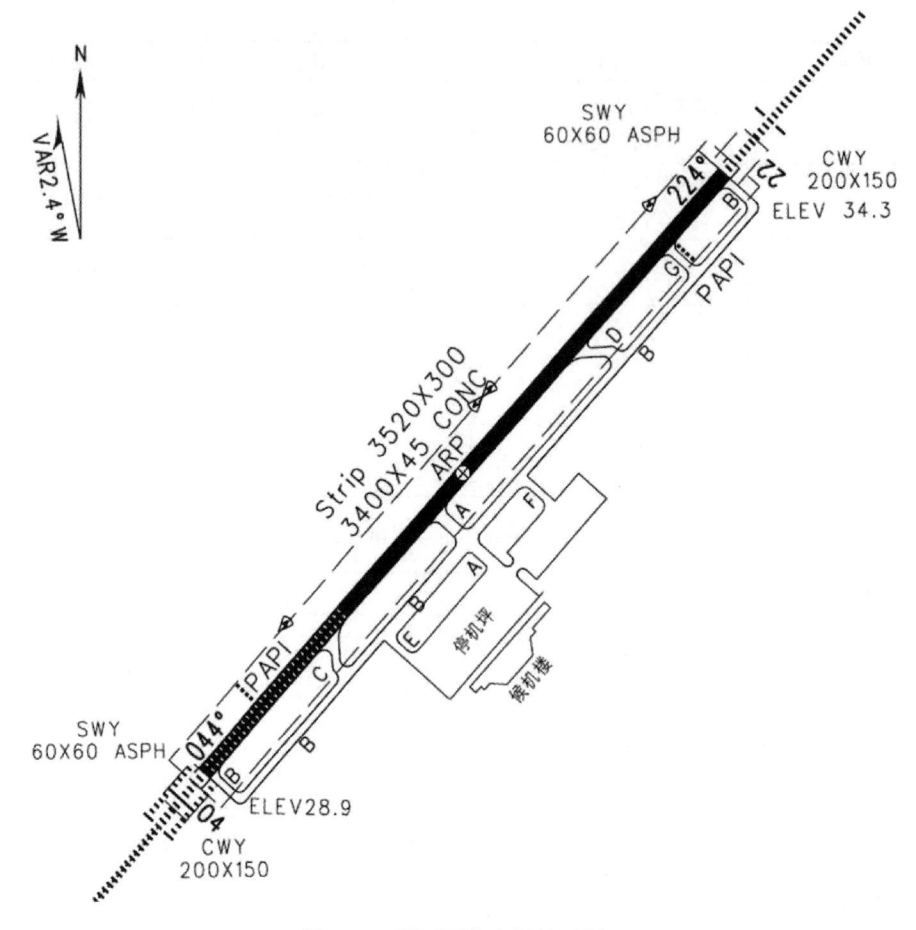

图 3-13 平面图信息标绘示例

从图 3-13 可以看出,该机场图中 04 号跑道端净空道长 200 米、宽 150 米,停止道长 60 米、宽 60 米,道面铺筑材料为沥青(ASPH);升降带长 3 520 米、宽 300 米,跑道长 3 400 米、宽 45 米,道面铺筑材料为水泥(CONC)。04 号跑道入口标高为 28.9 米(ELEV28.9),安装了Ⅱ类精密进近跑道灯光系统。该机场 ARP 位于 04-22 号跑道中心,跑道左侧安装了精密进近航道指示器,在跑道接地区、跑道中部、跑道末端分别安装有 3 个 RVR 测定仪。

2)磁差

磁北与真北相差的角度叫作磁差。磁差有偏东和偏西之分,如图 3-14 所示。如果磁北的方向是在真北的东面,叫作东磁差,记以 E 字或+号;如果磁北的方向是在真北的西面,叫作西磁差,记以 W 字或-号。磁差的范围为 0°~180°。磁差依各个地方而不同,且随时间变化。

3)比例尺

通常采用 1∶20 000 至 1∶50 000 的比例尺,在图的下方标绘线段比例尺。

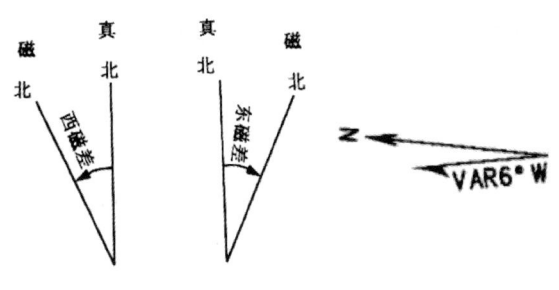

图 3-14 磁差

4）道面等级序号

在机场图平面图中要给出跑道、滑行道、停机坪的道面等级序号，供飞行员、签派员查询。

如图 3-15 所示，02R/20L 跑道的道面等级序号为 PCN 109/R/B/W/T；滑行道 A2、A9 的道面等级序号为 PCN 88/R/B/W/T。

```
RWY  02R/20L                         PCN 109/R/B/W/T
TWY  A.A1.A10.B.C;
     G（B滑以东）;
     J.K.L.M.N.V.W（均为C滑以东）
RWY  02L/20R                         PCN 98/R/B/W/T
TWY  B1.D.E.EC.F.F1.F10;
     G（B滑以西）.H.货机坪;
     J.K.L.M.N.N1.V.W（均为C滑以西）;
     P.Q.R.S.T（均为D滑以西）
TWY  A2.A9;                          PCN 88/R/B/W/T
TWY  A3.A4.A7.A8.F2.F3.F4.F7         PCN 79/R/B/W/T
     F8.F9.U;
     P.Q.R.S.T（均为D滑以东）
TWY  A5.A6.F5.F6.维修机坪             PCN 70/R/B/W/T
```

图 3-15 机场图道面等级序号

5）机场冲突多发地带

一般大型机场会存在多个冲突多发地带（Hot Spot，HS），此时会以 HS1、HS2……的形式编码，同时在机场细则中会对每个编码表示的区域进行说明，如图 3-16 所示。

HS1 & HS2：02L/20R跑道ILS保护区

使用02L/20R跑道起降时，管制员将指令从联邦机坪滑出的航空器在ILS保护区等待线外等待，航空器需穿越此区域进入使用跑道前，必须得到塔台管制员的许可。

HS3:T1,T2及C滑行道交叉区域

在此复杂区域运行时需格外小心。此区域为单向运行区，航空器使用T2滑行道由东向西滑行，使用T1滑行道由西向东滑行，东侧航空器进入该区域需避免错过 T2滑行道误入T1滑行道造成对头滑行。

图 3-16 机场机动区冲突多发地带运行要求

2. 起飞最低运行标准及每条起飞跑道主要灯光系统

机场图的底部以表格的形式给出两个方面的内容：起飞最低运行标准及每条起飞跑道主要灯光系统。

1）起飞最低运行标准

起飞最低运行标准一般只用能见度表示，但在起飞离场过程中必须看清和避开障碍物时，起飞最低运行标准应包括能见度和云高，并在公布的程序中标出该障碍物的确切位置。只有在仪表离场程序中规定了一个安全飞越障碍物所要求的最小爬升梯度，并且飞机能满足规定的爬升梯度时，起飞最低运行标准才可以使用能见度表示。

不论 ATC 是否许可，当由民航局批准的气象系统报告的天气条件低于合格证持有人运行规范的规定时，飞机不得按照仪表飞行规则起飞。如果合格证持有人的运行规范没有规定该机场的起飞最低运行标准，则使用的起飞最低运行标准不得低于民航局为该机场制定的起飞最低运行标准。起飞最低运行标准可以在机场图中对外公布。

广州白云机场的起飞最低运行标准如图 3-17 所示。

跑道	起飞最低标准（有备降）(VIS)			主要灯光	
	飞机类别		跑道边灯	无灯（白天）	RWY02R/20L	RWY02L/20R
02L 20R 02R 20L	3发、4发及2发（涡轮）	A、B、C类	RVR400	RVR500	PALS CAT Ⅱ SFL PAPI HIRL RCLL TDZL	PALS CAT Ⅰ SFL PAPI HIRL RCLL
	其他1发、2发	D类		VIS1600		

图 3-17　广州白云机场的起飞最低运行标准

如图 3-17 所示，公布起飞最低运行标准要考虑飞机类别、灯光等影响因素。对于 C 类飞机，在广州白云机场起飞时，夜航或能见度差需使用跑道边灯时的运行标准为跑道视程不能低于 400 米。在可同时获得 RVR 和 VIS 值时，以 RVR 为准。VIS 允许使用的最小数值为 800 米。当 VIS 小于 800 米时，用 RVR 表示。无灯或白天的运行标准为跑道视程不得低于 500 米。

如果机场没有制定起飞最低运行标准，可以使用基本起飞最低运行标准。例如，在如图 3-18 所示的拉萨贡嘎机场图中，起飞最低运行标准表格是空白的，没有制定起飞最低运行标准，在这种情况下，可以使用下列基本起飞最低运行标准。

跑道	起飞最低标准（有备降）(VIS)			主要灯光	
	飞机类别		跑道边灯	无灯（白天）	RWY09L	RWY27R
09L/ 27R	3发、4发及2发（涡轮）	A、B、C类			SALS PAPI HIRL	PALS CAT Ⅰ PAPI HIRL
	其他1发、2发	D类				
修改：塔台主频						
2021-12-1 EFF2022-1-14			中国民用航空局CAAC			ZULS-2

图 3-18　拉萨贡嘎机场的起飞最低运行标准

① 对于双发飞机，VIS 为 1 600 米；

② 对于 3 发或 3 发以上的飞机，VIS 为 800 米。

2）每条起飞跑道主要灯光系统

机场图的底部采用表格的形式给出灯光的简写。例如，在图 3-18 中，拉萨贡嘎机场 09L 跑道端安装的灯光主要有 SALS、PAPI、HIRL；27R 跑道端安装的灯光主要有 PALS CATI、PAPI、HIRL。机场图中常见的灯光简写及其他简写如表 3-4 所示。

表 3-4　机场图中常见的灯光简写及其他简写

序号	简写	英文全称	中文全称
1	ALSF	Approach Light System with Sequenced Flashing Lights	带有顺序闪光灯的进近灯光系统
2	HIALS	High Intensity Approach Light System	高强度进近灯光系统
3	CAT	Category	类
4	CAT I PALS	CategoryⅠPrecision Approach Light System	Ⅰ类精密进近灯光系统
5	HIRL	High Intensity Runway Edge Lights	高强度跑道边灯
6	LIRL	Low Intensity Runway Edge Lights	低强度跑道边灯
7	LLZ	Localizer	航向道
8	MIALS	Medium Intensity Approach Light System	中强度进近灯光系统
9	MIRL	Medium Intensity Runway Edge Lights	中强度跑道边灯
10	PALS	Precision Approach Light System	精密进近灯光系统
11	RCL	Runway Centerline	跑道中线
12	RCLM	Runway Centerline Markings	跑道中线标志
13	RCLL	Runway Centerline Lights	跑道中线灯
14	RCLS	Runway Centerline Light System	跑道中线灯光系统
15	REDL	Runway Edge Lights	跑道边灯
16	REIL	Runway End Identification Lights	跑道末端识别灯
17	SALS	Short Approach Light System	简易进近灯光系统
18	SFL	Sequence Flashing Lights	顺序闪光灯
19	ARP	Airport Reference Point	机场基准点
20	ATIS	Automatic Terminal Information Service	自动终端情报服务系统
21	CWY	Clearway	净空道
22	EFF	Effective	生效日期
23	ELEV	Elevation	标高
24	GP	Glide Path	下滑道
25	WIE	With Immediate Effective	立即生效

3. 补充资料

有时由于机场跑道较多，一张图无法将跑道的细节信息和其他一些备注信息都展示出来，因此需要附加一张图来补充这些信息，包括跑道标志和灯光系统。图 3-19 为广州白云机场的机场图补充资料。

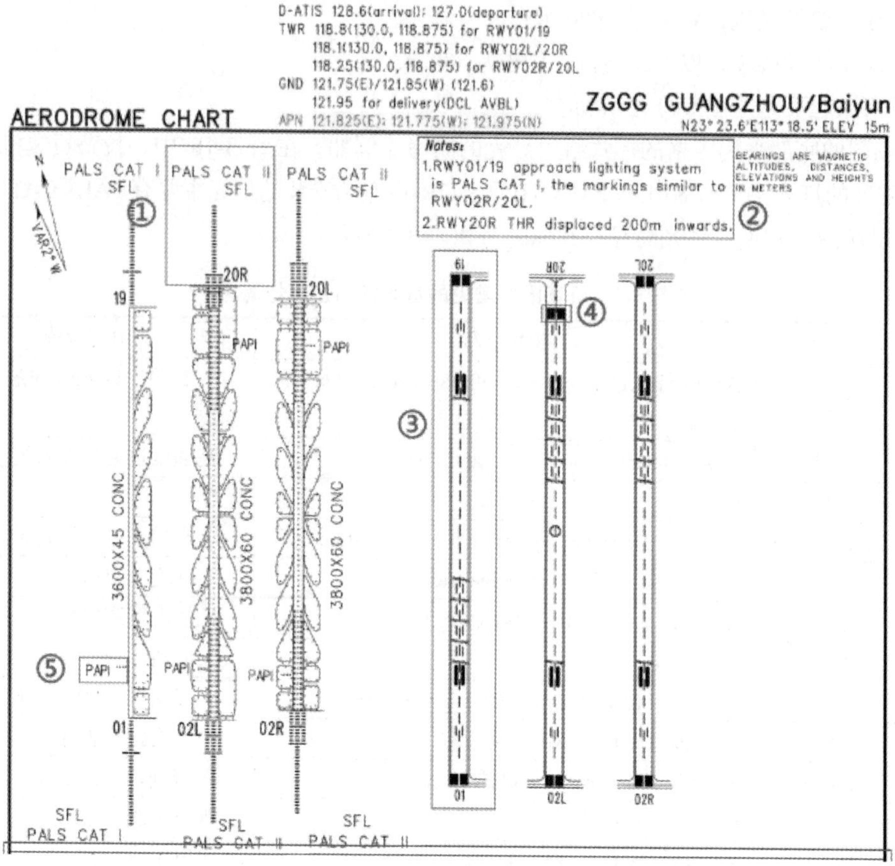

图 3-19 广州白云机场的机场图补充资料

在图 3-19 中：

- 第①部分表示进近灯光信息。其中
- PALS CAT Ⅰ/Ⅱ/Ⅲ 表示 Ⅰ/Ⅱ/Ⅲ 类精密进近灯光系统；SFL 是指顺序闪光灯。
- 第②部分表示备注信息。本图的备注信息包括：跑道 01/19 的进近灯光系统是 Ⅰ 类精密进近灯光系统，跑道标志与跑道 02R/20L 类似；跑道 20R 的入口内移 200 米。
- 第③部分表示跑道道面标志简图。
- 第④部分表示跑道入口标志。
- 第⑤部分表示精密进近航道指示器。

五、航空器停放/停靠图

当机场资料太过密集，不能把飞机在滑行道上来往于停机位置的地面运行详细情况清楚地标绘在机场图上时，需要提供航空器停放/停靠图。航空器停放/停靠图一般采用 A5 尺寸制作，比例尺要大于机场图比例尺。

航空器停放/停靠图中的要素主要包括停机位编号、滑行道、除冰等待点、滑行/推出等待点等。航空器停放/停靠图如图 3-20 所示。

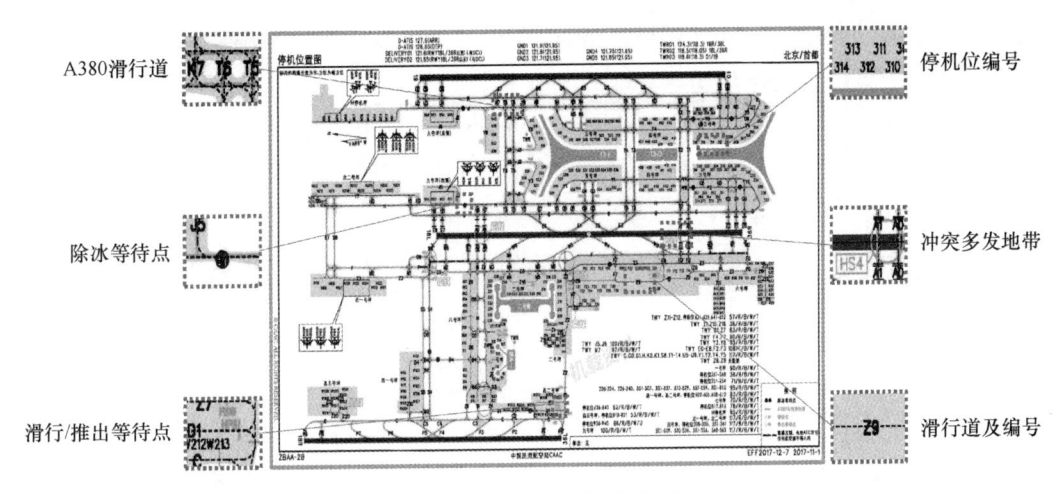

图 3-20　航空器停放/停靠图

六、滑行路线图

美国联邦航空局在 1999 年颁布了主题为"标准滑行路线"（Standardized Taxi Routes，STR）的规则。该规则对标准滑行路线的设置标准和运行程序进行了详细描述，要求程序的设置要便于飞行员做好滑行前准备，此外还要求全美 LEVEL9-14 的机场均应当制定并公布该规则。

2009 年，欧洲航行安全组织开展了欧洲繁忙机场 STR 使用的研究，在巴黎、阿姆斯特丹等机场实施 STR 后，飞行员和管制员的情景意识大大提高，降低了地面滑行冲突调配的复杂度，减少了陆空通信错误等。航行资料滑行路线示意图中采用图片与表格相结合的形式，直观明了地向机组展示 STR 程序，便于其飞行前准备工作的开展。

我国民用航空发展迅速，航空保障资源日趋紧张。在日常工作中，由于调配原因，管制员发布的滑行指令繁杂，滑行路线元素较多，导致管制指令冗长，使得有限的甚高频波道资源日益捉襟见肘。据统计，在高峰时段，我国有些大型繁忙机场的指挥波道每分钟约有 54 秒处于占用状态，常常发生由于波道繁忙而导致指挥员无法及时发送或飞行员无法及时复诵管制指令的情况，频繁发生航空器机坪滑错事件。广州白云机场为有效控制航空器机坪滑错事件，于 2018 年 1 月 4 日正式实施 STR 程序，成为国内首家全面实施该程序的机场。在实施过程中根据机坪构造结合停机位和使用跑道信息，绘制相应的滑行路线图，该部分内容需录入 NAIP，在滑行路线图右下方有具体的滑行路径表格信息，图表结合（见图 3-21）。实施 STR 程序后，当航空器落地后，飞行员得到管制员指令，按照滑行路线图的指示，结合地面的标识和指示牌来滑行到指定的停机位，简化了陆空通话指令。

如图 3-21 所示，滑行路线图中的主要内容为滑行路线示意图（滑行路线可以用不同颜色的实线表示，如广州白云机场进港为黄色、出港为绿色）、滑行路线名称、滑行路线描述列表及其他跑道、滑行道的相关信息。

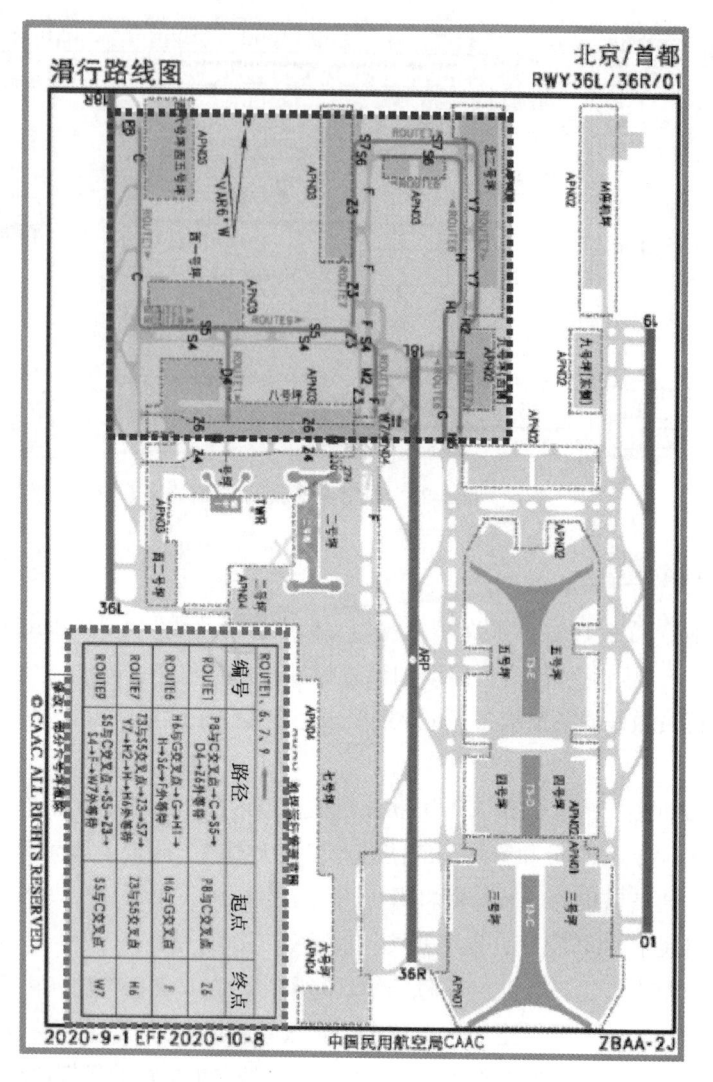

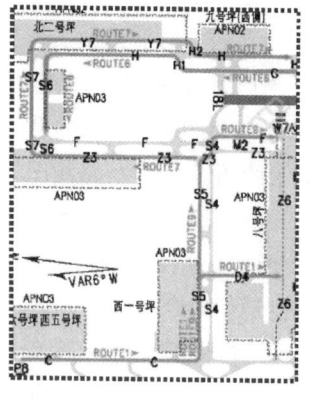

路线示意　　　　　　　　　　　路线描述

图 3-21　滑行路线图

第三章 航图

本节练习题

单项选择题

1. 向空勤组提供便于航空器在停机位置与跑道之间往返进行地面活动的资料的航图是（　　）。
   A. 机场图　　　　　　　　　　　B. 航空器停靠停放图
   C. 机场障碍物 A 型图　　　　　D. 作业图

2. 对于跑道灯光，在机场图上（　　）。
   A. 不需要表示出来　　　　　　　B. 需要全部表示出来
   C. 只表示一部分　　　　　　　　D. 用文字说明，不需要表示出来

3. 机场图中要求标出（　　）。
   A. 磁差及其变年率　　　　　　　B. 仅标出磁差
   C. 仅标出磁差年变率　　　　　　D. 标出真北和磁北箭头及磁差变年率

4. 下列关于机场图的说法错误的是（　　）。
   A. 应注明机场、跑道入口标高　　B. 应注明停机坪的标高中适用的标高
   C. 应注明接地地带最高点标高　　D. 跑道上有坡度变化的关键点的标高

5. 下列关于机场图的说法错误的是（　　）。
   A. 修建中的跑道要注明其号码、长度、宽度等基本参数
   B. 要注明跑道的承重强度
   C. 要注明风向标的位置
   D. 要注明所有滑行道及其编号、宽度、灯光强度等参数

6. 在机场图中（　　）。
   A. 需要标明跑道入口的标高　　　B. 需要标明机场基准点的坐标
   C. 需要标明跑道承载强度　　　　D. 以上 A、B、C 都包含

7. 在机场图中，磁差的简写为（　　）。
   A. VAR　　　B. TWR　　　C. ELEV　　　D. SALS

8. 在机场图中，标高的简写为（　　）。
   A. VAR　　　B. TWR　　　C. ELEV　　　D. SALS

9. 在机场图中，"SALS" 表示（　　）。
   A. 精密进近灯光系统　　　　　　B. 简易进近灯光系统
   C. 跑道中线灯　　　　　　　　　D. 跑道边灯

10. 在机场图中，"RCLS" 表示（　　）。
    A. 精密进近灯光系统　　　　　　B. 简易进近灯光系统
    C. 跑道中线灯　　　　　　　　　D. 跑道边灯

11. 在机场图中，"HIRL" 表示（　　）。
    A. 高强度跑道灯　　　　　　　　B. 中强度跑道灯
    C. 高强度进近灯　　　　　　　　D. 中强度进近灯

12. 在机场图中，"PALS" 表示（　　）。
    A. 精密进近灯光系统　　　　　　B. 简易进近灯光系统

C．跑道中线灯 D．跑道边灯
13．在机场图中，"ARP"表示（ ）。
A．停机坪 B．空中报告点 C．机场基准点 D．塔台
14．在机场图中，"CONC"表示（ ）。
A．水泥 B．沥青 C．道面等级 D．灯光级别
15．在我国，机场起飞最低运行标准公布在（ ）中。
A．仪表进近图 B．标准仪表离场图
C．目视仪表进近图 D．机场图
16．当机场图中无法清楚地表示（ ）之间的滑行路线时，应当补充绘制机场地面活动图。
A．滑行道与跑道 B．跑道与停机坪
C．滑行道与停机坪 D．货机坪与客机坪

第三节　机场障碍物图

通常在航图手册中看到的是机场障碍物 A 型图，几乎没怎么见过机场障碍物 B 型图。这是因为在《国际民用航空公约》的附件 4 中，A 型图（也叫运行限制图）是要求绘制的，而 B 型图（也叫综合图）则是建议绘制的。机场障碍物 A 型图和机场障碍物 B 型图合并后，称为机场障碍物图。本节主要介绍机场障碍物 A 型图。

一、机场障碍物 A 型图绘制的一般要求

机场障碍物 A 型图是为相关人员确定航空器最大允许起飞重量而提供的必要的机场资料。其绘制的一般要求如下。

（1）机场障碍物 A 型图应满足实际运行需要，准确标绘各项数据。

（2）绘制过程中，坐标系采用航空直角坐标系。高程系采用 1985 国家高程基准，高程计量单位为米。地图投影采用 3°分带高斯-克吕格投影。

（3）机场障碍物 A 型图应按比例尺绘制，根据跑道的长度和障碍物分布情况确定制图比例尺：水平比例尺采用 1∶10 000、1∶15 000 或 1∶20 000；垂直比例尺为水平比例尺的 10 倍。

（4）标高采用米制和英制计量单位，精确至 0.1 米或 1 英尺。线性长度采用米制计量单位，精确至 0.1 米。

（5）采用黑色制作。

绘制机场障碍物 A 型图主要遵从两个原则：在起飞航径区有重要障碍物时绘制；一般情况下一条物理跑道绘制一张图，但是如果机场地形复杂，重要障碍物比较多，则可以按不同的起飞方向分别绘制。

二、机场障碍物 A 型图的布局

机场障碍物 A 型图的布局如图 3-22 所示。

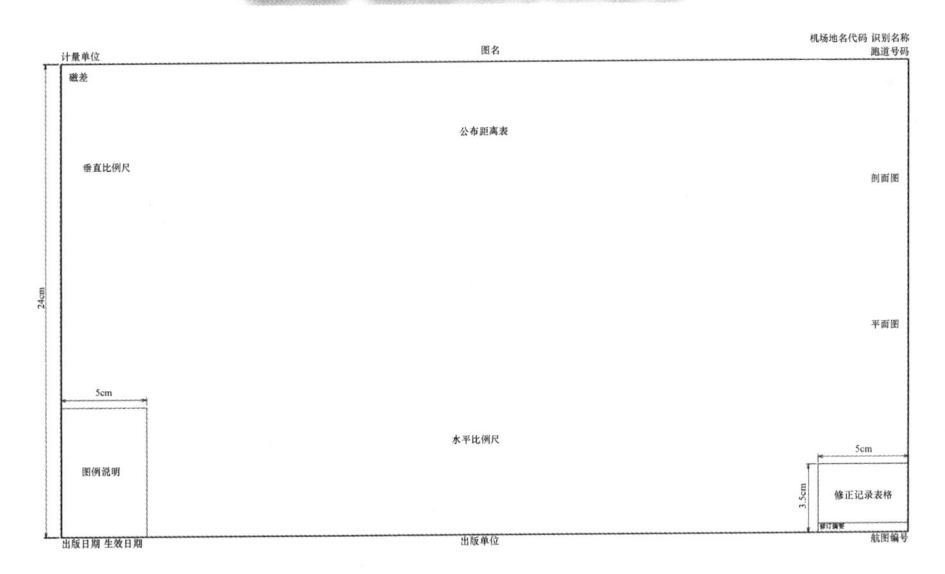

图 3-22 机场障碍物 A 型图的布局

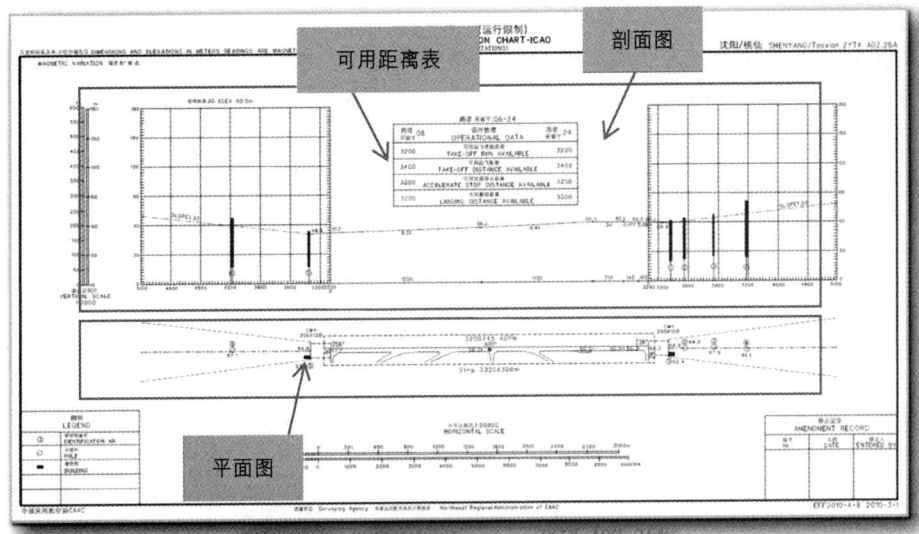

三、机场障碍物 A 型图图廓外要素

1. 标题栏

标题栏示例如图 3-23 所示。

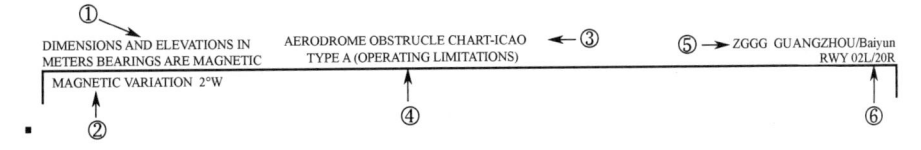

图 3-23 标题栏示例

在图 3-23 中：
- 第①部分表示计量单位。在航图上应注明所采用的计量单位。其中，在 NAIP 航图上标注"尺度和标高为米，方位为磁方位"；在 AIP 航图上标注"DIMENSIONS AND ELEVATIONS IN METERS BEARINGS ARE MAGNETIC"。
- 第②部分表示磁差。应在图框内左上角标注磁差，精确到 0.1°。其中，在 NAIP 航图上标注"磁差 X°"；在 AIP 航图上标注"MAGNETIC VARIATION X°"。
- 第③部分表示图名。在 NAIP 航图上标注"机场障碍物图"。在 AIP 航图上标注"AERODROME OBSTACLE CHART-ICAO"。
- 第④部分表示机场障碍物图类型，在 NAIP 航图上标注 A 型（运行限制）"；在 AIP 航图上标注"TYPE A（OPERATING LIMITATIONS）"。
- 第⑤部分表示识别名称。识别名称包括机场地名代码、机场所在城市名称和机场名称。识别名称表示为"{机场地名代码}{城市名称/机场名称}"。机场地名代码采用 ICAO《地名代码》（Doc 7910）中的代码。
- 第⑥部分表示跑道号码。跑道号码的表示方式为"RWY{跑道号码}"。

2. 图边信息

图边信息包括出版日期和生效日期、出版单位、航图编号。机场障碍物 A 型图图边信息示例如图 3-24 所示。

图 3-24　机场障碍物 A 型图图边信息示例

在图 3-24 中：
- 第①部分表示出版日期和生效日期。出版日期采用北京时间，表示方式为"{年}-{月}-{日}"。年为四位数字，月为一位或两位数字，日为一位或两位数字。生效日期采用 AIRAC 日期。NAIP 航图采用北京时间，表示方式为"EFF{年}-{月}-{日}"。其中，年为四位数字，月为一位或两位数字，日为一位或两位数字。AIP 航图采用 UTC 时间，表示方式为"EFF {年}{月}{日}{时}{分}"，其中，年、月、日、时、分均为两位数字。
- 第②部分表示出版单位。出版单位标注为"中国民用航空局 CAAC"。
- 第③部分表示航图编号。航图编号的表示方式为"{机场地名代码}AD2.24 {序号}"。NAIP 的序号一般为 A，若同一机场需要公布多张机场障碍物 A 型图，则每幅图的序号依次为 A1、A2……AIP 的序号一般为 4。若同一机场需要公布多张机场障碍物 A 型图，则每幅图的序号依次为 4A、4B……

四、机场障碍物 A 型图图廓内要素

应标出每条跑道及与其相连的停止道（如设有）、净空道（如设有）、起飞航径区、起飞航径区内障碍物的平面图和剖面图。起飞航径区内障碍物的剖面图，应包括平面图内所有障碍物的线状投影。剖面图应绘制在相应的平面图正上方。跑道同时设计直线离场和偏置离场程序时，应同时标画所有标称航迹的起飞航径区。

1. 平面图

平面图中的要素主要包括起飞航径区、重要障碍物、跑道及升降带、停止道及净空道、远处孤立障碍物、变坡点标高等信息，如图 3-25 所示。

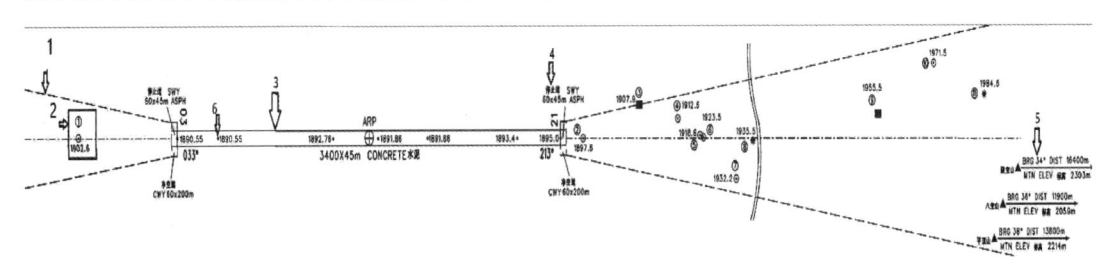

图 3-25　机场障碍物 A 型图平面图

1）起飞航径区

起飞航径区直接位于起飞航径下方地球表面上并对称地位于起飞航径两侧的一个四边形区域。用虚线绘制起飞航径区边线，用长短虚线标绘起飞航径区航迹线。如图 3-26 所示，虚线标绘的区域即为起飞航径区。起飞航径区具有如下特点。

（1）起飞航径区通常从跑道末端或净空道末端开始。如果有净空道，一般以净空道末端为起点，否则都以跑道末端为起点。

（2）起飞航径区起始端的宽度为跑道中线延长线两侧各 90 米，总宽度为 180 米，以此宽度为基准，以 25%D（D 为距起飞航径区起点的距离）的比率（或 12.5%的梯度向两侧）扩张至 1 800 米的宽度。然后保持 1 800 米的宽度延伸至某一点，在此点以远不再有重要障碍物，或者延伸至 10 千米，两者以较短的为准。

（3）如果因航空器运行限制而使用低于 1.2%的起飞航径区障碍物鉴别面时，则 1800 米的宽度可延伸至不少于 12 千米处。同时，剖面图中的 1.2%梯度障碍物鉴别面应降至 1%或以下。只有当没有障碍物穿透 1.2%的坡度面时，才需要考虑小于 1%的梯度。当 1%坡度面没有触及障碍物时，此平面还可降低，直至接触到第一个障碍物为止。起飞航径区尺寸如图 3-27 所示。

2）重要障碍物

位于起飞航径区内的地物及在地球表面上移动的物体（如火车、汽车、船等），如果穿透与起飞航径区起点相同的一个 1.2%（或一个特别批准的梯度）坡度面，则视为障碍物。

机场障碍物 A 型图障碍物图例如表 3-5 所示。

障碍物的阴影被认为是一个平面。在起飞航径区内前 300 米（1 000 英尺）的障碍物阴影面是一个始于障碍物顶点的水平面。300 米以远的障碍物阴影面是始于障碍物顶点且与起飞航径区障碍物鉴别面梯度（通常为 1.2%）相同的坡度面。障碍物阴影面如图 3-28 所示。障碍物的阴影覆盖起飞航径区的全部宽度，并延伸至起飞航径区障碍物鉴别面或下一个较高的障碍物。活动障碍物不产生阴影。障碍物阴影只对基于同一起飞标称航迹的起飞航径区障碍物有效。例如，转弯离场的障碍物并不会对直线离场的障碍物产生阴影。

图 3-26　起飞航径区边线　　　　图 3-27　起飞航径区尺寸

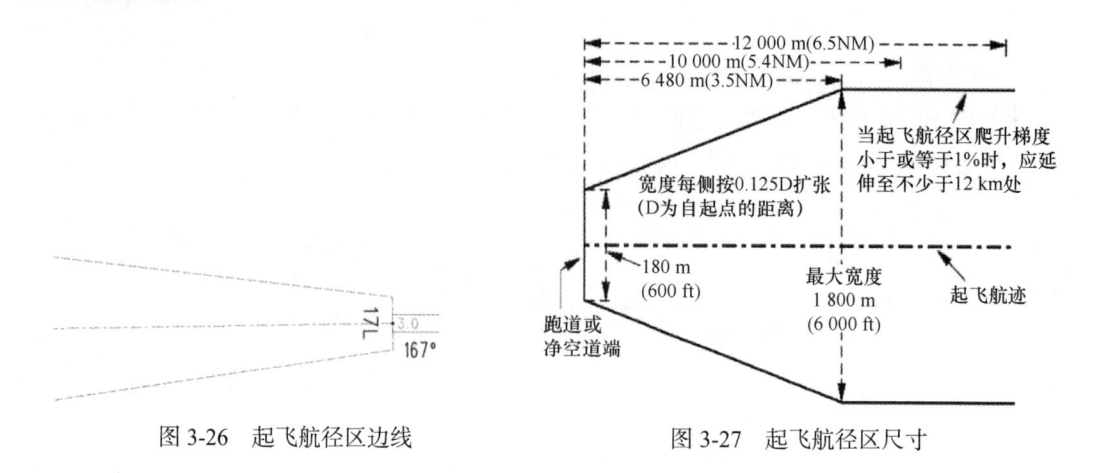

表 3-5　机场障碍物 A 型图障碍物图例

图例	含义	图例	含义
⊙	天线杆、高压线铁塔	⊢⋯⊢⋯⊢⋯⊢	电话线
—x—x—x—	铁丝网	⊢∼⊢∼⊢∼⊢	电力线
⌐⌐⌐⌐⌐	城墙	■	建筑物
＊ ♣	树木	▲	山
⌒⌒⌒	悬崖	—⊢—⊢—	铁路
固定障碍物　移动障碍物	剖面图上的障碍物及障碍物编号	剖面图　　平面图	穿透障碍物限制面地形
⑨ 山　▲ 标高408.2 方位025°　　距离10812	远方障碍物数据		

图 3-28　障碍物阴影面

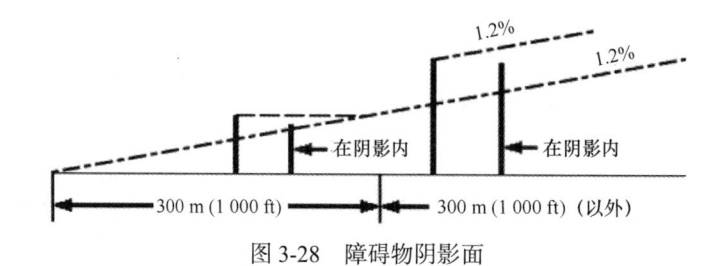

当一个障碍物不在其他障碍物阴影内时，称为重要障碍物。

应绘制每个重要障碍物的准确位置、识别编号、标高（精确至 0.1 米）及代表其类型的符号。通常，先对小号跑道起飞航径区内的障碍物沿起飞方向从小到大顺次编号。当一个障碍物不是重要障碍物时，则不需要绘制。

对于移动障碍物，应在平面图中标绘包含其在起飞航径区水平范围内的移动轨迹。如有必要，该移动轨迹可延伸至起飞航径区水平范围之外的适当位置。

3）跑道及升降带

应依比例尺用实线绘制跑道轮廓，注记跑道长度、宽度、道面性质（CONC 表示水泥、ASPH 表示沥青）、编号、磁方位（精确至 1°）、跑道入口和跑道变坡点的标高（精确至 0.1 米）。通常，将小号跑道注记在左侧。如果跑道基准点（ARP）位于跑道上或位于升降带以内，则还应在图上绘出 ARP 的位置并注记。只需绘制跑道，不必绘制滑行道。公布非全跑道起飞距离时，绘制相应滑行道，并标注滑行道名称。用短虚线绘制升降带，注记升降带的长度和宽度，如"Strip 4 120×300"。

4）停止道及净空道

用虚线绘制停止道轮廓，注记识别名称（SWY）、长度、宽度及道面性质。用虚线绘制净空道轮廓，注记识别名称（CWY）、长度和宽度。

5）远处孤立障碍物

为节省图幅，当重要障碍物都集中在远处时，可以将起飞航径区截断，并对应截断剖面图。孤立且较远的障碍物可用适当的符号和箭头表示，但必须注明该障碍物标高及距跑道起始端的距离、方位。

远处重要障碍物示例如图 3-29 所示。

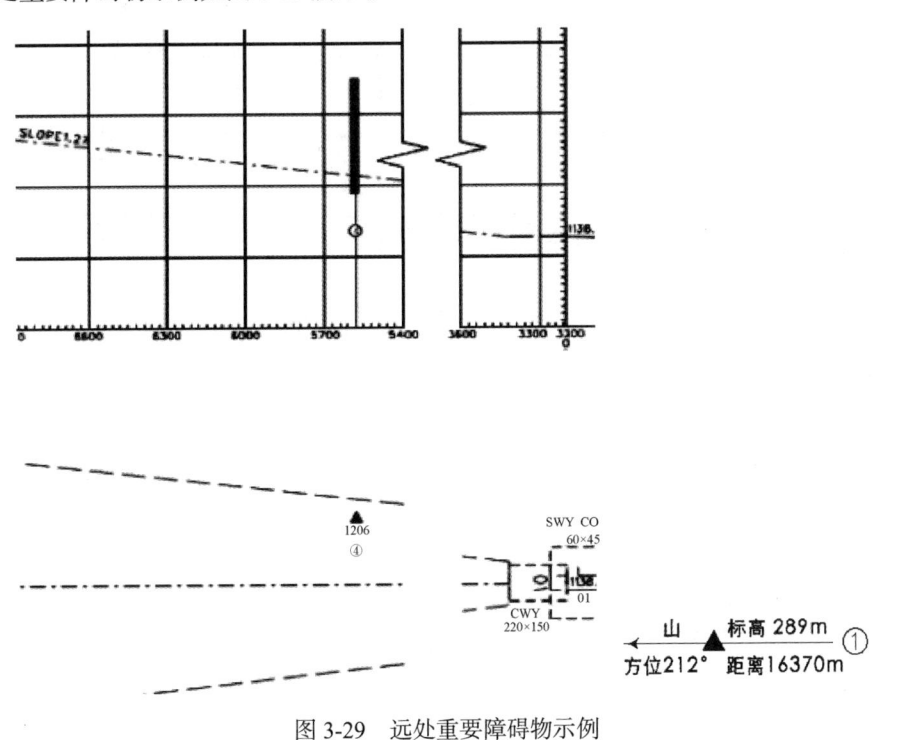

图 3-29 远处重要障碍物示例

从图中可以看出，该远处重要的障碍物编号为①，类型为山，方位 212°，标高 289 米，距离远端跑道入口的距离为 16 370 米。

6）变坡点标高

平面图中应标出变坡点的标高。

2．剖面图

剖面图包括剖面图网格、障碍物鉴别面、重要障碍物、跑道剖面、停止道/净空道剖面、公布距离等。

1）剖面图网格

在剖面图上按比例尺绘制代表跑道的水平直线并在其左右两侧各绘制一个剖面图网格。剖面图网格由水平网格线和垂直网格线组成，每个剖面图网格的垂直坐标零点为平均海平面，水平坐标零点为距起飞航径最远的跑道端。

水平网格线从起飞跑道末端以 300 米的间隔绘制网格线，以 30 米的间隔绘制刻度线。

垂直网格线以 30 米和间隔绘制网格线，以 3 米的间隔绘制刻度线。网格线及刻度线应沿网格边缘标绘。剖面图网格如图 3-30 所示。图中标号 4 为该跑道端的起点，4 000 米为距远端跑道端的距离。

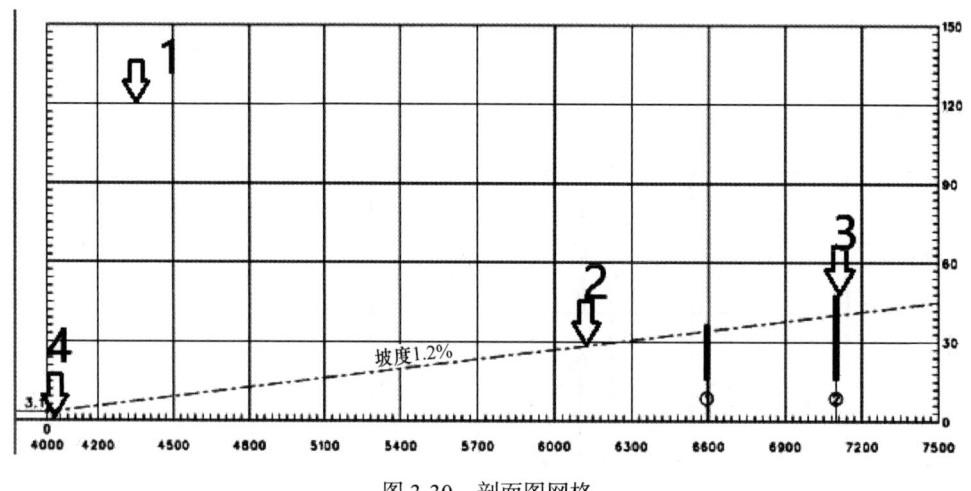

图 3-30　剖面图网格

2）障碍物鉴别面

用障碍物鉴别面的梯度线代表障碍物鉴别面，1.2%（或一个特别批准的梯度）梯度线的起点对应于平面图起飞航径区起始点，用长短虚线绘制，如图 3-30 中标号 2 所示。

3）重要障碍物

用加粗的垂直实线绘制重要障碍物并注记障碍物编号。加粗的垂直实线从障碍物顶部标高开始穿过其下第一条水平网格线，然后换成细垂直实线至网格水平边缘，障碍物编号放置在圆圈内并与细垂直实线相交，如图 3-30 中标号 3 所示。剖面图障碍物编号须与平面图障碍物编号一一对应。

剖面图障碍物能否与平面图上同一障碍物垂直对应，取决于起飞离场程序。直线离场时，两者垂直对应，如图3-31（a）所示；转弯离场时，剖面图上从跑道起始端至转弯区域障碍物的距离应该沿着航迹取至障碍物正切航迹的点，如图3-31（b）所示；转弯离场时，两者无法垂直对应，如图3-31（c）所示。

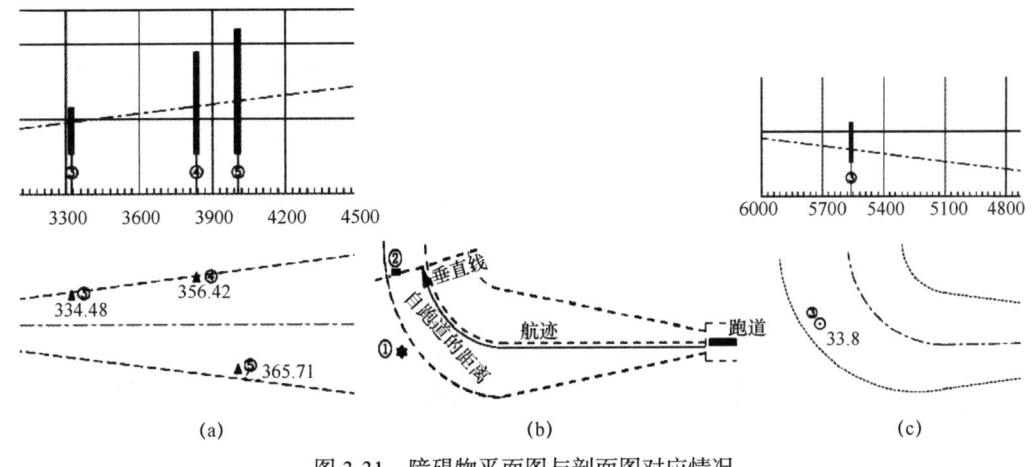

图3-31 障碍物平面图与剖面图对应情况

当自然地物穿透 1.2%梯度（或一个特别批准的梯度）障碍物鉴别面，并已构成重要障碍物时，用细实线画出自然地物的范围和体积，范围和体积内应套以网目表示，如图3-32所示。

当活动障碍物穿过起飞航径区构成重要障碍物时，选择平面图中移动路径距起飞航径区起始端最近的点，作为活动障碍物的位置点，将活动障碍物在该点的标高标绘在剖面图上。活动障碍物符号应有别于其他障碍物，其标绘方法如图3-33所示。

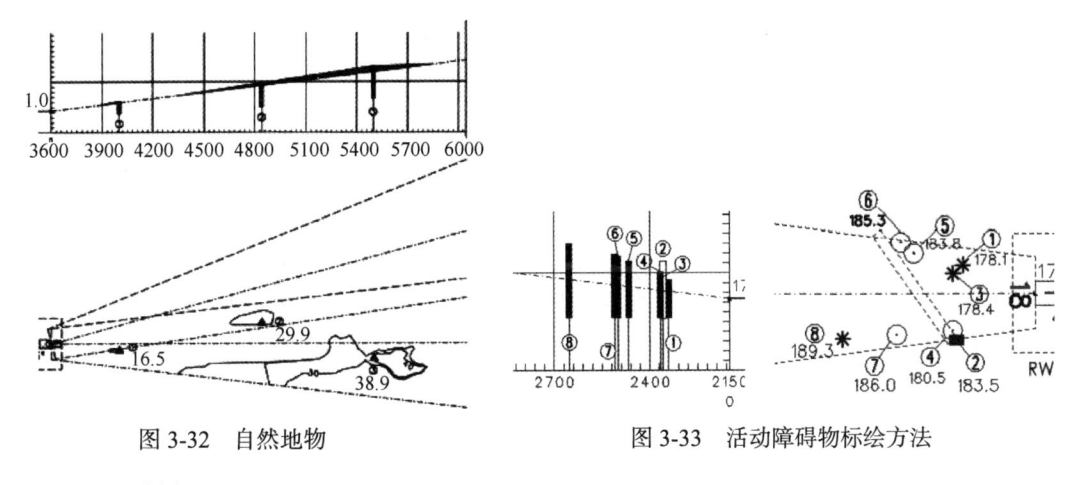

图3-32 自然地物

图3-33 活动障碍物标绘方法

4）跑道剖面

跑道剖面根据跑道两端入口标高、变坡点标高，用粗实线绘出，并在跑道剖面线上方注记跑道两端和变坡点标高及变坡值（精确至万分之一）。在剖面图网格之间表示跑道长度的直线上，用刻划线绘制变坡点对应的跑道位置，并标注变坡点间距。跑道剖面如图3-34所示。

5）停止道/净空道剖面

停止道/净空道剖面在垂直坐标网格内，根据道面标高，用粗虚线绘制，如图3-35所示。

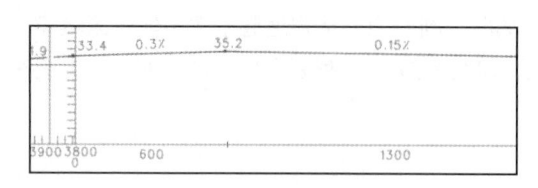

图 3-34　跑道剖面

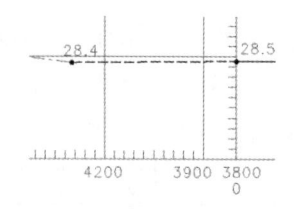

图 3-35　停止道/净空道剖面

6）公布距离

按照要求公布可用起飞滑跑距离、可用起飞距离、可用加速停止距离、可用着陆距离。凡因跑道只能单向使用而不提供公布距离时，则应说明该跑道"不能用于起飞"或"不能用于着陆"或"不能起落"。公布距离示例如图 3-36 所示。

图 3-36　公布距离示例

3．其他图廓内要素

1）修正记录表格

修正记录表格用于记录机场障碍物 A 型图的修订情况，包括修正编号、修正日期和修正人，如图 3-37 所示。

2）水平比例尺

应根据跑道的长度和障碍物分布情况，确定制图比例尺，采用 1∶10 000 或 1∶15 000 或 1∶20 000，并绘制米制和英制对照水平线段比例尺、注记文字比例尺。米制比例尺以 300 米为间隔注记长度值，英制比例尺以 1 000 英尺为间隔注记长度值。NAIP 航图上的表示方式为："水平比例尺　{比例尺数值}"，AIP 航图上的表示方式为"HORIZONTAL SCALE　{比例尺数值}"。水平比例尺如图 3-38 所示。

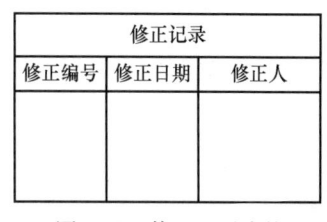

图 3-37　修正记录表格

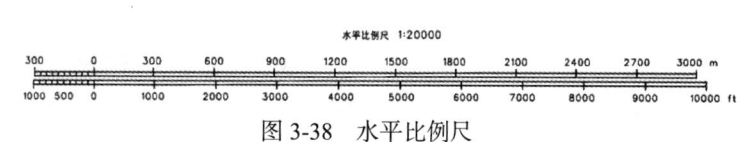

图 3-38　水平比例尺

3）垂直比例尺

垂直比例尺为水平比例尺的 10 倍，应绘制米制和英制对照垂直线段比例尺，并注记文字比例尺。米制比例尺以 30 米为间隔注记高度值，英制比例尺以 50 英尺为间隔注记高度值。线段比例尺的零点位置应和剖面图网格的垂直坐标零点位置对齐。NAIP 航图上的表示方式为"垂直比例尺（另起一行）{比例尺数值}"，AIP 航图上的表示方式为"VERTICAL SCALE （另起一行）{比例尺数值}"。

本节练习题

单项选择题

1．在（　　）中可以查找到起飞航径区内障碍物情况资料。
   A．标准仪表离场图　　　　　　B．机场障碍物 A 型图
   C．机场图　　　　　　　　　　D．精密进近地形图

2．在机场障碍物 A 型图中，跑道中线延长线上距起飞离场末端 200 米和 450 米的地方分别有两个高为 2.8 米和 4.8 米的障碍物，在制作机场障碍物 A 型图时应在图上标注的障碍物为（　　）。
   A．2.8 米的障碍物　　　　　　B．4.8 米的障碍物
   C．都不标　　　　　　　　　　D．都标

3．在机场障碍物 A 型图中，某跑道中线延长线上距起飞离场末端 400 米的地方有一条河，当轮船通过时其桅杆高为 5 米，则该轮船（　　）。
   A．是重要障碍物，产生阴影　　B．是重要障碍物，但不产生阴影
   C．不是重要障碍物，不产生阴影　D．不是重要障碍物，但产生阴影

4．机场障碍物 A 型图的剖面网格，其垂直坐标的零点必须是（　　）。
   A．机场平面　　B．平均海平面　　C．跑道末端　　D．没有统一的标准

5．如果机场障碍物 A 型图平面图的比例尺为 1∶10 000，则起飞航径区的起点在图上的宽度为（　　）。
   A．1.8 厘米　　B．2.0 厘米　　C．1.5 厘米　　D．3.0 厘米

6．机场障碍物 A 型图标绘的障碍物，穿过起飞航径区起端划出的（　　）坡度面为重要障碍物。
   A．0.013　　　B．0.014　　　C．0.012　　　D．0.011

7．已知跑道长 2 660 米，停止道长 240 米，净空道长 440 米，则可用起飞滑跑距离为（　　）米，可用起飞距离为（　　）米，可用加速停止距离为（　　）米，可用着陆距离为（　　）米。
   A．2 660，3 100，2 900，2 660　　B．2 560，3 000，2 800，2 660
   C．2 760，3 200，3 000，2 960　　D．2 660，3 000，2 800，2 660

8．某机场 36 号跑道的长为 2 800 米，末端的净空道和停止道的长分别为 200 米和 160 米，则该跑道起飞航径区起点处的水平坐标为（　　）。
   A．2 600 米　　B．2 800 米　　C．3 000 米　　D．2 960 米

9．机场障碍物 A 型图规定穿越 1.2% 坡度面的活动障碍物，如船只、火车、汽车等，是（　　）。
   A．重要障碍物，产生阴影面为水平面

B．重要障碍物，产生阴影面为 1.2%向上坡度面

C．重要障碍物，不产生阴影平面

D．重要障碍物，产生阴影面为 2%向上坡度面

10．机场障碍物 A 型图内起飞航径区的起端为跑道末端（或净空道端），起端宽（　　）米，按 25%向两侧扩大至宽度为（　　）米，再保持此宽度延伸至无重要障碍物或 10 千米，以较小者为准。

  A．180，1 800   B．200，2 000

  C．300，3 000   D．400，4 000

11．在机场障碍物 A 型图中，距离起飞航径区起端 300 米以内障碍物阴影坡面为（　　）面，在 300 米以外为（　　）面。

  A．凹形，1.2%向上坡度   B．凹形，1.3%向上坡度

  C．水平，1.3%向上坡度   D．水平，1.2%向上坡度

12．下列有关机场障碍物图 A 型图的说法中错误的一个是（　　）。

  A．机场障碍物 A 型图旨在保证每次飞行中航空器的载重是最低载重

  B．起飞航径区内有重要障碍物时，必须提供此图

  C．每幅图的范围不必足以包含所有重要障碍物

  D．每条跑道要求绘制一张单独的图

13．已知机场障碍物 A 型图的水平比例尺为 1∶10 000，则其垂直比例尺为（　　）。

  A．1∶10 000   B．1∶1 000

  C．1∶100 000   D．根据实际情况确定

14．在机场障碍物 A 型图中，跑道中线延长线某点至起飞离场末端的距离为 1 千米，则该点处的起飞航径区的宽度为（　　）。

  A．680 米   B．250 米   C．500 米   D．430 米

15．下面关于机场障碍物 A 型图的说法错误的一个是（　　）。

  A．标高以最接近的半米或最接近的英尺标出

  B．该图又称运行限制图

  C．每幅图的范围必须足以包括所有重要障碍物

  D．不必标明磁差

16．下面关于机场障碍物 A 型图的说法错误的一个是（　　）。

  A．起飞航径区内所有的重要障碍物都必须标绘出来

  B．所有障碍物资料都必须予以保存

  C．重要障碍物不一定产生阴影

  D．障碍物的位置不同，产生的阴影也不一样

17．下面关于机场障碍物 A 型图的说法错误的一个是（　　）。

  A．不必标出停止道   B．起飞航径区的长度有可能超过 10 千米

  C．起飞航径区最宽不超 1 800 米   D．应标明跑道面性质

18．下面关于机场障碍物 A 型图的说法错误的一个是（　　）。

  A．图中标绘每一重要障碍物的准确位置及表示其类别的符号

B．图中标绘每一重要障碍物的标高和识别编号

C．不能使用等高线法表示地形

D．图中应包括障碍物图例

19．对于多条跑道，要求（　　）。

　　A．只绘制主跑道的机场障碍物 A 型图

　　B．将所有跑道绘制成一张机场障碍物 A 型图

　　C．每条跑道绘制一张机场障碍物 A 型图

　　D．跑道的每一端绘制一张机场障碍物 A 型图

20．在机场障碍物 A 型图中，对于穿透 1.2% 梯度面的铁路、公路来往的车辆及水面通行船只的桅杆，在起飞航径区的平面图上（　　）。

　　A．不需要标绘出来

　　B．需标绘铁路、公路及河道的标高

　　C．需标绘铁路、公路、河道、车辆和船只桅杆的最大标高

　　D．需标绘公路、铁路或河道上有车辆或船只时的高度，同时还需标绘没有车辆或船只时的高度

21．在一张完整的机场障碍物 A 型图中，一侧的起飞航径区末端的水平坐标为 4 900 米，所标绘的障碍物也都在此范围内，这表明（　　）。

　　A．该图标绘有误，起飞航径区至少标绘至 10 千米处

　　B．在 4 900 米以远处再无重要障碍物

　　C．图纸太小，没有画出 4 900 米以远处的重要障碍物

　　D．在 4 900 米以远的重要障碍物为孤立障碍物

22．机场障碍物 A 型图和机场障碍物 B 型图合为一张图时，称为（　　）。

　　A．机场障碍物图　　　　　　　　　B．机场障碍物 C 型图

　　C．机场障碍物 A 型图　　　　　　　D．机场障碍物 B 型图

第四节　精密进近地形图

精密进近地形图用于提供在最后进近划定区内地形剖面的详细资料（包括自然和人工物体），以便航空器运营人通过使用无线电高度表来评估地形对确定决断高度所产生的影响。运行Ⅱ、Ⅲ类精密进近跑道的机场，必须绘制精密进近地形图。

一、精密进近地形图编绘要求

（1）精密进近地形图应满足实际运行需要，准确标绘各项数据。

（2）当出现任何重要变化时，如障碍物高度的变化超过±3 米或下滑角度发生变化，应及时更新数据，以保证精密进近地形图的及时性、准确性和完整性。

（3）坐标系采用航空直角坐标系。

（4）高程系采用 1985 国家高程基准，高程计量单位为米。

（5）地图投影采用 3°分带高斯-克吕格投影。

（6）精密进近地形图应按比例尺绘制。水平比例尺通常采用 1∶2 500 或 1∶5 000，垂直比

例尺采用 1∶500。

（7）采用黑色制作。

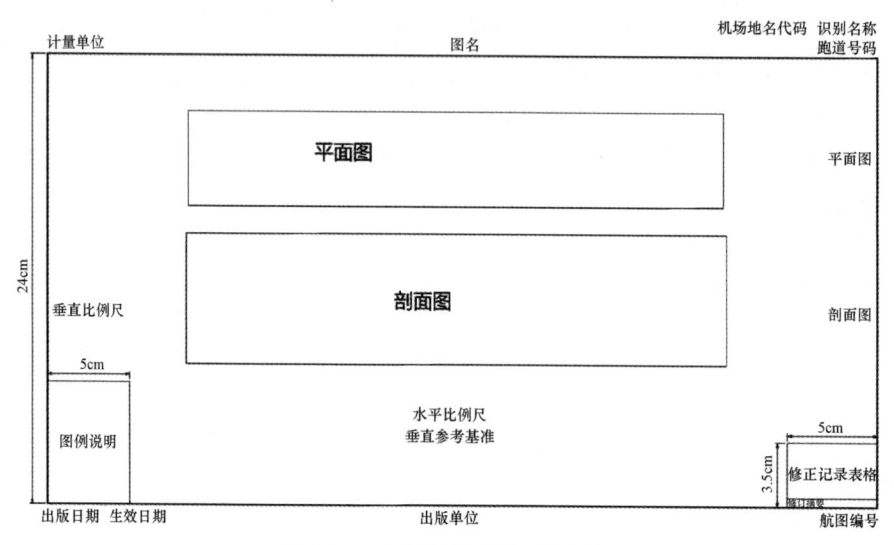

二、精密进近地形图的布局

精密进近地形图的布局如图 3-39 所示。

图 3-39　精密进近地形图的布局

三、精密进近地形图中的航图要素

精密进近地形图中的航图要素（见图 3-40）应包括图廓外要素和图廓内要素。其中，图廓内要素包括一般性要素、平面图要素和剖面图要素。

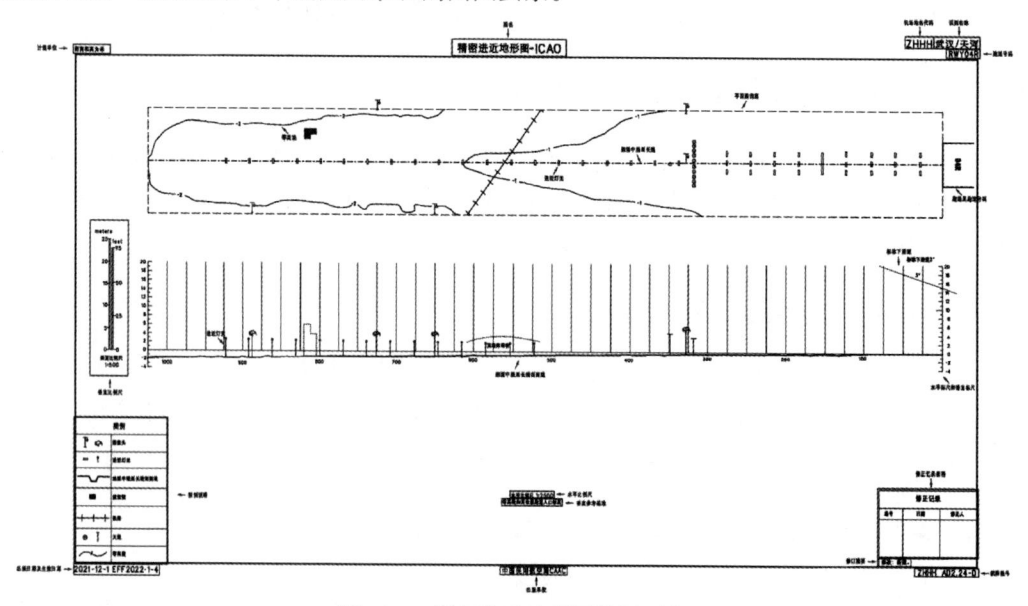

图 3-40　精密进近地形图航图要素

128

四、精密进近地形图图廓外要素

1．标题栏要素

1）图名

在 NAIP 航图上标"精密进近地形图-ICAO"；在 AIP 航图上标"PRECISION APPROACH TERRAIN CHART-ICAO"。

2）识别名称

识别名称包括机场所在城市名称和机场名称。识别名称表示为"城市名称/机场名称"。

3）机场地名代码

采用 ICAO《地名代码》（Doc 7910）中的代码作为机场地名代码。

4）跑道号码

跑道号码的表示方式为"RWY 跑道号码"。

5）计量单位

在航图上注明所采用的计量单位。在 NAIP 航图上标注"距离和高为米"；在 AIP 航图上标注"DISTANCES AND HEIGHTS IN METERS"。

2．图边信息

1）出版日期及生效日期

出版日期采用北京时间，表示方式为"{年}-{月}-{日}"。年为四位数字，月为一位或两位数字，日为一位或两位数字。生效日期采用 AIRAC 日期。NAIP 航图采用北京时间，表示方式为"EFF{年}-{月}-{日}"。其中，年为四位数字，月为一位或两位数字，日为一位或两位数字。AIP 航图采用 UTC 时间，表示方式为"EFF {年}{月}{日}{时}{分}"。其中，年、月、日、时、分均为两位数字。

2）出版单位

出版单位标注为"中国民用航空局 CAAC"。

3）航图编号

航图编号的表示方式为"{机场地名代码} AD2.24 {序号}"。NAIP 的序号一般为 D，若同一机场需要公布多张精密进近地形图，则每幅图的序号依次为 D1、D2……AIP 的序号一般为 5，若同一机场需要公布多张精密进近地形图，则每幅图的序号依次为 5A、5B……

五、精密进近地形图图廓内要素

1．平面图要素

1）平面图范围

平面图范围的宽度为跑道中线延长线两侧各 60 米，长度为从跑道入口向外沿跑道中线延长线至 900 米。若离跑道入口 900 米以远的地形为山区或对本图使用者有重要意义时，平面图范围的长度可超过 900 米，但不超过 2 000 米。应用虚线绘出平面图的范围。

2）跑道及跑道号码

从跑道入口向内绘制 2 厘米（图上距离）代表跑道。跑道号码小于等于 18 的跑道应位于图的右侧,跑道号码大于 18 的跑道应位于图的左侧。应在跑道入口居中位置处按航空器进近方向标注跑道号码。

3）跑道中线延长线

从跑道入口向外标出跑道中线延长线至图幅结束,应用点划线标出跑道中线延长线。

4）等高线

在平面图范围内,按 1 米等高距绘制等高线,注记等高值。以跑道入口标高为 0 米等高线基准,高于跑道入口标高为正,注记的数值前不用标注符号"+",低于跑道入口标高为负,注记的数值前标注符号"−"。

5）地物

在平面图范围内,应采用相应的符号绘制高差大于或等于 3 米的地物,进近灯光系统除外。需要标绘的地物示例如表 3-6 所示。

6）活动障碍物

在平面图范围内,应绘制高差大于或等于 3 米的活动障碍物的活动范围,需要标绘的活动障碍物示例如表 3-6 所示。

表 3-6　平面图中的图例

含义	图例
地物	
天线	⊙
围界	———————
建筑物	■
活动障碍物	
公路	— — — —
铁路	—+—+—+—
河道	———————
进近灯光	⋮ ⋮ ⋮ ⋮ ⋮ ⋮
水域	(海岸线示意图)

7）进近灯光

当进近灯光中有部分灯光高差大于或等于 3 米时,应把进近灯光系统从跑道端沿着跑道中线延伸的全长标在平面图上。

8）水域

当跑道最后进近航道位于水域上方而使航空器进近受潮水涨落或雨季、旱季影响时,有必要在平面图上用实线绘制水域边界线。NAIP 航图在水域边界线旁标注"海岸线"；AIP 航图在水域边界线旁标注"Shoreline"。

2．剖面图要素

1）剖面图范围

剖面图绘制的长度与平面图一致，由水平标尺和垂直标尺围成。

2）水平比例尺和垂直比例尺

当水平比例尺为 1∶2 500 时，沿水平线以 25 米为间隔绘制垂直线，以 100 米为间隔注记距跑道入口长度。当地形剖面从跑道入口向外超过 900 米时，可采用 1∶5 000。当用 1∶2 500 制图，超过制图范围图幅过大时，也可选用 1∶5 000。当水平比例尺为 1∶5 000 时，以 100 米为间隔绘制垂直线，以 100 米为间隔注记距跑道入口长度。垂直线的长度应与垂直标尺的最大刻度值一致。只需注记文字比例尺。NAIP 航图的表示方式为"水平比例尺{比例尺数值}"；AIP 航图的表示方式为"HORIZONTAL SCALE{比例尺数值}"。

垂直比例尺采用 1∶500。应绘制米制和英制对照垂直线段比例尺，并注记文字比例尺。米制比例尺以 5 米为间隔注记高度值，英制比例尺以 25 英尺为间隔注记高度值。线段比例尺的零点位置应和垂直标尺的零点位置对齐，且线段比例尺一般和跑道入口位于同一侧，也可根据实际情况调整其位置。NAIP 航图上文字比例尺的表示方式为"垂直比例尺 {比例尺数值}"；AIP 航图上文字比例尺的表示方式为"VERTICAL SCALE {比例尺数值}"。

垂直比例尺在水平标尺的首末垂直线上，以 1 米为间隔绘制短刻度线，以 2 米为间隔绘制长刻度线并注记高度数值。垂直比例尺最大注记值应大于参考基准点高，最小注记值应小于制图范围内等高线的最小值，如图 3-41 所示。

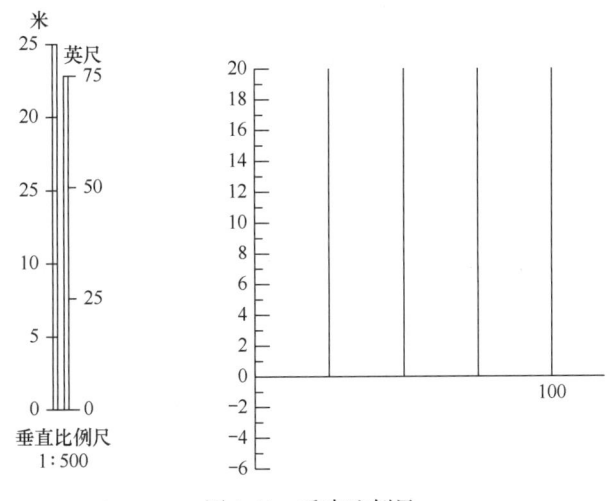

图 3-41 垂直比例尺

3）跑道中线延长线剖面线

在制图范围内绘制跑道中线延长线剖面线。首先确定平面图上跑道中线延长线与等高线的交点，该点垂直投影到剖面图范围内，其对应的垂直比例尺的高度值应与等高线值一致。将这些点用平滑的实线连起来，就是跑道中线延长线剖面线，如图 3-42 所示。

4）地形、地物和活动障碍物剖面线

对应于平面图上高差大于或等于 3 米的地形，应采用短虚线绘制其剖面线。用虚线绘制的剖面线可在空中中止。对应于平面图上绘制的地物（进近灯光系统除外），应采用短虚线绘制其剖面线。用虚线绘制的剖面线可在空中中止。地物剖面线如图 3-43 所示。

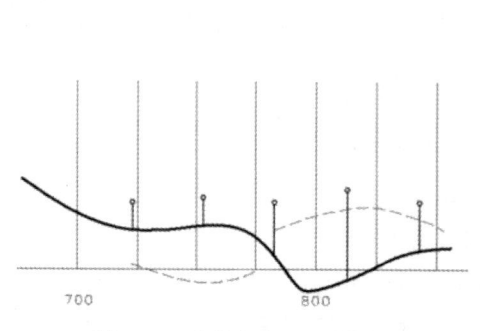

图 3-42　跑道中线延长线剖面线 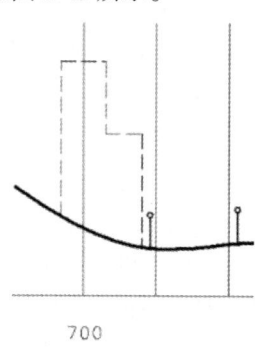　　　　图 3-43　地物剖面线

当平面图上绘制了活动障碍物的活动范围时，应采用短虚线绘制其剖面线。在 NAIP 航图上标注"活动障碍物"；在 AIP 航图上标注"Mobile obstacle"。用虚线绘制的剖面线可在空中中止。活动障碍物剖面如图 3-44 所示。

5）进近灯光

当平面图绘制了进近灯光时，应用实线绘制高差大于或等于 3 米的进近灯光剖面线。

6）标称下滑道

在跑道入口一侧的垂直标尺上，用虚线表示 ILS 基准高及标称下滑道，虚线的倾斜角度为下滑角度，下滑角度精度为 0.1°。需对标称下滑道进行注记。在 NAIP 航图上标注"标称下滑道 X°"；在 AIP 航图上标注 "Nominal glide path 下滑角度"，如图 3-45 所示。

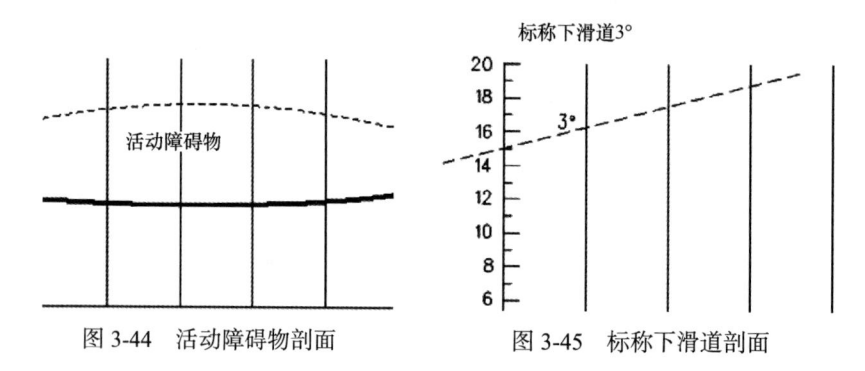

图 3-44　活动障碍物剖面　　　　图 3-45　标称下滑道剖面

7）水域

当跑道最后进近航道位于水域上方而使航空器进近受潮水涨落或雨季、旱季影响时，有必要绘制该水域。在剖面图上用实线绘制最高水位，用虚线绘制最低水位。在 NAIP 航图上标注"注意水位涨落、高水位、低水位"；在 AIP 航图上标注"WARNING TIDAL VARIATIONS、HIGH WATER、LOW WATER"，以便在水位涨落的范围内考虑误差的影响。水域剖面如图 3-46 所示。

图 3-46 水域剖面

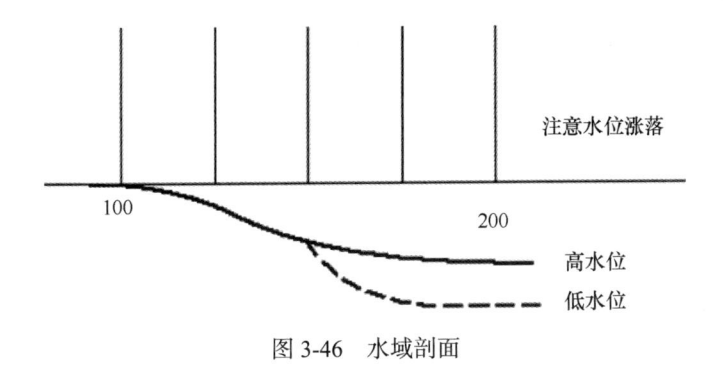

本节练习题

单项选择题

1. 凡是跑道具备（　　）条件的都应提供精密进近地形图。
   A．Ⅰ类精密进近　B．Ⅱ类精密进近　C．Ⅲ类精密进近　D．Ⅱ或Ⅲ类精密进近

2. 精密进近地形图的平面图及剖面图，通常需要详细绘制从跑道入口起，向外沿跑道中线延长线对称的一个（　　）的地形。
   A．120m×900m　　B．200m×2 000m　　C．120m×600m　　D．120m×2 000m

3. 精密进近地形图的平面图中应标绘与跑道中心延长线地形剖面的高度差（　　）米的任何物体和地形。
   A．±1　　　　　B．±2　　　　　C．±3　　　　　D．±4

4. 精密进近地形图的平面图上的等高线应以（　　）为基准。
   A．机场标高　　B．跑道最高点标高　C．跑道入口标高　D．接地地带标高

5. 下列有关精密进近地形图的说法错误的一个是（　　）。
   A．该图提供在划定的最后进近阶段区域内详细的地形剖面资料
   B．该图使航空器经营部门能估计地形对利用无线电高度表确定决断高度的影响
   C．该图是在精密进近阶段所使用的航图
   D．该图是《国际民用航空公约》附件 4 中规定必须提供的 6 种航图之一

6. 下列关于精密进近地形图的修订说法错误的是（　　）。
   A．障碍物高有 3 米以上变化时　　B．下滑角有变化时
   C．超过一定年限时　　　　　　　D．有任何重要改变时

7. 下列关于精密进近地形图的说法错误的是（　　）。
   A．跑道两端的剖面资料可绘在一张图上，也可分别绘制
   B．该图不能使用 ICAO 标志
   C．该图要列入航空资料汇编中
   D．该图为单色出版

8. 精密进近地形图的水平比例尺为 1∶2 500，其垂直比例尺应为（　　）。
   A．1∶250　　　　B．1∶25 000　　　　C．1∶25　　　　D．1∶500

9．精密进近地形图在平面图上的地物或地形上的任何物体与中心线剖面的高度相差为（　　）米，可能影响（　　）者应标出。

　　A．±3，无线电高度表　　　　　　　B．±1，无线电高度表

　　C．±3，气压式高度表　　　　　　　D．±1，气压式高度表

10．如果离跑道入口 900 米以远为山区或该地形对用图者有重要意义，则在精密进近地形图的平面及剖面图上将离跑道入口以远不超过（　　）米的地形标绘出来。

　　A．2500　　　　B．3 000　　　　C．2 000　　　　D．5 000

11．在精密进近地形图中，下列关于所划定区域内的活动障碍物的说法中正确的一个是（　　）。

　　A．对火车等活动障碍物一般不予考虑

　　B．活动障碍物与中心剖面的标高相差±3 米时，应注明活动障碍物

　　C．活动障碍物不会对精密进近造成影响

　　D．只有十分高大的活动障碍物才可能对精密进近造成影响

12．精密进近地形图中与中心剖面高相差（　　）的物体及地形应用（　　）标绘在剖面图上。

　　A．±3 米，实线　　B．±1 米，实线　　C．±3 米，短划线　　D．±1 米，短划线

13．绘制精密进近地形图时，在平面图上对于进近灯光设施应（　　）。

　　A．从跑道入口沿跑道中心线延伸的全长标在平面图上

　　B．从跑道入口沿跑道中心线延伸的全长标在剖面图上

　　C．不必在平面图上标绘，只需在剖面图上标绘即可

　　D．不必在剖面图上标绘，只需在平面图上标绘即可

14．绘制精密进近地形图时，对于进近灯光设施，（　　）。

　　A．平面图上不必标绘

　　B．剖面图上不必标绘

　　C．只把与中心剖面相差±3 米者标在平面图上

　　D．只把与中心剖面相差±3 米者标在剖面图上

15．在精密进近地形图的制图区域内若有水域存在，则绘制精密进近地形图时（　　）。

　　A．只需把与跑道中心延长线有关潮水的最大涨潮情况标绘在图上

　　B．只需把与跑道中心延长线有关潮水的最低落潮情况标绘在图上

　　C．潮水最大涨潮和最低落潮情况都应该标绘在图上

　　D．以上都不对

第五节　航路图及区域图

一、航路图概述

航路图是 6 种必须提供的航图之一，凡是已经建立飞行情报区的区域必须将所有 ATS 航路绘制成航路图，以提供全部航路飞行的空中交通服务资料及保证飞行安全的资料，使飞行符合空中交通服务程序的要求。航路图是为机组提供便于空中交通服务航路飞行的资料，使之符合空中交通服务程序的要求而制作的。

航路图中包含航线、管制空域限制、导航设施、机场、通信频率、最低航路高度等飞行中所必需的航行资料。在航路飞行阶段，飞行机组都要使用航路图。

1．航路图绘制要求

航路图应满足实际运行需要，准确标绘各项数据，图中要素和注记标绘应清晰、易读。

1）数学基础

在航路图绘制过程中，采用世界大地坐标系 WGS-84，采用 1985 国家高程基准，高程计量单位为米。投影方式采用等角切（割）正圆锥投影，标准纬线是 24°和 40°。航路图应当按统一比例尺绘制，NAIP 航路图通常采用 1∶2 500 000；AIP 航路图通常采用 1∶3 000 000；区域图通常采用 1∶1 000 000 或 1∶500 000。

2）覆盖范围

NAIP/AIP 航路图应覆盖我国所有的飞行情报区及防空识别区。NAIP 航路图应覆盖北京、广州、昆明、兰州、上海、沈阳、三亚、武汉、乌鲁木齐 9 个飞行情报区及防空识别区；AIP 航路图应覆盖北京、广州、昆明、兰州、上海、沈阳、三亚、台北、武汉、乌鲁木齐、香港 11 个飞行情报区及防空识别区；区域图应覆盖整个航路图中区域图框覆盖的范围。

3）分幅

NAIP 航路图印刷制品分为 6 幅，编号为 1~6。每幅图由 4 个角的坐标限定其范围。第 1 幅与第 2 幅、第 3 幅与第 4 幅、第 5 幅与第 6 幅互为正反面。

AIP 航路图印刷分为 4 幅，编号为 1~4。每幅图由 4 个角的坐标限定其范围，第 1 幅与第 2 幅、第 3 幅与第 4 幅互为正反面。

NAIP 航路图布局及折叠样式分别如图 3-47 和图 3-48 所示。

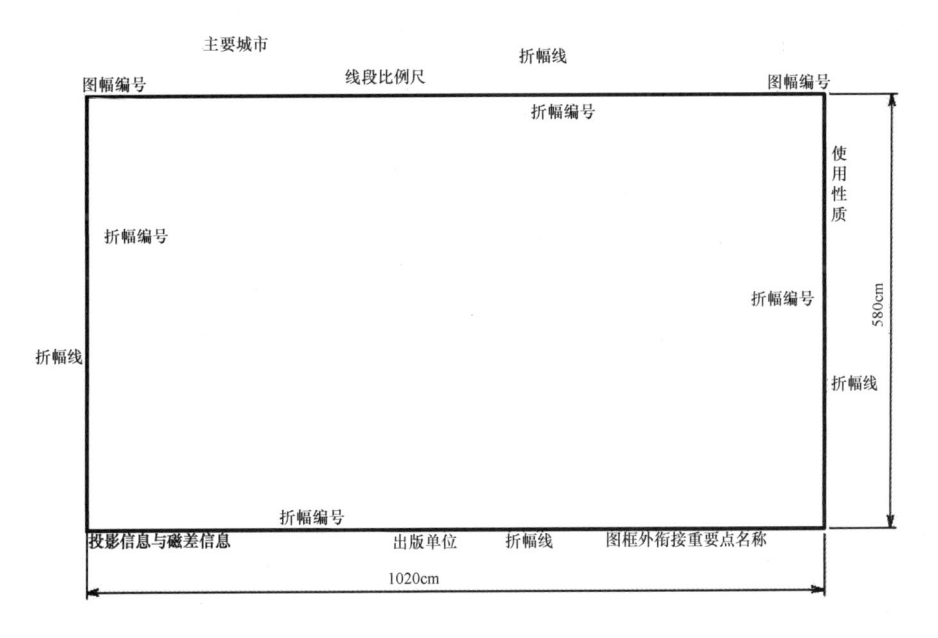

图 3-47 NAIP 航路图布局

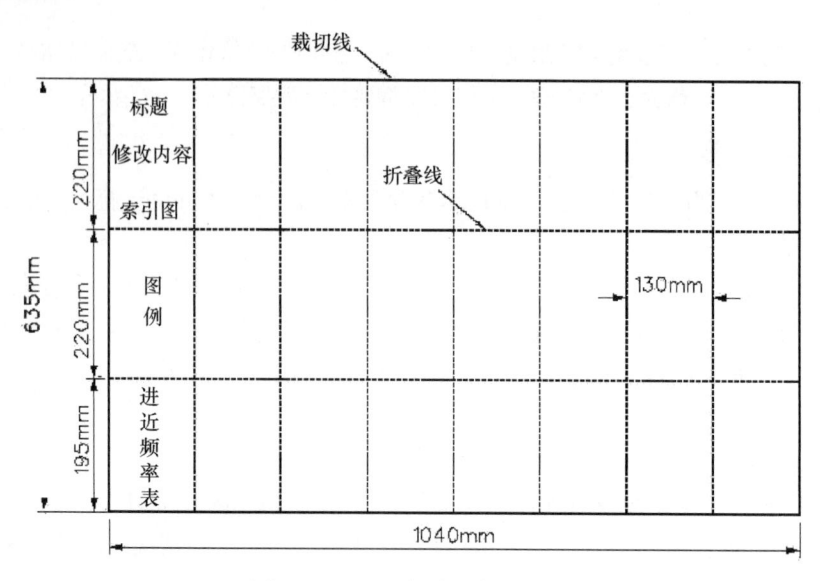

图 3-48 NAIP 航路图折叠样式

2. 航路图的分类

根据覆盖的空域范围不同，可以将航路图分为低空航路图、高空航路图、高/低空航路图。

1）低空航路图

低空航路图主要描述从最低可用仪表飞行高度到由管制部门指定的高度上限之间的空域。例如，美国规定低空航路在最低可用的 IFR 高度与平均海平面 17 999 英尺之间使用。

2）高空航路图

高空航路图主要描绘国家规定的高空航路。由于各个国家所规定的高空空域的高度范围不同，所以高空航路图的高度覆盖范围是变化的。我国规定的高空空域的范围是高度 6 000 米以上的空间。而在美国和加拿大的航图上，高空空域的高度范围是从平均海平面 18 000 英尺开始延伸到 45 000 英尺。

3）高/低空航路图

在绘制航路图时，如果有足够的空间可以表达信息，则在一张航路图上把高空和低空空域都描绘出来，公布高/低空航路图。

当航路图上的重要终端区的导航设施和航线数据比较拥挤，航路图上无法描述所有的详细资料时，则以较大的比例尺绘制区域图作为航路图的补充，主要用于进出终端区内机场的所有飞行。

二、航路图的基本布局及封面信息

1. 航路图的基本布局

航路图的基本布局可以分为三部分，如图 3-49 所示。

图 3-49　航路图的基本布局

航路图的起始端是封面，它包含了很多航图的简要信息。封面从上到下依次是基本信息、索引图、修改内容、高度层配备、图例。

航路图的内容是航路图的主体部分，在这部分的边界还画有比例尺。

在航路图的结尾部分是航路图的背板，这部分区域中的信息往往是封面信息中放不下的信息，或者是航路图中由于篇幅原因无法标注的内容，如一些国家和地区的特殊要求、ATC 频率等信息。因此，一张航路图中有可能没有背板。

纸质航路图都是双面打印的，为了让用户读图比较方便，航图的折叠和打开方法是有要求的，所以封面、航路图、背板三部分的顺序并不一定是从左到右排列的，也可能是从右到左排列的，但是航路图的主体部分始终在中间，变的是封面和背板的位置。

2．航路图的封面信息

1）基本信息

标题主要包括航图编号、航图名称、航图日期及数字比例尺等，如图 3-50 所示。

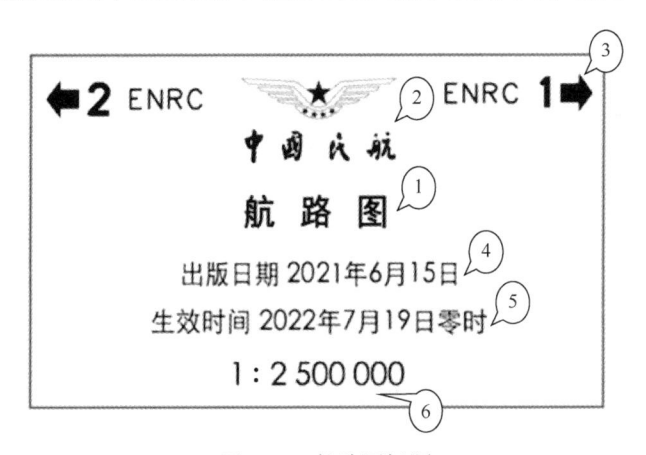

图 3-50　航路图标题

在图 3-50 中：

- 第 1 部分表示航图名。NAIP 航路图中图名为"航路图"；AIP 航路图中图名为"航路图 ENROUTE CHART"。
- 第 2 部分表示发行机构标识。NAIP 航路图中发行机构标识由发行机构图标和中文名称两部分组成；AIP 航路图中发行机构标识由发行机构图标、中文名称、英文名称、英文缩写 4 部分组成，如图 3-51 所示。

- 第 3 部分表示图幅指示标记，用于指示正、反两面航图，由"ENRC{图幅号}{指示箭头}"构成。
- 第 4 部分表示出版日期。NAIP 航路图采用北京时间，表示方式为"出版日期{年}年{月}月{日}日"。其中，年为四位数字，月为一位或两位数字，日为一位或两位数字；AIP 航路图采用北京时间，表示方式为"REVISION{日 月 年}"。其中，日为一位或两位数字，月为英文缩写，年为四位数字，如图 3-52 所示。
- 第 5 部分表示生效日期。生效日期必须是 AIRAC 共同生效日期。NAIP 航路图采用北京时间，表示方式为"生效时间{年}年{月}月{日}日零时"。其中，年份为四位数字，月为一位或两位数字，日为一位或两位数字；AIP 航路图采用 UTC 时间，表示方式为"EFF {年}{月}{日}{时}{分}UTC"。其中，年、月、日、时、分均为两位数字，如图 3-53 所示。
- 第 6 部分表示数字比例尺。航路图应注明数字比例。

图 3-51　发行机构标识　　　图 3-52　出版日期　　　图 3-53　生效日期

2）索引图

索引图用于说明航路图的分幅方法。索引图中应绘制每幅图的制图范围、图幅识别名称、重要城市的位置及名称、区域图的范围及图幅编号。

在封面索引图下方是一段非常重要的文字说明，用来说明使用该航路图的注意事项，包括空域和航路的相关信息。

3）修改内容

应说明每幅航路图最新修改内容并备注修改内容所在的折页编号，如图 3-54 所示。

图 3-54　修改内容示意

4）高度层配备

飞行高度是为了维护空中交通秩序，防止空中飞机相撞，增大空中交通流量而配备的一种高度。在航路图的背板中会给出米制和英制对照的飞行高度层配备标准，以便飞行员查询。飞行高度层配备标准示意图如图 3-55 所示。

飞行高度层配备标准示意图用来确定可以选择的合理的飞行高度。例如，磁航线角 180°，磁差 5°W，最低安全高度 2 168 米，最低飞行高度层多少？因为磁差为偏西 5°，根据偏东为正，偏西为负，所以真航线角为 175°，根据该航线的最低安全高度为 2 168 米，在飞行高度层配备标准示意图右侧，可以确定最低可以使用的飞行高度层是 2 700 米。

5）图例

在航路图的封面底部会公布航路图使用的所有要素符号及其含义，以便使用者读图。我国

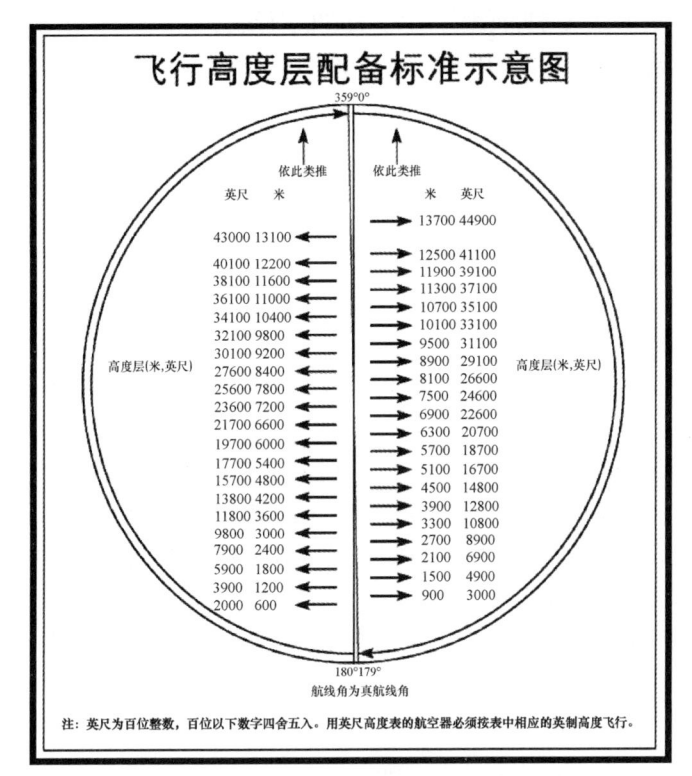

AIP 航路图中的某些符号与 NAIP 航路图中略有不同。

图 3-55　飞行高度层配备标准示意图

三、航路图图廓外要素

当开始检查航路图正面的符号之前，在航路图的边界处和边缘之外，还可以找到一些重要信息。例如，在每张航路图的左上角可以见到该航路图的系列号和编号。除此之外，航路图的边界信息还可能包括航路图制图比例尺、航图投影方式注释和航路图分节索引代码，如图 3-56 所示。

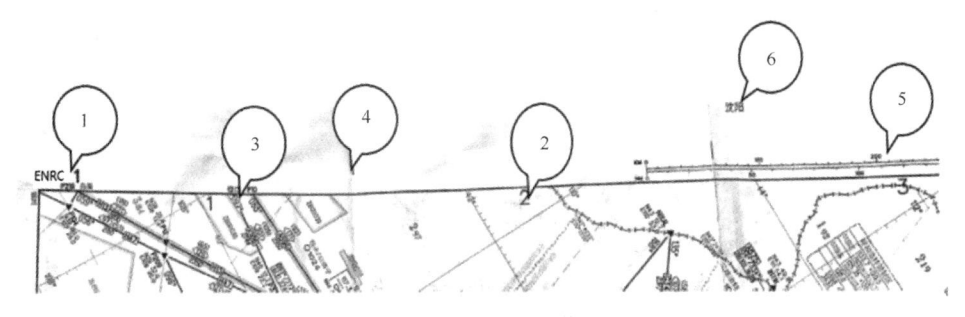

图 3-56　航路图边界信息

在图 3-56 中：
- 第 1 部分表示图幅识别名称。每幅图的图幅识别名称表示为"ENRC{图幅编号}"，标注在图廓外左上角和右上角。

- 第 2 部分表示折页编号。折页编号分为横向折页编号和纵向折页编号，横向折页编号用阿拉伯数字表示，纵向折页编号用大写英文字母表示，如图 3-57 所示。折页编号位于每个小折页边框靠近中间的位置，上边框之内、下边框及左右边框之外。

图 3-57　折页编号示意图

- 第 3 部分表示图幅外衔接重要点名称。应标注航路航线延伸至图幅外的第一个导航台或报告点的名称，使用的颜色应与其要素一致，名称放置在图廓外、航路航线与图廓交点处。
- 第 4 部分表示折页线。在航路图折叠位置标记折页线，以小短线表示，分别绘制在航路图边框外。
- 第 5 部分表示线段比例尺。在航路图上边框中央位置标注线段比例尺。原则上放在图廓外上方中间，但可根据图幅外衔接的重要点名称放置位置进行调整。
- 第 6 部分表示主要城市。应标注每幅航路图纵向小折页内的主要城市，城市名称位于航路图上边框外每个小折页左上角或右上角。

除此以外，图廓外还包括出版单位、航图投影方式。航图投影方式的绘制样式如图 3-58 所示。

NAIP：
等角正割圆锥投影，标准纬线24°和40°，2010年磁差值。

图 3-58　航图投影方式的绘制样式

四、航路图图廓内要素

1. 机场

航路图是为整个制图区域内的飞行服务的，它必须标出区域内所有供民用航空器使用并能实施仪表进近的机场。机场分为民用机场、军用机场、军民合用机场、军用备降机场、民用直升机场，不同类型的机场所使用的符号应有所不同，应根据机场基准点坐标准确地在航路图、区域图中标绘出机场符号。AIP 航路图、区域图中所有公布机场均使用民用机场符号标绘。机场符号及标示如图 3-59 所示。

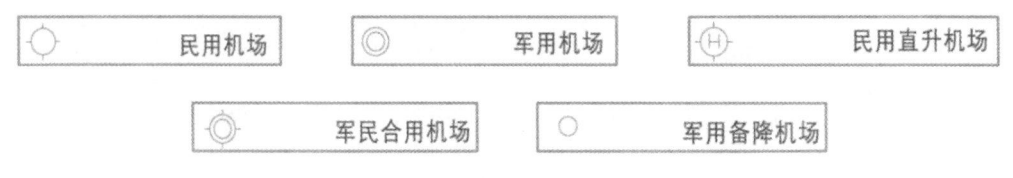

图 3-59　机场符号及标示

应在机场符号附近注明机场识别名称和机场标高，机场识别名称由机场所在城市名称和机场名称构成，机场标高以米为单位，四舍五入取整到 1 米。图 3-60 为济宁曲阜机场，标高为 39 米。

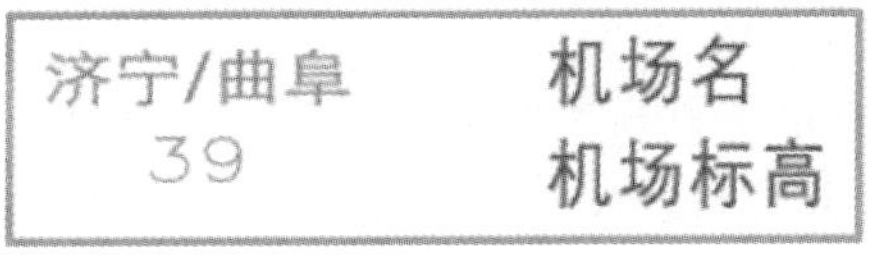

```
济宁/曲阜        机场名
   39          机场标高
```

图 3-60　机场标识

2. 导航设施

为了在仪表飞行环境下进行有效的导航,沿航路快速找到所需要的导航设施就显得非常重要。导航设备的种类很多,各种设备要求有对应的机载设备。飞行人员必须根据所驾驶航空器的性能来选择不同导航设备的航路,因此,航路图中会标明导航设备的类型和特性,如频率、呼号、坐标等。常见导航设备的符号及注释如图 3-61 所示。

符号	名称	数据框	注释
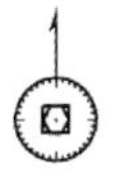 ○	甚高频全向信标台(VOR)和测距仪(DME)合装	哈密 115.1 HMI CH 98X N42 50.0 E93 38.3	VOR/DME数据框 台名 频率(MHz)、识别 摩尔斯电码 测距频道 地理坐标
 ○	甚高频全向信标台(VOR)	九洲 117.2 ZAO N22 14.8 E113 36.7	VOR数据框 台名 频率(MHz)、识别 摩尔斯电码 地理坐标
◎	无方向性无线电信标台(NDB)	奇台 300 HJ N44 01.0 E89 38.0	NDB数据框 台名 频率(kHz)、识别 摩尔斯电码 地理坐标
 ○	VOR/DME与NDB在同一位置	宁陕 116.3 NSH CH 110X N33 19.2 E108 18.8 402 RQ N33 19.4 E108 18.7	VOR/DME/NDB数据框 VOR/DME数据(蓝色) NDB数据(绿色)

图 3-61　常见导航设备的符号及注释

1) 甚高频全向信标台

甚高频全向信标是指一种工作于 112 ~ 118MHz,可在 360°范围内给航空器提供它相对于地面台磁方位的近程无线电导航系统。VOR 发射机发送的信号有两个:一个是相位固定的基准信号;另一个信号的相位随着围绕信标台的圆周角度连续变化,也就是说,各个角度发射的信号的相位都是不同的。向 360°（指向磁北极）发射的信号与基准信号是同相的（相位差为 0）,而向 180°（指向磁南极）发射的信号与基准信号相位差为 180°。飞行器上的 VOR 接收机根据所收到的两个信号的相位差可以计算出自身处于信标台向哪个角度发射的信号上。

VOR 通常与测距仪同址安装,在提供给飞行器方向信息的同时,还能提供飞行器到导航台的距离信息,这样飞行器的位置就可以被唯一地确定下来。

根据不同的用途,VOR 地面导航台可分为两类:第一类为 A 类 VOR 台,安装在航路区域,供飞机在航路上导航使用;第二类为用于引导飞机进/离场及进近着陆的终端 VOR 台,也称 B 类 VOR 台。

VOR 的特性如下。

（1）导航台工作频率。VOR 导航台工作在甚高频频段，频率范围为 108.00～118.00MHz。其中，A 类 VOR 台的频率范围为 112.00～118.00MHz，频道间隔为 0.05MH1z，共计 120 个频道；B 类 VOR 台的频率范围为 108.00～112.00MHz，频道间隔为 0.05MHz，且只取小数点后第一位为偶数的频率，因此共计 40 个频道。

（2）发射功率及作用范围。A 类 VOR 台用于航路导航，发射功率为 200W，有效作用距离一般为 200 海里；B 类 VOR 台用于终端区引导飞机进场进近，发射功率一般为 50W，有效作用距离一般为 25 海里。

在航图上，VOR 的表示符号为一个带方位圈的六边形。航路图上有大量的导航设施符号，为了进一步描述导航设施的特性，航图上采用导航设施识别框给出导航设施的识别信息。

导航设施识别框通常位于它所代表的导航设施符号附近，用箭头与它所代表的导航设施相连接。导航设施识别框内一般包含导航设施的名称、频率、呼号、摩尔斯电码及地理坐标。VOR 的符号和标示如图 3-62 所示。该 VOR 的名称为九洲 VOR 台，呼号为 ZAO，通信频率为 117.2MHz。

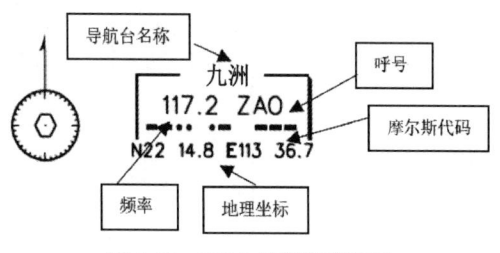

图 3-62　VOR 的符号和标示

2）测距仪

测距仪（Distance Measuring Equipment，DME）是一种测定飞机和地面应答台之间斜距的无线电导航设备。它由机载询问机和地面应答台组成，利用测定电波从飞机到电台之间往返所需的时间来决定两者之间的距离。航空上采用 1 000MHz 附近的脉冲波询问和回答，其作用距离约 500 千米，供航路上使用。此外，为了进近着陆时和微波着陆系统配合，又发展了精密测距仪，利用上升速率更快的脉冲前沿的波形，提高精度，其作用距离约 40 千米。两种测距仪的工作频率相同，可以兼容工作。

DME 的工作频率为 962～1 213MHz，共 252 个频道，分为询问频率和应答频率。其中，询问频率为 1 025MHz～1 150MHz，共 126 个频道，采用 X/Y 波道安排，其中，1～16X/Y 和 60～69X/Y，民用 DME 不用。

一般情况下 DME 台与 VOR/ILS 地面台安装在一起，因此它们的工作频率是配套使用的。图 3-63 是 VOR/DME 合装台的符号和标示。

3）无方向性信标台

无方向性信标（Non-Directional Beacon，NDB）是 ICAO 标准的近程导航设备，其具体作用如下：引导飞机沿预定航线完成从一个信标台到另一个信标台的飞行；引导飞机进、离场，完成进场着陆和离场飞行。

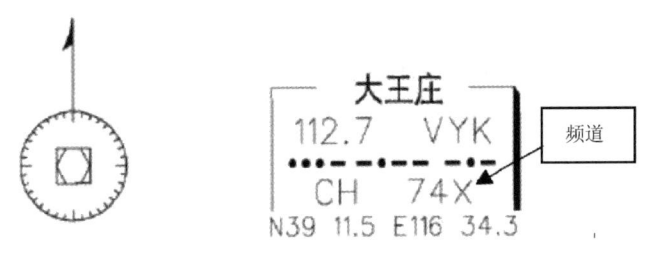

图 3-63　VOR/DME 合装台的符号和标示

NDB 导航系统由地面 NDB 导航台和机载自动定向机（Automatic Direction Finder，ADF）组成。

NDB 导航台主要由地线、发射机和天线三部分组成。天线一般采用水平长为 70 米，架在两个高约 30 米的铁塔上的 T 形天线，T 形天线属于无方向性天线，在水平方向辐射电磁波，在垂直方向存在一个圆锥顶角为 80°的顶空盲区，形成所谓的"无声锥"。当飞机进入顶空盲区时，机载 ADF 指示器的指针发生摆动，可用于飞行员判断飞机过台的时机。

NDB/ADF 系统工作在中频频段，典型工作频率为 190～1750 kHz。

地面 NDB 导航台可分为两种。一种供飞机在航线上飞行时定向使用，设置在航路或航线转弯点、检查点和空中走廊进出口，要求发射功率大，作用距离远，一般有效作用距离不少于 150 千米，通常称为航线导航台，其识别呼号为 2 个英文字符的摩尔斯电码。另一种供飞机在终端区进近着陆时使用，一般安装在跑道的中心延长线上，距跑道端 1 000～11 000 米（典型远台 4 千米，近台 1 千米）。其中，远台作用距离、识别码与航线导航台相同，近台有效作用距离 70 千米（白天），识别码为远台识别码的第一个字母。

ADF 一般包括自动定向接收机、控制盒、指示仪表、环形天线和垂直天线或组合式环形/垂直天线四大部分。

NDB 通常设置在机场围界以外，其场地要求为：以信标台天线为中心，半径 50 米内不得有交通量大的公路及高于 3 米的建筑物和树木；半径 100 米内应当平坦、开阔、地势较高；半径 120 米内不得有高于 8 米的建筑物；半径 150 米内不得有铁路、金属栅栏、金属堆积物、110kV 以下架空输电线、电话线和广播线；半径 300 米内不得有悬崖、海岸斜坡、江河堤坝；半径 500 米内不得有 110 kV 及以上架空高压输电线等。

在航路图上，NDB 的符号用一系列绿色的圆点构成的同心圆表示，导航设施信息框包括名称、识别、频率、摩尔斯电码、地理坐标，如图 3-64 所示。

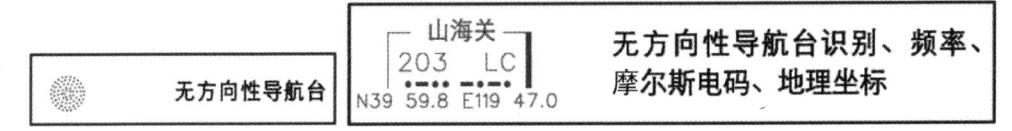

图 3-64　NDB 的符号和标示

在图 3-64 中，NDB 名称为山海关 NDB 台，通信频率为 203KHz，识别代码为 LC。

3．航路、航线

航路是由国家统一划定的具有一定宽度的空中通道，有较完善的通信、导航设备。划定航路的目的是维护空中交通秩序，提高空间利用率，保证飞行安全。航路分为国际（地区）航路和国内航路，航路宽度为 20 千米，其中心线两侧各 10 千米，航路的某一段受到条件限制的，可以减小宽度，但不得小于 8 千米。根据航空器机载导航设备的能力、地面导航设备的有效范围及空中交通情况，在符合要求的空域内可以划设区域导航航路。

飞机飞行的路线称为空中交通线，简称航线。飞机的航线不仅确定了飞机飞行的具体方向、起讫点和经停点，而且根据 ATC 的需要，规定了航线的宽度和飞行高度，以维护空中交通秩序，保证飞行安全。航线分为固定航线和临时航线。

1）航路、航线的代号

对飞机在航路内飞行必须实施 ATC。为便于驾驶员和 ATC 部门工作，航路标有明确的名称代号。ICAO 规定航路、航线的基本代号由一个拉丁字母和 1~999 的数字组成。

（1）A、B、G、R 表示国际（地区）航路、航线。
（2）L、M、N、P 表示国际（地区）区域导航航路。
（3）W 表示不涉及周边国家或地区的对外开放航路、航线（含进离场航线）。
（4）Y 表示不涉及周边国家或地区的对外开放区域导航航路。
（5）V 表示对外开放的临时航线。
（6）H 表示国内航路、航线。
（7）Z 表示国内区域导航航路。
（8）J 表示国内进离场航线。
（9）X 表示国内临时航线。

使用 X、V 系列航线时须经 ATC 同意。部分航路航线在航路图上不显示的航段，其内容可参阅相关机场的进离场图。

申请使用实施基于性能的导航（Performance Based Navigation，PBN）运行的传统航路航线时，对于具备 PBN 适航能力并满足 PBN 运行合格审定的航空器，航空运营人应当按规定填写 FPL 编组 10 和编组 18 内容；对于不具备相应 PBN 适航能力或没有达到 PBN 运行合格审定的航空器，仍按照现行规定执行。

航路图上航路、航线的符号和标识如图 3-65 所示。

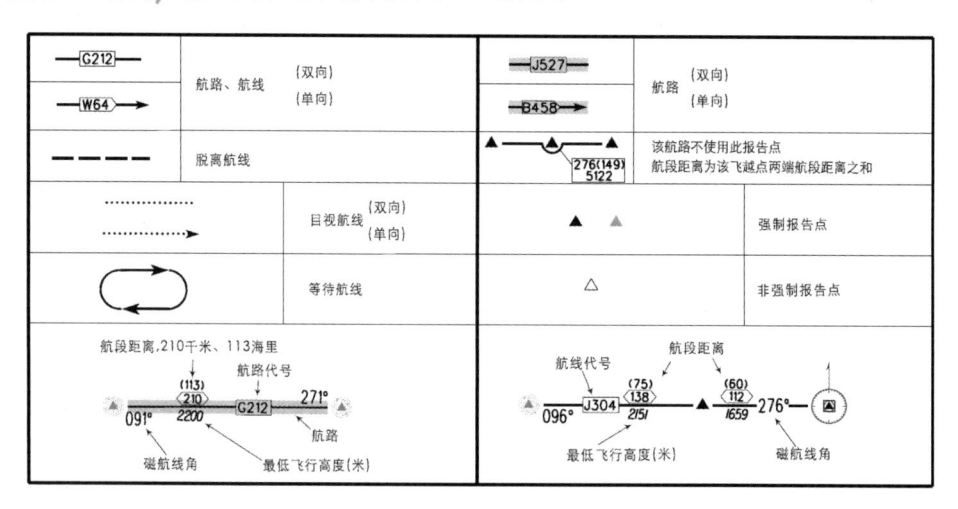

图 3-65 航路图上航路、航线的符号和标识

2）传统航路、航线的航段数据资料

航路、航线的类型如图 3-66 所示。

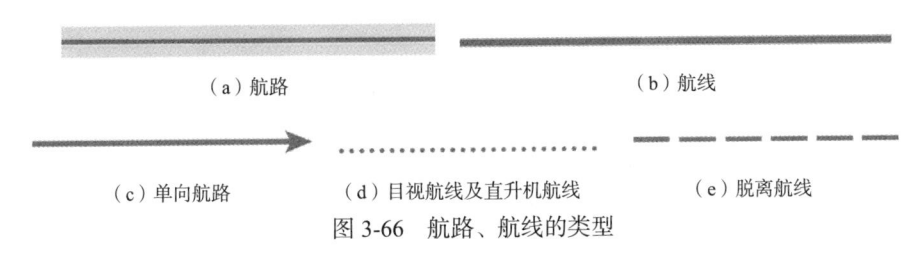

（a）航路　　　　　　　　　　（b）航线

（c）单向航路　　（d）目视航线及直升机航线　　（e）脱离航线

图 3-66　航路、航线的类型

在航路图中，用实线绘制航路中心线，中心线两侧使用阴影表示航路宽度；用实线绘制航线；用带有箭头的实线绘制单向航线；用点状虚线绘制目视航线及直升机航线；用虚线绘制脱离航线。在航路、航线上应标注航路或航线的识别代号。传统航路或航线代号格式为"{字母代码}{数字代码}"。双向航路代号边框用矩形表示，单向航路代号边框用"▱"表示。

航路图上的传统航路、航线的航段数据资料包括各种领航数据和管制数据，如磁航线角、距离、最低飞行高度、航线代号等，如图 3-67 所示。

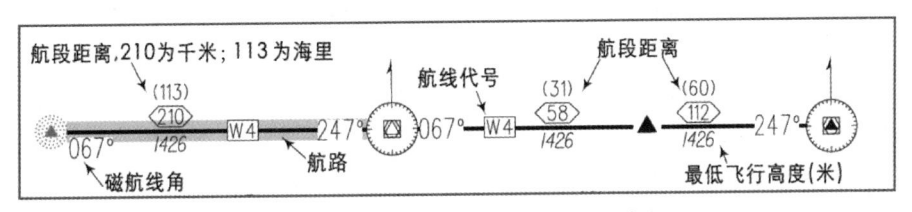

图 3-67　传统航路、航线的航段数据资料

在航路图上要标示出航段距离。航段距离是指航段上两个定位点之间或定位点和导航台之间的直线距离。航段总里程是指航段上相邻两个导航设施之间的直线距离。NAIP 中公布的航路图中，航段里程和航段总里程都放在一个六边形的框里。在航路图上，航段里程的单位有两种，放在六边形中的数值单位为千米，放在小括号中的数值单位是海里。

对于那些距离太短无法标注航路数据的航路，可采用数据框的形式来标识，如图 3-68 所示。

图 3-68　用数据框标识航路

3）区域导航航路

区域导航（Regional Area Navigation，RNAV）是一种导航方式，可以使航空器在导航信号覆盖范围之内，或者在机载导航设备的工作能力范围之内，或者二者的组合，通过计算得到航路点，沿任意期望的路径飞行，而不必逐台飞行。

从图 3-69 中可以看出，区域导航航路中的航路名称、航路点、航段距离、最低飞行高度等表示方法与传统航路、航线一样，但需标明区域导航航路的导航规范。区域导航规范采用字母加数字的形式给出，其中，R 表示 RANV，P 表示所需导航性能（Required Navigation Performance，RNP）。后面的数字表示精度。从图 3-69 中可以看出，M503 号航路是一条区域导航航路，R2

表示的导航规范为 RANV2；L888 航路的导航规范为 RNP4。

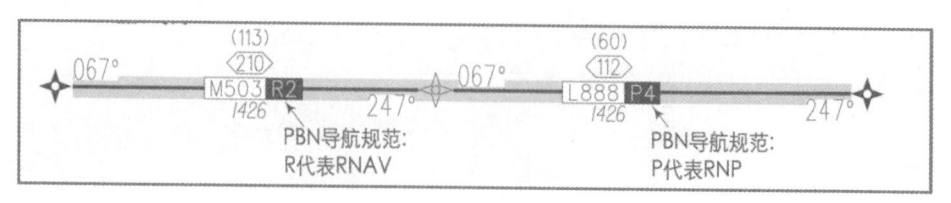

图 3-69　PBN 航路、航线的航段数据

RNP 的分类是以 RNP 的精度值来定义的，RNP 后面所跟的数字代表导航精度值。例如，RNP1 导航规范，要求在 95% 的飞行时间内，航空器位置必须满足标称航迹位置左右前后 1 海里以内的精度值要求。

ICAO 确定的导航规范、所需基础设施及导航应用如下。

- RNP10。RNP10 适用于海洋和偏远陆地空域。RNP10 并无机载性能监视和告警功能要求。该导航规范不需要任何地基导航设备，但需装有至少两套机载远程导航系统（IRS/FMS、INS、GPS）。在地面导航、通信和监视设备可用的情况下，RNP10 允许的最低航路横向间隔标准为 50 海里。三亚情报区 L642、M771 等属于 RNP10 航路。
- RNP4。RNP4 用于海洋和偏远地区。要求有语音通信或管制员飞行员数据链通信及自动相关监视−合约式，以支持 30 海里最低航路间隔标准。目前西部的航路 L888、Y1、Y2、Y3 等属于 RNP4 航路。
- RNP2。该导航规范仍在制定中。
- RNP1。RNP1 包括基本 RNP1 和高级 RNP1。基本 RNP1 适用于航路和终端区，该导航规范旨在建立低到中等交通密度且无雷达覆盖区域的航路和终端区程序。全球导航卫星系统（Global Navigation Satellite System，GNSS）是基本 RNP1 主要的导航源，使用 GNSS（包括美国的 GPS、欧洲的 Galieo、俄罗斯的 Glonass 及我国的北斗系统）的接收机自主完好性监视功能来保障完好性。使用基于区域导航系统的 DME/DME 导航则需要严格的安全评估。高级 RNP1 规范仍在制定中。
- RNP APCH。RNP APCH 包括 RNP 进近程序和直线进近阶段 RNAV（基于 GNSS）进近程序，精度值一般为 0.3。GNSS 是 RNP 进近程序的主要导航源，进行程序设计时需要考虑由于卫星失效或机载监控和告警功能丧失导致失去 RNP 进近能力的可接受性。复飞航段可以使用 RNAV 或传统导航程序。该导航规范不包括相关的通信和监视要求。
- RNP AR APCH。RNP AR APCH 是一种特殊授权 RNP 进近程序，特点是进近程序、航空器和机组需要得到局方特殊批准，一般用于地形复杂、空域受限且使用该类程序能够取得明显效益的机场，精度值一般为 0.3～0.1。RNP AR APCH 只允许使用 GNSS 作为导航源，应对实际能够达到的 RNP 精度进行预测。该导航规范不包括相关的通信和监视要求。

区域导航航路如图 3-70 所示。

4．报告点

航路上的报告点可以分为两大类，一类是实际信号点，另一类是虚拟点。其中，实际信号点多来源于 VOR 和 NDB 导航设备台；虚拟点则是利用经纬度坐标结合 PBN 技术加入导航数据库中的。报告点的设计是为了方便飞行导航与指挥。

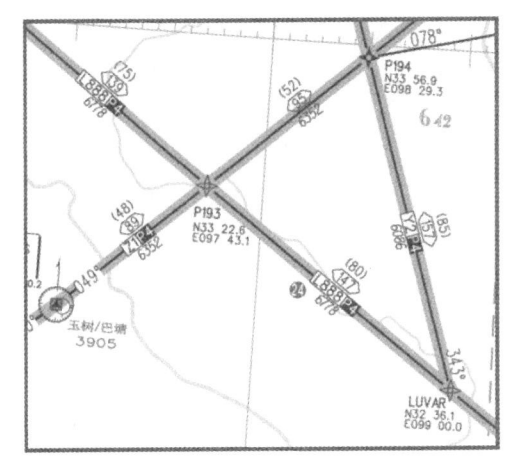

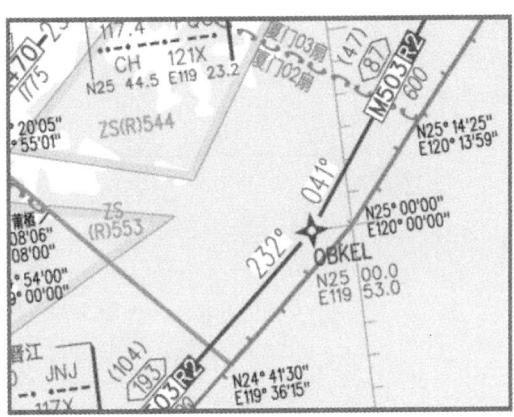

图 3-70 区域导航航路

报告点按用途可分为强制报告点和要求报告点。绘制强制报告点时，传统航路采用实心三角形绘制，区域导航航路采用实心四角星符号绘制。绘制要求报告点时，传统航路采用空心三角形绘制，区域导航航路采用空心四角星符号绘制。报告点图例如图 3-71 所示。

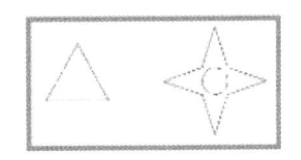

图 3-71 报告点图例

在航路图上还需要注明报告点的名称或编号及地理坐标，地理坐标的经度和纬度分两行标注，精确到 0.1′。传统导航航路的报告点的命名方式主要有三种。

（1）当报告点处于导航实施所在地，用导航设施名称即可。
（2）当报告点并非处于导航设施所在地，而处于对外开放航段上时，使用五字码。
（3）当报告点处于国内航段上时，使用英文字母 P 和 1～999 的某个数字组成 P 字码。

区域导航航路上用于确定航空器位置的点，以五字码名，也分为强制报告点和要求报告点两种类型。

报告点命名如图 3-72 所示。

从图 3-72 中可以看出，东山强制报告点的位置与 VOR 和 DME 安装在一起，因此采用导航台的名称进行命名；REMIM 报告点在开放航路上，因此用五字码进行命名；P22 报告点位于国内航路上，因此用 P 字码进行命名。

当航路上的报告点不再使用时，该报告点就是该航路的弃用报告点，如图 3-73 表示。

5. 空域

航路图中所涉及的空域主要有飞行情报区、管制区、管制扇区、限制空域和飞行训练区。

各个空域边界线符号如图 3-74 所示。

图 3-72 报告点命名

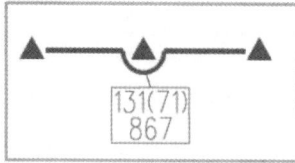

图 3-73 弃用报告点示例

┝╾╾┥·┝╾╾┥·┝╾╾┥	国界	∩∩∩∩	管制扇区边界
─┼─┼─	飞行情报区边界	────────	进近管制区、终端管制区边界
─ ─ ─	飞行情报区边界(未定界)	▓▓▓▓▓▓	东海防空识别区
────────	区域管制区边界		

图 3-74 空域边界线符号

1）飞行情报区

飞行情报区是指为提供飞行情报服务和告警服务而划定范围的空间。飞行情报区的范围除了一国的领空，通常还包括邻近的公海。飞行情报区主要以航管及飞行情报服务为主，有时因为特别的原因会切入邻国领空。飞行情报区内的飞行情报和告警服务由有关的 ATC 单位负责提供。目前我国划分了沈阳、北京、上海、广州、武汉、三亚、昆明、兰州、乌鲁木齐、香港和台北 11 个飞行情报区。

航路图上应绘制飞行情报区边界，在飞行情报区边界两侧注明飞行情报区名称或代码。飞行情报区衔接国境线及其他国家或地区的飞行情报区的边界点名称和坐标需标注，其余视情况标注。

2）管制区

航空管制区，也称空中交通管制空域，是指陆地或水面之上某一规定界限向上延伸的一定高度范围内的管制空域。它是由航空管制中心控制的，管制中心设在大城市附近，管制中心的管制员根据飞行计划，批准飞机进入它的管制区域，当飞机飞出它的管制区域后，再把任务移交给相邻的管制区。一个管制区的范围很大，管制中心负责整个区域内航路和航线网的交通管理。

航空管制区可划分为高空管制区和中低空管制区。高空管制区提供对 6 000 米以上的大范围运行的飞机的管制服务。我国划分了 21 个高空管制区，并建立了 10 个高空管制中心，还有若干中低空管制区。区域管制员依靠空地通话、地面通信和远程雷达来确定飞机的位置，进而指挥调度飞机，保证飞机的飞行顺序和间隔。如果一个管制区内飞行任务特别繁忙，管制中心可以把空域分成几个扇区。每位管制员只负责一定角度范围的扇形区内航线上的飞行。

在航路图上应以灰色实线标绘出管制区边界，在管制区边界两侧注明管制区名称。管制区边界点名称和坐标视情况标注。

应在适当位置以注记框的形式标注管制区的通信频率及工作时间表。通信频率应包括主用频率、备用频率（适用时），格式为"{主用频率}{（备用频率）}"；工作时间应采用 24 小时制，格式为"{起始时、分}{-}{终止时、分}"，或者用 H24、HO、HR、by ATC 等表示。

管制区通信频率及工作时间表如图 3-75 所示。

图 3-75　管制区通信频率及工作时间表

有些航路图中还给出了进近和终端管制区，以灰色粗实线标绘出进近或终端管制区边界，在进近或终端管制区内标注其名称。进近和终端管制区边界点名称和坐标视情况标注，如图 3-76 所示。

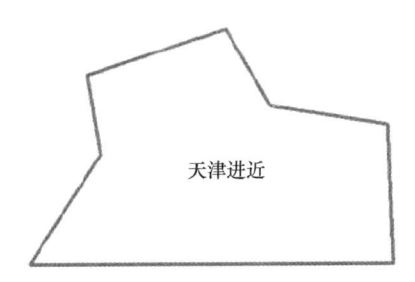

图 3-76　进近和终端管制区边界、通信数据

3）管制扇区

应以电话线型标绘管制扇区分界线。管制扇区边界点的名称和坐标视情况标注。NAIP 航路图在管制扇区边界两侧注明管制扇区名称及垂直范围；AIP 航路图在管制扇区边界两侧注明管制扇区代号及垂直范围。

飞行情报区、管制区、管制扇区标注方法如图 3-77 所示。

图 3-77　飞行情报区、管制区、管制扇区标注方法

4）限制空域

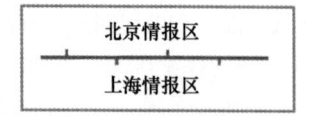

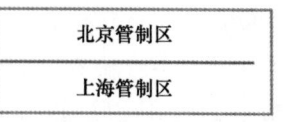

应标绘图幅范围内的禁区、限制区和危险区，并注明其识别名称。识别名称表示方式为"{所属情报区四字代码的首两位字母}{（空域属性）}{序号}"。空域属性用英文大写字母 P、R、D 分别代表禁区、限制区、危险区，序号为三位数的阿拉伯数字。应用蓝色实线标绘空域边界范围，内侧标绘浅蓝色阴影。

在每幅图的适当位置列出禁区、限制区、危险区数据表，并对限制空域予以说明，包括编号、高度下限和上限、限制时间，如图 3-78 所示。

图 3-78　限制空域及数据表

在图 3-78 中，限制区名称 ZS（R）534 表示上海情报区 534 号限制区。在限制空域数据表中，可以查看限制空域的限制数据。例如，ZB（P）001，垂直方向的限制下限为地面，上限无限高，时间是每日 0 时至 24 时。

5）飞行训练区

应在图中标绘飞行训练区边界及其名称或编号。用浅灰色细线描绘出飞行训练区边界范围及边界点名称和坐标，如图 3-79 所示。

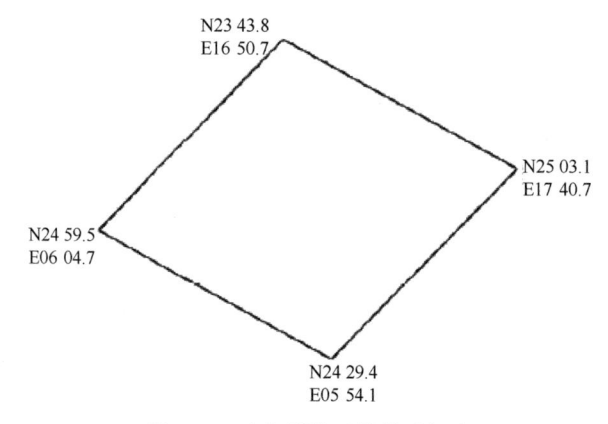

图 3-79　飞行训练区符号及标注

6. 等待程序

飞机等待空域是为航空器提供的等待区域，从而保证航空器按规定程序安全有序地运行。在等待空域，航空器按照等待程序飞行。等待程序是为了疏导交通流量，使航空器保持必要的间隔和进近序列而设立的一种飞行程序。等待程序一般设置在进场航段的末端或进场航线上的某一点。有些等待程序以等待航线的形式标在航图上（见图 3-80），还有一些由管制员通过等待指令直接给出。

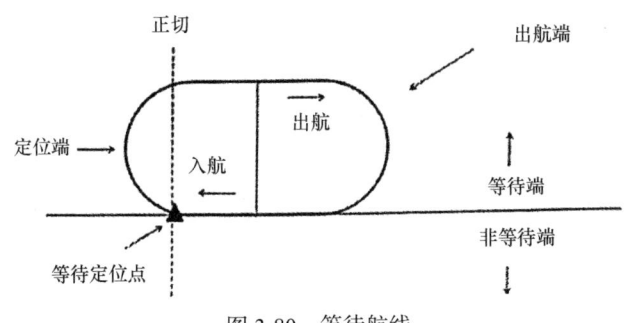

图 3-80 等待航线

1）等待航线的基本要素

等待航线有 5 个基本要素：等待定位点、等待方向、最低等待高度层、出航边长度或出航时间、出航航线角，如图 3-81 所示。

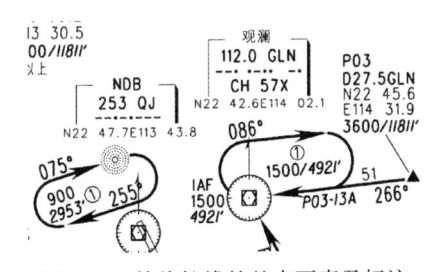

图 3-81 等待航线的基本要素及标注

（1）等待定位点。等待定位点是等待航线开始和结束的点，既可以是一个导航设施，也可以是一个交叉定位点。

绘制等待航线时，如果等待定位点不是导航台或报告点，则用 "x" 符号绘制；应以注记形式说明等待相关信息，包括航路等待程序的识别名称（如适用）、等待定位点名称、坐标及位置、入航航迹、转弯方向、最大指示空速和/或最大转弯半径、等待高度、出航时间或距离信息。等待信息可就近或集中放置。

（2）等待方向。等待航线按等待方向分为左等待航线和右等待航线。标准等待为右等待，即过台以后向右转弯。

（3）最低等待高度层。最低等待高度层是一个强制性的最低飞行高度。从 600 米开始，每隔 300 米分为一个高度层，最低等待高度层距离地面最高障碍物的实际高度不得低于 600 米。在仪表进近程序中的等待程序，最低等待高度层与障碍物的高度差不得小于 300 米。图 3-81 中，观澜台上空等待航线的最低等待高度层是 1 500 米/4 921 英尺。

（4）出航边长度或出航时间。一般情况下，出航边长度由飞行时间控制，在平均海平面 14 000 英尺（4 250 米）及以下的高度内，标准等待程序的标准出航时间为 1 分钟；在高于平均海平面 14 000 英尺的高度，出航时间为 1.5 分钟。特殊情况会在航图上标出相应的等待时间。图 3-81 中观澜台上空等待航线的出航时间为 1 分钟。

（5）出航航线角。背离等待定位点的航段为出航航段，出航航段的航线角即出航航线角，图 3-81 中观澜台上空等待航线的出航航线角为 86°。

2）进入等待航线的方式

当等待定位点是一个导航台时，航空器可以全向进入等待航线，根据航空器到达等待定位点的来向与等待程序入航航道之间的位置关系，可以采用三种方式进入等待航线，使飞行员不需要进行过多的机动操作，就可以在入航航道上正确定位。

进入等待航线有三种方式：平行进入、偏置进入和直接进入。这三种进入方式由飞机与等待航线入航边的方位决定。对于右等待程序，以起始点为圆心，入航航道为基准，向等待程序一侧量取 70°，并通过圆心画出一条直线，该直线与入航航道反向线将 360° 的区域划分为三个扇区。各扇区边界两侧各有 5° 的机动区。进入等待航线的三种方式如图 3-82 所示。

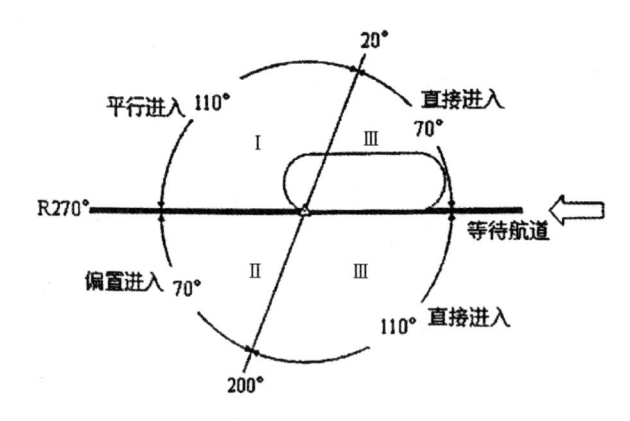

图 3-82 进入等待航线的三种方式

（1）Ⅰ区平行进入。平行进入的具体方法是，第一次飞过等待定位点后，与入航航迹平行背台飞行，过台上空后开始计时。计时结束后，左转以一定的合适角度切入入航航迹。再次过台后，以标准转弯率右转至出航边，切台或转弯改平（以晚到者为准）开始计时一定时间。计时结束后，再次以标准转弯率右转切入入航航迹，再次过台时，第一圈等待完成。平行进入如图 3-83 所示。

（2）Ⅱ区偏置进入。偏置进入的方法是第一次飞过等待定位点后，与入航航迹呈约 30°夹角背台飞行，同时开始计时。计时结束后，右转切入入航航迹，第二次过台后，开始沿等待航线飞行。

其中等待程序内的区域为保护区，除直接进入，航空器飞向保护区时，进入的方法为偏置进入，飞向保护区外侧时进入的方法为平行进入，飞行员可以通过此方法简单判断是平行进入还是偏置进入。偏置进入如图 3-84 所示。

图 3-83　平行进入

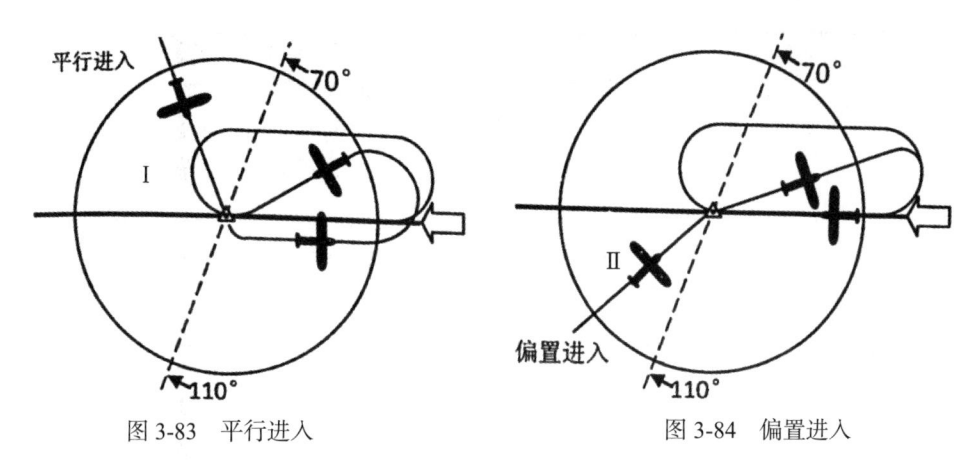

图 3-84　偏置进入

（3）Ⅲ区直接进入。作为等待程序中最常用的进入方法，直接进入根据等待程序设计的保护区又分为三种方式。航空器过台后，立即转弯进入等待程序，将使等待航线宽度变窄，如果再以标准转弯率转入入航边，可能会导致航空器偏到等待程序外侧，不能准确地切入入航航迹，偏离等待程序的保护区，从而导致潜在的安全隐患。在实际飞行中，为了减小这种偏差，当进入航向与向台航迹交角在 30°以内时，采取先切入向台航迹，引导航空器飞向导航台，过台后再进入等待程序。如果进入方向与向台航迹接近垂直，当航空器从程序一侧进入时，过台后立即转弯，向右以标准转弯率右转 180°，再以 1/2 标准转弯率继续转弯至出航航迹上，开始计时。当航空器从非程序一侧进入时，过台前先切入垂直向台航迹的方位线，向台飞行，过台时开始计时 20 秒，再以标准转弯率右转。当航空器转过 30°时，开始计时，切入出航航迹，直到计时 1 分钟或 1.5 分钟结束，再右转至入航航迹。直接进入如图 3-85 所示。

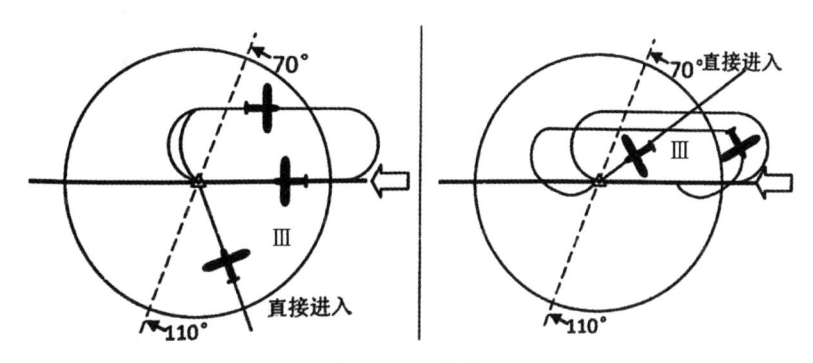

图 3-85　直接进入

7．航路图的定位信息

1）经纬网

应根据所选比例尺和分幅方法，计算并绘出图幅内所有偶数经线和偶数纬线，形成网格。以 4°为间隔在经、纬线上分别标绘经度、纬度刻划。每 1°绘一长刻划，每 30′绘一中刻划，每 6′绘一短刻划。应在每条经线和纬线两端标注经度、纬度数值。如果经线、纬线较长，应在中间适当位置标注经度、纬度值。航路图上经纬度的标注如图 3-86 所示。

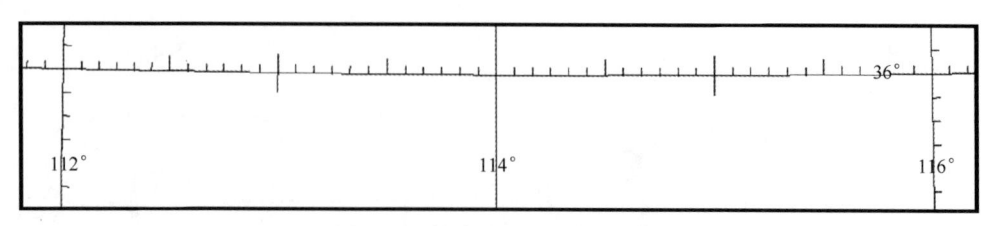

图 3-86　航路图上经纬度的标注

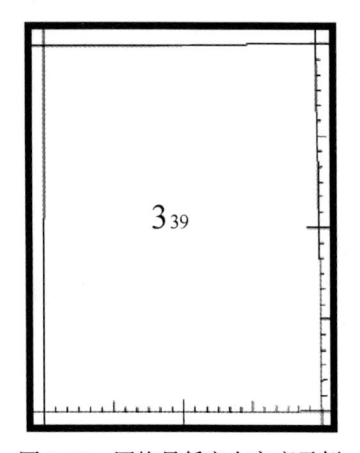

2）网格最低安全高度

网格最低安全高度是在经线和纬线围成的网格区域内的最高地形海拔高度基础上，以 30 米向上取整后的数值。千位用大号字，百位和十位用小号字，个位不表示，航图中以 10 米为单位进行公布。网格最低安全高度示例如图 3-87 所示，图中的数字 339 表示网格最低安全高度为 3 390 米。

8．航路图上的其他信息

1）等磁差线

航路图中的磁差用等磁差线表示。等磁差线是指在航图上连接磁差相等的各点的曲线。在航路图中用浅灰色细虚线绘出磁差值为整数的等磁差线，并以 1°为间隔标绘其磁差值，在等磁差线侧标绘"{数值}°W"或"{数值}°E"。等磁差线的标绘如图 3-88 所示。

图 3-87　网格最低安全高度示例　　　　图 3-88　等磁差线的标绘

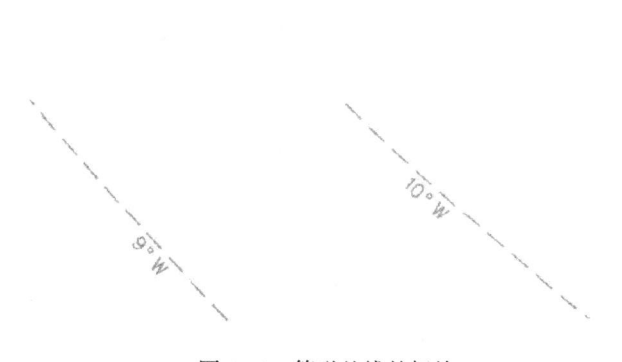

2）国界线

在航路图中应标绘图幅内的界线，包括国界线和特别行政区区域界线，并应沿着国界线和特别行政区区域界线进行标绘。国界线示例如图 3-89 所示。

3）水文地理要素

在航路图中应当绘制图幅内的主要水文地理要素，尤其是那些具有明显地标作用或机场周边对飞行员具有领航参考价值的水域，包括常年湖泊、河流、运河、水库等，通常不标注其名称。

在航路图中用淡蓝色绘出图上面积大于 20mm^2 的海洋、湖泊。NAIP 航路图中还应该标注海洋、湖泊的名称；应用淡蓝色绘出实际长度在 500 千米以上的河流，NAIP 航路图中还应标注其名称。水文地理要素示例如图 3-90 所示。

图 3-89　国界线示例

图 3-90　水文地理要素示例

五、插图和区域图

当图幅内版面有限或内容密集时，可绘制插图或区域图。

1．插图

在航路图的适当位置公布本图幅内的相关插图，若本图幅中没有适当的公布位置，可在其他图幅中的适当位置公布，通常情况下按比例绘制插图。应在航路图中的插图范围内标绘插图编号，如该图幅无空间放置插图，需标注具体参见图幅。

2．区域图

某些繁忙机场附近的空中交通服务航路或位置报告点信息繁多，当 ATS 航路或位置报告要求复杂而不能在一张航路图上标绘清楚时，必须绘制区域图。目前我国提供区域图的有北京区域图、上海区域图（含上海和杭州）、广州区域图（含广州和珠海）及成都区域图。区域图一般都是对某些飞行活动密集、空域复杂的地区的航路图所做的放大图，从而使涵盖的内容更加清晰、细致，内容基本与航路图相同，每幅图的覆盖范围会延伸到有效地表示离场和进场路线的一切点。

在航路图的封面索引图中，使用阴影区表示该部分有区域图。在航路图上用浅灰色虚线框标明所包含区域图的绘制范围。NAIP 航路图应标注区域图所在航图手册中对应的航图编号，以"机场四字地名代码–数字"进行编号。NAIP 区域图布局如图 3-91 所示。

从区域图布局上看，区域图的要素可分为图廓外要素和图廓内要素。

1）图廓外要素

（1）图名。NAIP 航图中的图名为"区域图"，AIP 航图中的图名为"AREA CHART"，位于区域图图框外左上角。

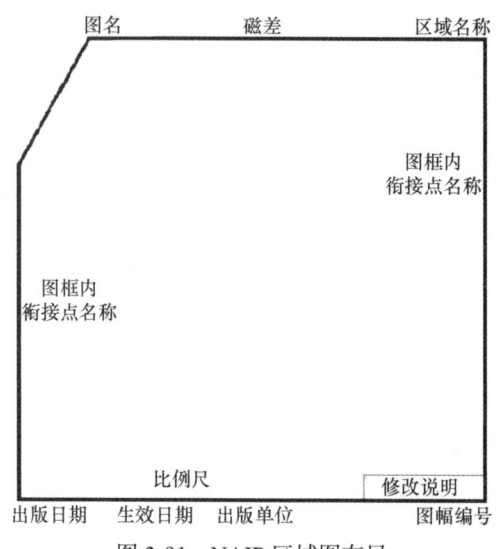

图 3-91 NAIP 区域图布局

（2）识别名称。识别名称为区域图范围内最重要城市的名称。NAIP 航图中的识别名称标注中文名称；AIP 航图中的识别名称标注汉语拼音。

（3）航图编号。NAIP 航图中航图编号的表示方式为"{机场地名代码}-{序号}"。序号由数字序号和字母序号组成：数字序号均为 1，与放油区图和最低监视引导高度图相同；字母序号从 A 开始，按照区域图、放油区图、最低监视引导高度图的顺序依次排列。如机场没有放油区图和最低监视引导高度图，则省略字母序号。

（4）出版日期和生效日期。出版日期采用北京时间，表示方式为"{年}-{月}-{日}"。其中，年为四位数字，月为一位或两位数字，日为一位或两位数字。出版日期由民用航空情报服务机构确定。

生效日期采用 AIRAC 日期。NAIP 航图采用北京时间，表示方式为"EFF{年}-{月}-{日}"。其中，年为四位数字，月为一位或两位数字，日为一位或两位数字。AIP 航图采用 UTC 时间，表示方式为"EFF{年}-{月}-{日}-{时}"。其中，年、月、日、时、分均为两位数字。

出版日期和生效日期的位置在图的左下角或右下角，出版日期应当位于图框外侧，当位于左下角时，生效日期在出版日期的后面；当位于右下角时，生效日期在出版日期的前面。出版日期和生效日期之间以空格分开。

（5）磁差。机场的磁差放置于区域图图框外上部中央，西磁差表示为"VAR{磁差值}°W"，东磁差表示为"VAR{磁差值}°E"。磁差四舍五入取整，精确到 1°，不标注磁差年变率。

2）图廓内要素

区域图属于航路图的局部放大图，所以图廓内要素有很多与航路图相同，包括国界线、水文地理要素、机场、无线电导航设施、航路航线、航路等待、空域（不含区域管制扇区）、航图要素注记等。但也有一些不同的要素，主要有以下几个。

（1）经纬网及经纬度数标注。根据所选比例尺和区域图范围，计算并绘出图幅内所有整度数（1∶1 000 000）或半度数（1∶500 000）经线和纬线。在经线、纬线上分别标绘经度、纬度刻划。1∶1 000 000 比例尺下每 30'绘一长刻划，每 10'绘一中刻划，每 1'绘一短刻划；1∶500 000

比例尺下每 15'绘一长刻划，每 10'绘一中刻划，每 1'绘一短刻划。应在图中每条经线和纬线两端标注经度、纬度值。如果经线、纬线较长，应在中间适当位置加注经度、纬度值，如图 3-92 所示。

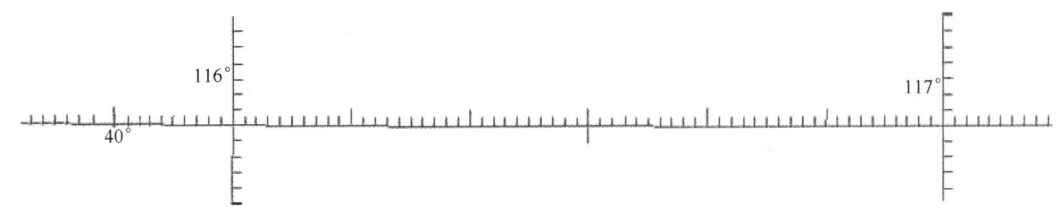

图 3-92　经纬网格

（2）地貌。

① 采用等高线、等高值、高程值和分层设色法标绘地貌。

② 等高线的选择方法：应当以充分描绘地形地貌、便于飞行人员辨识的原则选择等高线。通常，将机场标高之上的下一个百米等高线作为第一条等高线，在此基础上，选择图幅范围内的其他等高线，公布等高线原则上不超过 3 层，等高距应以规则的间隔表现出高程变化情况。如果机场位于山顶，可能需要标绘出低于机场标高的等高线。

③ 等高线应有一套等高值。等高值应系统地、阶梯性地放置在每条等高线上，字头朝向高处，便于使用者的判读。

④ 分层设色方法：用 5%、15%、25%的黑色，从低到高填充两条等高线之间的封闭区域。

⑤ 标绘地形中的高程点，注记高程值。原则上，选取 30'经纬网格中最高高程点。

地貌标绘方法如图 3-93 所示。

（3）人文地物要素。应标绘区域图范围内居民地的外形轮廓，并标注城市名称。应当绘制图幅范围内其他主要城市的轮廓，仅在市级以上的居民地轮廓线外标注城市名称。

（4）水文地理要素。应当绘制图幅内的主要水文地理要素，尤其是那些具有明显地标作用或机场周边对飞行员具有领航参考价值的水域，包括常年湖泊、河流、运河、水库等，通常不标注其名称，如图 3-94 所示。

图 3-93　地貌标绘方法　　　　图 3-94　水文地理要素

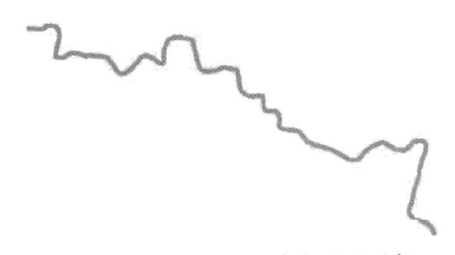

（5）限制空域。

① 标绘图幅范围内的禁区、限制区和危险区，并注明其识别名称、高度上下限和限制时间。

② 识别名称表示方式为"{所属情报区四字代码的首两位字母}{空域属性}{序号}"。空域属性用大写英文字母 P、R、D 分别代表禁区、限制区、危险区，序号为三位数的阿拉伯数字。在识别名称下注明限制空域高度下限和上限、限制时间。

③ 应用蓝色实线标绘空域边界范围，内侧标绘浅蓝色阴影，如图 3-95 所示。

（6）图框内衔接重要点名称。在区域图图框内航路航线被图框截断处标注衔接重要点名称，如图 3-96 所示。

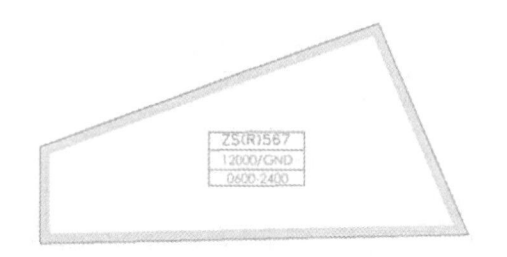

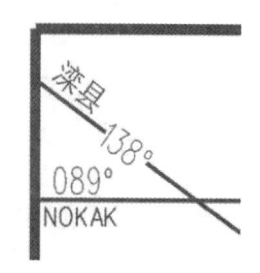

图 3-95　限制空域　　　　　图 3-96　图框内衔接重要点名称

本节复习题

单项选择题

1．航路图中的磁差用（　　）表示。

　　A．磁差值　　　　B．等磁差线　　　　C．箭头符号　　　　D．文字说明

2．关于航路图中的方位、航迹和径向方位，下列说法正确的是（　　）。

　　A．除高纬度地区外，方位、航迹和径向方位应以磁北为基准

　　B．除高纬度地区外，方位和航迹应以磁北为基准，径向方位应以真北为基准

　　C．除高纬度地区外，方位应以真北为基准，航迹和径向方位应以磁北为基准

　　D．除高纬度地区外，方位、航迹和径向方位应以真北为基准

3．航路图上标注的距离应分为（　　）的距离和（　　）的距离。

　　A．位置报告点之间，两机场之间

　　B．两导航台之间，两航路交叉点之间

　　C．位置报告点之间或位置报告点与导航台之间，两导航台之间

　　D．两机场之间，两导航台之间

4．如果 ATS 航路或位置报告要求复杂，而不能在航路图上予以充分绘制，应提供（　　）。

　　A．标准仪表进场图　　　　　　　B．标准仪表离场

　　C．区域图　　　　　　　　　　　D．航空图

5．在一张区域图上，关于一台 DME 的信息是"IPDCH44X"，由此可知与 DME 相匹配的设备是（　　）。

　　A．ILS　　　　　B．VOR　　　　　C．NDB　　　　　D．另一 DME

6．下面关于区域图的覆盖范围的说法正确的是（　　）。

　　A．区域图的覆盖范围没有具体要求

B．每张区域图必须延伸到能有效地标出进离场航路的各点

C．每张区域图只需延伸到能有效地标出进场航路的各点

D．每张区域图只需延伸到能有效地标出离场航路的各点

7．航路图中每个航段上应标注航路代号、磁航线角、（　　　）。

A．距离和最低安全高度　　　　　B．航向和距离

C．距离和气压　　　　　　　　　D．气压和航向

8．航路上没有设置导航设施的重要点（位置报告点、转弯点）应标注（　　　）和（　　　）。

A．名称，高度　　　　　　　　　B．名称代码，地理坐标

C．地名，离机场距离　　　　　　D．名称，气压平均值

9．航路图中导航设施的符号旁应标注电台名称、代号、（　　　）。

A．频率和方位　　　　　　　　　B．字母和坐标

C．名称和位置　　　　　　　　　D．频率和地理坐标

10．在一个国家的陆地和领海上空，禁止航空器飞行而划定的空域称为（　　　）；根据某些规定条件限制航空器飞行而划定的空域称为（　　　）。

A．安全区，保护区　　　　　　　B．限制区，禁区

C．保护区，安全区　　　　　　　D．禁区，限制区

11．航路图中描绘的地形资料只有（　　　）。

A．大陆、岛屿、村庄

B．海岸线、湖泊河流和经纬网格组成的长方形中标记的区域最低安全高度

C．海岸线、农田、城市

D．国家、大洲、大洋

12．航路图上标注的航路最低安全高度为（　　　）。

A．在高原和山区为航路中心线两侧各 25 千米内最高障碍物标高加 600 米，在其他地区为航路中心线两侧各 25 千米内最高障碍物标高加 400 米

B．在高原和山区为航路中心线两侧各 25 千米内最高障碍物标高加 600 米，在其他地区为航路中心线两侧各 25 千米内最高障碍物标高加 300 米

C．航路中心线两侧各 25 千米内最高障碍物标高加 300 米

D．航路中心线两侧各 25 千米内最高障碍物标高加 600 米

13．下面关于航路图的说法错误的一个是（　　　）。

A．向空勤组提供便于沿 ATS 航路飞行的资料

B．任何飞行区域都应提供航路图

C．须列入 AIP

D．可分别提供几张航路图

14．ICAO 对航路图比例尺的要求为（　　　）。

A．1∶3 000 000　　　　　　　　B．1∶5 000 000

C．1∶1 000 000　　　　　　　　D．没有规定统一比例尺

15．下列关于航路图的叙述错误的是（　　　）。

A．采用正形投影　　　　　　　　B．经纬度按适当间隔绘出

C．分度记号沿所选经纬线标出　　　　D．全球规定有统一的比例尺
16．FIR 是指（　　）。
    A．飞行情报区　　　　　　　　　　B．管制区
    C．管制地带　　　　　　　　　　　D．航站管制区域
17．下列关于航路图中的方位、航迹和径向方位的说法正确的是（　　）。
    A．方位、航迹和径向方位应为磁向
    B．方位和航迹应为磁向，径向方位应为真向
    C．方位应为真向，航迹和径向方位应为磁向
    D．方位、航迹和径向方位均应为真向
18．禁区的识别标志为（　　）。
    A．P　　　　　　B．R　　　　　　C．D
19．危险区的识别标志为（　　）。
    A．P　　　　　　B．R　　　　　　C．D
20．限制区的识别标志为（　　）。
    A．P　　　　　　B．R　　　　　　C．D
21．我国航路图中军用机场的符号是（　　）。
    A．◎　　　　　B．○　　　　　C．✡　　　　　D．⊙
22．在航路图中强制报告点的符号是（　　）。
    A．△　　　　　B．▲　　　　　C．●　　　　　D．★
23．某区域网格标注的最低安全高度为"118"，其真实值是（　　）。
    A．118 英尺　　B．118 米　　C．1 180 英尺　　D．1 180 米
24．目视航线的符号是（　　）。
    A．……　　　　B．——　　　　C．-··-··
25．在航路图中，某特殊空域的标识为"ZG（R）51"，这是指（　　）。
    A．兰州情报区第 51 号训练区　　　　B．沈阳情报区第 51 号危险区
    C．广州情报区第 51 号限制区　　　　D．昆明情报区第 51 号禁区

第六节　标准仪表离场图

标准仪表离场（Standard Instrument Departure，SID）程序是在进行 IFR 飞行的航空器从跑道起飞后使用的飞行程序。一条跑道通常有多个离场程序，不过这些程序都有共同点：开始于跑道起飞的末端，经过一些无线电导航台和定位点，结束于航路上的某个定位点和导航台。按照正确的离场程序飞行，可以简化 ATC 指令，避免通信拥挤，满足超障要求。在有些情况下，还可以减少油耗并降低噪声。

标准仪表离场图（通常也以 SID 作为标准仪表离场图的英文简写）可以向机组提供资料，使其能够从起飞阶段到航路阶段遵守规定的标准仪表离场航路飞行。凡已建立标准仪表离场航线但又不能在区域图中清楚标绘的，必须绘制标准仪表离场图。

一、标准仪表离场图绘制要求

（1）通常采用 1∶200 000～1∶1 000 000 比例尺，如不按比例尺绘图，应在图上注明"不按比例"（NOT TO SCALE）字样。

（2）一个机场的标准仪表进场图和标准仪表离场图必须同时设计，同时公布、生效。

（3）图幅尺寸为 A5，尽量减少与离场航线无关的资料，降低图幅的负载量。

二、标准仪表离场图分幅要求

2021 年 9 月 9 日 0 时 27 分，伴随着国航 CA6252 次航班首次使用长春机场 PBN 飞行程序起飞离场，标志着长春机场新进离场航线分离 PBN 飞行程序开始运行。至此，长春机场由原来进离场航线进出混用的"单车道"变革为进出港独立通行的"双车道"，机场航班运行的"高速"时代全面开启。

机场进离场传统程序存在空域范围较小、进离场航线相互交叉等问题，严重制约了机场航班流量和航班放行率，成为影响机场持续高质量发展的关键因素。为解决进离场航线单一、可用空域狭小及高密度航班量等问题，各机场正式启动进离场分离工作，机场原有的标准仪表离场图也需分幅发布，分幅要求如下。

（1）相同的离场航线终止点，按照不同跑道、不同运行方向分幅。

（2）将多个离场航线终止点作为一组，按照不同跑道、不同运行方向分幅。

（3）对一个或多个离场航线终止点，可将同一运行方向的不同跑道离场航线合并为一幅。

（4）当一个机场同一条跑道离场航线终止点/离场航线比较多时，可以按照离场终止点进行分幅。

三、标准仪表离场图布局

标准仪表离场图布局如图 3-97 所示。

标准仪表离场图包含标题栏及图廓内数据栏、平面图两大板块。

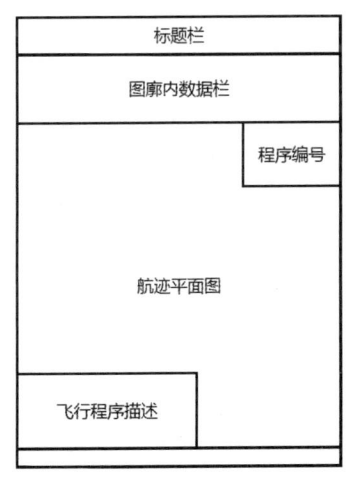

图 3-97 标准仪表离场图布局

1. 标题栏及图廓内数据栏

1）标题栏

如图 3-98 所示，标题栏从左到右分别是航图名称、机场四字/三字代码、磁差、机场标高、机场所在地名称/机场名称、适用跑道（离场点）。

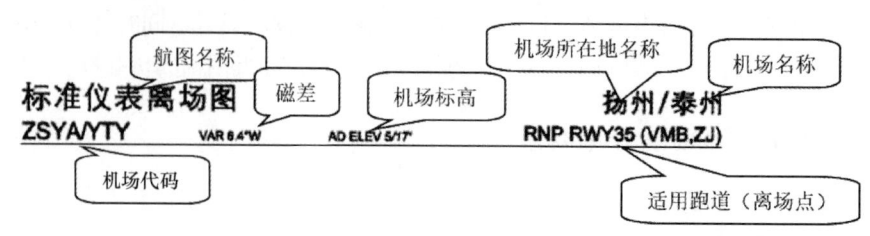

图 3-98　标题栏示例

2）图廓内数据栏

标题栏下包含通信频率（部分航图不含）、高度表拨正值和扇区最低安全高度等信息。在旧版的航图中，这些信息位于标题栏和平面图中，而新版的航图则将这些信息整合到平面图中，标绘在数据栏中。图廓内数据栏结构如图 3-99 所示。

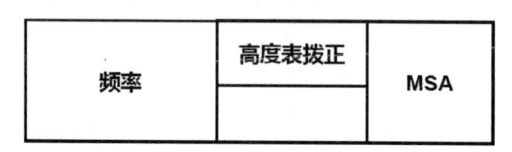

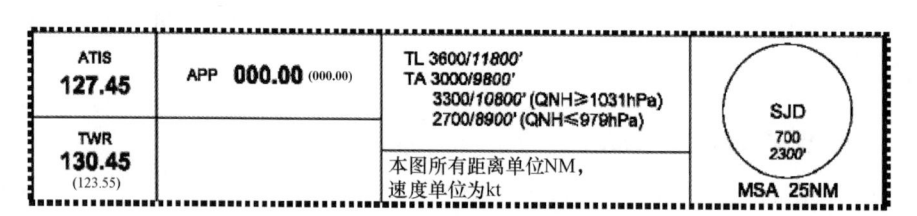

图 3-99　图廓内数据栏结构

（1）通信频率。图廓内数据栏会给出机场的通信频率。每个机场离场图的通信频率都不同，但一般都包括 ATIS 频率、塔台频率、进近频率。在图 3-99 中，该机场 ATIS 通信频率为 127.45MHz，塔台通信频率为 130.45MHz，备用频率为 123.55MHz，没有公布进近管制频率。有些机场根据不同的管制范围进一步划分了管制扇区，如塔台可以按跑道分为不同的扇区，进近也可以根据流量需求划分为不同的扇区。如果存在不同的扇区，会分别列出每个扇区的频率。当有些通信频率开放时间有时效性时，会在括号中给出时间限制。

（2）高度表拨正值。

① 过渡高度和过渡高度层。我国的标准仪表离场图中会给出过渡高度和过渡高度层。

过渡高度指的是一个特定的修正海压高度（Query Normal Height，QNH），飞机在过渡高度以下时，高度计拨正值为 QNH 值；飞机在过渡高度以上时，高度计拨正值为标准气压值，即 1 013.2 hPa（该气压值下的高度也叫 QNE 高度）、29.92 inHg 或 760 mmHg（主要用于俄制客机上）。

过渡高度层指的是过渡高度以上的最低飞行高度层，该高度层的基准面是标准海压，即QNE。过渡高度层和过渡高度之间的间隔叫作过渡夹层，该层随着QNH的变化而变化，通常为300~600米。

过渡高指的是场压（Query Field Elevation，QFE，机场标高点或跑道入口处气压）高度。通常当飞机在机场周围飞行时设置过渡高。

② 机场建立过渡高度和过渡高度层的原则。

- 过渡高度层高于过渡高度，且两者垂直距离至少为300米，但不应大于600米。
- 公布的过渡高度层一般不随气压的变化而调整，当气压变化到一定程度时，为了确保在气压变化很大的情况下，过渡夹层有安全合理的垂直空间，应相应地调整过渡高度。具体调整方法如下：当机场QNH小于979hPa（含）时，过渡高度应降低300米；当机场QNH大于1031hPa（含）时，过渡高度应提高300米。

如图3-100所示，该机场的过渡高度层随着气压值的变化而变化。当QNH≥980hPa时，过渡高度层为3 300米；当QNH<980hPa时，过渡高度层为3 600米。

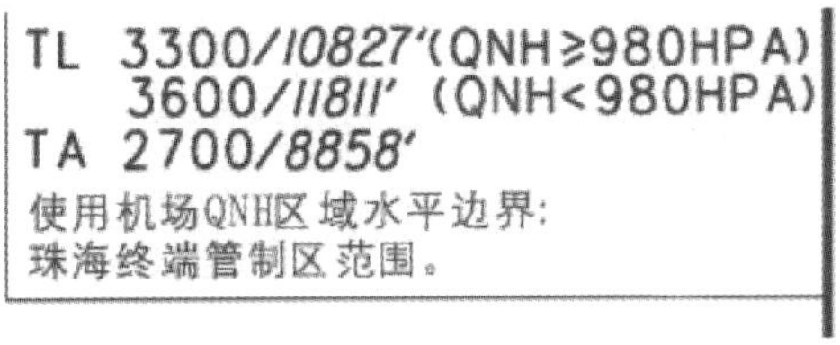

```
TL  3300/10827'(QNH≥980HPA)
    3600/11811' (QNH<980HPA)
TA  2700/8858'
使用机场QNH区域水平边界：
珠海终端管制区范围。
```

图3-100 过渡高度和过渡高度层的设置

- 过渡高度不得低于仪表进近程序的起始进近高度。
- 终端管制区的上限高度应尽可能与过渡高度一致，以便于管制调配。
- 当两个或两个以上机场之间距离较近，需要建立协调程序时，应建立共同的过渡高度和过渡高度层，共用的过渡高度和过渡高度层必须是这些机场规划的过渡高度和过渡高度层中最高的。

③ 机场过渡高度和过渡高度层的设立与机场的标高有密切的关系。

- 机场标高在1 200米（含）以下，过渡高度定为3 000米，过渡高度层定为3 600米。
- 机场标高在1 200~2 400米（含），过渡高度定为4 200米，过渡高度层定为4 800米。
- 机场标高在2 400米以上，过渡高度和过渡高度层根据飞行程序设计和ATC的需要建立。

④ 高度表拨正程序。过渡高度和过渡高度层主要引导飞行员在离场过程中进行高度表拨正。中国民航规章91部《一般运行和飞行规则》第91.121条规定了高度表拨正程序，具体如下。

- 规定过渡高度和过渡高度层的机场。航空器起飞前，应当将机场QNH的数值对正航空器上气压高度表的固定指标；航空器起飞后，上升到过渡高度时，应当将航空器上气压高度表的气压刻度1 013.2 hPa对正固定指标；航空器着陆前，下降到过渡高度层时，应当将机场QNH的数值对正航空器上气压高度表的固定指标。
- 规定过渡高和过渡高度层的机场。航空器起飞前，应当将机场QFE的数值对正航空器上气压高度表的固定指标；航空器起飞后，上升到过渡高时，应当将航空器上气压高度表的气压刻度1 013.2hPa对正固定指标；航空器降落前，下降到过渡高度层时，应当将机场 QFE 的数值对正航空器上气压高度表的固定指标。
- 在没有规定过渡高度或过渡高和过渡高度层的机场。航空器起飞前，应当将机场 QFE 的数值对正航空器上气压高度表的固定指标；航空器起飞后，上升到 600 米高时，应当将航空器上气压高度表的气压刻度 1013.2hPa 对正固定指标；航空器降落前，进入机场区域边界或根据机场 ATC 工作人员的指示，将机场 QFE 的数值对正航空器上气压高度表的固定指标。
- 高原机场。航空器起飞前，当航空器上气压高度表的气压刻度不能调整到机场 QFE 的数值时，应当将气压高度表的气压刻度 1 013.2hPa 对正固定指标（此时高度表所指的高度为假定零点高度）；航空器降落前，如果航空器上气压高度表的气压刻度不能调整到机场 QFE 的数值，应当按照着陆机场 ATC 通知的假定零点高度（航空器接地时高度表所指示的高度）进行着陆。

（3）扇区最低安全高度。在数据框右侧给出了离场过程中扇区最低安全高度。扇区通常是以某个导航台为圆心，以 25 海里为半径构成的圆。当各扇区的高度有明显差异时，用指向扇区中心点的方位线划分为多个扇区，分别公布各扇区的最低安全高度。扇区最低安全高度提供在各扇区内飞行的超障余度，当航空器遇到紧急情况或目视盘旋进近时应参照各扇区的最低安全高度。

扇区最低安全高度的中心点视进近类别而定。一般情况下，NDB 进近的中心点为 NDB 台；ILS 和 ILS DME 进近的中心点为航向台；VOR 和 VOR DME 进近的中心点为 VOR 台；GPS 进近的中心点在着陆跑道的入口。

扇区最低安全高度通常可以通过以下公式计算得出：

$$扇区最低安全高度=该扇区内最高障碍物的标高+超障余度$$

扇区最低安全高度数值是整百，以 50 向上取整。在我国，平原机场最小超障余度为 300 米，山区机场最小超障余度为 300～600 米。

2．平面图

在平面图中，飞行员可以从各种离场程序中找到离场航线、航向、经过的航路点、爬升梯度、限高等信息。

1）离场航线

对每条离场程序飞行航迹的描述是平面图中最关键的信息，是飞行员实施离场程序的依据。离场航线的名称主要包括以下几个部分。

- 基本指示码：SID 程序结束或 STAR 程序开始的航路重要点的名称或代码。
- 有效指示码：数字 1～9。
- 航路指示码（需要时）：必须使用一个字母，除 I、O 外，一般英文字母 D 表示离场，A 表示进场。

如图 3-101 所示，离场航线名称 DHN-01D，其中"DHN"表示该离场程序终止点，"D"表示一条离场程序，"01"表示这是终止于 DHN 导航台的第一条离场程序。

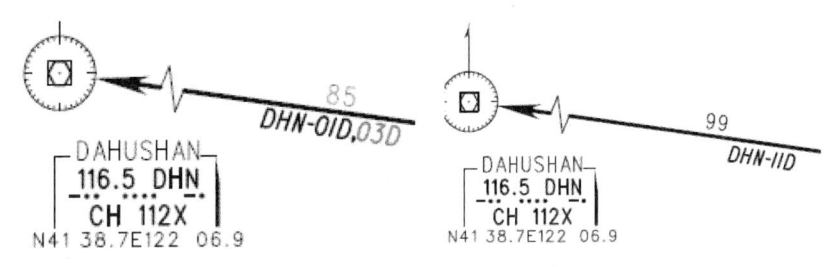

图 3-101 离场航线名称示意

离场图中的航线一般会以带箭头的直线或曲线构成,分为 SID 航线、过渡航线和雷达引导线。

(1) SID 航线。SID 图中最常见的航线是 SID 线,通常用一条带箭头的黑色粗实线表示。当一张离场图中有多条 SID 线时,需要在这些实线旁边标注所属的离场程序。有关的航线信息还包括航线角、里程、高度、机型限制等。一般在离场航线的起始位置会注明磁航线角,在航线附近会标注该航段以海里为单位的里程信息。在某些航段或航线中的定位点对航空器的飞行高度有限制,会注明以米和英尺为单位的高度要求。如果离场程序中某些航段对航空器的类型有限制,则会注明可以使用的航空器类型。

如图 3-102 所示,CDX-01D 离场航线,航空器从跑道起飞后,沿着 24°磁航线角进行爬升,爬升到定位点 D6.6CTU 后,沿 63°磁航线角进行离场飞行,从定位点 D15.0JTG 到 JTG 导航台的航段距离为 28 海里。在平面图中,航段距离都以海里为单位,速度限制的单位为节(kt)。

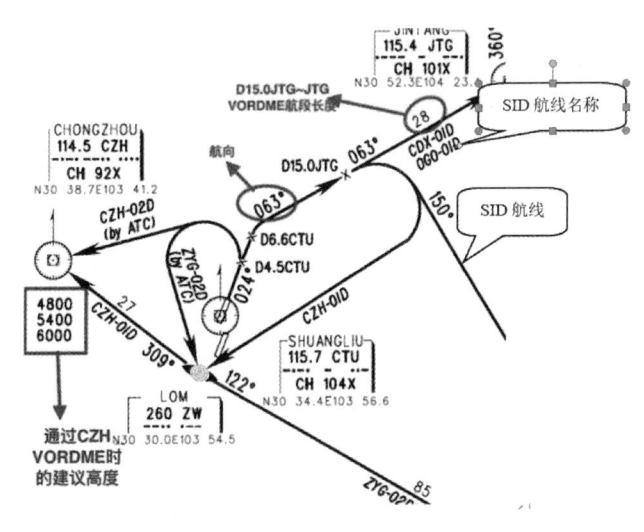

图 3-102 离场航线

(2) 过渡航线。部分离场程序结束后,会再由一个过渡程序与航路上的某个定位点和导航台相连,这些程序航线用带箭头的粗体黑色虚线表示。北美地区的航图包含较多的过渡程序,其他地区则很少见。过渡程序的起点为离场程序的终点,终点是航路上的某个定位点或导航台。这类程序通常分两种,一种是直线过渡程序,另一种则是沿着 DME 弧线进行过渡的程序。过渡程序也需要和离场程序一样进行命名。

(3) 雷达引导线。离场程序结束后,如果需要继续使用雷达来引导飞行,需要在平面图中用一串黑色的箭头来表示，提示飞行员可以获得雷达引导，如图 3-103 所示。

▶▶▶▶▶▶

图 3-103　雷达引导线

2）离场程序编号及离场程序描述

航空器在离场过程中，需要按照管制员的指令进行离场，飞越每个导航台或报告点时都需要得到管制员的许可，管制员需要告知飞过报告点的高度等信息，飞行员与管制员需要不停地进行陆空对话，双方的工作负荷都很大。新版标准仪表离场图增加了离场程序编号和离场程序描述。航空器离场时，管制员只需要告知离场程序编号，飞行员就可以按照离场程序描述中的高度要求，一次飞过报告点的名称离场，大大减少了飞行员和管制员的通话频率，提高了运行效率，降低了工作负荷。

在如图 3-104 所示的标准仪表离场图中有 3 条离场程序，名称分别是 VMB-91D、VMB-93D 和 ZJ-91D。通常离场程序根据程序结束的航路点命名，在这个航路点之后，航空器就进入航路飞行。例如，VMB-91D 结束于 VMB 定位点。如果有多条离场程序终止于同一个定位点，那么就通过数字或字母来加以区分。从离场程序描述中可以看到，VMB-93D 离场程序的离场顺序是离场爬升到 1 300 英尺，过 YA105、PIMOL 定位点，最后经 VMB 离场。

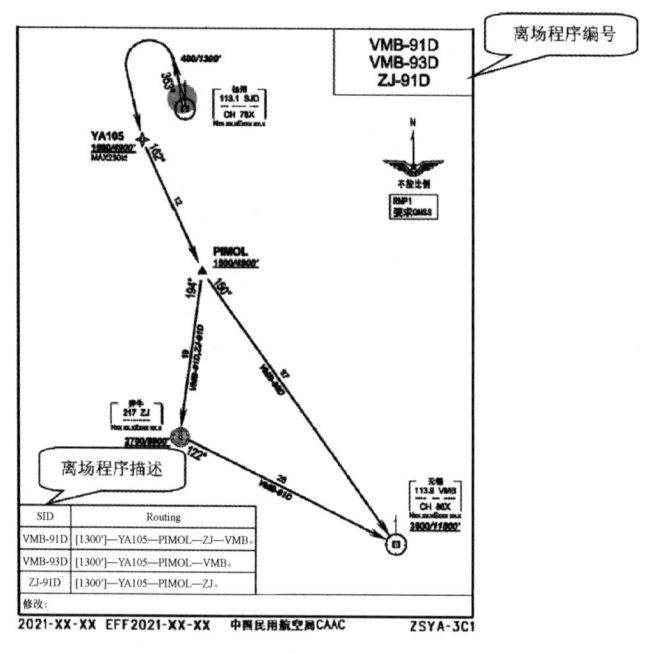

图 3-104　离场程序编号

3）导航设施及数据框

离场程序由一系列导航设施完成航迹引导，因此离场图中会绘制离场程序用到的导航设施，并给出相应的导航设施识别信息。各种导航设施及数据框的组成、工作原理等详细信息在前文已经介绍过，图例如表 3-7 所示。

表 3-7　标准仪表离场图导航设施及数据框图例

序号	导航台名称	导航台图例	序号	导航台名称	导航台图例
1	甚高频全向信标台（VOR）	平面图	5	VOR 和 DME 合装台	平面图
2	无方向性无线电信标台（NDB）	平面图	6	NDB 数据框 台名、频率（kHz）、识别标志 摩尔斯电码	小丹阳 440 ID
3	测距仪（DME）	平面图	7	DME 数据框 台名 频率（MHz）、识别标志 摩尔斯电码 测距频道	DME (110.3) IMI CH 40X
4	VOR/DME 数据框 台名 频率（MHz）、识别标志 摩尔斯电码 测距频道	禄口 113.6 NJL CH 83X			

4）定位点

定位点是指利用一个或一个以上的导航设备来确定航空器位置的地理位置点。离场航线上设置的定位点能帮助飞行员检查飞行的航径是否正确。离场图中的定位点有三种：位置报告点、转弯点（里程分段点）、区域导航航路点。位置报告点和区域导航航路点的分类、图例与航路图一样。转弯点一般位于转弯的位置或有高度限制的位置。标准仪表离场图中出现的定位点图例如表 3-8 所示。

表 3-8　定位点图例

序号	定位点名称	定位点图例	序号	定位点名称	定位点图例
1	飞越点	⊕	4	强制报告点	▲
2	旁切点	✦	5	非强制报告点	△
3	定位点	平面图　剖面图			

定位点的定位方式有飞越导航台、双台交叉定位、雷达定位三种。飞越导航台定位是将导航台直接作为一个定位点，飞行员可以根据仪表显示来判断航空器是否过台，从而确定航空器的位置。当航空器在正上方飞越 VOR 台时，水平状态指示仪的 Flag 指示由"To"变为"Off"，飞越台后变为"From"；当向台飞行的航空器飞越 NDB 台时，ADF 的指针会在极短的时间内翻转 180°。双台交叉定位是采用两种导航台的导航信号进行交叉定位。雷达定位是通过雷达屏幕对航空器进行定位。本节详细介绍双台交叉定位。

双台交叉定位是指在飞行中通过测定的两条无线电位置线相交来确定航空器位置。交叉定位常用的定位方式包括 VOR/VOR、VOR/DME、NDB/NDB 等，应尽可能采用相同的导航系统来定位。只有当不能采用相同的导航系统定位时，才使用混合定位，如利用 NDB 台的方位线和 VOR 的径向线交叉定位。定位点符号旁会标注相应的定位方式，不同导航系统的定位信息表示方法不一样。

（1）VOR 径向线：用"R{径向线角度}{VOR 识别标志}"表示定位时利用了 VOR 的一条径向线，表示方法如图 3-105 所示。

（2）DME 弧定位：用"D{DME 距离数}"表示定位时利用了一条距 DME 台某一距离的 DME 弧。

（3）NDB 定位：用"{NDB 识别标志}{方位线角度}"表示定位时利用了 NDB 的一条定位线。定位信息是通过定位线给出的，定位线用带箭头的虚线表示，表示方法如图 3-106 所示。

图 3-105　VOR 径向线　　　　图 3-106　NDB 方位线

从图 3-105 可以看出，对于基于 VOR 径向线确定的交叉定位点，在标准仪表离场图上用带箭头的虚线来表示，该箭头从 VOR 台指向交叉定位点。交叉定位点由 VOR208°径向线定义。当用于确定交叉定位点的导航台不在航图上时，在给出 VOR 径向线或 NDB 方位线的同时，航图上还应该标明 VOR 或 NDB 导航台的频率、识别代码。在图 3-105 中，交叉定位点由不在航图上的 VOR 的 208°径向线定位，识别代码为 PEK，通信频率为 114.7MHz。

对于基于 NDB 方位线确定的交叉定位点，箭头从交叉定位点指向 NDB 台，同时要给出 NDB 台的识别代码。在图 3-106 中，交叉定位点用识别代码为 WF 的 28°方位线定义。

在图 3-107 中，P273 的定位点是由 VOR260°径向线和距离 NLG25.8 海里的 DME 弧交叉定位确定的；KIBAS 的定位点是由 VOR249°径向线和距离 NLG29.4 海里的 DME 弧交叉定位确定的。

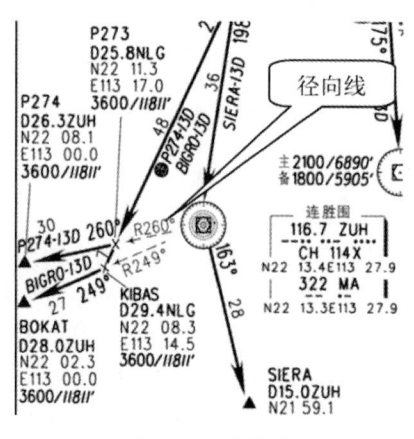

图 3-107　定位线

5）高度信息

标准仪表离场图中的高度信息对于正确执行飞行程序非常重要。高度信息即定位点高度。有时候 SID 程序对飞越定位点的高度有特殊要求，一种是不低于某一高度，另一种是最高高度。定位点高度表示方法如图 3-108 所示。

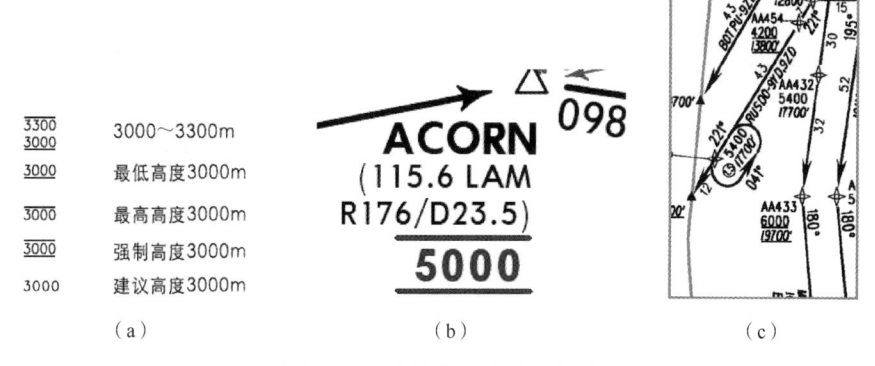

3300 3000	3000～3300m	
3000	最低高度3000m	
3000	最高高度3000m	
3000	强制高度3000m	
3000	建议高度3000m	

（a）　　　　　　　　（b）　　　　　　　（c）

图 3-108　定位点高度表示方法

图 3-108（a）是定位点高度信息表示方法图例；图 3-108（b）表示飞机过 ACORN 定位点时高度应保持在 5 000 英尺；图 3-108（c）中飞越区域导航航路点 AA433 的最低高度为 6 000 米。

6）爬升梯度

有些 SID 程序为了满足超障要求，对航空器的爬升梯度有特定的要求。除非特别说明，否则离场的最小爬升梯度为 3.3%。如果 3.3%的爬升梯度不能满足离场程序设计中超障余度的要求，则在标准仪表离场图的平面图部分会注明特定的爬升梯度。如图 3-109 所示，跑道旁边的 5.0%表示该航段（02R 跑道尾～D1.8CTU 定位点）的最小爬升梯度为 5.0%。在达到 SID 程序所要求的高度之前，必须保持这个爬升梯度，特别是遇到不利天气条件如颠、结冰时，按照要求的爬升梯度爬升就显得尤为重要。

7）机场

大多数情况下，一张标准仪表离场图只用于一个主要机场。在平面图中，主要机场用一块圆形阴影区域突出显示。在机场标志里绘制机场的跑道方向和相对长度，但注意机场跑道也和图中其他部分一样不按比例绘制。机场图例如图 3-110 所示。

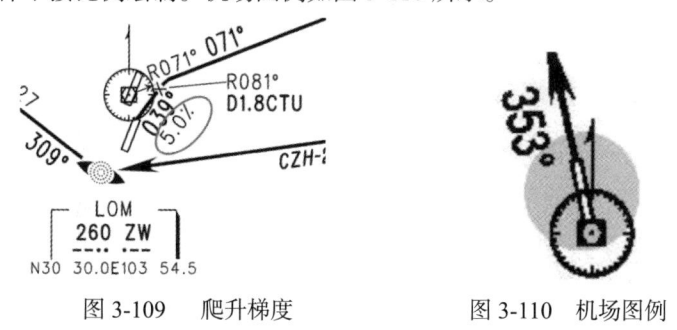

图 3-109　爬升梯度　　　　图 3-110　机场图例

有的主要机场附近还有其他机场，这些机场为次要机场或卫星机场，根据这些机场是军用机场还是民用机场，用不同的符号标绘出来（图例与航路图中机场的表示方法与主要机场一样）。

8）限制空域

如果标准仪表离场图制图范围内有限制空域，包括禁区、限制区、危险区，则图中会标绘出所有空域的范围、代码及时间限制。限制空域的表示方法与航路图一样。

四、标准仪表离场图图边信息

标准仪表离场图图边信息包括发布时间、生效时间、发布机构及航图索引编号。发布时间、生效时间的表示方法可以参考机场图（或障碍物 A 型图等）。

标准仪表离场图的航图索引编号由机场四字地名代码、数字 3 和 1 个英文字母组成，如图 3-111 所示。分幅时的航图编号应首先考虑进、离场程序类型，其次考虑进、离场程序方向和跑道运行方向。

（1）离场程序类型按 PBN 程序，航图在前，传统 VOR、NDB、目视程序依次编号。

（2）按离场程序方向，从磁北开始按顺时针分幅并编号。同一进、离场方向还需要分幅时，按跑道识别号从小到大的顺序编号。跑道识别号相同时，按左、中、右顺序编号。

（3）因程序调整，为新增的离场航线制图时，根据情况，可将其合并至现有航图中，或者单独制图并重新编号。

标准仪表离场图
ZSYA/YTY　　　　　　　　　　　　　　扬州/泰州

离场航线与航图对照表

PBN离场航线	跑道号	航图编号
VMB-92D & 94D, ZJ-92D	17	ZSYA-3B1
NIX & NOB-92D	17	ZSYA-3B2
VMB-91D & 93D, ZJ-91D	35	ZSYA-3C1
NIX & NOB-91D	35	ZSYA-3C2

传统离场航线	跑道号	航图编号
VMB-12D & 14D, ZJ-12D	17	ZSYA-3D1
NIXEM & NOBEM-12D	17	ZSYA-3D2
VMB-11D & 13D, ZJ-11D	35	ZSYA-3E1
NIXEM & NOBEM-11D	35	ZSYA-3E2

图 3-111　标准仪表离场图航图索引编号

五、连续爬升运行程序

目前，尽管我国民航业发展迅速，但空域运行效益不高，燃油消耗量巨大，尾气排放和噪声污染日益严重。随着公众的环保意识逐渐加强，如何在保证安全的前提下尽可能降低燃油消耗，减少尾气排放，缓解机场噪声，已经成为民航业亟待解决的问题。基于对民航业经济性和环保性的考虑，一种新的运行方式——连续爬升运行（Continuous Climb Operations，CCO）和连续下降运行（Continuous Descent Operations，CDO）由航空发达国家相继提出。

2013 年，中国民航局飞行标准司下发了连续下降最后进近的咨询通告。2016 年，广州白云机场完成了 CDO、CCO 飞行程序的设计、验证和试飞，并于当年 10 月投入运行。2018 年

3 月，昆明长水机场和北京首都机场均进行了 CCO/CDO 飞行程序验证试飞。据统计，这两个机场在试运行期间，在节能减排、消音降噪、缩减通话、简化操作和提高乘机舒适度等方面的成效较为显著。

CCO 是一项通过空域设计、仪表程序设计和空中交通管制简化措施来实现的航空器运行技术。CCO 是指通过设置最佳的速度、推力，以连续爬升的方式尽快获得初始巡航高度。运行期间，离场航空器通过利用最佳爬升发动机推力，尽量不受限制地连续爬升，直至达到初始巡航飞行高度，从而减少总的燃油消耗和尾气排放。

从图 3-112 可以看出，在常规的起飞离场过程中，ATC 会进行战术干预，以确保航空器的运行安全。ATC 提供速度、航向和临时高度命令，以确保空中交通的安全。同时，SID 和 STAR 程序定义了间隔要求，以利于 ATC 的工作。间隔要求的主要优势在于，它们为 ATC 提供了自由管理空中交通流量所需的灵活性，从而使跑道的吞吐量最大化，这对于最大限度地减少交通繁忙时段的延误非常有帮助。然而，当 ATC 干预解决冲突时，会导致燃油的消耗，飞行时间、尾气排放和噪声值的增加。如果航空器可以使用 CCO，那么将减少 ATC 干预和对环境的影响。

CCO 的实施可以使航空器连续爬升，优化离场航线，并尽量减少对空中交通管制工作量的影响。通过定义新的 CCO 之间的最小距离，确保连续 CCO 之间的（起飞时间间隔）跑道距离足够大，使得在航路阶段之前，ATC 无须对其他 CCO 进行干预。

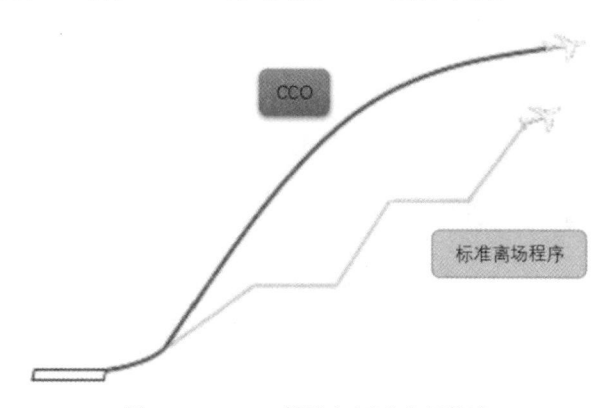

图 3-112　CCO 航迹与标准离场航迹

随着我国各大机场 CCO/CDO 程序的相继试运行，势必为我国民航人逐步积累一系列经验。在不久的将来，从民航主管部门到各航空公司、飞行程序设计人员、管制员、飞行员，再到我们每个人，都将体会到 CCO/CDO 程序带来的更加舒适的体验。

本节练习题

一、单项选择题

1. 标准仪表离场图可提供（　　　　）。

A．从起飞阶段至航路阶段的飞行资料　　B．从航路阶段至进近阶段的飞行资料

C．从走廊口至航路阶段的飞行资料　　D．从起飞离场终点到航路阶段的资料

2．在标准仪表离场图中，离场航线的代号用（　　）表示。
A．C　　　　　　B．D　　　　　　C．A　　　　　　D．E

3．标准仪表离场航线上应标注的资料包括离场航线代号、重要点及其间的距离、每个航段的航迹角或径向方位、（　　）。

A．沿航线的最低安全高度和过渡高度层的限制

B．沿航线的最低飞行高度和备用油量的限制

C．沿航线的最低飞行高度和过渡高度的限制

D．沿航线的最低飞行高度、过渡高度、过渡高度层的限制

4．下列关于标准仪表离场图的说法错误的是（　　）。

A．提供从起飞至航路阶段的资料

B．离场航路通常开始于跑道末端

C．离场航路通常结束于指定的一个重要点

D．离场航路的结束点必须是个电台

5．标准仪表离场图通常缩写为（　　）。
A．STAR　　　　B．SID　　　　C．IAC　　　　D．ENR

二、简答题

1．简述标准仪表离场图中的高度表拨正程序。

2．简述定位点的定位方式及表示方法。

3．简述什么是特殊离场航线 CCO。

第七节　标准仪表进场图

标准仪表进场图（Standard Terminal Arrival Route，STAR）和标准仪表离场图的结构几乎一致，因此本节以比较少的篇幅讲述标准仪表进场图。

标准仪表进场图具有与标准仪表离场图相反的功能，为航空器提供从航路阶段过渡到进近阶段的资料，使其能遵守规定的标准仪表进场航路飞行。从航路飞行过渡到机场终端区即为进场。和离场航线一样，机场需要对进场的航空器进行航线规划，以控制空中交通，减少 ATC 的工作量，压缩陆空对话时间，甚至降低燃油消耗。这些规划好的航线就是标准仪表进场航线，再经过组合就构成了标准仪表进场程序。

一般而言，标准仪表进场图以航路图上某个导航台或定位点作为起点，止于起始进近定位点，即仪表进近程序的起点。由此不难看出，标准仪表进场图程序的航线终点并不会指向跑道，而标准仪表离场图程序的航线起点是跑道末端。标准仪表进场图如图 3-113 所示。

从图 3-113 可以看出，标准仪表进场图的要求、布局、图中要素的图例、通信程序、高度表拨正程序、MSA 等航空要素均与标准仪表离场图一致，以下将对其与标准仪表离场图不一致的地方进行详细介绍。

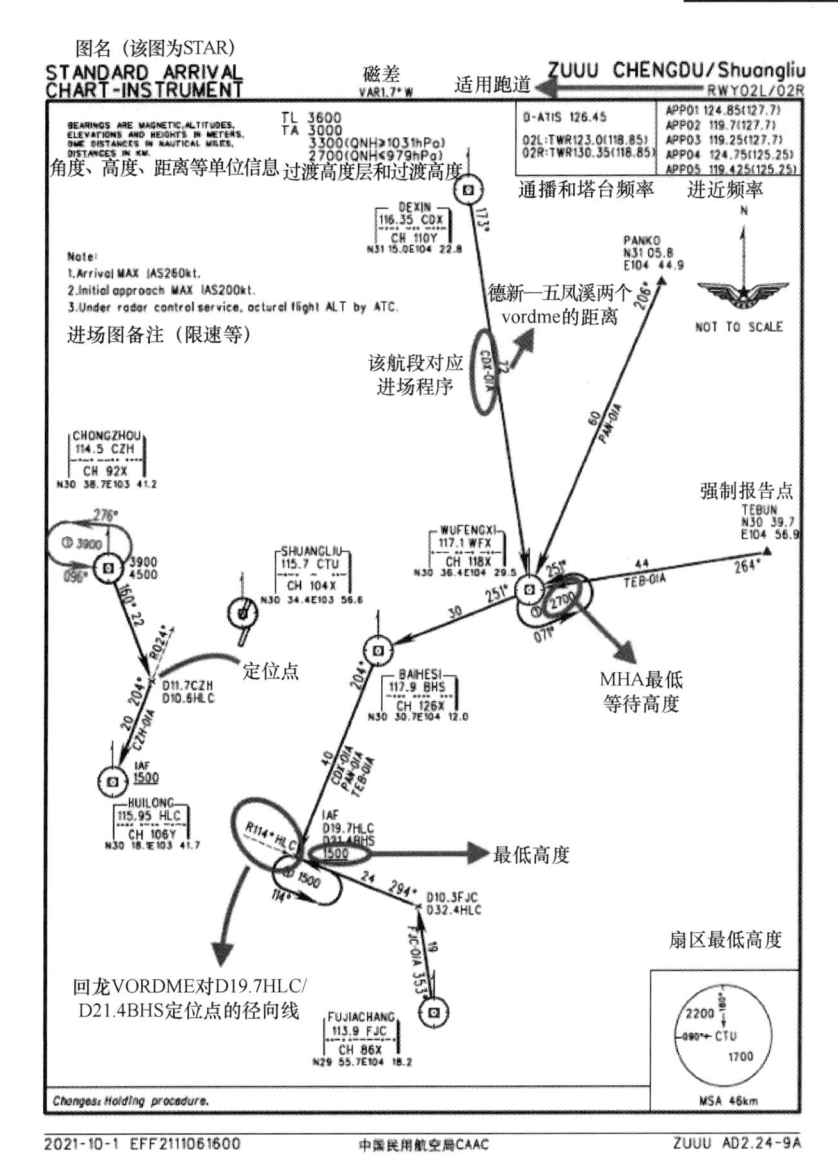

图 3-113 标准仪表进场图

一、标准仪表进场图分幅要求

标准仪表进场图分幅要求如下。
（1）相同的进场航线起始点，按照不同跑道、不同运行方向分幅。
（2）将多个进场航线起始点作为一组，按照不同跑道、不同运行方向分幅。
（3）在标准仪表进场图中，两个或两个以上进场航线起始点，由于具有相对一致的进场总体方向（东、南、西、北），因此作为一组，按照不同的运行方向分幅。

二、标准仪表进场图航图索引编号

标准仪表进场图航图索引编号由机场四字地名代码、数字4和1个英文字母组成。分幅时的航图编号应首先考虑进、离场程序类型，其次考虑进、离场程序方向和跑道运行方向。

（1）进场程序类型按 PBN 程序，航图在前，传统 VOR、NDB、目视程序依次编号。

（2）按进场程序方向，从磁北开始按顺时针分幅并编号。同一进、离场方向还需要分幅时，按跑道识别号从小到大的顺序编号，跑道识别号相同时按左、中、右顺序编号。

（3）因程序调整，为新增的进场航线制图时，根据情况，可将其合并至现有航图中，或者单独制图并重新编号。

标准仪表进场图航图索引编号如图 3-114 所示。

标准仪表进场图
ZSYA/YTY   扬州/泰州

进场航线与航图对照表		
PBN 进场航线	跑道号	航图编号
VMB-92A & 94A, ZJ-92A	17	ZSYA-4B1
NIX & NOB-92A		ZSYA-4B2
VMB-91A & 93A, ZJ-91A	35	ZSYA-4C1
NIX & NOB-91A		ZSYA-4C2
传统进场航线	跑道号	航图编号
VMB-01A & 03A, ZJ-01A	17	ZSYA-4D1
NIXEM & NOBEM-01A		ZSYA-4D2
VMB-02A & 04A, ZJ-02A	35	ZSYA-4E1
NIXEM & NOBEM-02A		ZSYA-4E2

图 3-114　标准仪表进场图航图索引编号

三、连续下降运行

全球民航业的高速发展使得当前运行的传统梯级下降程序已经不能满足安全性、经济性、环保性和舒适性等方面的要求。在此背景下，人们提出了 CDO。国外对连续下降进近的理论研究和验证飞行已经进行了多年，特别是 21 世纪初以来，民航发达国家开展了一系列验证飞行，以证明 CDO 的可行性、优越性。

目前，我国有关 CDO 的研究尚处于摸索阶段，开展了部分理论探索，民航行业主管部门一直关注 CDO 发展的最新动态，支持我国 CDO 运行的基础研究。2008 年，民航局飞行标准司开展了 CDO 类型、飞行方法及飞行程序设计的初步研究。2009 年，民航局飞行标准司在上海召开了非精密进近持续稳定下降技术培训研讨会。2010 年，民航局空管局立项，南京航空航天大学承担了"持续下降进近程序空管运行技术研究"的攻关项目。2013 年，民航局华北管理局组织召开研讨会，交流非精密进近连续下降最后进近飞行方法的理论原理和应用程序等。

CDO 是指在完善的空域规划、适当的程序设计，以及在 ATC 保证终端区交通容量的情况下，使处于低推力或低阻力配置状态的发动机使用最优的连续下降路径，在建立仪表精密进近的同时，达到降低燃料消耗、减少尾气排放、减轻飞行员操作负荷的目的的一项航空器运行技术。

传统梯级下降是通过在机场净空设置梯级下降定位点使飞行员在进近阶段多次调整航空器的高度、推力及俯仰姿态进行进近的航空器运行技术。传统梯级下降与 CDO 的剖面图对比如图 3-115 所示。

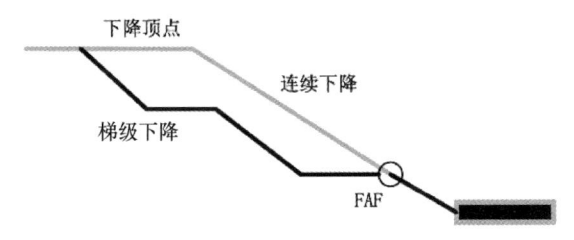

图 3-115　传统梯级下降与 CDO 的剖面图对比

由图 3-115 可知，相较于传统梯级下降，CDO 在安全性、经济性、环保性、舒适性等方面有明显优势，具体如下。

（1）在最后进近阶段，由于发动机处于小推力或怠速状态，传统梯级下降模式以较大的下降率进近，此种模式下可控飞行撞地事故的发生率远高于 CDO。

（2）在传统梯级下降模式下，航空器需要在较长时间内处于最低下降高度，间接降低了其安全性；而 CDO 则为航空器提供了较大的超障余度，有效地避免了这个问题。

（3）在传统梯级下降模式下，航空器运行至最后一个梯级下降定位点时，一般不能看到跑道，也不满足继续下降的目视参考条件，故只能持续平飞，直至能以正常的下降率下降；而 CDO 模式是以稳定的下降率下降的，更方便建立目视参考。

（4）使用传统梯级下降模式进近时，飞行员需要不断地调整高度，并密切关注发动机的推力状况；而 CDO 是以固定的下降率下降的，所以在减轻飞行员操作负荷的同时，也提高了乘客的舒适度。

（5）在传统梯级下降模式下，发动机推力的不断调整不仅会造成燃料燃烧不充分，直接导致经济性降低和污染物排放增加，而且加大了机场周围的噪声污染；CDO 则可有效地降低噪声污染并提高燃料效率。

除此之外，CDO 还有降低航空器发动机及相关设备的维修成本、便于管制员和飞行机组预测并控制航空器飞行性能等优势。

CDO 标准仪表进场图如图 3-116 所示。

从图 3-116 可以看出，在该标准仪表进场图中，CDO 适用于 01/02R/02L 跑道端区域导航进场，起始点为航路点 GG441，经航线 TATGA-1Z 下降到航路点 GG428，然后沿着磁航向 231°连续下降，经 CG603 后到达航路点 CG424，然后沿磁航向 193°进场。进场程序的终点为起始进近定位点 GG421，高度为 1 500 米，最大限速为 205kt。过 CG421 后按正常进近或正常接收 ATC 指令。

需要注意的是，发布了 CDO 标准仪表进场图以后，并不意味着在所有时间内都会采用 CDO 进场，一般都是在某些时段运行 CDO。是否运行 CDO 需要遵守管制员的指令，开始实施 CDO 后，管制员主要起到监视的作用。一旦 ATC 对执行 CDO 的航空器发布航向指令，则视为终止 CDO 程序。

航空情报服务

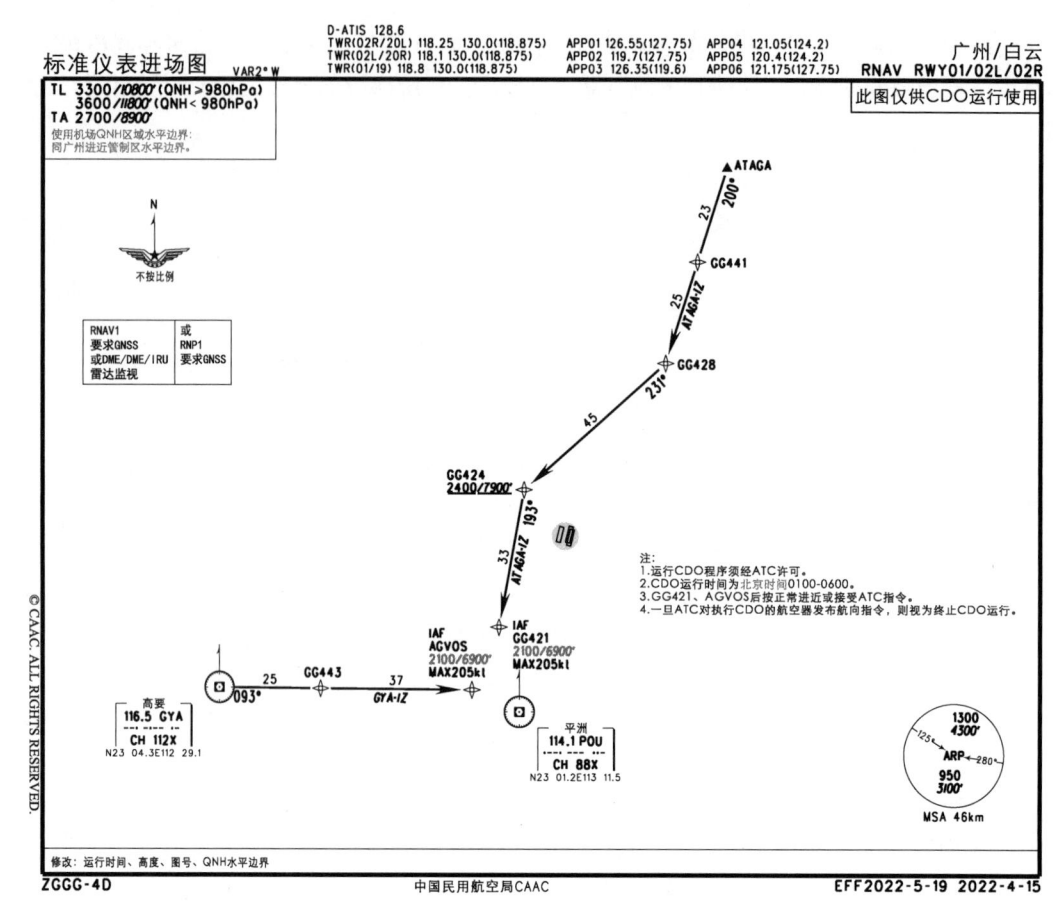

图 3-116 CDO 标准仪表进场图

本节练习题

一、单项选择题

1. 在标准仪表进场图中，进场航线的代号用（　　）表示。
   A. C　　　　　B. D　　　　　C. A　　　　　D. E
2. 标准仪表进场图可提供（　　）。
   A. 从起飞阶段至航路阶段的飞行资料　　B. 从航路阶段至进近阶段的飞行资料
   C. 从走廊口至航路阶段的飞行资料　　　D. 从起飞离场终点到航路阶段的资料
3. 标准仪表进场图通常缩写为（　　）。
   A. STAR　　　　B. SID　　　　C. IAC　　　　D. ENR

二、简答题

1. 简述标准仪表进场图的布局。
2. 简述 CDO 的基本概念及优势。

第八节　仪表进近图

一、仪表进近图概述

仪表进近图（Instrument Approach Chart）是向飞行机组提供的资料，是仪表进近程序和复飞程序的直观描述。

1. 仪表进近程序的结构

仪表进近程序是根据飞行仪表和对障碍物保持规定的超障余度所进行的一系列预定的机动飞行。这种机动飞行从起始进近定位点或规定的进场航路开始直至能完成着陆的一点为止；如果不能完成着陆，则飞至使用等待或航路飞行的超障准则的位置。每条仪表跑道上，依据导航设施的使用情况，公布一个或一个以上仪表进近程序，每个仪表进近程序通常由进场、起始进近、中间进近、最后进近和复飞 5 个航段组成。进场航段在标准仪表进场图中绘制，仪表进近图中主要描绘起始进近航段、中间进近航段、最后进近航段、复飞航段和等待航线。仪表进近程序的结构如图 3-117 所示。

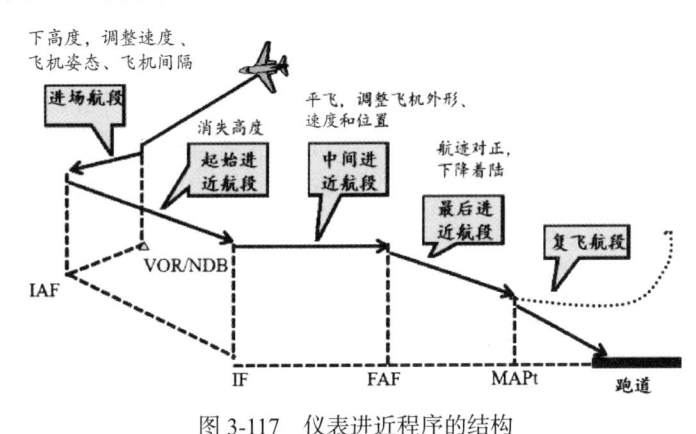

图 3-117　仪表进近程序的结构

从图 3-117 中可以看出各个进近航段的起始点和作用。

1）进场航段

进场航段是从航路飞行阶段下降过渡到起始进近定位点（以"IAF"标识）的航段，主要用于理顺航路与机场运行航线之间的关系，提高运行效益，维护空中交通秩序，保证空中交通流畅。

2）起始进近航段

起始进近航段是飞机开始进行进近的第一个航段。该航段起始于开始下降高度的起始进近定位点，终止于中间进近定位点（以"IF"标识）。这一阶段的主要作用是操纵飞机下降高度，完成对准中间进近航段。进近形式取决于具体的空中交通流向、机场区域内导航台的位置和净空条件。

3）中间进近航段

中间进近航段是从中间进近定位点到最后进近定位点/最后进近点（以"FAF/FAP"标识）的航段，它是起始进近到最后进近的过渡段，主要用于调整飞机外形、速度和位置，并稳定地在飞机上对准最后进近航迹，进入最后进近。

4）最后进近航段

最后进近航段是完成航迹对正和下降着陆的航段，是整个仪表进近程序的最关键阶段，包括仪表飞行和目视着陆两部分。仪表飞行部分从最后进近定位点/最后进近点开始，直到复飞点（以"MAPt"标识）或下降到决断高的一点为止；目视着陆部分从飞行员由仪表转入目视进近开始，直到进入跑道着陆为止。

5）复飞航段

复飞航段从复飞点或决断高度中断进近开始，到飞机爬升到可以做另一次进近或回到指定等待航线、重新开始航线飞行的高度为止。

在实施仪表进近之前，飞行员必须完整地预览仪表进近程序，目前各国的航空主管部门都将进近图预览推荐作为驾驶舱标准操作程序之一，能够明确进近程序和复飞程序的执行方法。同时仪表进近图也是进近管制、塔台管制及航空公司飞行签派放行中必不可少的一种航行资料。

2. 仪表进近程序的分类

按照飞行种类，可将仪表进近程序分为仪表进近和目视进近。在仪表进近中，又可以根据最后进近航段中导航设施是否能提供下滑道信息，将仪表进近程序分为精密进近和非精密进近两个分支程序。

1）精密进近程序

精密进近程序是指导航设备在最后航段提供航向和下滑道信息，飞行员因此可以根据下滑道数据来控制航空器的下滑速率，数据精确度高，因此得名"精密"。精密进近程序主要使用的导航设备有ILS、MLS、精密进近雷达（Precision Approach Radar，PAR）三类，其中ILS应用最普遍，本书也会围绕ILS进近展开叙述。我国大部分机场都安装了ILS，其中一类（CAT I）最常见。对于PAR，由于其被动性——飞行员需要通过管制员的指挥来控制下滑速率，我国不将其单独分为一种进近方式，仅作为辅助方式。而MLS由于造价高昂、维护费用高、普及程度低等原因，几乎不用。

2）非精密进近程序

非精密进近程序是指导航设备只提供航向信息，而没有下滑道信息，由于没有垂直数据，精度就比精密进近程序低得多。非精密进近主要有以下几类：VOR进近、NDB进近、LOC进近（ILS的下滑道信息不工作）和GPS进近（无下滑道信息，否则为GPS精密进近）。我国机场的非精密进近主要是VOR进近和NDB进近。

二、仪表进近图绘制要求

（1）供国际民用航空使用，并已由有关国家制定了仪表进近程序的全部机场，必须绘制仪表进近图。必须为每条着陆跑道单独设计仪表进近程序和单独绘制仪表进近图。

（2）根据程序中使用的导航设备和机场能降落的飞机类型，分别设计程序，绘制仪表进近图。

（3）如果航段完全相同，且在一张图上表示不会造成图面混乱而影响可读性，可以将其合并。精密进近程序和非精密进近程序之间不得相互合并。

（4）仪表进近图一般采用彩色印刷。使用蓝色表示水系，使用绿色表示区域最低高度，使用灰色表示地形、地物等地图要素，使用黑色表示航行要素。

（5）仪表进近图的覆盖范围一定要充分包括仪表进近程序的各个阶段及预订的进近方式可能需要的附加区域。

（6）图幅尺寸一般为A5，一般按照比例尺绘制，比例尺通常采用1∶250 000、1∶500 000两种。

三、仪表进近图布局

仪表进近图是仪表进近程序的直观图形表示，图中包括标题栏、进近简令数据栏、平面图、剖面图、着陆最低标准等内容。仪表进近图布局如图3-118和图3-119所示。

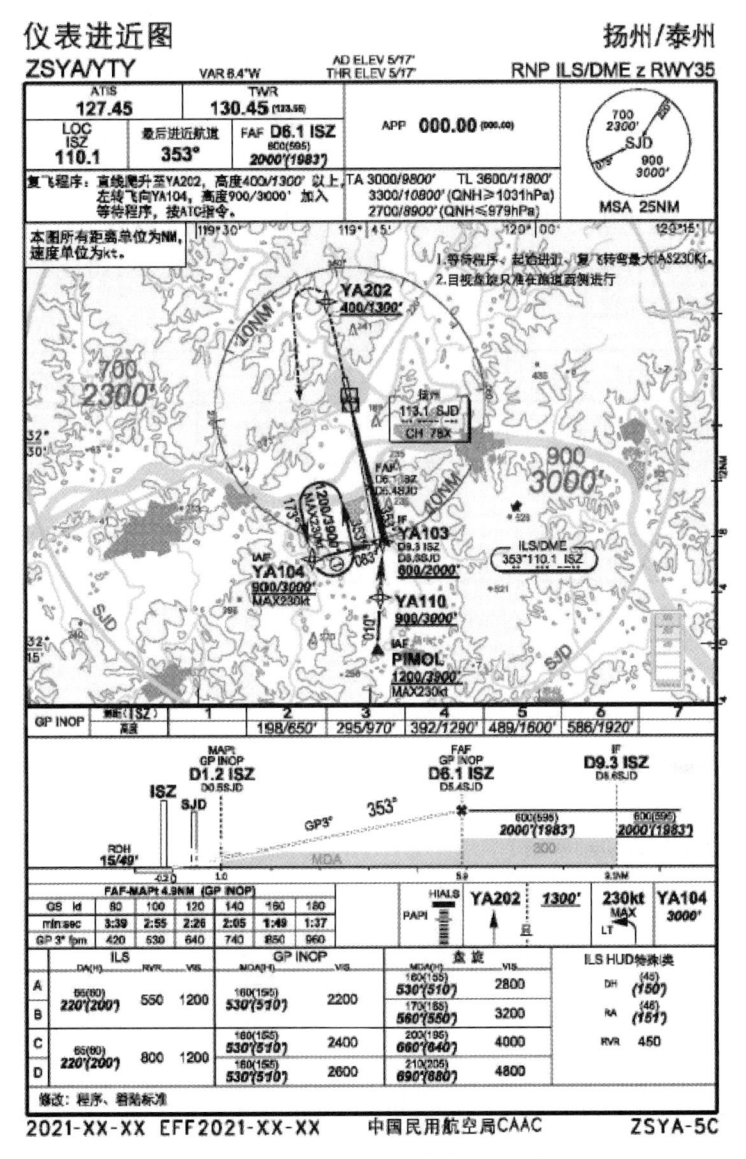

图3-118　泰州机场新版仪表进近图布局

```
┌─────────────────────┐
│      标题栏          │
├─────────────────────┤
│   进近简令数据栏      │
├─────────────────────┤
│                     │
│                     │
│       平面图         │
│                     │
│                     │
├─────────────────────┤
│       剖面图         │
├──────────┬──────────┤
│下降率对照表│ 复飞程序  │
├──────────┴──────────┤
│    着陆最低标准      │
└─────────────────────┘
```

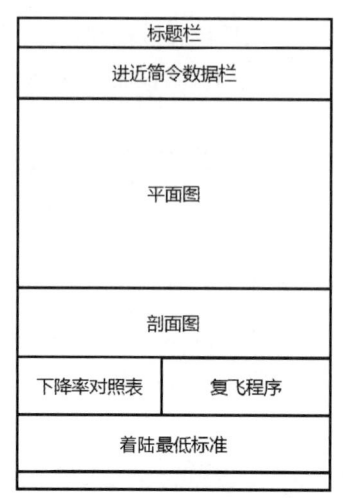

图 3-119　仪表进近图布局

1．标题栏

仪表进近图的标题栏从左到右的信息主要包括航图名称、机场代码、磁差、标高信息、机场所在城市名称、机场名称、进近程序标识及适用的跑道号，如图 3-120 所示。下面仅简单介绍标高信息和进近程序标识。

航图名称			城市/机场名称
机场四字代码/三字代码	磁差	标高信息	进近程序标识及适用的跑道号

仪表进近图			扬州/泰州
ZSYA/YTY	VAR 6.4°W	AD ELEV 5/17' THR ELEV 5/17'	RNP ILS/DME z RWY35

图 3-120　仪表进近图标题栏

1）标高信息

仪表进近图标题栏中应给出机场标高和跑道入口标高，使用米制和英制两种单位公布。如图 3-120 所示，泰州机场标高为 5 米/17 英尺，35 号跑道入口标高 5 米/17 英尺。

2）进近程序标识

进近程序标识采用提供最后进近航迹引导的导航设施来命名。图 3-120 中的进近程序标识的含义为：衔接 RNP 进场，起始进近阶段导航规范为 RNP1，后接 ILS/DME 进近。

由于某些航空电子系统只能装载一个相同进近类型的进近程序，按照 ICAO 的要求，同一机场同一跑道拥有两个及以上相同标识的进近程序，则应该在标识后面加一个字母后缀加以区分。在进近程序标识中，导航设备名称与跑道编号之间增加小写字母后缀，中间留有一个空格。后缀从字母 z 开始编起，下一个程序增加后缀 y、x……依此类推，如图 3-121 所示。

从图 3-121 可以看出，呼和浩特白塔机场既有 ILS/DME 进近程序，也有 RNAV ILS/DME 进近程序，因此需要加后缀加以区分。因为 08 号跑道常用 ILS/DME 进近程序，所以该程序使用后缀 z。

图 3-121 加入后缀的进近程序名称

2. 进近简令数据栏

作为实施仪表进近的飞行员，在仪表进近前必须通过着陆机场的 ATIS 广播了解有关着陆机场的天气、场面活动、通信、导航设施等情况，并且通过管制员指定计划使用的进近程序。机组人员应该在预览仪表进近图的基础上通过进近简令确保正确的无线电通信和导航频率，正确设置下降最低高度，并且明确仪表进近和复飞程序的执行方法。进近简令数据栏有以下三个作用。

- 让机组人员明白实施仪表进近的计划及各自的责任。
- 为机组人员提供补充进近计划中忽略的内容。
- 可以起到检查单的作用，确保输入正确的无线电通信、导航和各种限制数据。

进近简令数据栏包括以下数据：通信信息、最后进近主要导航设施、最后进近磁航道、最后进近定位信息、最低扇区高度、复飞程序说明和高度表拨正值，如图 3-122 所示。

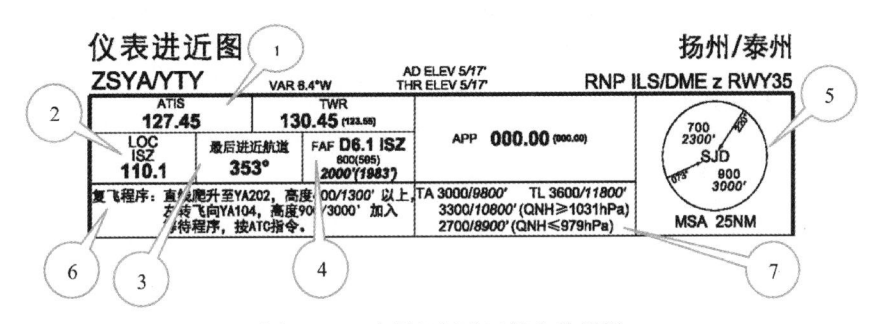

图 3-122 泰州机场进近简令数据栏

现将进近简令数据栏中的内容详细介绍如下。

1) 通信信息

通信频率按照进近时使用的顺序列出。如图 3-122 所示，泰州机场 ATIS 通信频率为 127.45MHz，塔台通信频率为 130.45MHz，备用频率为 123.55MHz。

2) 最后进近主要导航设施

该数据框要列出最后进近主要导航设施的类型、识别代码和频率。进近导航设施的类型主要包括 LOC、VOR、RNAV 和 GPS 等。如图 3-122 所示，泰州机场最后进近主要导航设施是 LOC，识别代码为 ISZ，通信频率为 110.1MHz。

3) 最后进近航道

该数据框中应列出最后进近航道的航线角，如果没有特殊说明，该航线角为磁航线角，最后进近航线角同时会在平面图和剖面图的航迹线旁标出。

4) 最后进近定位信息

该数据框应列出最后进近定位点的定位信息及高度要求。如图 3-122 所示，泰州机场最后进近定位点的定位方式为 D6.1 ISZ，即该点在 ISZ 的 353°径向线上，距 DME6.1 海里。程序要求经过最后进近定位点的高度不得低于 800 米。

5）最低扇区高度

该数据框标绘的是以某一定位点或导航台为中心，一定半径（未标数据时为 46 千米或 25 海里）内各扇区至少提供 300 米（1 000 英尺）超障余度的最低扇区高度。最低扇区高度提供了航空器起飞离场及终端区机动飞行时的一个最低安全高度。

如图 3-122 所示，泰州机场的扇区划分的中心点为 SJD，划分为 2 个扇区，扇区最低安全高度分别为 700 米（2 300 英尺）和 900 米（3 000 英尺）。

6）复飞程序说明

因为飞行员在进近简令中必须说明复飞方法，为方便飞行员使用，进近简令数据栏中应给出复飞程序的文字说明，并对复飞过程中的限制数据、注意事项予以说明。

7）高度表拨正值

该数据框中应列出高度表拨正值及其他一些进近附加要求，包括高度表拨正值的单位、过渡高度层、过渡高度数值等。

3. 平面图

平面图的内容主要包括比例尺、计量单位、地形地物、经纬度、机场、限制空域、最低扇区高度、仪表进近程序、导航设施、空域定位点、飞行航迹及其他说明。

仪表进近图的平面图符号总体上可以划分为以下几类。

- 比例尺、地形地貌和标高符号，包括不同地物的位置关系、等高线、标高点和人工建筑物等。
- 导航设施，包括导航台、指点标和导航设施识别框。
- 飞行航迹，包括进近与复飞航迹、进近过渡线、反向程序和等待程序。
- 空域定位点，包括无线电定位点、报告点、航路点和计算机导航定位点。

仪表进近图平面图如图 3-123 所示。

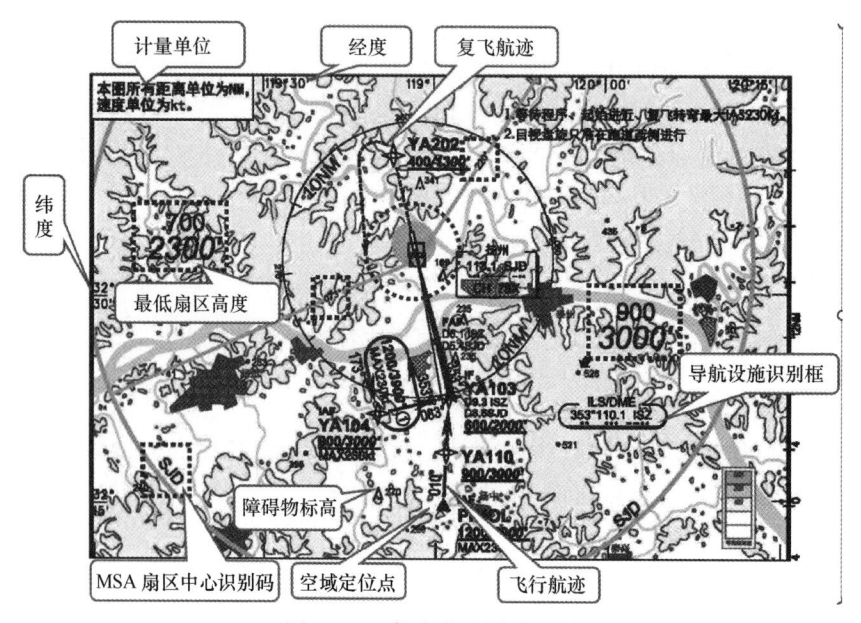

图 3-123　仪表进近图平面图

1）导航设施

仪表进近图平面图的导航设施包括 ILS、VOR、NDB、DME 等，图例如表 3-9 所示。

表 3-9　仪表进近图平面图导航设施图例

序号	导航台名称	导航台图例	序号	导航台名称	导航台图例
1	甚高频全向信标台（VOR）	平面图　剖面图	5	VOR 和 DME 合装台	平面图　剖面图
2	无方向性无线电信标台（NDB）	平面图　剖面图	6	指点标	平面图　剖面图
3	测距仪（DME）	平面图　剖面图	7	指点标和 NDB 在同一位置	平面图　剖面图
4	航向信标	平面图　剖面图	8	指点标和 VOR/DME 在同一位置	平面图　剖面图

因为 VOR、NDB 及 DME 在航路图中都有详细介绍，所以本部分只详细介绍 ILS，包括其组成和功能。

ILS 又译为仪器降落系统、盲降系统，是应用最广泛的飞机精密进近和着陆引导系统。它的作用是由地面发射的两束无线电信号实现航向道和下滑道指引，建立一条由跑道指向空中的虚拟路径，飞机通过机载接收设备，确定自己与该路径的相对位置，从而沿正确的方向飞向跑道并平稳下降高度，最终实现安全着陆。

因为 ILS 能在低天气标准或飞行员看不到任何目视参考的天气下引导航空器进近着陆，所以人们又把 ILS 称为盲降系统，即飞行员在肉眼无法看清机场跑道的情况下操控航班降落。

ILS 通常由一个 VHF 航向信标台、一个 UHF 下滑信标台和几个 VHF 指点标组成。航向信标台给出与跑道中心线对准的航向面，下滑信标给出仰角 2.5°~3.5°的下滑面，这两个面的交线就是 ILS 给出的飞机进近着陆的准确路线。指点标沿进近路线提供键控校准点，即距离跑道入口一定距离处的高度校验，以及距离入口的距离。

飞机从五边切入盲降时，首先搜索到航向信号并对准跑道飞行，同时根据航向信号选择下滑信号的频率。搜索到下滑信号时，飞行高度降为 2 500 英尺，根据下滑提供的信号进行下降角度的调整，之后在航向信号和下滑信号的共同作用下，以 3°左右的下滑角对准跑道中心线飞行。经过外指点标时，飞行高度降为 1 200 英尺。经过中指点标时，飞行高度降为 300 英尺。

从建立盲降到最后着陆阶段，若航空器低于盲降提供的下滑线，盲降系统就会发出告警。ILS 的组成如图 3-124 所示。

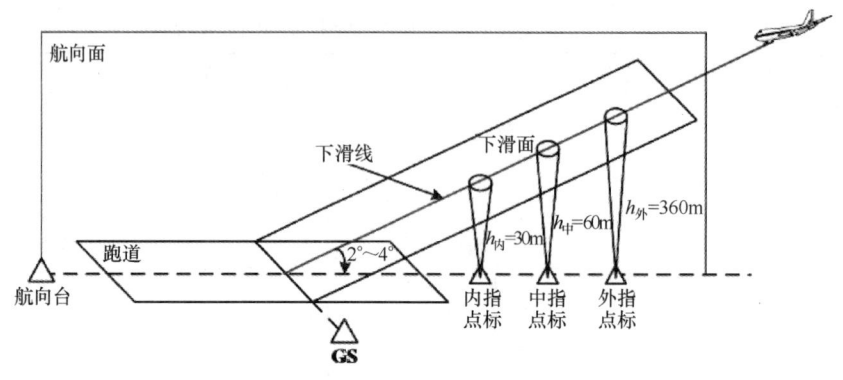

图 3-124　ILS 的组成

（1）航向台。航向台位于跑道进近方向的远端，由航向天线阵和航向设备组成，波束为角度很小的扇形，提供飞机相对于跑道的航向道（水平位置）指引。航向台天线一般安装在跑道末端的中心线延长线上，一般距离跑道末端 400～500 米，天线面向主降方向。

航向天线产生的辐射场在通过跑道中心延长线的垂直面形成航向面（也叫航向道）。航向信标就是用来给飞机提供偏离航向道的横向引导信号。机载航向接收机收到航向信号后经处理，输出飞机相对于航向道的偏离信号，加到驾驶仪表板上的水平姿态指示器的航向指针。若飞机在航道对准跑道中心线，则指针偏离指示为零；若飞机在航向道的左边或右边，航向指针就向右或向左，给飞行员提供"飞右"或"飞左"的指令。

航向信标之所以能够提供偏左或偏右的指令，其原理在于航线台天线发射两个等强度的无线电波束，称为航向信标波束。两个波束分布在沿跑道中线的两侧，使用两种调幅频率，左侧是 90Hz 调幅，右侧是 150Hz 调幅。当航空器的接收机接收到 90Hz 调幅的电波强于 150Hz 调幅的电波时，表明航空器在跑道的左侧，ILS 仪表指针指向右，需向右调整航空器。反之，当航空器的接收机接收到 150Hz 调幅的电波强于 90Hz 调幅的电波时，表明航空器在跑道的右侧，ILS 仪表指针指向左，需向左调整航空器。若接收到的两个电波强度相等，航空器上 ILS 仪表指针指在正中，说明航空器飞在跑道中线向上延伸的垂直平面上，航空器沿着该方向可准确地在跑道中线上着陆。航向信标波束如图 3-125 所示。

（2）下滑台。下滑台由下滑天线阵和下滑设备组成。下滑信标天线辐射的场型形成下滑面，下滑面与包含跑道中心线的水平面的夹角为 2°～4°，最佳下滑角为 3°。下滑信标就是用来给飞机提供偏离下滑面的垂直引导信号。机载下滑接收机收到下滑信号后经处理，输出相对于下滑面的偏离信号，加到驾驶舱仪表盘上的水平姿态指示器的下滑指示器。若飞机在下滑面上，下滑指针在中心零位；若飞机在下滑面的上方或下方，指针就会向下或向上给飞行员提供"飞下"或"飞上"的指令。　航向面与下滑面的交线定义为下滑道。飞机沿着这条交线着陆，就对准了跑道中心和规定的下滑角，在离跑道约 300 米处着陆。下滑台波束如图 3-126 所示。

下滑台的天线安装在跑道入口内的一侧（左侧），一般距离入口 250 米前后，与跑道中心线的横向距离为 150 米左右。下滑台的波束与信标台相似，下滑台天线发射两个等强度的无线电波束，两个波束分布在与地平面呈 3°的下滑道的上、下两侧，上侧是 90Hz 调幅，下侧是 150Hz

调幅。当航空器下降坡度高于下滑道时,若飞机的接收机接收到 90Hz 调幅的电波强于 150Hz 调幅的电波,ILS 仪表指针指向下,飞行员应使飞机下降高度。反之,若飞机的接收机接收到 150Hz 调幅的电波强于 90Hz 调幅的电波,表明飞机在跑道的右侧,ILS 仪表指针指向上,需向上调整飞机。若接收到的两个电波强度相等,飞机则保持正常的 3°坡度下降,可平稳地降落在跑道上。

图 3-125 航向信标波束

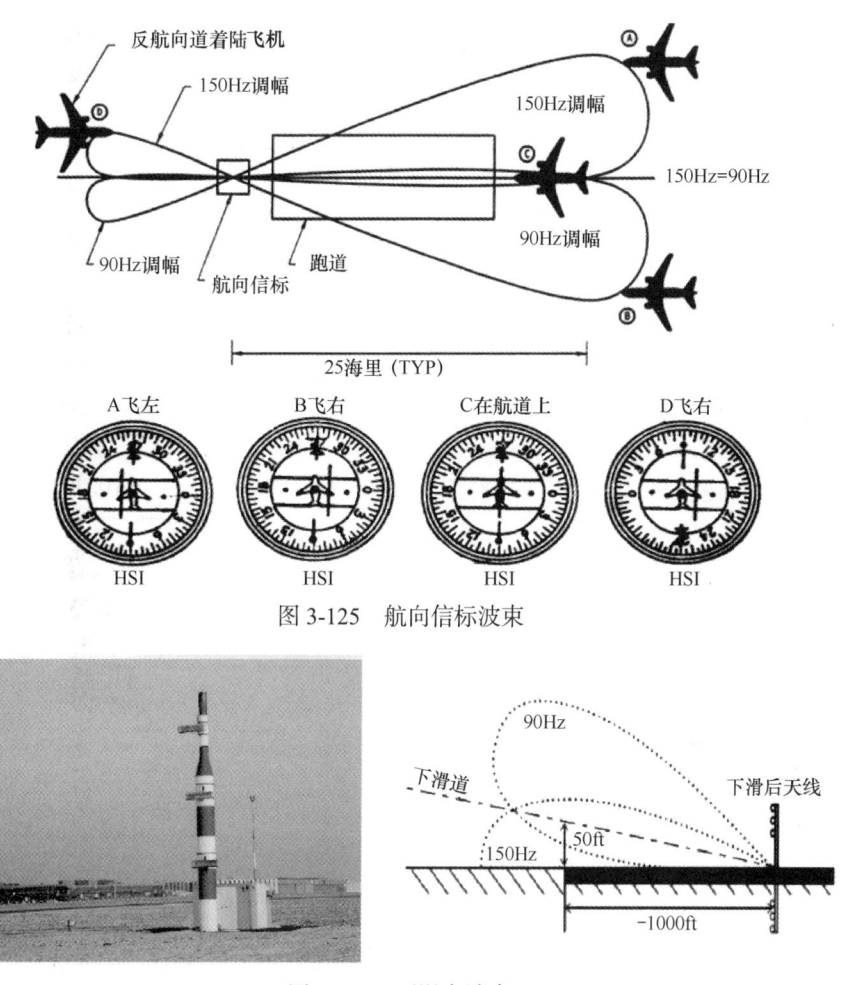

图 3-126 下滑台波束

(3)指点标。距离跑道从远到近分别为外指点标、中指点标和内指点标,提供飞机相对跑道入口的粗略的距离信息,通常表示飞机在依次飞过这些信标台时,分别到达最终进近定位点、Ⅰ类运行的决断高度、Ⅱ类运行的决断高度。

指点信标系统由地面设备和机载设备组成,工作频率为 75MHz。地面设备又称指点信标,由发射机和天线组成。发射机产生的连续载波信号和台址识别信号,经由天线垂直向上发射一束锥形波束,当飞机通过指点标上空时,飞机内的接收显示设备即发出灯光和音响信号,使飞行员知道自己所处的位置。

① 外指点标。外指点信标台距着陆端 6.5~11.1 千米,调制信号频率为 400Hz,连续拍发

每秒2"划"信号。外指点标一般安装在沿航向道以中间航段最低高度切入下滑道的一点位置。飞机飞越外指点标时，驾驶舱内相应的蓝灯闪烁并发出400Hz的声音信号。

② 中指点标。中指点信标台距着陆端（1050±150）米，调制频率为1 300Hz，连续交替拍发"点""划"信号，速率为每秒2"划"和每秒6"点"。飞机飞越中指点标时，驾驶舱内相应的琥珀色灯闪烁并发出1 300Hz的声音信号，提醒飞行员注意航空器已临近目视引导处。

③ 内指点标。内指点信标台距着陆端75～450米，调制信号为3 000Hz，连续拍发每秒6次"点"信号。飞机飞越内指点标时，驾驶舱内相应的白色灯闪烁并发出3 000Hz的声音信号，告诉飞行员即将到达跑道入口。

2）导航数据框

在平面图中，导航设施旁都会标绘导航数据框，包括导航设施的名称、通信频率、识别标志、摩尔斯代码、DME波道。ILS数据框内还包括航向道的磁方向。常见导航设施数据框图例如表3-10所示。

表3-10 常见导航设施数据框图例

序号	导航数据框描述	导航数据框图例
1	NDB 数据框 台名、频率（kHz）、识别标志 摩尔斯电码	小丹阳 440 ID
2	DME 数据框 台名 频率（MHz）、识别标志 摩尔斯电码 测距频道	DME (110.3) IMI CH 40X
3	VOR/DME 数据框 台名 频率（MHz）、识别标志 摩尔斯电码 测距频道	禄口 113.6 NJL CH 83X
4	ILS 数据框 磁航向62°、频率110.3MHz ILS识别标志 IMI、摩尔斯电码	ILS 062° 110.3 IMI

如图例所示，ILS航向台的识别标志一般为三个字母，第一个字母为I，如果该跑道有远台，则后两个字母是该远台的识别标志；如果仅有近台，则后两个字母为近台的识别标志。

在平面图中，导航设施数据框除了表3-10中的常规表示方法外，还有一些特殊的表示方法，如图3-127所示。图中，LOM表示外指点标与NDB合装台，识别标志为ZW，通信频率为260KHz。LMM表示中指点标与NDB合装台，识别标志为Z，通信频率为396KHz。有的导航设施数据框中还会出现LM，表示近台位置的NDB；LLz表示只有航向台而无下滑台；GP/DME表示与下滑台安装在一起的DME台。

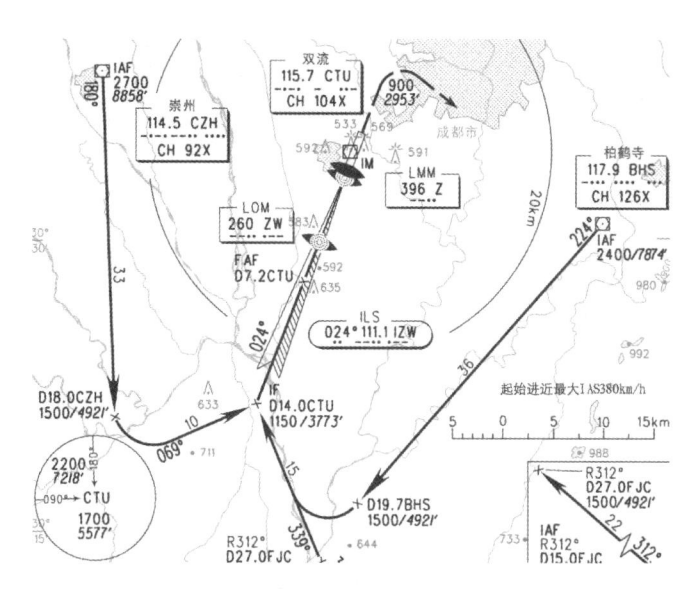

图 3-127 导航设施数据框的特殊表示方法

3）飞行航迹

平面图上的飞行航迹主要包括进近程序航迹、复飞航迹及等待航线等，可用不同的图例来表示，如表 3-11 所示。

表 3-11 飞行航迹图例

序号	飞行航迹名称	飞行航迹图例
1	进近程序航迹	
2	复飞航迹	平面　剖面
3	雷达引导航线	
4	目视航线	
5	等待航线 磁航线角、出航时间、最低等待高度（米/英尺）	

在平面图中，进近程序中的起始进近航段、中间进近航段、最后进近航段的航迹用带有箭头的粗实线表示，复飞航迹用带箭头的虚线表示。

在进近程序的各个航段中，根据起始进近航段所采取的航线，仪表进近程序分为 5 种基本形式：直线航线程序、沿 DME 弧进近、反向航线程序、直角航线程序、推测航线程序。

（1）直线航线程序。直线航线程序是所有进近模式中最简单、最省时省力的一种，既让飞行员安心，也让管制员工作变得轻松。不过这类进近方式会受机场周围的地形和管制空域分布的影响，一般用于地形平坦、管制空域不密集的机场。需要注意的是，起始进近定位点和中间进近定位点可以不在一条直线上，起始进近航迹的延长线与中间进近航迹的夹角不超过120°，都属于直线进近。直线进近如图3-128所示。

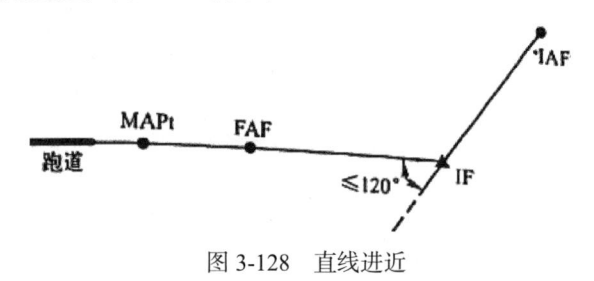

图3-128　直线进近

（2）沿DME弧进近。DME弧是利用飞机纵轴一直与VOR台的径向线做趋势正切运动且DME距离恒定形成的。运用DME弧进行进近的程序也是直线航线程序。当机场内安装有DME设备时，起始进近航段可以使用DME弧为部分或整个起始进近提供航迹引导，如图3-129所示。这种模式能够较好地将进近和离场的航空器分离，可以有效拉开航空器的间隔，使机场的交通更加有序。

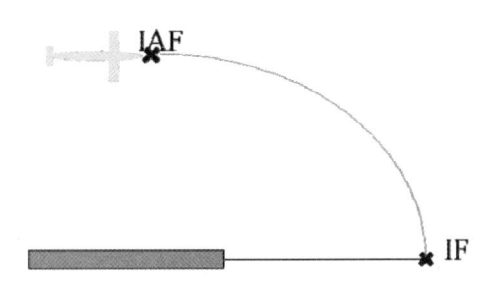

图3-129　DME弧进近

在图3-130中，该机场ILS/DME标准仪表进近程序包含一个反向航线程序和一个直线航线程序。除了TYN台本身作为反向航线程序的起始进近定位点，直线航线程序的起始进近定位点都接入了TYN台的244°~354°径向线之间距离TYN台15海里的弧。切入弧线后下降飞至LOC末端（中间进近定位点），转弯截获ILS进近。复飞爬升至1 400米后右转，加入TYN的反向航线程序进近。

（3）反向航线程序。如果飞机进近方向和进场的方向相反，则需要使用反向航线程序。其优点是不会使用太多的导航点，缺点是飞行时间较长，燃油消耗量大（使用的是机场跑道反向延长线的空域），不利于节省航空公司成本。反向航线程序主要分为三类：基线转弯、45°/180°程序转弯和80°/260°程序转弯。反向航线程序如图4-131所示。

从图3-131中不难发现，所有反向航线程序一般都将起始进近定位点和最后进近定位点设为同一个点。对于程序转弯，飞机要先飞过起始进近定位点，并保持直线飞行到A点（这个点可以是某个定位点，也可以是直飞1~3分钟后的一个点位），然后做转弯动作。其中80°/260°

程序转弯需要一步到位，45°/180°转弯则稍微复杂一点：首先转弯 45°，并直飞 1 分钟或 1 分 15 秒，然后做转弯动作。直飞时间取决于仪表飞行程序下的飞机种类。

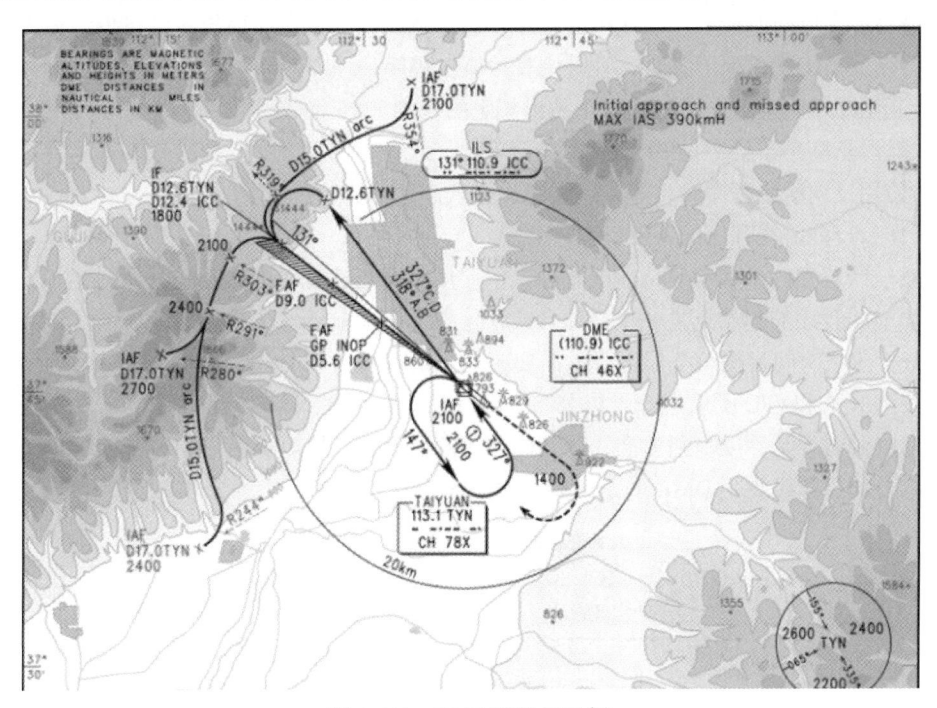

图 3-130 DME 弧进近示例

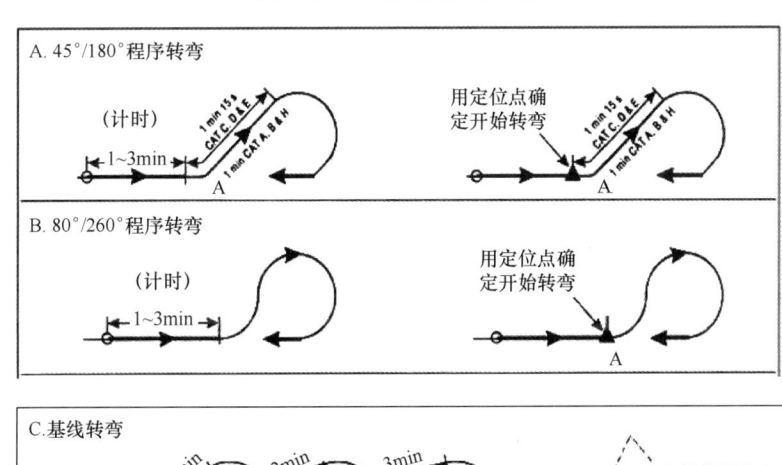

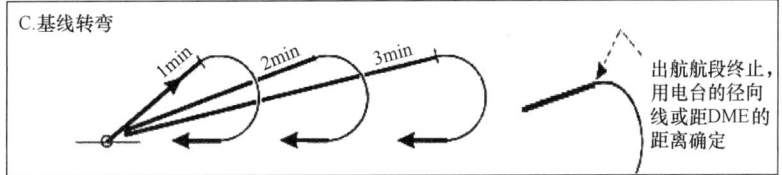

图 3-131 反向航线程序

反向进近的特点有以下几个。

① 起始进近定位点和最后进近定位点可以重合。
② 基线转弯的起点必须是导航台，程序转弯的起点可以是导航台或定位点。

③ 基线转弯是一个冰激凌形状。

（4）直角航线程序。直角航线程序是为使航空器在起始进近航段降低高度，或者航空器进场时不适宜进入反向航线程序时使用的程序。直角航线程序具有使用导航设备少、无进入方向限制的特点。当出现下列情况时，宜采用直角航线程序。

① 起始、中间进近航段航迹对正超出规定的范围。

② 航段长度小于最小长度限制。

③ 使用反向航线程序时，进入航线超出进入扇区的界线。

④ 作为反向航线程序的备份。

直角航线程序的形状与等待航线相同，但使用不同的速度和出航时间，如图 3-132 所示。

直角航线程序的起始点是一个导航台或定位点，由出航转弯、出航航段、入航转弯、入航航段构成。出航时间根据航空器下降的需要，从 1 分钟到 3 分钟不等，以 1/2 分钟为增量。我国民航按 A/B 类和 C/D 类航空器予以公布。出航时间的计时，若起始点为电台，从转至出航航向或正切电台时开始，以晚到为准；若起始点为定位点，从转至出航航向时开始。出航航段终止，用电台的径向线或距 DME 的距离确定，如图 3-133 所示。

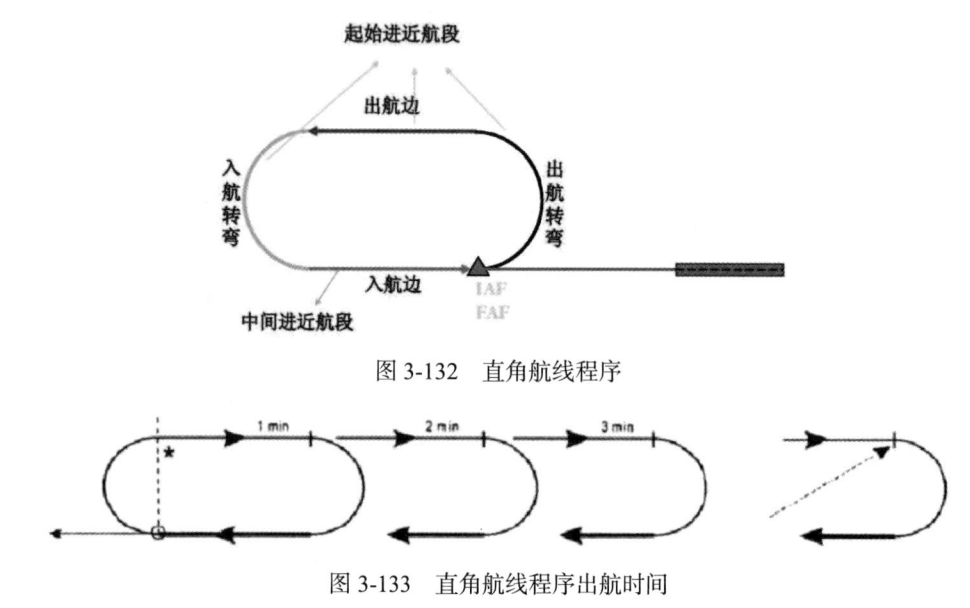

图 3-132　直角航线程序

图 3-133　直角航线程序出航时间

如图 3-134 所示，从 LOM 开始进近的程序有两种形式，椭圆形的为直角航线程序，冰激凌形的为基线转弯程序。

（5）推测航线程序。在空中交通较为繁忙的机场，有时由于航空器的进入方向或空域的限制，无法采用直线进近程序，为了避免反向机动飞行，节省时间和空域，在航空器转弯至最后进近航迹的角度超过 90°时，可使用推测航线程序，减少转至最后进近航迹的角度。对飞行员来说，推测航线程序提供了舒适的飞行航线，如果设计适当，通过推测段切入航迹，越过最后进近航迹的机会比使用一条前置径向线确定大转弯开始的情况要小得多。

推测航线程序指的是在起始进近航段中有一小段没有导航台提供航迹引导的进近模式，这一段被称为推测段。推测航线程序各航段的布局如图 3-135 所示。根据推测段之前转弯方向和切入中间进近定位点时转弯方向的异同,可将推测段分为两类:U 形和 S 形。

图 3-134 直角航线程序和基线转弯程序

- 推测段之前转弯方向和切入中间进近定位点时的转弯方向相同,为 U 形推测航线程序,用于反向进入。在图 3-135 中,上面的起始进近定位点转进中间进近定位点的程序,两次都是右转,属于 U 形程序。
- 推测段之前转弯方向和切入中间进近定位点时的转弯方向相反,为 S 形推测航线程序,用于顺向进入。在图 3-135 中,下面的起始进近定位点转进中间进近定位点的程序,先右转再左转,属于 S 形程序。

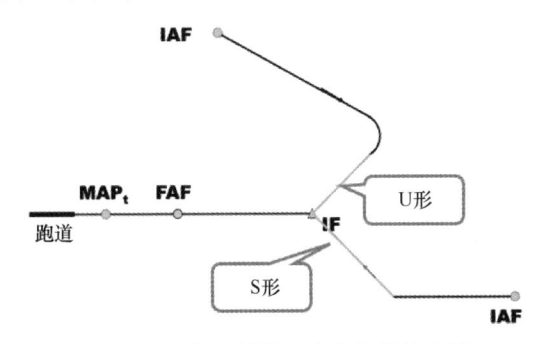

图 3-135 推测航线程序各航段的布局

在 U 形推测航线程序中,推测段之前的转弯方向与加入最后进近航迹的转弯方向相同。在 S 形推测航线程序中,推测段前后两个转弯的方向相反。两种推测程序均由起始进近第一段、推测段和中间进近航段组成。推测程序要求用两个 VOR 台,或者用一个 VOR/DME 台确定推测航迹开始的定位点,最后进近和中间进近的航迹引导可以用 VOR、NDB 或 LLZ。

在图 3-136 中,起始进近定位点有 4 处,从"U"和"V"处起始进近定位点到达中间进近定位点之前,起始进近航段采用的是沿 DME 弧进近;从识别标志位"FC"的 NDB 台处起始进近定位点到达中间进近定位点之前,起始进近航段采用的是 U 形推测航线程序;从识别标志位"DLC"的 VOR/DME 台处起始进近定位点到达中间进近定位点之前,起始进近航段采用的是反向航线程序中的基线转弯进近。

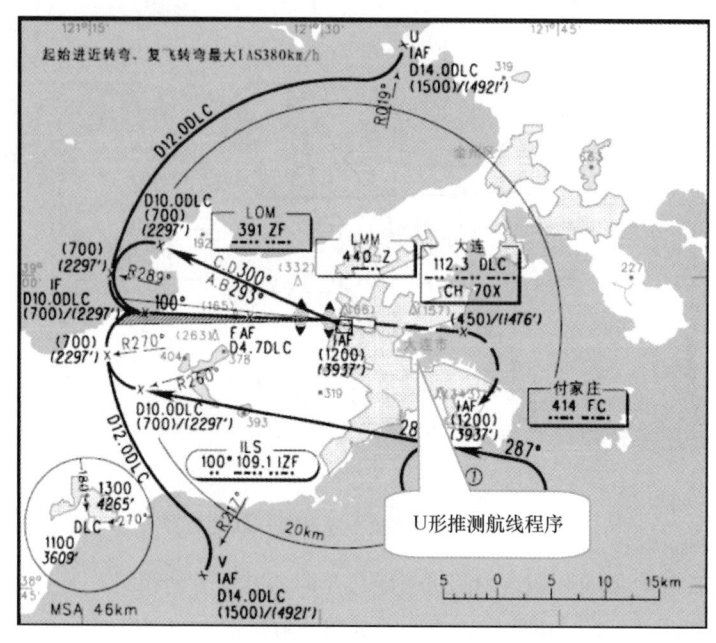

图 3-136　U 形推测航线程序

4）定位点

仪表进近图中的定位点主要包括起始进近定位点、中间进近定位点、最后进近定位点、复飞点等进近程序功能点、高度控制点、转弯点、等待点等。在平面图中会给出这些定位点的相关信息，包括定位点的名称、定位方式、功能描述、高度限制，其图例与标准仪表离场图一样。

5）机场

所有能向空中显示轮廓的机场，都要用适当的标志标记。仪表进近程序所基于的机场及影响起落航线或其位置在恶劣天气条件下可能会被误认为预定着陆机场的机场，必须用足够大的比例尺及带阴影的圆圈表示，如图 3-137 所示。

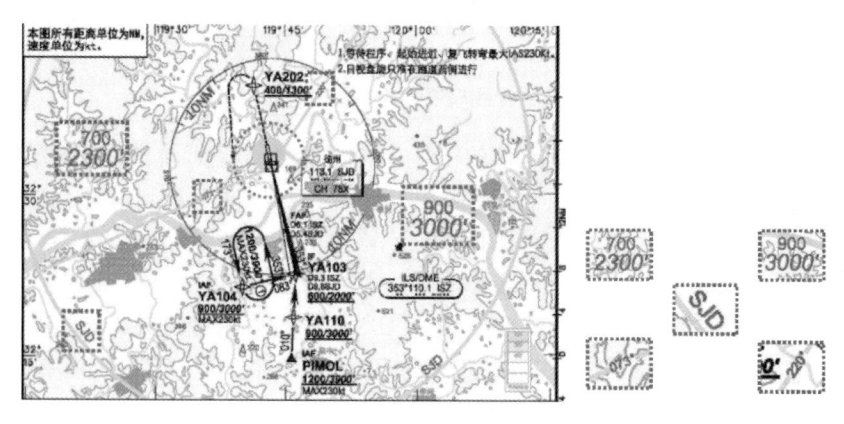

图 3-137　机场、扇区最低安全高度及图例

6）扇区最低安全高度

在仪表进近图平面图中，用红色标识扇区划分情况，并注明每个扇区的最低安全高度、扇区划分的磁方向角度，同时在扇区圆圈的内侧标注扇区中心导航设施的识别标志。

从图 3-137 中可以看到一个大圆，圆心是双流 VOR/DME 台，识别标识为 SJD，半径为 25 海里。圆上两条磁方位线把这个圆分成了两个扇形，其中小扇形（QDM 73°～220°）内的最低安全高度是 2 300 英尺，大扇形（QDM 220°～73°）内的最低安全高度是 3 000 英尺。

7）地形标高点和重要障碍物

仪表进近图的平面图中会描述地形标高点和重要障碍物。重要障碍物是由该机场的程序设计人员指定的，包括各个航段的控制障碍物及对进近飞行有重要影响的障碍物。重要障碍物包括人工障碍物和自然障碍物。地形标高点和重要障碍物图例如表 3-12 所示。

表 3-12 地形标高点和重要障碍物图例

序号	要素名称	要素图例	序号	要素名称	要素图例
1	人工障碍物无灯光（障碍物海拔为 500 米）	500 △	3	自然障碍物或地形标高点	•300
2	人工障碍物有灯光（场压高为 350 米）	☆(350)			

从表 3-12 可以看出，人工障碍物用 △ 表示，自然障碍物用 • 表示。当进近程序采用过渡高度时，所有的障碍物都标注标高。当进近程序采用过渡高时，人工障碍物应标注场压高，自然障碍物仍标注标高，场压高以机场标高为基准。但如果跑道着陆入口标高低于机场标高 2 米以上，场压高以跑道着陆入口标高为基准。

8）10 海里距离圈

为了提高飞行员的情景意识，仪表进近图上会标绘 10 海里距离圈，该距离圈以位于机场或机场附近的 DME 为中心，若无合适的 DME，则以机场基准点为中心。

9）地物和水系

仪表进近图的平面图的中应绘制出对飞行安全有影响的地物和相应的水系，图例如表 3-13 所示。

表 3-13 地形和水系图例

序号	要素名称	要素图例	序号	要素名称	要素图例
1	面状水系		4	沼泽、泥滩	
2	季节性河流和湖泊		5	沙地	
3	线状水系		6	地形等高线	•1150

10）限制区域

可能影响执行程序的禁区、限制区和危险区及其识别标志和垂直限制，都必须标出。

4．剖面图

仪表进近图的剖面图位于平面图的正下方，用立面图的形式生动形象地展示出进近程序的飞行航迹和高度的下降过程。剖面图不按比例绘制，图中一些符号和平面图相同。剖面图主要为飞行员提供中间进近、最后进近及起始复飞的高度剖面信息，飞行员可以更加关注高度变化的垂直航径。剖面图主要包括下降航迹和下降梯度、复飞梯度、各航段的高度要求、定位点及高度信息等。仪表进近程序剖面图和 AR 进近程序剖面图分别如图 3-138 和图 3-139 所示。

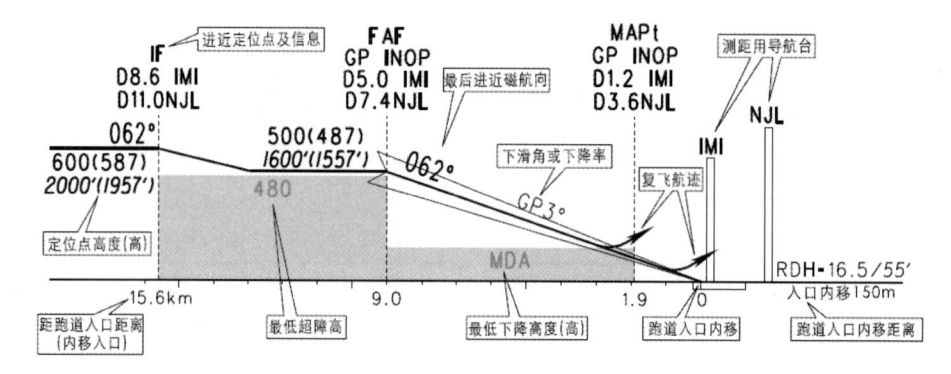

图 3-138 仪表进近程序剖面图

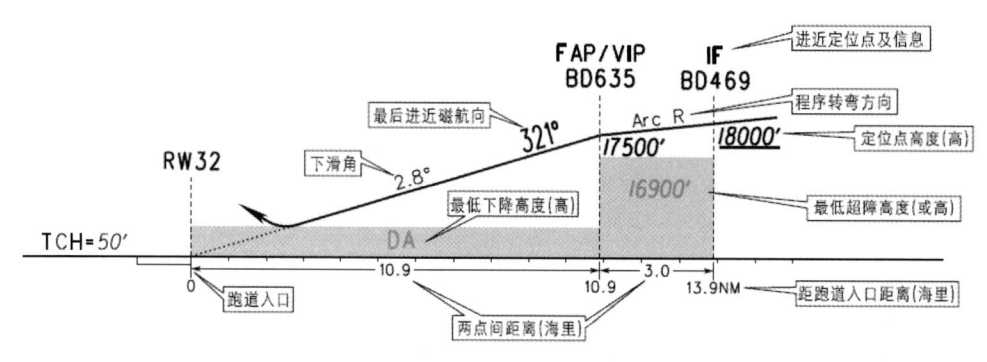

图 3-139 AR 进近程序剖面图

1）下降航迹

下降航迹指的是仪表进近程序的最后进近航迹，从中间进近航段开始，一直到接地点。在进近程序剖面图中，下降航迹主要有两种符号，一种是粗实线，另一种是粗虚线；当同一张航图上同时公布的精密进近下降航迹和非精密进近下降航迹不一致时，精密进近下降航迹用粗实线表示，其他航迹用粗虚线表示。如图 3-140 所示，如果 ILS 进近与在同一张航图上公布的 LLZ 进近的无边下降航迹不一致，则用粗实线描述 ILS 进近航迹，用粗虚线描述 LLZ 进近航迹。

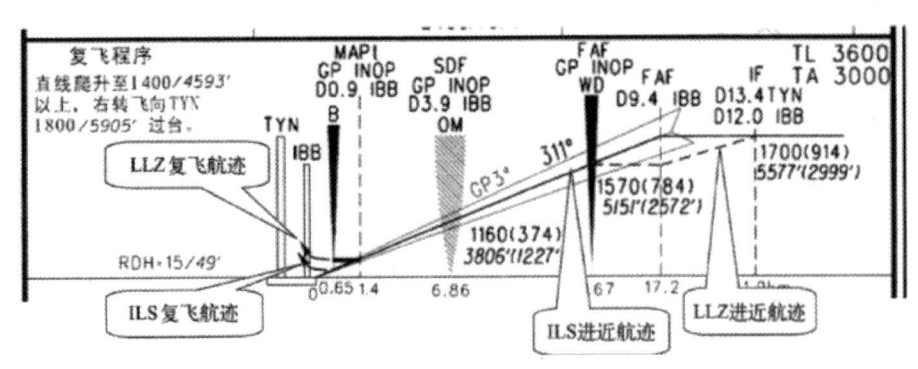

图 3-140 下降航迹

2）定位点

剖面图中会描绘中间进近定位点、最后进近定位点（最后进近点）、复飞点等关键信息及梯级下降定位点。剖面图上定位点的符号及其相关信息如图 3-141 所示。

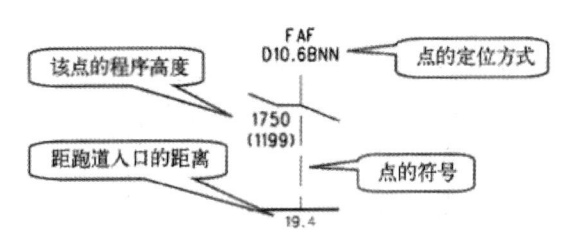

图 3-141 剖面图上定位点的符号及其相关信息

（1）中间进近定位点。中间进近定位点是中间进近航段的开始位置，剖面图中的中间进近定位点以 IF 标识，并会给出具体的定位信息及高度要求。

（2）最后进近定位点（最后进近点）。最后进近定位点（最后进近点）是最后进近航段的开始位置，对于非精密进近，最后进近定位点以"FAF"标识；对于精密进近，航空器截获下滑道的位置为最后进近点，以"FAP"标识，标识航空器从该位置开始进入最后进近。当 LOC 进近与 ILS 进近在同一张航图上公布时，如果只存在一个"FAF"标识，则表示两者的最后进近开始点在同一位置；如果既存在一个"FAF"标识，也存在一个"FAP"标识，则"FAF"表示 LLZ 进近的最后进近定位点，并会标注"GP INOP"表示该点适用于下滑台不工作的情况，"FAP"表示 ILS 进近的最后进近的开始位置。

（3）复飞点。复飞程序是指在实施仪表进近程序的最后进近过程中，精密进近程序飞行高度达到决断高或非精密进近程序飞行高度达到最低下降高后直至复飞点，未能取得所要求的目视参考，无法完成着陆，从而由着陆状态转至爬升状态，飞行至某一高度或位置，开始另一次进近、等待航线或航线飞行的过程。复飞点是飞行员根据程序要求开始实施复飞程序的最后时机，在剖面图上以 MAPt 表示。复飞航迹与平面图一样，用带有箭头的虚线表示。

对于非精密进近程序，复飞点是一个可以明确定位的点，当航空器下降到 MDA/MDH 时，如果不能建立目视参考，可以继续保持高度平飞至复飞点，在到达复飞点之前的任一个位置，如果飞行员决定复飞，都可以实施复飞程序。如果到达复飞点时依然不能建立目视参考，飞行员必须实施复飞程序。对于精密进近程序，当航空器沿下滑道下降到决断高度（高）位置时，如果不能建立目视参考，则飞行员必须实施复飞程序。

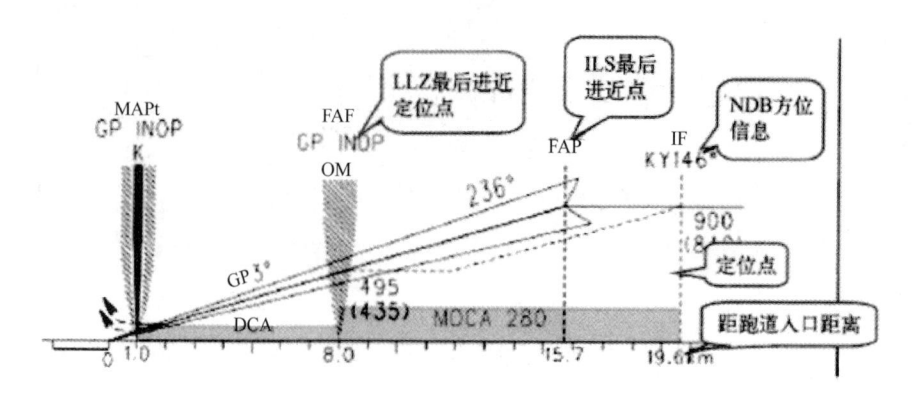

图 3-142　剖面图上的定位点符号

连续下降最后进近是一种与稳定进近相关的飞行技术，在非精密仪表进近程序的最后进近阶段连续下降，没有平飞，从高于或等于最后进近定位点高度/高下降到高于着陆跑道入口大约15米（50英尺）的点或到该机型开始拉平操作的点。使用连续下降最后进近技术进近时，为了确保航空器在复飞过程中不低于公布的最低下降高度/高，由运营人确定公布的最低下降高度/高以上的某一高度/高，当航空器下降至此高度/高时，如果不具备着陆条件，飞行员应开始复飞。连续下降最后进近剖面图如图 3-143 所示。

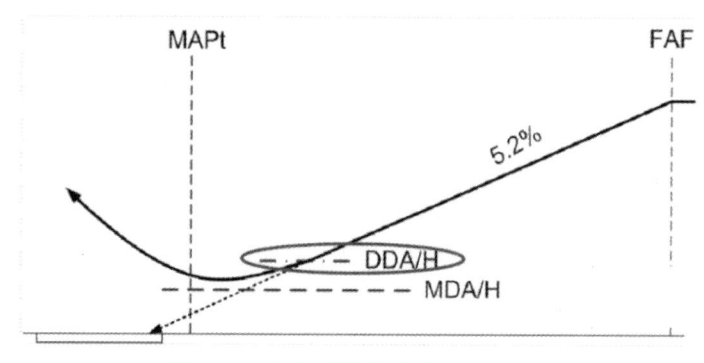

图 3-143　连续下降最后进近剖面图

（4）梯级下降定位点。剖面图的最后进近航段通常会设计一个或多个梯级下降定位点（只能用于非精密进近），用 DME 距离来定位，在该定位点之前，飞机的高度不能低于该定位点的高度。飞过这个点后，飞机可以进一步下降至最低下降高度。梯级下降定位点是可以计算出来的，但操作起来比较复杂。梯级下降定位点是强制高度限制，机组人员必须遵守，不能低于该高度飞行。梯级下降定位点如图 3-144 所示。

3）高度信息

非精密进近近年来发生了多次严重低于进近剖面的不安全事件。统计数据也说明了非精密进近的根本难点在于如何飞出规定的进近剖面，保证安全的越障余度。非精密进近最大的特征是不提供垂直剖面的引导信号，需要机组人员在头脑中有正确的剖面概念。在整个进近过程中，参照航图数据，时刻监控进近的垂直剖面，由机组人员对剖面的正确性负责。因此，非精密进近大大增加了机组人员的监控内容和工作负荷，容易出现差错，造成不安全事件。

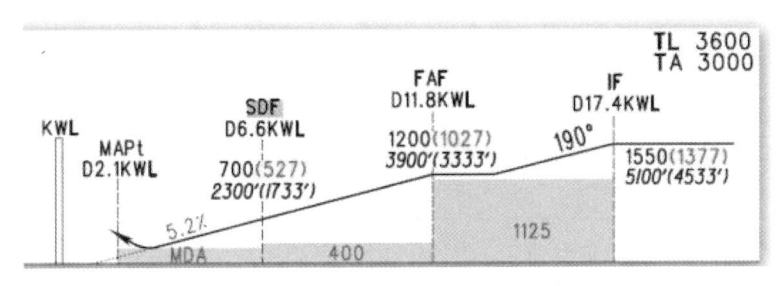

图 3-144 梯级下降定位点

剖面图上的高度信息是关键信息，图中主要描绘两类高度，一类是程序高度（高），另一类是最低超障高度（高）。在进近图中，精密进近程序和非精密进近程序的场压高均以跑道入口为基准。

对于有最后进近定位点的非精密进近程序，剖面图中会公布中间进近和最后进近航段的最低超障高度（高）。最低超障高度（高）是在指定的航段内，按照有关超障准则确定的最低高度，或者确定的高于相关跑道入口标高或机场标高的最低高度。对飞行员来说，最低超障高度（高）是一条永远不能逾越的警戒线。当进近程序采用过渡高度时，公布最低超障高度；当进近程序采用过渡高时，公布最低超障高。公布最低超障高度（高）的目的是提高飞行员的情景意识，时刻提醒飞行员安全高度，这样机组人员就能实时研究高度信息，了解所运行区域的安全高度，并在其上飞行。

在剖面图中，跑道末端还会标注跑道入口高、ILS 基准高（用 RDH 表示）及跑道入口内移的信息。ILS 基准高是指 ILS 下滑道直线延伸通过跑道中线与跑道入口交点的高，一般为 15 米（50 英尺）。

5. 高距比对照表

当下滑道不工作时，飞行员可以通过高距比对照表判断航空器与 3°下滑剖面之间的位置关系，测距/高度表中的高度精确到 1 米，换算为英尺后按 10 英尺取整，四舍五入。高距比对照表如表 3-14 所示。

假定此时 DME 的显示数为 5 海里，高度表的显示数为 512 米，则说明该航空器飞低了。

表 3-14 高距比对照表

GP INOP	测距（IKJ）	1	3	5	7	9	11	13
	高度（米/英尺）		1 372/4 500′	1 567/5 140′	1 761/5 780′	1 955/6 410′	2 149/7 050′	2 343/7 690′

6. 地速、下降时间、下降率对照表

剖面图的下方会提供不同地速的航空器从最后进近定位点到复飞点的飞行时间和应使用的下降率。对于非精密进近运行，在最后进近阶段，飞行员为了满足下降梯度的要求，会根据航空器的地速计算航空器的下降率。飞行员根据地速、下降时间、下降率对照表（见表 3-15）可以快速计算出航空器的下降率。

在表 3-15 中，给出了最后进近航段的距离，根据最后进近航迹的下降梯度分别给出不同地速对应的下降时间和下降率。注意，地速的单位是节，而下降率英尺/分。

表 3-15 地速、下降时间、下降率对照表

最后进近定位点——复飞点 4.9 海里（GP INOP）						
地速（节）	80	100	120	140	160	180
下降时间（分：秒）	3:39	2:55	2:26	2:05	1:49	1:37
下滑角为 3° 的下降率(英尺/分)	420	530	640	740	850	960

从表 3-15 可以看出，当下滑台道不能工作时，最后进近定位点至复飞点的距离为 4.9 海里，一架地速为 160 节（295 千米/时）的航空器飞过这一航段的时间为 1 分 49 秒，下降率为 850 英尺/分。

7．灯光和复飞图标

在剖面图的灯光部分，会用各种图标来表示直线进近着陆的 ALS 目视进近坡度指示器、精密进近坡度指示器及跑道末端识别灯等。部分进近灯光系统图标如表 3-16 所示。

表 3-16 部分进近灯光系统图标

序号	名称	缩写	图标	序号	名称	缩写	图标
1	Ⅰ类进近灯光系统	ALSF-Ⅰ	ALSF-I	5	中等强度 ALS	MALS	MALS
2	Ⅱ类进近灯光系统	ALSF-Ⅱ	ALSF-II	6	有连续闪烁灯光的近程 ALS	SSALF	SSALF
3	带跑道对准指示灯的中等强度 ALS	MALSR	MALSR	7	简易近程 ALS	SSALS	SSALS
4	带跑道对准指示灯的简易近程 ALS	SSALR	SSALR	8	高强度 ALS(符合 ICAO-Ⅰ)	HIALS (calvert Ⅰ)	HIALS

(续)

序号	名称	缩写	图标	序号	名称	缩写	图标
9	高强度 ALS（符合 ICAO-Ⅱ）	HIALS（calvert Ⅱ）	HIALS	12	跑道对准识别灯	RAIL	RAIL
10	全方向 ALS	ODALS	ODALS	13	Ⅱ类高强度 ALS 和 PAPI 灯	HIALS-II/PAPI	HIALS-II PAPI
11	引入灯光和跑道引入灯光系统	LDIN/RLLS	LDIN RLLS				

在进近灯光系统的右侧是各种复飞图标和复飞信息。不同的复飞图标代表不同的含义。需要注意的是，复飞图标仅提供起始复飞的方法，具体的复飞过程说明需要结合平面图，并参考进近简令条中复飞程序的文字说明。复飞图标图例如表 3-17 所示。

表 3-17 复飞图标图例

序号	图标图例	图标含义	序号	图标图例	图标含义
1	↑	爬升	5	2470′ ↑	爬升至 2 470 英尺
2	LT　RT	大于 45°左转或右转	6	4930′ BHS 117.9	在飞至 BHS VORDME 台之前爬升至 4 930 英尺，频率为 117.9MHz
3	LT　RT	小于 45°左转或右转	7	200 kt MAX RT	右转时最大空速为 200 节
4	⟶D⟶	直线飞行	8	1300′	最低高度为 1 300 英尺

一系列复飞图标构成了起始复飞的方法。如图 3-145 所示，复飞程序为直线爬升至 YA202，且高度在 1 300 英尺以上，左转飞向 YA104，高度为 3 000 英尺，左转最大空速为 230 节。

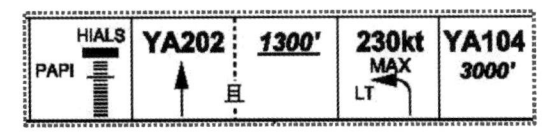

图 3-145 复飞航迹图形描述

8. 着陆最低标准

着陆最低标准位于仪表进近图的底部，列出航空器进近时必须达到的着陆最低标准，作为转入目视进近着陆的最低标准。着陆最低标准包括仪表进近的最低高度和最低 VIS 或 RVR。

对机场每个跑道方向使用某种导航设备的仪表进近程序，按航空器分类规定着陆最低标准。

着陆最低标准分为非精密直线进近的着陆最低标准、目视盘旋进近的着陆最低标准、I 类精密进近的最低着陆标准、II 类精密进近的最低着陆标准和III类精密进近的着陆最低标准。

对于非精密进近着陆和目视盘旋进近着陆，机场运行最低标准用 VIS 和最低下降高度（高）表示。

最低下降高度（高）是在非精密进近或盘旋进近中规定的高度（高）。如果不能建立为继续进近所需的目视参考，不得下降至这个高度（高）以下。最低下降高度以平均海平面为基准；最低下降高以机场标高为基准，如果入口标高在机场标高之下 2 米以上，则以入口标高为基准。盘旋进近的最低下降高是以机场标高为基准的。

对于精密进近着陆，机场运行最低标准根据运行分类用 VIS/RVR 和决断高度（高）表示。

决断高度（高）是在精密进近和类精密进近中规定的一个高度（高），在这个高度（高）上，如果不能建立继续进近所需的目视参考，必须开始复飞。决断高度以平均海平面为基准，决断高以入口标高为基准。

1）非精密直线进近的最低着陆标准

非精密直线进近的最低着陆标准包括最低下降高度（高）和 VIS 两个要素。

确定最低下降高度（高）应当以仪表进近程序确定的超障高度（高）为基础，最低下降高度（高）可以高于但不能低于超障高度（高）。非精密进近可使用表 3-18 中的导航设施。除非特殊批准，其最低下降高不低于 75 米（250 英尺），RVR/VIS 不低于 800 米。

表 3-18 非精密进近的导航设施及其对应的最低下降高

导 航 设 施	最低下降高
仅有航向台（ILS 下滑台不工作）	75 米（250 英尺）
RNP（LNAV）	90 米（300 英尺）
VOR	90 米（300 英尺）
VOR/DME	75 米（250 英尺）
NDB	105 米（350 英尺）
NDB/DME	90 米（300 英尺）

2）I 类精密进近的最低着陆标准

I 类精密进近，包括 ILS、MLS 和 PAR 进近，其决断高不低于 60 米（200 英尺），VIS 不小于 800 米或 RVR 不小于 550 米。

如果跑道装有 RVR，精密进近最低标准用决断高度（高）和 RVR 表示。

I 类精密进近使用 ILS 或全球导航卫星着陆系统（GLS）。除非特殊批准，其决断高不低于 60 米（200 英尺），RVR 不低于 550 米。

I 类精密进近使用的是气压垂直导航的 RNP APCH 或 RNP AR，或者使用星基增强系统（SBAS）。除非特殊批准，其决断高不低于 75 米（250 英尺），RVR/VIS 不低于 800 米。

（1）决断高的确定。决断高以确定的超障高为计算依据，但由此确定的决断高不得低于以下数值之一：①航空器飞行手册所载明的该航空器仪表飞行允许的最低高度/高；②使用精密进近导航设施参照仪表能达到的最低高度（高）；③超障高；④允许机组使用的决断高。

对于因机场周围地形的影响，在进近区内经常出现下沉气流的跑道，根据超障高确定的决断高至少应当增加以下余度：对于螺旋桨飞机，增加的余度为 15 米；对于涡轮喷气飞机，增加的余度为 30 米；在精密进近中规定的决断高为飞机主轮至跑道入口平面的高。

某些大型飞机的下滑接收天线至着陆主轮的水平距离超过 5.8 米（19 英尺），在 ILS 基准高（ILS 下滑道在跑道入口的高）小于 15 米的跑道做进近时，有增加场外接地的危险，因此将该类飞机的决断高提高为 90 米。

使用 ILS 偏置航道的仪表进近，飞机将偏离跑道中线延长线，因此确定的决断高应当使飞机能在到达着陆口以前完成对正跑道的机动飞行。使用 ILS 偏置航道进近的决断高不低于 75 米。

（2）RVR/VIS 的确定。最小 RVR/VIS 可由下列公式计算得到：

$$最小\ RVR/VIS = 决断高或最低下降高/\tan\theta - 进近灯光长度$$

式中，θ 是最后进近下滑剖面的角度。

计算得到的数值如小于 800 米，以 50 米向上取整；如大于 800 米小于 5 000 米，以 100 米向上取整；如大于 5 000 米，以 1 000 米向上取整。

如果计算得到的数值小于表 3-19 中列出的值，则取表中的数值作为最低标准。

表 3-19　各种进近在不同进近灯光系统下的最小 RVR/VIS

进近灯光系统	飞机类别	最小 RVR/VIS（米）			
		ILS/GLS	ILS（GP 不工作）APV（LNAV/VNAV）	VOR RNP（LNAV）	NDB
FALS	A、B、C	550	800	800	1 200
	D		1 200	1 600	1 600
IALS	A、B、C	800	1 200	1 200	1 200
	D		1 600	1 600	1 600
BALS 和 NALS	A、B、C、D	1 200	1 600	1 600	1 600

对于标高小于 3 000 米的机场，如果决断高或最低下降高大于 300 米，或者计算得到的 VIS 大于 5 000 米，则使用 VIS 为 5 000 米，并在航图中标注"目视飞向机场"。对于标高大于 3 000 米的机场，如果决断高或最低下降高大于 450 米，或者计算得到的 VIS 大于 8 000 米，则使用 VIS 为 8 000 米，并在航图中标注"目视飞向机场"。

对于 I 类精密进近，只有当决断高不大于 75 米，且满足以下情况之一时，才可以使用 RVR 小于 800 米的标准：跑道具有 FALS、RTZL、RCLL；跑道具有 FALS，使用经批准的 HUD、自动驾驶仪或飞行指引仪进近。

当精密进近跑道装有透射仪测算 RVR 时，I 类精密进近最低标准的 RVR 以接地区（TDZ）RVR 为准，不考虑气象能见度。

当没有 RVR 报告时，以跑道方向的能见度为准。

当Ⅰ类精密进近使用的RVR标准小于800米时，必须满足以下条件：机载设备相当于Ⅱ类运行的设备和得到Ⅰ类运行的适航证；机长在所飞机型上已获得超过100小时的机长飞行经验，机长和副驾驶已经受到了Ⅱ类运行的理论教育；机长按该着陆标准实施进近着陆，并经检查合格。

（3）目视参考。除非在拟用跑道上，飞行员可以至少清楚看见并识别下述目视参考之一，可充分判断相对于预定飞行航径的飞机位置和位置变化率，否则不得继续进近到决断高度（高）或最低下降高度（高）之下。

① 进近灯光系统。
② 跑道入口。
③ 跑道入口标志。
④ 跑道入口标识灯。
⑤ 跑道入口灯。
⑥ 目视进近坡度指示系统。
⑦ 接地区或接地区标志。
⑧ 跑道接地带灯。
⑨ 跑道边灯。
⑩ 局方认可的其他目视参考。

进近灯光系统为进近的航空器提供目视指示，并使跑道环境清晰可见，降低了对RVR/VIS的要求。表3-20列出了进近灯光系统的构型。对于夜间运行或对进近灯光有要求的其他运行，灯光必须打开并可用。

表3-20 进近灯光系统的构型

设 备 分 类	长度、构成和进近灯光强度
完全进近灯光系统（FALS）	ICAO：Ⅰ类精密进近灯光系统（HIALS不小于720米）
中等进近灯光系统（IALS）	ICAO：简易进近灯光系统（HIALS为420～719米）
基本进近灯光系统（BALS）	ICAO：其他进近灯光系统（HIALS、MIALS或ALS为210～419米）
无进近灯光系统（NALS）	ICAO：其他进近灯光系统（HIALS、MIALS或ALS小于210米）或无进近灯光

3）Ⅱ类精密进近的最低着陆标准

Ⅱ类精密进近的最低着陆标准包括决断高和RVR两个要素，不得用VIS表示。Ⅱ类精密进近为下降至决断高60米以下但不低于30米，RVR不小于350米。标准的Ⅱ类运行最低标准为决断高30米，RVR 350米。

（1）决断高的确定。决断高必须使用无线电高度表或内指点标确定。当使用标准的Ⅱ类运行最低标准时，不得用气压高度表确定决断高。

Ⅱ类精密进近的决断高以确定的超障高为计算依据，但由此确定的决断高不得低于以下数值之一：航空器适航证规定的最低决断高和精密进近导航设施不要求目视参考能使用的最低决断高；允许机组使用的决断高；Ⅱ类运行最低决断高30米。

Ⅱ类精密进近决断高确定以后，还应当根据跑道的精密进近地形图提供的地形剖面，计算航空器下降至决断高时无线电高度表的指示。若地形比入口标高低（3米以上），则无线电高度大于决断高；若地形比入口标高高，则无线电高度小于决断高。

（2）Ⅱ类运行最低标准的最低值。Ⅱ类运行最低标准的最低值如表 3-21 所示。

表 3-21　Ⅱ类运行最低标准的最低值

决断高[①]	RVR（米）	
	A、B、C	D
30～35 米（100～120 英尺）	300	300/350[②]
36～42 米（121～140 英尺）	400	400
43 米（141 英尺）以上	450	450

注：① Ⅱ/Ⅲ类运行时，通常不使用决断高的概念；② D 类航空器实施自动着陆时，可采用 RVR300 米。

（3）目视参考。除非获得并能够保持包括进近灯、接地带灯、跑道中线灯、跑道边灯或这些灯的组合中至少 3 个连续灯的目视参考，飞行员不得继续进至决断高之下。目视参考中必须包括地面构型的横向水平要素，如进近横排灯、入口灯或接地带灯，除非使用经批准的 HUD 接地。

4）Ⅲ类精密进近的最低着陆标准

（1）决断高。对于使用决断高的运行，该决断高不低于在没有获得所需的目视参考情况下可使用精密进近导航设施的最低高。只有当进近助航设施和机场设施都能支持无决断高运行时，方可实施无决断高运行。

（2）目视参考。对于Ⅲ A 类运行和使用失效—性能下降飞行控制系统或经批准的Ⅲ B 类运行，驾驶员不得继续进近至决断高之下，除非获得并能够保持进近灯、接地带灯、跑道中线灯或这些灯的组合中至少 3 个连续灯的目视参考。

对于使用失效—工作飞行控制系统或使用失效—工作混合着陆系统（如包括一套 HUD）的Ⅲ B 类运行，驾驶员不得继续进近至决断高之下，除非获得并能够保持包括一个中线灯在内的目视参考。

（3）Ⅲ类运行最低标准的最低值。Ⅲ类运行最低标准的最低值如表 3-22 所示。

表 3-22　Ⅲ类运行最低标准的最低值

进近类型	决断高	滑跑控制/指引系统	RVR（米）
Ⅲ A	低于 30 米（100 英尺）	不需要	175
Ⅲ B	低于 30 米（100 英尺）	失效—性能下降飞行控制系统	150
Ⅲ B	低于 15 米（50 英尺）	失效—性能下降飞行控制系统	125
Ⅲ B	低于 15 米（50 英尺）或无决断高	失效—工作飞行控制系统或失效—工作混合着陆系统	50

接地区、中间点和停止端的 RVR 为控制 RVR。

5）目视盘旋进近最低着陆标准

目视盘旋进近是指航空器在完成仪表进近以后的目视飞行阶段，飞行员必须能够持续看到跑道入口、进近灯或其他能识别跑道的标志，保持航空器在目视盘旋区内飞行，使航空器位于反向或另一条跑道着陆的位置上。

目视盘旋进近适用于最后进近航迹与跑道中线延长线交角大于 15°（A/B 类航空器大于 30°）或直线进近的下降梯度大于 6.5%的情况。

目视盘旋进近最低着陆标准不得低于该机场直线进近的最低标准及表3-23规定的数值。如果出现目视盘旋进近的超障高度（高）低于直线进近的超障高度（高），则目视盘旋进近的超障高度（高）应采用直线进近的超障高度（高）的数值。

表3-23 目视盘旋进近的最低着陆标准

飞机类别	A	B	C	D
最低下降高	120米（400英尺）	150米（500英尺）	180米（600英尺）	210米（700英尺）
VIS	1 600米	1 600米	2 400米	3 600米

按表3-24确定机场盘旋进近的最低着陆标准。

表3-24 最低下降高对应的盘旋进近的最小VIS

最低下降高（米）	VIS（米）			
	A	B	C	D
120～140	1 600	—	—	—
141～160	1 600	1 600	—	—
161～180	1 600	1 600	—	—
181～205	1 600	1 600	2 400	—
206～225	1 600	1 600	2 800	3 600
226～250	1 600	2 000	3 200	3 600
251～270	1 600	2 000	3 600	4 000
271～300	2 000	2 400	4 000	4 400
3 001以上	2 000	3 000	4 000	5 000

6）机场设备故障或降级对运行标准的影响

（1）对着陆最低标准的影响。机场设备故障或降级对着陆最低标准的影响如表3-25和表3-26所示。

表3-25 导航设施或气象观测设备故障或降级对着陆最低标准的影响

	对着陆最低标准的影响					
	Ⅲ类B	Ⅲ类A	Ⅱ类	Ⅰ类	APV	NPA
ILS备用发射机	不允许			无影响		
外指点标	无影响（如果由公布的等效位置代替）			不适用		
中指点标				无影响，除非该点用作复飞点		
接地区RVR	不允许			可临时由中间点RVR代替，或者使用VIS标准		
中间点RVR	不允许			无影响		
停止端RVR	不允许			无影响		

表3-26 灯光系统故障或降级对着陆最低标准的影响

灯光系统故障或降级	对着陆最低标准的影响					
	Ⅲ类B	Ⅲ类A	Ⅱ类	Ⅰ类	APV	NPA
进近灯	不允许决断高大于15米（50英尺）的运行		不允许	执行无灯光的最低标准		

(续)

灯光系统故障或降级	对着陆最低标准的影响					
	Ⅲ类B	Ⅲ类A	Ⅱ类	Ⅰ类	APV	NPA
最靠近跑道的210米之外的进近灯	无影响		不允许	执行无灯光的最低标准		
最靠近跑道的420米之外的进近灯	无影响			执行中等灯光设施的最低标准		
进近灯备用电源	不允许			无影响		
全部跑道灯光系统	不允许			执行昼间无灯光的最低标准；不允许夜间运行		
跑道边灯	仅昼间运行，不允许夜间运行					
跑道中线灯	不允许			使用 HUD、自动驾驶仪或飞行指引仪，无影响；其他情况下，RVR/VIS 不得小于 800 米		无影响
接地带灯						
跑道灯光备用电源	不允许			无影响		
滑行灯系统	不允许			无影响，除非因滑行速度降低而导致延误		

（2）对起飞最低标准的影响。机场设备故障或降级对起飞最低标准的影响如表 3-27 所示。

表 3-27　机场设备故障或降级对起飞最低标准的影响

机场设备故障或降级	对起飞最低标准的影响
跑道边灯或跑道末端灯	不允许夜间运行
中线灯	RVR 不小于 400 米
接地区 RVR	可临时由跑道中间点 RVR 代替，或者由 VIS 代替
中间点 RVR	RVR 不小于 400 米
停止端 RVR	RVR 不小于 200 米

四、仪表进近图图边信息

图边信息位于仪表进近图的底部，主要有出版日期、生效日期、出版单位和图幅编号信息，布局如图 3-146 所示。

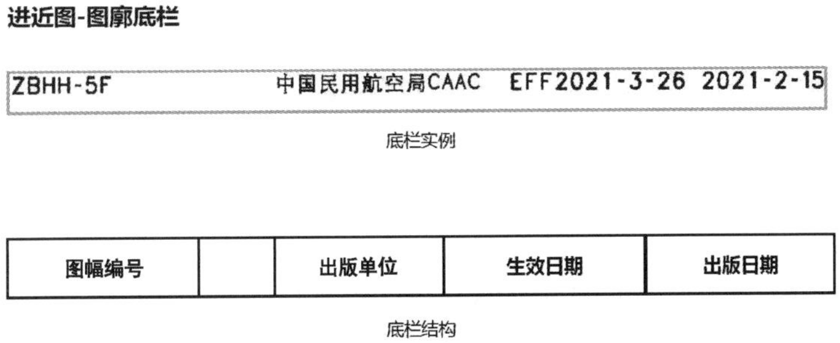

进近图-图廊底栏

ZBHH-5F	中国民用航空局CAAC	EFF2021-3-26 2021-2-15

底栏实例

图幅编号		出版单位	生效日期	出版日期

底栏结构

图 3-146　仪表进近图图边信息布局

图幅编号由机场四字地名代码加一位数字组成，如果同一种类别的进近图超过一张，编号后再增加一个英文字母。数字 5 表示 ILS 或 ILS/DME；6 表示 VOR 或 VOR/DME；7 表示 NDB 或 NDB/DME；9 表示 PBN。不同的跑道号使用不同的字母进行标识，一般跑道号较小的进近图使用字母 A，跑道号较大的进近图使用字母 B。

仪表进近图可以说是航图系列中最难掌握的航图之一，包含的信息非常多，可以为飞行员在最后进近阶段提供飞行程序、高度限制及复飞等信息。

本节练习题

一、单项选择题

1．下面哪项描述不是仪表进近图的作用？（　　）
　　A．提供使机组能够向预定着陆跑道实施仪表进近的程序
　　B．提供给机组复飞用的程序
　　C．提供给机组在进近过程中使用的等待航线程序
　　D．使飞机能够在着陆前围绕机场进行目视飞行活动

2．仪表进近图上通常有一个 10 海里的距离圈，此距离圈是以（　　）为中心的。
　　A．机场 ARP　　　　　　　　　　B．机场 DME
　　C．跑道中心　　　　　　　　　　D．机场 DME 或机场 ARP

3．仪表进近图中某定位点的定位信息是"D8.5SHY"，则（　　）。
　　A．该定位点到电台的平距为 8.5 海里　　B．该定位点到电台的斜距为 8.5 海里
　　C．该定位点到电台的平距为 8.5 千米　　D．该定位点到电台的斜距为 8.5 千米

4．仪表进近图中某定位点的定位信息是"R050°SHY"，则（　　）。
　　A．该定位点在识别标志为 SHY 的电台的 50°径向线
　　B．该定位点在识别标志为 SHY 的电台的 50°方位线
　　C．该定位点在以识别标志为 SHY 的电台为引导的 50°航迹上
　　D．该定位点在识别标志为 SHY 的电台的右侧 50°方向上

5．在仪表进近图的剖面图中，下滑线上除标注最后进近的航迹方向外，ILS 程序还应标出（　　）。
　　A．下降梯度　　　B．下滑角　　　C．下降梯度和下滑角　　D．接地区标高

6．确定最低下降高应以仪表进近程序设计确定的（　　）为主要依据。
　　A．最低超障高　　B．最低扇区高度　　C．航线安全高度　　D．决断高

7．仪表进近图中列出的着陆最低标准包括（　　）。
　　A．过渡高度、能见度或跑道视程
　　B．决断高度或最低下降高度、能见度或跑道视程
　　C．过渡高度层、能见度
　　D．超障高度、跑道视程

8．仪表进近图标题中的"ILS/DME RWY17"表示（　　）。
　　A．使用该图做最后进近时用到的导航设备为 ILS/DME
　　B．使用该图做起始进近时用到的导航设备为 ILS/DME

C．使用该图做中间进近时用到的导航设备为 ILS/DME
D．使用该图做整个进近时用到的导航设备为 ILS/DME

9．飞机地速为 360 千米/时，按 5.2%梯度下降，则飞机下降率为（　　）。
A．3.6 米/秒　　B．4.8 米/秒　　C．5.2 米/秒　　D．6 米/秒

10．仪表进近图中提供的资料能使机组按批准的仪表进近程序飞至着陆跑道，并包括（　　）程序和（　　）航线。
A．起飞，降落　　B．起飞，进近　　C．复飞，等待　　D．起飞，复飞

11．仪表进近图中必须标出重要障碍物顶端的标高。障碍物高的计算，如果不以平均海平面为基准面，则应以（　　）为基准面。但是如果跑道入口的标高低于（　　）2 米以上，则应以入口标高为基准面。
A．跑道中点高，机场标高　　　　B．机场标高，机场标高
C．机场标高，跑道中点高　　　　D．塔台标高，塔台标高

12．在 ILS 的进近程序中，标准的参考基准点高为（　　）米。
A．12　　B．20　　C．25　　D．15

13．根据只有（　　）引导而没有（　　）引导的设施设计的飞行程序叫非精密进近程序。
A．下滑，方位　　B．方位，下滑　　C．距离，航向　　D．航向，距离

14．仪表进近飞行是航空器根据（　　），对障碍物保持（　　）所进行的一系列预定的机动飞行。
A．目视，规定的安全高度　　　　B．飞行仪表，规定的超障余度
C．飞行仪表，规定的安全高度　　D．目视，规定的超障高度

15．精密进近的最低标准用（　　）表示。
A．最低下降高、跑道视程和能见度　　B．决断高、云高和能见度
C．最低下降高、云高和能见度　　　　D．决断高、跑道视程和能见度

16．由（　　）设备引导的进近为非精密进近。
A．ILS　　B．PAR　　C．VOR　　D．MLS

17．在Ⅱ类 ILS 进近过程中，飞行员确定决断高时使用（　　）。
A．气压式高度表　　B．无线电高度表　　C．目测　　D．近地告警系统

18．在 ILS 进近程序中，飞机下降率为 4.4 米/秒，最后进近定位点距跑道入口的距离为 9 千米，下滑角为 3°，则从最后进近定位点到跑道入口的时间为（　　）。
A．1.5 分钟　　B．1.6 分钟　　C．1.4 分钟　　D．1.8 分钟

19．当进近程序中最后进近航段使用 DME 时，应按 DME 数值每（　　）列出高度数值。
A．1 千米（或 0.5 海里）　　　　B．2 千米（或 1.0 海里）
C．1.5 千米（或 0.75 海里）　　D．3 千米（或 1.5 海里）

20．在仪表进近图中，跑道入口可简写为（　　）。
A．LLZ　　B．GP　　C．THR　　D．TDZ

21．下述说法错误的是（　　）。
A．一个精密进近程序通常应备有单独的一张仪表进近图
B．一个非精密进近程序通常应备有单独的一张仪表进近图
C．一张仪表进近图只能描绘一个进场方向的仪表进近程序
D．当进近程序复杂易引起混淆时，必须提供一张以上仪表进近图

22．在仪表进近图中，用（　　）表示复飞航迹。
　　A．细实线　　　　B．粗实线　　　　C．细虚线　　　　D．粗虚线
23．仪表进近图中某定位点的定位信息是"D4.9 IKD"，则（　　）。
　　A．该定位点到电台的平距为 4.9 海里　　B．该定位点到电台的斜距为 4.9 海里
　　C．该定位点到电台的平距为 4.9 千米　　D．该定位点到电台的斜距为 4.9 千米
24．在某非精密进近程序的仪表进近图中，某障碍物的标高为 46（30）米，已知其机场标高与入口标高相差不足 2 米，则（　　）。
　　A．机场标高为 76 米　　　　　　　　　B．机场标高为 16 米
　　C．46 米是以标准气压面为基准的　　　D．46 米是以场面气压为基准的
25．在仪表进近图中，FAP 表示（　　）。
　　A．起始进近定位点　　　　　　　　　　B．中间进近定位点
　　C．最后进近定位点　　　　　　　　　　D．最后进近点

二、简答题

1．一个完整的仪表进近程序分为哪几个航段？
2．简述起始进近航段中常见的进近模式。
3．简述 ILS 的组成部分及各部分的功能。
4．简述高距对照表的作用。
5．简述什么是连续下降最后进近。

第九节　民用机场最低监视引导高度图

当因地形特征或人工障碍物的影响，使得进近或区域管制单位的雷达引导区域内必须设置多个最低监视引导高度时，应当绘制并公布最低监视引导高度图。实施雷达管制或 ADS-B 监视管制运行的机场，空管单位应当将最新的最低监视引导高度图报送民航地区管理局，由民航地区管理局统一提供给机场所在地地方人民政府规划部门。

最低监视引导高度是航空器执行空中交通管制员的雷达引导指令，直飞指定位置点或其他机动飞行过程中的最低安全飞行高度。当最低监视引导高度图与雷达引导方法配合使用时，AIP 应当将最低监视引导高度图与雷达引导方法编绘在同一页面。

一、最低监视引导高度图绘制要求

（1）最低监视引导高度图应当满足实际运行需要，准确标绘各项数据。
（2）如出现任何变化，应当及时更新数据，以保证最低监视引导高度图的及时性、准确性和完整性。
（3）应当根据最低监视引导高度图的范围和比例尺选择图幅尺寸，绘制所有要素。NAIP 标准图幅尺寸（长×宽）为 148×210 mm，其图廓尺寸（长×宽）为 128×185mm。当标准图幅无法容纳全部制图内容时，图幅可适当调整。AIP 标准图幅尺寸（长×宽）为 210×297mm，其图廓尺寸（长×宽）为 85×240mm。
（4）采用 WGS-84 坐标系。
（5）采用 1985 国家高程基准，高程计量单位为米。

（6）采用兰伯特正圆锥投影。

（7）最低监视引导高度图应当按比例尺绘制。通常采用 1∶1 000 000 至 1∶2 000 000 范围内比例尺绘制。

（8）高度、标高 NAIP 以米和英尺为单位，AIP 以米为单位。

（9）采用黑、蓝、棕三色制作。用棕色绘制等高线、等高值、城镇；用蓝色绘制限制空域、国界线、水文地理要素；用灰色（不同比例的黑色）绘制飞行情报区、分层设色、高程点、高程值；用黑色绘制其他要素。

二、最低监视引导高度图布局

按照《民用机场最低监视引导高度图编绘规范（征求意见稿）》要求，最低监视引导高度图布局如图 3-147 所示。

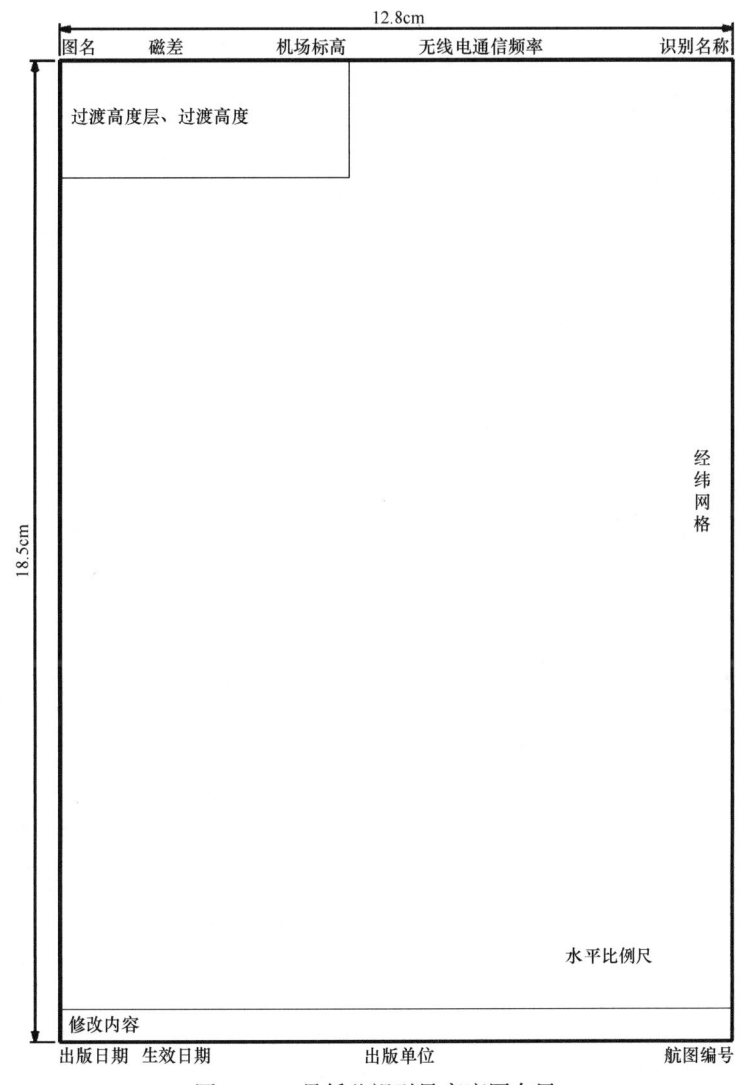

图 3-147 最低监视引导高度图布局

从图 3-147 可以看出，最低监视引导高度图航图要素包括图廓外要素和图廓内要素。最低监视引导高度图如图 3-148 所示。

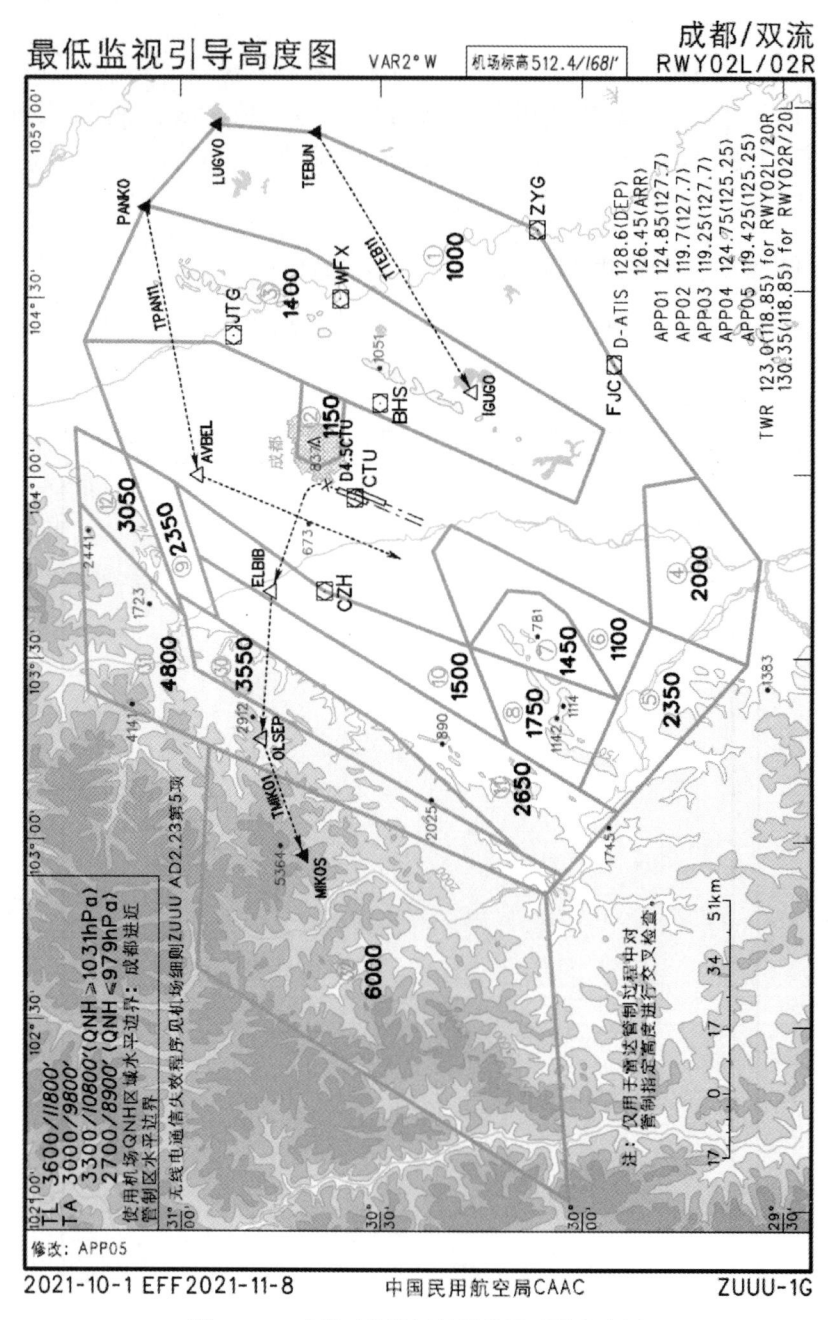

图 3-148 成都双流机场最低监视引导高度图

1. 图廓外要素

图廓外要素主要包括标题栏和图边信息。标题栏主要包括航图名称、机场标高、无线电通信频率、磁差和识别名称等信息。图边信息包括出版日期和生效日期、出版单位和航图编号。

1）航图名称

NAIP 图名为"最低监视引导高度图"；AIP 图名为"ATC SURVEILLANCE MINIMUM ALTITUDE CHART"。

2）机场标高

NAIP 中机场标高表示为"AD{空格}ELEV{空格}{以米为单位的标高数值}/{以英尺为单位的标高数值}"，四舍五入至 0.1 米，英尺为 1 英尺向上取整。以英尺为单位的数值由以米为单位的数值换算而来，换算公式为 1 米=3.280 8 英尺。

AIP 中机场标高表示为"AD{空格}ELEV{空格}{以米为单位的标高数值}m"，四舍五入至 0.1 米，如 AD ELEV 479.1m。

3）无线电通信频率

应当在图廓内标注机场使用的无线电通信频率，各频率从上至下的排列顺序通常为 APP（进近）、ATIS（或 D-ATIS）和 TWR（塔台）。

无线电通信频率的表示方式为"{通信服务代号}{空格}{主用频率}({备用频率})"。若无线电通信频率是整数，则保留小数点后一位；若不是整数，则按照实际情况公布。不标注频率的单位、工作时间和特殊规定。

当 APP 被划分为不同的管制扇区时，表示方式为"APP{扇区代号}{空格}{主频}({备频})"，如图 3-149 所示。

当 TWR 被划分为不同的管制扇区时，表示方式为"TWR {扇区代号}{空格}{主频}({备频}){空格}{适用的跑道号码}"。

当机场为不同跑道指配塔台频率时，表示方式为"TWR({扇区代号}){空格}{主频}({备频}){空格}{适用的跑道号码}"，如图 3-150 所示。

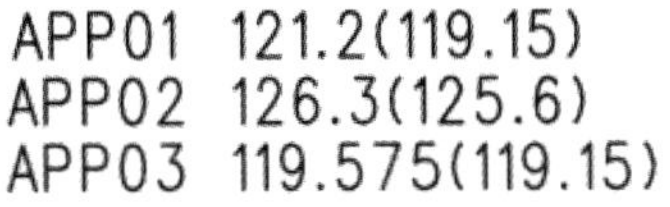

```
APP01   121.2(119.15)
APP02   126.3(125.6)
APP03   119.575(119.15)
```

图 3-149 管制扇区无线电通信频率

```
TWR 123.0(118.85) for RWY02L
TWR 130.35(118.85) for RWY02R
```

图 3-150 塔台无线电通信频率

4）磁差

标注机场所在位置的磁差。西磁差表示为"VAR{磁差值}°W"，东磁差表示为"VAR{磁差值}°E"。四舍五入取整，精确至 0.1°。

当最低监视引导高度图的监视引导范围覆盖进近管制空域时，选取机场磁差；当监视引导范围覆盖区域管制空域时，选取区域平均磁差。

5）识别名称

识别名称包括机场所在城市名称和机场名称。城市名称、机场名称应当以民航局的相关批复文件为依据，应当和机场运行许可证上的名称一致；如果没有机场名称，则仅公布城市名称。通常，识别名称表示为"{城市名称}{/}{机场名称}"。

6）出版日期和生效日期

出版日期和生效日期的位置在最低监视引导高度图的左下角或右下角。出版日期应当位于外侧，当位于左下角时，生效日期在出版日期的后面；当位于右下角时，生效日期在出版日期的前面。出版日期和生效日期之间以空格分开。

出版日期采用北京时间，表示方式为"{年}-{月}-{日}"。其中，年为四位数字，月为一位或两位数字，日为一位或两位数字。

生效日期采用 AIRAC 日期。NAIP 航图采用北京时间，表示方式为"EFF{年}-{月}-{日}"。其中，年为四位数字，月为一位或两位数字，日为一位或两位数字。AIP 航图采用 UTC 时间，表示方式为"EFF{年}{月}{日}{时}{分}"。其中，年、月、日、时、分均为两位数字。

7）出版单位

出版单位标注为"中国民用航空局 CAAC"。

8）航图编号

（1）NAIP 的表示方式为"{机场地名代码}-{序号}"。序号由数字序号和字母序号组成。

① 数字序号均为 1，与区域图和放油区图相同。

② 字母序号从 A 开始，按照区域图、放油区图、最低监视引导高度图的顺序依次排列。

（2）AIP 的表示方式为"{机场地名代码}{空格}{AD2.24}-{序号}"。序号由数字序号和字母序号组成。

① 数字序号均为 6，与放油区图相同。

② 字母序号从 A 开始，按照放油区图、最低监视引导高度图的顺序依次排列。

例如，同一个机场的最低监视引导高度图的编号在 NAIP 中用 ZLXY-1A 表示，在 AIP 中用 ZLXY AD2.24-6A 表示。

2. 图廓内要素

最低监视高度图图廓内要素包括图廓内地理信息要素和一般性要素、最低监视引导高度扇区内要素和最低监视引导高度扇区外要素。

1）图廓内地理信息要素和一般性要素

（1）经纬网。沿图廓线内侧，以 30′的间距，用短划线绘制经纬度刻度线，确保每条图廓线上有两条以上刻度线。沿上图边的刻度线两侧，标注经纬度值。经度值以三位数字标注度（不足三位的，首位补"0"），以两位数字标注分；沿左图边的刻度线两侧，分别用两位数字标注纬度值的度和分。为保证图幅内容清晰，也可以在下图边和右图边标注经纬度值。

（2）地貌。采用等高线、等高值、高程值和分层设色法标绘地貌。

等高线的选择方法为：应当以充分描绘地形地貌、便于飞行员辨识为原则选择等高线。通常，将机场标高之上的下一个百米等高线作为第一条等高线，在此基础上，选择图幅范围内的其他等高线，总数不得超过 5 条。等距应当以规则的间隔表现高程变化情况。等高线的选取方法适用于同一机场的所有最低监视引导高度图。

如果机场位于为山顶，可能需要标绘出低于机场标高的等高线。

等高线应当有一套等高值。等高值应当系统地、阶梯性地放置在每条等高线上，字头朝向高处，便于使用者判读。

分层设色方法：用 5%、15%、25%、35% 和 45% 的黑色，从低到高填充两条等高线之间的封闭区域。

标绘地形中的高程点，注记高程值。

（3）人文地物要素。当机场所在城市在图幅范围内时，应当绘制其居民地外形轮廓，并标注城市名称。应当绘制图幅范围内其他主要城市轮廓，仅在市级以上的居民地轮廓线外标注城市名称。NAIP 标注中文名称，AIP 标注汉语拼音，汉语拼音作为中国地名罗马字母拼写法，其拼写应符合 GB/T 2260—2007《中华人民共和国行政区划代码》的要求。

应当标绘图幅内的界线，包括国界线和特别行政区的行政区域界线，并应当沿着国界线和特别行政区的行政区域界线注记名称。

（4）水文地理要素。应当绘制图幅内的主要水文地理要素，尤其是那些具有明显地标作用，或者机场周边对飞行员具有领航参考价值的水域，包括常年湖泊、河流、运河、水库等，通常不标注其名称。

（5）雷达引导扇区控制障碍物。雷达引导扇区控制障碍物包括自然地物（如山、树木）和人工障碍物，应当选择相应的符号和注记来标注扇区控制障碍物的位置与标高，1 米向上取整。

（6）线段比例尺。应当以线段比例尺的形式公布制图比例尺。线段比例尺的长度为 4 厘米，以 1 厘米为单位绘制刻度线。在第一个刻度线内间隔 0.2 厘米绘制短刻度线。

计算图上 1 厘米表示的实际千米距离值，并依次标注在刻度线上，表示方式为"{距离值}{0}{距离值}{2 倍距离值}{3 倍距离值} km"。

（7）修订摘要。应当说明航图的主要修订内容。若修订内容较多或不便描述，NAIP 可公布为"程序"，AIP 可公布为"Procedure"；若为初始修订，NAIP 应当公布为"新图"，AIP 可公布为"New chart"。

《民用机场最低监视引导高度图编绘规范（征求意见稿）》给出的最低监视高度图图廓内地理信息要素和一般性要素图例如表 3-28 所示。

表 3-28 最低监视高度图图廓内地理信息要素和一般性要素图例

序号	要素名称	要素图示	颜色
1	等高线	采用轮廓填充，填充面从5%开始，以10%的梯度递增	边线 50%专棕
2	高程值	5364●	70%黑色
3	扇区控制障碍物	∆1100　541●	黑色

（续）

序号	要素名称	要素图示	颜色
4	居民地及城市名称	西安	50%专黑
5	水域		文字：100%专浅蓝 线型：30%专浅蓝
6	国境线	俄罗斯 中国	100%专浅蓝
7	经纬网格	102°00' 102°30' 31°00'	黑色
8	线段比例尺	15 0 15 30 45km	黑色
9	修订摘要	修改：新图	黑色

2）最低监视引导高度扇区内要素

（1）跑道。应当标绘机场所有铺筑面跑道的轮廓，土跑道和草跑道不用表示。以 ARP 为基准定位在地形图上。

跑道按正向绘制成空心的长方形，宽度为 1 毫米，长度依据跑道的实际长度（跑道的全长且包括不提供使用的部分）按比例绘制。以 ARP 为中心，绘制半径为 4 毫米的阴影。

多跑道机场，各条跑道间的相关位置也应当按比例尺绘制。必要时，可做适当的夸大处理，以便合理绘制、清晰判读。

雷达引导区域内如有其他运输机场，应当按比例尺绘制其轮廓。

（2）跑道中线延长线。从使用雷达引导的跑道两端入口向外标出跑道中线延长线，应当用点划线标出跑道中线延长线。延长线长度不小于 6 海里。

（3）无线电导航设施。用简略符号绘制图幅范围内的 VOR、VOR/DME、NDB、NDB/DME，并标注其识别代号。

（4）重要点。应当绘制与雷达监视引导相关的重要点，包括用实心三角形符号表示的强制报告点或用空心三角形符号表示的非强制报告点。应当标注重要点名称，包括五字代码点、P 点。

（5）引导点。最低监视引导高度图上五字代码点、P 点的必要补充，仅限在最低监视引导高度图上使用。应当绘制具有航迹引导作用的引导点，并标注名称。

引导点的命名方式为"{机场 ICAO 四码后两位}{三位阿拉伯数字序号}"或"{机场 ICAO 四码后两位}{两位阿拉伯数字序号}P"。必要时，需标注引导点的高度和速度限制。

（6）预定引导航迹。预定引导航迹是在最低监视引导高度图上，使用五字代码点、P 点、引导点或导航台，通过顺序相连的方式标绘的固定引导航迹。用带箭头的虚线段连接五字代码点、P 点、引导点或导航台，虚线段为预定引导航迹。必要时，预定引导航迹可标注航迹代号，航迹代号命名方式为"T{三位英文字母}{两位阿拉伯数字}"。三位英文字母应当取位于离场引导航迹末端或进场引导航迹起始端的 VOR 导航台识别代号；若端点位置为五字代码点，则取五字代码的前三个字母。在两位阿拉伯数字中，首位用于区分进离场；第二位以单双数区分跑道运行方向。预定引导航迹不公布角度、距离信息。

（7）雷达引导扇区。雷达引导扇区应当以机场 VOR/DME 导航台为圆心（无 VOR/DME 导航台时，以 ARP 为圆心），以 10 海里或 20 海里的整数倍为半径，用实线绘制同心圆，直至覆盖雷达引导扇区水平范围，且在每个圆上标注其半径数值。

在最低监视引导图上应当绘制雷达引导扇区的水平边界线，水平边界线应由无线电导航设施、重要点或坐标点组成。

雷达引导扇区范围、水平边界点的名称及经纬度坐标（精确至 1″）、最低监视引导高度等信息，应当公布于 NAIP 机场细则"雷达程序和/或 ADS-B 程序"和 AIP 机场细则 B 部分。

（8）雷达引导扇区编号。依据机场细则中公布的雷达引导扇区控制障碍物的磁方位信息，从数字 1 开始，按磁方位从小到大的顺序，顺时针依次确立障碍物所属扇区的扇区编号。当障碍物磁方位相同时，应当按障碍物所处的扇区从里到外依次编号。

（9）最低监视引导高度。应当公布扇区的最低监视引导高度。最低监视引导高度等于扇区超障区内控制障碍物的标高（自然障碍物应当加上 15 米植被高或实测植被高），加上相应的超障余度，50 米向上取整。

超障余度需根据地形特征和气象条件确定，应当至少提供 300 米的超障余度，在高原和山区应当视情况提供 300 ~ 600 米的超障余度。

（10）特殊空域。应标绘图幅范围内的禁区、限制区和危险区，并注明其识别名称、垂直界限和活动时间等。识别名称表示方式为"{所属情报区四字代码的首两位字母}({空域属性}){序号}"，空域属性用大写英文字母 P、R、D 分别代表禁区、限制区、危险区，序号为三位阿拉伯数字，如图 3-151 所示。

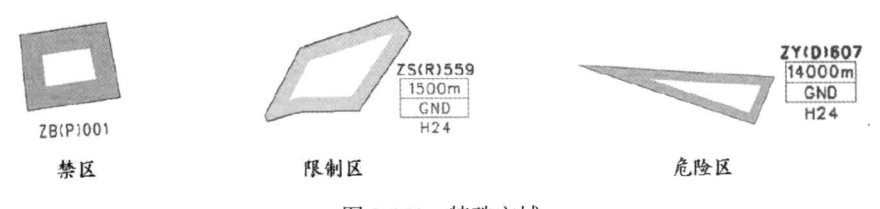

图 3-151　特殊空域

《民用机场最低监视引导高度图编绘规范（征求意见稿）》给出的最低监视引导高度扇区内要素图例如表 3-29 所示。

表 3-29　最低监视引导高度扇区内要素图例

序号	要素名称	要素图例	颜色
1	跑道		黑色，阴影为 20% 黑色

（续）

序号	要素名称	要素图例	颜色
		单跑道、多跑道、虹桥、浦东、雷达引导区内其他机场	黑色
2	跑道延长线		黑色
3	无线电导航设施	SHX	黑色
4	五字代码点	LOVRA	黑色
5	P点	P309	黑色
6	引导点	XY918 XY91P	黑色
7	预定引导航迹	TZNX12 ZNX XY918 / TLOV12 XY960 LOVRA	黑色
8	雷达引导扇区编号	①	40%黑色
9	最低监视引导高度	2500	黑色
10	扇区水平边界点	JTG PANKO	黑色
11	扇区水平边界线		40%黑色
12	雷达引导扇区	CZH CTU BHS 10NM	黑色
13	特殊空域	ZS(R)559 1500m GND H24	名称和边界：100%专浅蓝；阴影：35%专浅蓝

3）最低监视引导高度扇区外要素

（1）高度表拨正信息。过渡高度层和过渡高度（高）是高度表拨正程序的重要参考信息。

① NAIP 应当公布常规气象条件下的过渡高度层和过渡高度（高）、QNH≥1031hPa 和 QNH≤979hPa 时的过渡高度，分四行表示。

- 第一行为"TL {TL 米制数值}/{TL 英尺数值}"。

- 第二行为"TA　{TA 米制数值}/{TA 英尺数值}"或"TH　({TH 米制数值})/{TH 英尺数值}"。
- 第三行为"TA　{TA 米制数值}/{TA 英尺数值}(QNH≥1031hPa)"。
- 第四行为"TA　{TA 米制数值}/{TA 英尺数值}(QNH≤979hPa)"。

② AIP 应当公布常规气象条件下的过渡高度层和过渡高度（高）、QNH≥1031hPa 和 QNH≤979hPa 时的过渡高度，分四行表示。

- 第一行为"TL　{TL 米制数值}"。
- 第二行为"TA　{TA 米制数值}"或"TH　({TH 米制数值})"。
- 第三行为"TA　{TA 米制数值}(QNH≥1031hPa)"。
- 第四行为"TA　{TA 米制数值}(QNH≤979hPa)"。

如果过渡高度层或过渡高度（高）由 ATC 指定，则在填写数值的位置标注"by ATC"。

（2）航图用途提示。NAIP 中标注"仅用于雷达管制过程中对管制指定高度进行交叉检查"。

（3）注释。应当公布无线电通信失效程序的文字说明。当图内空间不足时，可将无线电通信失效程序内容置于机场细则 AD2.22 章节，图上附文字说明："无线电通信失效程序见机场细则 ZXXX AD2.22 第 × 项。"

必要时，应当注明"当温度过低时，管制员需在原有最低监视引导高度的基础上增加 100 米的超障余度，作为最低监视引导高度实施指挥"。

《民用机场最低监视引导高度图编绘规范（征求意见稿）》给出的最低监视引导高度扇区外要素图例如表 3-30 所示。

表 3-30　最低监视引导高度扇区外要素图例

序号	要素名称	要素图示	颜色
1	TL、TA、QNH 水平边界	TL　3600/11800' TA　3000/9800' 　　3300/10800'(QNH≥1031hPa) 　　2700/8900'(QNH≤979hPa)	黑色
2	文字说明	仅用于雷达管制过程中对管制指定高度进行交叉检查	黑色

本节练习题

简答题

1. 什么是最低监视引导高度？
2. 民用机场最低监视引导高度图的作用是什么？
3. 最低监视引导高度扇区内包括哪些主要要素？

第四章 航行通告

本章学习目标

- 了解常见的航行通告系列；
- 理解签发航行通告的规定；
- 掌握常见航行通告的格式和填写拍发规定；
- 掌握常见的航行通告电报等级和识别标志。

第一节 航行通告概述

航空情报服务部门向各种飞行提供的服务主要有两个方面：一是航行资料服务，二是航行通告服务。其中航行通告服务是大量的、每时每刻都要处理好的经常性工作。

航行通告是指以电信形式发布有关任何航行设施、服务、程序或危险的确立、状况或变化的情报通告，及时了解此类通告对与飞行活动有关的航务人员至关重要。发布航行通告的目的主要是为机组提取飞行前资料公告，使相关航空人员得到相应的航行信息，是机组人员做好飞行前准备的重要工作之一。它对保障飞行安全、正常和效率起着非常重要的作用。

航行通告的收集、发布和处理工作，分别由民航局航空情报服务中心国际航行通告室、地区航空情报服务中心航行通告室和机场航空情报室负责。常用的航行通告主要有一级航行通告、二级航行通告（包括定期制航行通告）、雪情通告和火山通告等。一级航行通告、雪情通告和火山通告用电信方式发布；二级航行通告（包括定期制航行通告）用电信以外的方式发布。

航行通告按系列划分为 A、C、D、E 和 F 系列的航行通告，S 系列的雪情通告，V 系列的火山通告。其中，A、E、F 为国际系列；C 为国内系列，D 为地区系列；S 和 V 既是国际系列，也是国内系列。除雪情通告和火山通告外，可根据需要增加或更改相应的航行通告系列。

第二节 一级航行通告

一、一级航行通告的一般要求

（1）除了触发性航行通告，一份航行通告仅应处理一个事件或有关该事件的一种情况。

（2）航行通告应准确和完整地描述事件的具体情况，必要时应说明事件发生的原因。

（3）作为一种快速分发航空情报的手段，航行通告的篇幅不宜过长。包括大量文字和（或）图形的临时性资料，宜按航空资料汇编补充资料发布。

（4）一份航行通告超过限定长度（1 200 字节）时，应以同一系列编号分多部分发布，并在每部分报文后加注部分报的标志，如"PART 1 OF 4"。

（5）当航行通告发布的内容为航空情报资料变更时，不仅应发布变更后的情况，而且应将变更前的情况加以描述，必要时应注明需参阅的航空资料相关条款。

（6）当航行通告出现错误时，应发布代替航行通告，或者在取消该航行通告后签发一份新航行通告，不应签发航行通告更正报。

（7）永久性航行通告的内容编入航空资料汇编后，应在航空资料汇编修订生效后第 15 天发布取消航行通告，予以取消。

（8）国际系列航行通告正文应使用英文和航空资料汇编公布的英文简缩字（以下简称"简缩字"）编写，时间应使用 UTC 时间；国内系列航行通告正文可使用中文和简缩字编写，时间应使用北京时间。

二、一级航行通告的格式和内容

一级航行通告的格式如表 4-1 所示。

1．电报报头

1）格式

报头部分由两行组成，第一行为电报等级和收电地址，收电地址可填写多个，各项之间加一个空格；第二行为签发时间和发电地址，两项之间加一个空格，发电地址只能填写一个。

2）电报等级

一级航行通告电报等级宜使用电报等级"GG"（急报），紧急情况可使用"DD"（特急报）。

3）收电地址

收电地址由 8 个英文字母组成，前 4 个字母为 ICAO 规定的四字地名代码，第 5~6 或第 7 个字母为部门代码，不足位应由填充码补齐，通常使用大写字母"X"。按通信规定，收电地址最多只能在一行中表示。例如，"YNYX"代表民航局国际航行通告室。

4）签发时间

签发时间由六位数字组成，从前至后每两位数字分别表示日、时和分。例如，011539 表示 1 日 15 时 39 分。A 系列航行通告采用 UTC 时间发布，C、D 系列航行通告采用北京时间发布。

表 4-1　一级航行通告的格式

报头	电报等级 → 收电地址 《≡
	签发时间 → 发电地址 《≡

航行通告系列编号和标志

新航行通告	NOTAMN 系列编号
代替航行通告	NOTAMR 系列编号　　　　　被代替的航行通告系列编号
取消航行通告	NOTAMC 系列编号　　　　　被取消的航行通告系列编号 《≡

限　定　行

飞行情报区	航行通告代码	飞行类型	签发目的	影响范围	下限	上限	坐标、半径
Q)	Q						《≡

发生地	A)	→

生　效　期

生效时间	B)	→
失效时间 （包括预计失效或永久有效）	C)	EST* PERM* 《≡
分段时间	D)	→ 《≡
航行通告正文 （用明语和简缩字填写）	E)	《≡
下限	F)	→
上限	G)	(《≡

注：《≡ 为换行，→ 为空一格，* 按情况删除。

5）发电地址

发电地址的组成同收电地址，发电地址只能填写一个。

2．航行通告系列编号和标志

1）航行通告系列编号和标志的格式

航行通告系列编号和标志应另起一行，两者之间加一个空格，并在系列编号前加正括号"("作为航行通告的起始符。

2）系列编号

系列编号由系列代码、序号、斜线"/"和年份组成，中间无空格。

系列代码用一个英文字母表示，序号用四位数字表示，年份用两位数字表示。序号应从每年公历1月1日零时开始，自0001连续编号，如A0031/16、E0031/16、C0103/03、D0135/03。

3）标志

一级航行通告的识别标志为 NOTAM，新航行通告的识别标志为 NOTAMN。例如，新航行通告"A0022/10 NOTAMN"。

代替航行通告的识别标志为 NOTAMR。标志前应填写代替航行通告系列编号，标志后应填写被代替的航行通告系列编号，两个系列编号与标志之间应用一个空格分开。代替航行通告生效的同时，被代替航行通告失效。例如，代替航行通告"C0022/10 NOTAMR C0011/10"，C0022/10 生效的同时 C0011/10 失效。

取消航行通告的识别标志为 NOTAMC。标志前应填写取消航行通告的系列编号，标志后应填写被取消航行通告的系列编号，两个系列编号与标志之间应用一个空格分开。自取消航行通告发布之时起，两份航行通告同时失效。例如，取消航行通告"D0022/10 NOTAMC D0011/10"，D0022/10 和 D0011/10 自发布时起同时失效。

3．Q 项：限定行

1）限定行的格式

限定行应另起一行，以"Q）"开始，后接 8 个子项，每个子项用斜线"/"隔开，如果某一子项无内容填写，不必保留斜线之间的空格，但斜线不应省略。

各子项的定义如下：飞行情报区、航行通告代码、飞行种类、签发目的、影响范围、下限和上限、坐标、半径，如"Q）ZBPE/QWMLW/IV/BO/W/000/197/3802N11240E008"。

2）飞行情报区

飞行情报区用 ICAO 规定的四字地名代码填写。涉及多个飞行情报区时，应填写飞行情报区组代码（国家代码后接"XX"），并在 A 项中逐一列出飞行情报区的代码，我国的飞行情报区组代码为"ZXXX"。

例：Q）ZXXX/QWELW/……

A）ZBPE ZSHA ZGZU

3）航行通告代码

航行通告代码用五字码表示，第 1 个字母 Q 为识别码；第 2～3 个字母为航行通告内容的主题；第 4～5 个字母为航行通告主题的状态。启动航行通告第 4～5 个字母使用"TT"。当航行通告的主题或主题的状态无适当的代码可供使用时，应使用"XX"代替。如果第 2～3 个字母已使用"XX"，则第 4～5 个字母也应使用"XX"。当航行通告代码填写为"QXXXX"时，飞行种类、签发目的、影响范围等项应根据实际情况填写，如 QRCXX、QXXXX、QARTT。

4）飞行类型

填写航行通告涉及的任意一种飞行类型和情况。

（1）I：对仪表飞行规则的飞行有影响。

（2）V：对目视飞行规则的飞行有影响。

（3）IV：对仪表飞行规则和目视飞行规则的飞行均有影响。

（4）K：航行通告校核单。

5）签发目的

按《民用航空航行通告选择标准代码表》中的选项填写代码。使用该标准以外的代码时，签发目的可选择下列情况中的一种或多种。

（1）N：需立刻引起飞行员注意的航行通告。

（2）B：供选入飞行前资料公告的航行通告。

（3）O：对仪表飞行规则的飞行有重要意义的航行通告。

（4）M：航行通告，不包括在飞行前资料公告中，但可按申请提供。

（5）K：航行通告校核单。

6）影响范围

（1）A：机场区域。

（2）E：航路。

（3）W：航空警告。

（4）AE：机场/航路。

（5）AW：机场/航空警告。

注意，选用AE、AW时，代码顺序不得颠倒。

无线电导航设施可用于航路飞行或机场区域飞行，有的既用于航路飞行，又用于机场区域飞行，因此应根据情况填写代码。

7）下限和上限

下限和上限应分别用三位数字表示飞行高度层，下限值应向下取整，上限值应向上取整，单位为百英尺，但不必标注。需注意公制单位米和高度层的换算，如下限600米，上限11 000米，应填写020/361。

当航行通告主题涉及空域结构或航空警告时，应填写下限和上限值，且应与F项和G项的数据相匹配。

例如，当F项为"600m AMSL"，G项为"11 000m AMSL"时，Q项中的下限和上限应填写020/361。

当下限为地面或海平面时，应以"000"表示；当上限为无限高时，应以"999"表示。当航行通告内容不涉及高度限制时，应填写"000/999"作为缺省值。

8）坐标、半径

坐标表示航行通告所影响区域的几何中心，应用经纬度表示。纬度在前，由表示度和分的四位数字及表示北纬的字母N或表示南纬的字母S组成；经度在后，由表示度和分的五位数字及表示东经的字母E或表示西经的字母W组成。经纬度值应四舍五入，精确到分。坐标取值方法如表4-2所示。

表4-2 坐标取值方法

航行通告内容和影响范围	坐标取值
影响范围为"A"	机场基准点坐标（ARP或适当的坐标）
影响范围为"AE"或"AW"	机场ARP、适当的坐标或区域的几何中心
已知点（如导航台、报告点等）且影响范围为"E"或"W"	该点坐标
特定空域（如危险区、限制区等）且影响范围为"E"或"W"	区域的几何中心

（续）

航行通告内容和影响范围	坐标取值
特定空域以外的活动（如炮射、爆破和释放气球等）且影响范围为"W"	适当的坐标或区域的几何中心
航路/航线或航段且影响范围为"E"	不填写
涉及整个飞行情报区	不填写

半径用三位数字表示，单位为海里，但不必标注。半径取值方法如表 4-3 所示，表中未列出者应依据实际情况填写并向上取整，所取的半径值应覆盖整个受到影响的区域。

表 4-3 半径取值方法

航行通告选择标准代码	航行通告内容和影响范围	半径
Q……	涉及机场且影响范围只填写"A"；无法确定适当的半径且影响范围填写"AE"或"AW"	005
QN……	除远程导航系统外的所有导航设施（如 VOR、DME 和 NDB 等）	025
QOB……	障碍物	005
QOL……	障碍物灯	005
QPH……	等待程序	025
QPX……	最低等待高度	025
QAP……QAX……	报告点、交叉点	025

坐标的纬度和经度及半径之间不应有任何符号或空格。

例如，以北纬 26°30′42″、东经 82°46′26″为中心，半径 27.1 海里的区域范围应填写为"2631N08246E028"。

4．A 项：发生地

（1）发生地应另起一行，以项目编号"A）"开始，后接 ICAO 规定的机场或飞行情报区四字地名代码。

（2）一份航行通告只可填写一个机场，且该机场在地理划分上应归属于 Q 项中填写的飞行情报区。

（3）一份航行通告可填写一个或多个飞行情报区，且应与 Q 项中填写的飞行情报区或飞行情报区组相对应，各飞行情报区四字地名代码之间应当加一个空格。

（4）当一份航行通告涉及的飞行情报区超过 7 个时，应分为两份航行通告发布。

（5）机场和飞行情报区不应在一份航行通告的 A 项中同时出现。

（6）当航行通告内容涉及两个（含）以上机场时，应按机场发布多份航行通告。若影响范围代码为"AE"或"AW"，其中一份航行通告应填写"AE"或"AW"，其他航行通告宜填写"A"。

例如，深圳宝安机场和珠海三灶机场均使用连胜围 VOR/DME，影响范围为"AE"，当该台出现状况时，应发布以下两份航行通告：

第一份：

(F0617/10 NOTAMN
Q）ZGZU/QNMAS/IV/BO/AE/000/999/2200N11323E025
A）ZGSZ

第二份：

（F0618/10 NOTAMN

R）ZGZU/QNMAS/IV/BO/A/000/999/2200N11323E025

A）ZGSD

（7）A 项填写内容与 Q 项中影响范围代码的对应关系应符合 MH/T 4031—2011《民用航空航行通告代码选择范围》的规定。

5. B 项：生效时间

（1）生效时间应在 A 项内容之后加一个空格，以项目编号"B）"开始，后接十位数字，从前至后每两位数字分别表示年、月、日、时和分。

（2）当航行通告为立即生效时，应填写航行通告的发布时间，不应使用"WIE"或"WEF"等简缩字表示不确定的时间。

（3）当生效时间为零点时，应使用"0000"表示，不应使用"2400"。

例如，2021 年 8 月 12 日零时起生效表示为"B）2108120000"。

6. C 项：失效时间

（1）失效时间应在 B 项内容之后加一个空格，以项目编号"C）"开始，后接十位数字，从前至后每两位数字分别表示年、月、日、时和分。

（2）当航行通告失效时间无法准确设定时，应在估计的失效时间之后加上简缩字"EST"表示预计失效。在该航行通告预计失效之前应发布代替或取消航行通告，否则该航行通告将继续有效。

（3）当航行通告的内容为永久性资料时，应在项目编号"C）"后面填写"PERM"表示永久有效。

（4）不应使用"APRX""DUR""UFN"等简缩字表示不确定的结束时间。

（5）当失效时间使用 24 时计时法时，应减一分以"2359"表示，不应填写"0000"或"2400"。

例如，2021 年 8 月 16 日 24 时失效表示为"C）2108162359"。

7. D 项：分段时间

（1）分段时间应另起一行，以项目编号"D）"开始，后接生效期间的分段生效时间。时间的描述不应使用文字。

（2）应填写有时间跨度的时间段，不应使用时间点。

（3）不应使用"SR"（日出）、"SS"（日没）等不确定的时间。

（4）一般情况下，D 项第一个时间段的起始时间和最后一个时间段的结束时间应分别与航行通告的 B 项生效时间和 C 项失效时间一致，即与 B 项和 C 项时间的后四位相符合。但当 D 项分段日期以星期几来表示，且 B 项和 C 项时间跨两星期或以上时，会出现例外情况。

例如，由于 B 项生效时间为 8 月 12 日星期四，所以并不是 D 项第一个时间段的起始时间；而 C 项失效时间为 8 月 30 日星期一，并不是 D 项最后一个时间段的结束时间，可表示为：

B）1008121000　　C）1008301200

D）0800-1200 MON，TUE AND 1000-1800 WED-FRI

（5）如果分段时间比较复杂，可在 E 项中说明，但在 D 项中应注明"见报文"或"SEE TEXT"。

（6）日期和时间可用的简缩字及数字如下所示。

① 年份一般不出现在 D 项中，若时段跨年，可填写为"DEC，09—JAN，10"。

② 月份可使用简缩字 JAN、FEB、MAR、APR、MAY、JUN、JUL、AUG、SEP、OCT、NOV、DEC。

③ 日期可使用两位数字表示：01、02……30、31。

④ 星期可使用简缩字 MON、TUE、WED、THU、FRI、SAT、SUN。

⑤ 时间可使用表示时分的四位数字表示，如 0001—1600。

（7）时段可用的英文单词和简缩字及含义如下。

① DLY: DAILY，每天。

② EVERY: 每星期的固定某天，如 EVERY MON。

③ EXC: EXCEPT，除了。

④ H24: 24 HOURS，全天 24 小时。

⑤ AND: 最后两个时段之间的连接词。

（8）D 项可用以下英文标点符号。

① 连接符"—"：表示"从……至……"，与英文"FROM...TO..."同义，可用于表示连续的日、时、分和星期等时间。

② 逗号"，"表示并列关系，与英文"AND"同义，必要时可改用空格。

③ 括号"( )"。

8. E 项：航行通告正文

（1）正文应另起一行，以项目编号"E）"开始，后接以明语和简缩字填写的航行通告具体内容，明语中的文字应使用航空专业词汇和书面用语。

（2）E 项内容填写完成后，若不需要填写 F 项和 G 项，应在 E 项内容之后加反括号"）"作为航行通告的结束符。

（3）正文中可使用以下中、英文标点符号。

① 连接符"—"。

② 单引号"'"。

③ 冒号"："。

④ 括号"( )"。

⑤ 句号"。"和"."。

⑥ 逗号"，"。

⑦ 等于号"="。

⑧ 斜线"/"。

⑨ 正号"+"。

⑩ 负号"-"。

⑪ 使用"(A)"替代"@"。

（4）将汉字在航行通告传输过程中转换为四位数字的电报码。为保证将电报码准确地翻译成汉字，电报码之间及电报码和英文标点符号之间应加一个空格。

例如，"E）2455 0143 6037 150 1653（4318 2455 0143）"可准确地翻译为"方位角150度（磁方位）"。

（5）为避免将正文中的数字误翻译为汉字，数字应按以下方法填写。

① 以三位数分节的方法表示，如"18 000""7 000"。

② 以四位数字表示的年份前后应加英文括号，中间没有空格，如"(2010)年"。

③ 凡标注计量单位的数字应与计量单位合为一组，之间无空格，如"100M""200KM""1200FT""3850KHZ"等。

④ 表示时间时，应在时、分之间加冒号，如"18:00"。

（6）高度数据应注明计量单位和基准参照面，基准参照面应在高度数据后面用汉字或简缩字标注并加括号。不应采用数字加括号表示场压或不加括号表示修正海压的高度标注方法，如"1 200米（场压）""1 800M（修正海压）""80M（AGL）""1 800M（AMSL）"。

（7）英制高度层应由简缩字"FL"加三位数字组成，单位为百英尺。例如，"FL020"等于"2 000 ft（QNE）"。

（8）距离和半径等数据应注明计量单位。计量单位使用米、千米或海里等，或者使用相应的简缩字，如m（米）、km（千米）和nm（海里）等。

（9）角度和温度的标注方式如下。

① 航线角、导航设施的方位角或径向线应使用汉字或简缩字表示度，不应使用符号"°"，需要明确时可注明真方位或磁方位，如"航迹角90度"或"BEARING 30 DEG（MAG）"。

② 航向台的角度应使用中文或正、负符号注明正、负值，或者以左、右标注，如"正020度以外……""−010度以外……""航向信标前航向道左侧20度以外……"。

③ 温度应使用明语或简缩字表示摄氏度或华氏度，不应使用符号"℃"或"℉"。

（10）空域范围的标注方式如下。

① 当空域水平范围为圆形时，应以圆心和半径方式标注，圆心应标明具体坐标或导航设施。

② 当空域水平范围为多边形时，应以各点坐标按顺时针或逆时针方向标注成一个封闭的区域。坐标之间使用连接符"—"连接，最后一个坐标应和第一个坐标相同。

③ 空域垂直范围的下限应标注基准参照面（SFC或GND）或具体数据，上限应标注具体数据或无限高（UNL）。

④ 如果航空资料中已经公布了空域的水平和垂直范围且没有变化，则不必在E项中重复空域范围，但应注明空域名称或编号。

（11）当新辟航路或航段数据更改时，应注明航路代号、航段距离、磁航迹角和最低飞行高度等数据，导航设施的名称、类型和识别，以及报告点的名称。

（12）跑道、滑行道和停机坪等场道面名称应使用汉字或简缩字，并注明相应的编号，如RWY18L/36R、TWY NR22、TWY A2、03号跑道、T3号滑行道、5号停机坪。

（13）为避免产生歧义，以跑道两端为基准描述事件时，应明确"跑道入口"或"跑道末端"，不应使用"跑道端"的描述方式。

（14）导航设施的标注方式如下。

① 导航设施的类型应使用简缩字，如 NDB、VOR、DME、LLZ 和 OM 等。

② 识别应加单引号标注，频率应注明单位，DME 台应注明波道,频率和波道之间加斜线"/"。

例：大王庄 VOR/DME 'VYK' 112.7MHZ/CH74X 不提供使用。

（15）坐标可根据公布精度使用"HDDMMSS.ssLDDDMMSS.ss"或"HDDMM.mLDDDMM.m"的形式,纬度在前,经度在后。其中，H 表示北纬 N 或南纬 S；L 表示东经 E 或西经 W，"D"表示度（缺位补零），M 表示分，S 表示秒，s（视公布精度可省略）表示 1/10 秒或 1/100 秒，m 表示 1/10 分。度、分和秒不应使用汉字或符号"°""′""″"表示。

示例 1：精度为秒，表示为"N474459E0880505"。

示例 2：精度为 1/10 秒，表示为"N314429.2E1185204.0"。

示例 3：精度为 1/100 秒，表示为"N310851.60E1214754.45"。

示例 4：精度为 1/10 分，表示为"N4302.6E10813.0"。

9．F 项和 G 项：下限和上限

当报告的内容涉及有关航行警告和空域等限制时，应在 F 项填入下限，在 G 项填入上限；同时应标明基准面和度量单位，具体填写格式如表 4-4 所示。

表 4-4　下限和上限的填写格式

F 项	G 项
SFC	UNL
GND	UNL
SFC	××××M AMSL
GND	××××M AGL
GND	××××M AMSL
××××M AGL	××××M AGL
××××M AMSL	××××M AMSL
FL×××	FL×××

注：只能用表中列示的一种方式填写。

例如，"F200M AMSL　G）11 000M AMSL"，可用 SFC、GND（地面）表示下限，用 UNL（无限高）表示上限。

三、填写一级航行通告的其他规定

1．代替航行通告的拍发程序

（1）代替航行通告（NOTAMR）只能代替同一系列的一份航行通告，其主题应与被代替的航行通告一致，而且 A 项地址应相同。

（2）NOTAMR 的生效时间应为立即生效，不得填写将来的时间。

（3）NOTAMR 不得代替尚未生效的航行通告，应先取消该通告，再发一份新航行通告。

（4）对于多部分的航行通告，NOTAMR 应将其全部代替，不得只代替其中的一部分或几部分。

2．取消航行通告的拍发程序

（1）取消航行通告（NOTAMC）只能取消同一系列的一份 NOTAM。NOTAMC 的生效时间应为立即生效，不得填写将来的时间。对于多部分的航行通告，NOTAMC 应将其全部取消，不得只取消其中的一部分或几部分。

（2）NOTAMC 必须有 E 项，说明取消航行通告的原因。如果取消某份航行通告后需要立即签发新航行通告，NOTAMC 中应注明"见下一份通告"或"SEE NEXT NOTAM"。

（3）NOTAMC 的航行通告选择代码的填写方法如下。

① 第 2 和第 3 个字母必须与被取消的航行通告一致。

② 第 4 和第 5 个字母应选择下列与第 2 和第 3 个字母对应的条目相组合。

- Q…AK——恢复正常工作。
- Q…AO——可工作。
- Q…AL——按从前公布的限制/情况工作（恢复工作）。
- Q…CC——完成。
- Q…XX——其他（见报文）。

NOTAMC 的飞行种类和影响范围不填写，只在签发目的中填写"M"。

例：

（A0830/98 NOTAMC A0519/98

Q）ZBPE/QNVAK/M//000/999/

A）ZBAA

B）9809250630

E）VOR 'PEK' RESUMED NORMAL OPERATION.)

3．触发性航行通告的拍发程序

（1）A 项应填写涉及的所有飞行情报区四字地名代码，若内容仅涉及一个机场，则应填写该机场四字地名代码。

（2）B 项生效时间应与航空资料汇编修订或补充资料的生效时间一致。

（3）C 项失效时间的填写方法如下。

① 当内容为航空资料汇编修订时，结束时间应为生效时间加 14 天。

② 当内容为航空资料汇编补充资料且结束时间可以确定时，应与补充资料的结束时间一致。

③ 当内容为航空资料汇编补充资料但结束时间不确定时，应以生效时间加 3 个月作为预计结束时间。

（4）E 项内容包括以下三部分。

① 关键词"TRIGGER NOTAM"应始终放在 E 项的第一行。

② 相关航空资料汇编修订或补充资料的期号和生效时间。

③ 相关航空资料汇编修订或补充资料内容重要变化的概述。

4．航行通告校核单的拍发程序及格式

（1）航行通告校核单是一种特殊形式的航行通告，用于帮助用户检查和校对现行航行通告的状况，以保证航行通告数据库中数据的完整和正确，并提醒用户注意最新发布的航空情报资料。

（2）航行通告校核单规定，每个航行通告系列应按航行通告格式单独发布校核单。一个新系列航行通告的第一份校核单应以新航行通告的形式发布，后续的校核单应以代替校核单的形式发布，代替前一份校核单且立即生效。

（3）航行通告校核单一般在每月的 1 日定期发布，有效期为 1 个月，预计结束时间为下个月的 1 日。校核单不宜进入飞行前资料公告。航行通告不应以航行通告校核单的形式取消，应发布取消航行通告。

（4）航行通告校核单的格式和内容如下。

① Q 项应填写"QKKKK"，"飞行类型""签发目的"和"影响范围"应填写"K"。

② A 项应填写航行通告校核单发布单位所属的飞行情报区四字地名代码,民航局空管局航空情报服务中心国际通告室填写"ZBBB"。

③ E 项内容包括三部分。

- 关键词"CHECKLIST"应始终放在 E 项的第一行。
- 按公历年分组列出有效航行通告，由年份和有效航行通告序号组成。其中，年份由英文单词"YEAR"加"="再加四位数字组成，中间没有空格，如"YEAR=2008"。下一年应另起一行表示。有效航行通告序号应在年份后空一格，由小到大依次排列，系列代码和年份应省略，仅填写四位数字的序号，序号之间加一个空格。序号之间不应以任何标点符号分隔，最后一个序号后面不应以"。"结束。
- 最新发布的航空情报资料期号，这部分仅限民航局空管局航空情报服务中心国际通告室发布。

（5）航行通告校核单纠错程序如下。

如果航行通告校核单中包含已失效的航行通告，则应发布一份新的航行通告校核单代替原航行通告校核单，不应发布航行通告校核单的更正报。

如果航行通告校核单遗漏了有效航行通告，则：

① 若遗漏的航行通告已经生效，应发布代替航行通告，以替代漏失的航行通告，或者发布新的航行通告校核单，代替原航行通告校核单。

② 若遗漏的航行通告还未生效，应先发布取消航行通告，以取消漏失的航行通告，然后发布与被取消航行通告结束时间和内容相同的新航行通告，或者发布新的航行通告校核单替代原航行通告校核单。

（6）填写航行通告的其他要求。

① 除触发性航行通告外，一份航行通告只应处理一个事件或有关该事件的一种情况。

② 航行通告应准确和完整地描述事件的具体情况，文字描述应简短、明确，数据应准确、完备，必要时宜说明事件发生的原因。

③ 作为一种快速分发航空情报的手段，航行通告的篇幅不宜过长，包括大量文字和/或图形的临时性资料，宜以航空资料汇编补充资料的形式发布。

④ 当航行通告发布的内容为航空情报资料变更时，不仅应发布变更后的情况，而且应将变更前的情况加以描述，以便用户不需要查阅航空资料即可获得相关信息，并对信息的变化情况进行比对。必要时，应注明需参阅的航空资料变更的相关条款，以便用户查询航空资料的变更内容。

⑤ 新航行通告在发布时即为有效航行通告，生效时间可以是立即生效，也可以是将来生效。

⑥ 当航行通告出现错误时，不应发布更正航行通告，而应发布代替航行通告，或者取消后签发一份新航行通告。

⑦ 有效的航行通告应根据飞行任务和提取方式，进入相应的飞行前资料公告中。

⑧ 永久性航行通告的内容应编入航空资料汇编，并应在航空资料汇编修订生效 15 日后发布取消航行通告，予以取消。

⑨ 当一份航行通告超过规定长度时，应以同一系列编号分多部分发布。

⑩ 航行通告提供的数据宜使用公制计量单位，使用英制计量单位时应予以明确的标注。

⑪ 国际系列航行通告应使用大写的英文编写，时间应使用 UTC 时间；国内系列和地区系列航行通告应使用中文编写，时间应使用北京时间。

⑫ 航行通告应在系列编号前以正括号"（"开始，在 E 项或 G 项（如需填写）内容之后以反括号"）"结束，A 项至 G 项代码之后的反括号"）"不应省略。

航行通告项目填写检查一览表如表 4-5 所示。

表 4-5　航行通告项目填写检查一览表

项目	NOTAMN	NOTAMR	NOTAMC	TRIGGER	CHECK LIST
航行通告标志	填写	填写	填写	填写	填写
被代替或取消的航行通告系列编号	不填写	填写	填写	不填写	填写
飞行情报区	填写	填写	填写	填写	填写
航行通告代码	填写	填写	填写	填写	填写
飞行类型	填写	填写	不填写	填写	填写
签发目的	填写	填写	填写"M"	填写	填写
影响范围	填写	填写	不填写	填写	填写
下限和上限	填写	填写	填写	填写	填写

四、一级航行通告举例

1．代替航行通告举例

```
GG   ZBAAOIXX
020117ZBBBYNYX
（F1260/14NOTAMRA0966/14
Q）ZSHA/QXXXX/IV/B/A/000/999/3652N11713E005
```

A）ZSJN B）1412150136 C）1505011600

E）EMERGENCYLANDINGSTRIPCLSD.）

2．取消航行通告举例

GG ZBAAOFXX

310439ZWWWOFXX（C1337/14NOTAMCC1086/13

Q）ZWUQ/QOBAW//M/A/000/999/

A）ZWSH B）1412310437

E）OBSTACLECOMPLETELYWITHDRAWN.）

（C0022/15NOTAMCC1330/14

Q）ZSHA/QIOAK//M/A/000/999/

A）ZSQDB）1501131600

E）OM75MHZFORRWY35OKAY.）

3．触发性航行通告举例

GG　AAAAAAAA　ZBBBCKXX

130604ZBBBYNYX

（A2667/16NOTAMN

Q）ZXXX/QAFTT/IV/BO/E/000/999/

A）ZBPEZGZUZHWHZJSAZLHW B）1611091600 C）1611231600

E）TRIGGER NOTAM.）

第三节　雪情通告

雪情通告是指一种专门系列的航行通告，用标准的格式提供跑道表面状况报告，通知由于活动区内有雪、冰、雪浆、霜、积水或与雪、雪浆、冰或霜有关的水而存在的危险情况，或者这种险情的停止。雪情通告的识别标志为 SNOWTAM。当跑道、停止道、滑行道、停机坪上有积雪、结冰、雪浆或跑道灯被积雪覆盖时，机场航空情报室应当发布雪情通告。

雪情通告的电报等级为 GG，使用系列为 S，发至民航局空管局航行通告室、与当日飞行有关的地区航空情报服务中心航行通告室和机场航空情报室。我国对外开放机场的雪情通告，由民航局空管局航行通告室向国外转发。雪情通告必须在第一架进出机场或备降的航空器预计起飞 1 小时 30 分前交电台发出。从航空器飞行开始至结束，应当根据雪情变化或扫雪情况每小时发布一次。

一、雪情通告的一般规定

（1）雪情通告的有效时间最长不得超过 8 小时。

（2）任何时候收到新的跑道状况报告时，都应发布新的雪情通告，上一份雪情通告同时失效。雪情通告出现错误时，应发布新的雪情通告，不应签发更正雪情通告。

（3）多跑道运行的机场，当其中一条跑道的雪情发生变化时，也应发布新的雪情通告，可采用最新一次的观测时间，雪情未发生变化的其他跑道可按上一次公布的数据（值）发布。

（4）一份雪情通告发布两条（含）以上跑道的雪情时，应针对每条跑道重复 B 项至 H 项，即重复飞机性能计算部分的信息。

（5）所有公布的数据（值）应采用公制单位，除 T 项外，其他各项仅填写数值，不应填写测量单位。

（6）从每年公历 7 月 1 日零时开始，第一次发布雪情通告的序号为 0001，顺序编号至第二年的 6 月 30 日 24 时止。国际分发的雪情通告全国统一编号，国内分发的雪情通告各机场单独编号。

（7）雪情通告应使用英文和简缩字编写，国际分发的雪情通告时间应使用 UTC 时间；国内分发的雪情通告时间应使用北京时间。

（8）雪情通告各项的项目编号仅供编制报文时参考使用，不应出现在正式发布的报文中。

（9）雪情通告格式中的字母 M 表示强制性信息，字母 C 表示条件性信息，字母 O 表示选择性信息。强制性信息是指应填写的信息。条件性信息是指满足一定触发条件后填写的信息。选择性信息是指根据报告的跑道状况而视情况填写的信息。强制性信息包括：

- A 项：发生地。
- B 项：观测时间。
- C 项：跑道号码。
- D 项：跑道状况代码。
- G 项：跑道状况说明。

二、雪情通告的格式和内容

新版雪情通告格式如表 4-6 所示。

表 4-6　新版雪情通告格式

（2021 年 11 月 4 日起生效）

（报头）	（电报等级）		（收电地址）		《≡
	（签发时间）		（发电地址）		《≡
（简化报头）	（SW 国家代码* 序号）		（地名代码）	观测时间	（任选组）
	S W	* *			《≡(
雪情通告 →		序号	《≡		
飞机性能计算部分					
（发生地）			M	A)	《≡
（观测时间）（测定结束时间，UTC）			M	B)	→
（跑道号码）			M	C)	→
（跑道状况代码）（RWYCC）			M	D) //	→
（跑道污染物覆盖范围）			C	E) //	→
（跑道污染物深度）（mm）			C	F) //	→

（续）

（跑道状况说明） 压实的雪 干雪 压实的雪面上有干雪 冰面上有干雪 霜 冰 雪浆 积水 压实的雪上面有水 湿 湿冰 湿雪 压实的雪面上有湿雪 冰面上有湿雪 干	M	G）	// →
（跑道状况代码对应的跑道宽度）	O	H）	〈≡≡
情境意识部分			
（跑道长度变短）（m）	O	I）	
（跑道上有吹积的雪堆）	O	J）	→
（跑道上有散沙）	O	K）	→
（跑道上的化学处理）	O	L）	→
（跑道上有雪堤）	O	M）	→
（滑行道上有雪堤）	O	N）	→
（跑道附近有雪堤）	O	O）	→
（滑行道状况）	O	P）	→
（停机坪状况）	O	R）	→
（测定的摩阻系数）	O	S）	《≡
（明语说明）	O	T）	）

注：《≡为换行，〈≡≡为空一行，→ 为空一格，* 填写 ICAO 7910 文件中公布的国家代码。

1．电报报头

雪情通告电报报头的格式与航行通告相同。

2．简化报头

（1）雪情通告应采用简化报头，以便进行雪情通告的自动处理、检索和查询。

（2）编入简化报头"TTAAiiii CCCC MMYYGGgg"是为了便于自动处理计算机数据库内

的雪情电报。各组代码之间加一个空格，这些符号的含义如下。

① TT：雪情通告的识别标志，由两个字母组成，填写"SW"。

② AA：国家或地区地理位置识别代码，由两个字母组成。国际分发的雪情通告应填写我国国家代码"ZX"；国内分发的雪情通告应填写机场所属的地区代码，如ZB、ZL、ZW、ZY等。

③ iiii：雪情通告序号，由四位数字组成。

④ CCCC：发生雪情的机场四字地名代码。

⑤ MMYYGGgg：观测时间由八位数字组成。其中，MM 表示月，YY 表示日，GG 表示时，gg 表示分。应与 B 项中最新观测跑道的时间一致。

示例：北京首都机场第一号雪情通告，观测时间为 11 月 8 日 16 时整，简化报头为"SWZB0001 ZBAA 11081600"。

3．飞机性能计算部分

1）A 项：发生地

发生地应另起一行，以项目编号"A）"开始，后接发生雪情的机场四字地名代码，应与简化报头的四字地名代码一致。

2）B 项：观测时间

观测时间应另起一行，填写八位数字表示观测的日时组。多跑道运行的机场在报告两条（含）以上跑道时，应分别填写每条跑道的观测时间。最新观测的跑道时间应与简化报头的观测时间一致。该项为强制性信息。示例："09111357"。

3）C 项：跑道号码

此项内容应在 B 项内容之后加一个空格填写，每条跑道应仅填写数字小的跑道号码。该项为强制性信息。示例："09L"。

4）D 项：跑道状况代码

跑道状况代码应在 C 项内容之后加一个空格填写，应从 C 项填写的跑道入口观测，依次填写跑道每 1/3 地段的状况代码，每段仅填写一个数值（0、1、2、3、4、5 或 6），3 个数值之间用斜线"/"分开。跑道状况代码表如表4-7所示。

表 4-7 跑道状况代码表

跑道状况代码（RWYCC）	跑道表面状况说明
6	干
5	霜 湿：跑道表面覆盖有任何明显的湿气或深度不超过 3 毫米（含）的水 雪浆：深度不超过 3 毫米（含） 干雪：深度不超过 3 毫米（含） 湿雪：深度不超过 3 毫米（含）
4	压实的雪（外面气温-15 摄氏度或 5 华氏度及以下）
3	湿（"湿滑"跑道） 压实的雪面上有干雪（任何深度） 压实的雪面上有湿雪（任何深度） 干雪（深度超过 3 毫米） 湿雪（深度超过 3 毫米） 压实的雪（外面气温高于-15 摄氏度或 5 华氏度）

（续）

跑道状况代码（RWYCC）	跑道表面状况说明
2	积水（深度超过 3 毫米） 雪浆（深度超过 3 毫米）
1	冰
0	湿冰 压实的雪面上有水 冰面上有干雪或湿雪

该项为强制性信息。示例："5/5/2"。

5）E 项：跑道污染物覆盖范围

此项内容应在 D 项内容之后加一个空格填写。应从 C 项填写的跑道入口观测，依次填写跑道每 1/3 地段污染物覆盖的百分比（25、50、75 或 100），每段仅填写一个数值且省略百分号，三个数值之间用斜线"/"分开。

该项为条件性信息。当跑道每 1/3 段的 D 项跑道状况代码均为"6"或 G 项跑道状况说明均为"干"时，不必提供该项信息。

如果跑道某 1/3 地段道面干燥，或者覆盖的污染物少于 10%，应填写"NR"（无）。

示例 1："25/50/100"。

示例 2："NR/25/75"。

污染物覆盖百分比如表 4-8 所示。

表 4-8 污染物覆盖百分比

观测的百分比	报告的百分比	观测的百分比	报告的百分比
<10	无	51～75	75
10～25	25	76～100	100
26～50	50		

6）F 项：跑道污染物深度

此项内容应在 E 项内容之后加一个空格填写。应从 C 项填写的跑道入口观测，依次填写跑道每 1/3 地段松散污染物的深度值（单位为毫米）。深度值至少为两位数字，不足两位数的，在前面补 0。三个深度值之间用斜线"/"分开。当没有状况可报告或污染物深度低于需报告的最低数值时，相应的跑道 1/3 地段应填写"NR"（无）。

该项为条件性信息，仅报告干雪、湿雪、雪浆和积水。跑道污染物深度报告的最低值及重大变化阈值如表 4-9 所示。当跑道污染物深度的变化达到重大变化阈值时，应发布新的雪情通告。示例："04/06/12"。

表 4-9 跑道污染物深度报告的最低值及重大变化阈值

污染物	报告的最低数值	重大变化阈值
积水	04	03
雪浆	03	03
湿雪	03	05
干雪	03	20

7）G 项：跑道状况说明

此项内容应在 F 项内容之后加一个空格填写。应从 C 项填写的跑道入口观测，依次填写跑道每 1/3 地段污染物的类型，应从如表 4-10 所示的跑道污染物类型中选取并以斜线"/"分开。当没有状况可报告时，相应的跑道 1/3 地段应填写"NR"（无）。

注意，"无"只表示不通报污染物，不表示无污染物。

表 4-10　跑道污染物类型

英文	中文
COMPACTED SNOW	压实的雪
DRY SNOW	干雪
DRY SNOW ON TOP OF COMPACTED SNOW	压实的雪面上有干雪
DRY SNOW ON TOP OF ICE	冰面上有干雪
FROST	霜
ICE	冰
SLUSH	雪浆
STANDING WATER	积水
WATER ON TOP OF COMPACTED SNOW	压实的雪面上有水
WET	湿
WET ICE	湿冰
WET SNOW	湿雪
WET SNOW ON TOP OF COMPACTED SNOW	压实的雪面上有湿雪
WET SNOW ON TOP OF ICE	冰面上有湿雪
DRY	干，只在没有污染物时报告

该项为强制性信息。示例：DRY SNOW ON TOP OF COMPACTED SNOW/WET SNOW ON TOP OF COMPACTED SNOW/WATER ON TOP OF COMPACTED SNOW。

8）H 项：跑道状况代码对应的跑道宽度

此项内容应在 G 项内容之后加一个空格填写。当跑道状况代码对应的跑道宽度小于公布的跑道宽度时，应以两位数字（单位为米）表示该跑道的宽度。当已清理的跑道宽度沿中线不对称时，可在情景意识部分的 T 项进一步说明。

该项为选择性信息。示例："30"。

4．情景意识部分

情景意识部分与飞机性能计算部分之间应空一行。情景意识部分的每项内容都应以标点符号"."结束。情景意识中的各项均为选择性信息，如果不存在相关信息或不满足发布条件，不必填写。

1）I 项：跑道长度变短

该项应填入适用的跑道代号和可用跑道长度（单位为米）。

注：当航行通告发布了一组新的跑道公布距离后，该项将变为条件性信息。

示例："RWY 22L REDUCED TO 1450."。

2）J 项：跑道上有吹积的雪堆

当跑道上有吹积的雪堆时，应在该项填写"DRIFTING SNOW"。

示例："DRIFTING SNOW."。

3）K项：跑道上有散沙

当跑道上有散沙时，应填写较小的跑道号码，并在空格后填写"LOOSE SAND"。

示例："RWY 02R LOOSE SAND."。

4）L项：跑道上的化学处理

当在跑道上进行了化学处理时，应填写较小的跑道号码，并在空格后填入"CHEMICALLY TREATED"。

示例："RWY 06 CHEMICALLY TREATED."。

5）M项：跑道上有雪堤

当跑道上有雪堤时，应填写较小的跑道号码，加空格后填写"SNOWBANK"；再加空格后填写左"L"、右"R"或左右两边"LR"，后接由两位数字表示的距跑道中线距离（单位为米），再加空格后填写"FM CL"。

示例："RWY 06L SNOWBANK LR19 FM CL."。

6）N项：滑行道上有雪堤

当滑行道上有雪堤时，填写滑行道号码，加空格后填写"SNOWBANK"。

示例："TWY A SNOWBANK."。

7）O项：跑道附近有雪堤

当跑道附近有雪堤，且厚度穿过机场雪平面中的高度剖面时，应填写较小的跑道号码，加空格后填写"ADJ SNOWBANK"。

示例："RWY 06R ADJ SNOWBANK."。

8）P项：滑行道状况

当滑行道状况报告为差时，应填写滑行道号码，后加空格填写"POOR"。当所有滑行道状况报告均为差时，应填写"ALL TWY POOR"。

示例："TWY B POOR."。

9）R项：停机坪状况

当机坪状况报告为差时，应填写停机坪号码，后加空格填写"POOR"。当所有停机坪状况报告均为差时，应填写"ALL APRON POOR"。

示例："APRON NORTH POOR."。

10）S项：测定的摩阻系数

当报告测定的摩阻系数时，应填写测定的摩阻系数和摩阻测定设备。

11）T项：明语说明

明语说明应另起一行，以明语和简缩字填写对机场运行具有重要意义的雪情状况，并在该项最后加反括号")"作为雪情通告的结束符。

明语说明中的数据应标注计量单位。

5．报文示例

雪情通告原文：

航空情报服务

```
GG ZSSSOIXX
170239 ZBTJOIXX
SWZB0151 ZBTJ 02170230
(SNOWTAM 0151
ZBTJ
02170155 16L 2/5/3 100/50/75 04/03/04 SLUSH/DRY SONW/WET SNOW
02170230 16R 2/5/5 75/100/100 04/03/NR SLUSH/SLUSH/SLUSH 50
RWY 16L REDUCED TO 3000.DRIFTING SNOW.RWY 16L CHEMICALLY TREATED.RWY
16R CHEMICALLY TREATED.RWY 16L SNOWBANK R20 FM CL.TWY A W SNOWBANK.
RWY 16R ADJ SNOWBANKS.ALL TWY POOR.SOUTH DEICING APRON POOR.
RWY 16R WIDTH 50M AVBL，20M FM RCL LEFT，30M FM RCL RIGHT.)
```

雪情通告译文：

简化报头：国内分发的第 151 号雪情通告，天津滨海国际机场，观测时间为 2 月 17 日 2 时 30 分（北京时间）。

雪情通告标志和序号：SNOWTAM 0151

飞机性能计算部分		
A）发生地：天津滨海国际机场		
B）观测时间：	2 月 17 日 1 时 55 分	2 月 17 日 2 时 30 分
C）跑道代号：	16L	16R
D）跑道状况代码：	2/5/3	2/5/5
E）跑道污染物覆盖范围：	100/50/75	75/100/100
F）跑道污染物深度：	04/03/04	04/03/无
G）跑道状况说明：	雪浆/干雪/湿雪	雪浆/雪浆/雪浆
H）跑道状况代码对应的跑道宽度：	无	50
情景意识部分		
I）跑道长度变短：	16L 跑道长度变短至 3 000 米	无
J）跑道上有吹积的雪堆：	跑道上有吹积的雪堆	跑道上有吹积的雪堆
K）跑道上有散沙：	无	无
L）跑道上的化学处理：	16L 跑道有化学处理	16R 跑道有化学处理
M）跑道上有雪堆：	16L 跑道中线右侧 20 米有雪堆	无
N）滑行道上有雪堆：	滑行道 A 和 W 有雪堆	
O）跑道附近有雪堆：	无	16R 跑道附近有雪堆
P）滑行道状况：	所有滑行道状况差	所有滑行道状况差
R）停机坪状况：	除冰机坪状况差	
S）测定的摩阻系数：	无须填写	
T）明语说明：RWY16R 可用宽度 50 米，跑道中线左侧 20 米，跑道中线右侧 30 米。		

第四节 火山通告

火山通告是一种特殊系列的航行通告，以特殊格式通知对航空器飞行有重要影响的火山活动、火山爆发和/或火山灰云的变化情况。

火山爆发时，火山会产生对飞行有重要影响的火山灰云和/或火山灰柱，火山通告可以给飞行人员和与飞行有关人员提供有关火山灰云和/或火山灰柱的位置、范围和活动方向及受影响的航路和飞行高度层等情报。这些情报按照规定的火山告警色码等级发布。

V 系列的火山通告，由火山所在地的地区民用航空情报服务中心或机场民用航空情报单位负责发至全国民用航空情报服务中心及有关机场民用航空情报单位，全国民用航空情报服务中心国际通告室负责向国外转发。

一、火山通告的一般规定

（1）当火山活动发生变化，且该变化已经或预计对飞行产生重要影响时，应发布火山通告，提供有关火山活动状况的信息。

（2）当火山爆发产生对飞行有重要影响的火山灰云时，火山通告应提供火山灰云的位置、范围和移动方向，以及受影响的航路和飞行高度层等信息。

（3）为保证及时发布有关火山爆发的信息，即使没有全部获得 A 项至 K 项的内容，也应立即签发火山通告，及时发布以下信息。

① 火山已经爆发或预计爆发的信息。

② 已经存在或预计出现对飞行有重要影响的火山活动状况的某种变化。

③ 已获得火山灰云的报告。

（4）当预计火山爆发而在预计时间并未出现火山灰云时，应填写 A～E 项内容，而在 F～I 项中填写"不适用"或"NOT APPLICABLE"。

（5）当已获得火山灰云的报告（如根据"特殊空中报告"），而未获得火山源方面的情况时，应在 A～E 项中填写"未知"或"UNKNOWN"，仅填写 F～K 项内容。必要时，可根据"特殊空中报告"填写，直到获得新的信息。

（6）除（4）和（5）中所列情况外，当 A～K 项中某些项的内容尚未获得时，应填写"无"或"NIL"。

（7）火山通告的最长有效时间为 24 小时。

（8）当火山活动发生重要变化或告警色码等级发生变化时，应立即发布新的火山通告。

（9）应从每年公历 1 月 1 日零时开始，第一次发布火山通告的序号为 0001，顺序编号至当年的 12 月 31 日 24 时止。国际分发的火山通告全国统一编号，国内分发的火山通告由各签发单位单独编号。

（10）火山通告出现错误时，应发布新的火山通告，不应签发更正火山通告。

（11）火山通告提供的数据应明确标注计量单位。

（12）国际分发的火山通告应使用英文和简缩字编写，时间应使用 UTC 时间；国内分发的火山通告可使用中文和简缩字编写，时间应使用北京时间。

二、火山通告的格式和内容

火山通告的格式和内容如表 4-11 所示。

表 4-11 火山通告的格式和内容

报头	电报等级	→	收电地址	《≡
	签发时间	→	发电地址	《≡
简化报头	VA 国家代码**序号　　V A * *		地名代码	报告时间	任选项不填写《≡

（ASHTAM 序号	
受影响的飞行情报区（明语）	A)《≡
第一次火山爆发的时间	B)《≡
火山名称和编号	C)《≡
火山位置的经纬度（精确到分）或距导航设施的方位及距离	D)《≡
火山活动的告警色码等级，包括以前的告警色码等级	E)《≡
火山灰云活动及水平和垂直范围	F)《≡
火山灰云的移动趋势	G)《≡
受影响的航路、航段和飞行高层	H)《≡
关闭的空域、航路或航段，以及可用的备份航路	I)《≡
信息来源	J)《≡
明语说明	K)《≡

注：《≡为换行，*填定 ICAO 7910 文件中公布的国家代码。

1. 电报报头

火山通告电报报头的格式与航行通告相同。

2. 简化报头

（1）火山通告应采用简化报头，以便进行火山通告的自动处理、检索和查询。

（2）简化报头应另起一行，由三组代码组成"TTAAiiii CCCC MMYYGGgg"的形式，各组代码之间加一个空格，具体含义如下。

① TT：火山通告的识别标志，由两个字母组成，填写"VA"。

② AA：国家或地区地理位置识别代码，由两个字母组成。国际分发的火山通告应填写我国的国家代码"ZX"；国内分发的火山通告应视签发单位填写国家代码"ZX"，或者填写地区代码，如 ZB、ZL、ZW、ZY 等。

③ iiii：火山通告序号，由四位数字组成。

④ CCCC：受火山影响的飞行情报区四字地名代码。

⑤ MMYYGGgg：报告时间，由八位数字组成。其中，MM 表示月，YY 表示日，GG 表示时，gg 表示分。

示例：乌鲁木齐飞行情报区第一号火山通告，报告时间为 6 月 18 日 12 时，简化报头为"VAZW0001 ZWUQ 06181200"。

（3）A项应另起一行，以项目编号"A）"开始，后接用明语表示的受火山影响的飞行情报区，应与简化报头中地名代码对应同一区域。

示例：简化报头中为"ZYSH"，该项填写"沈阳飞行情报区（SHENYANGFIR）"。

（4）B项应另起一行，以项目编号"B）"开始，后接八位数字的日时组，每两位数字分别表示火山第一次爆发的月、日、时和分。

（5）C项按照ICAO9691文件《火山灰、辐射物质和有毒化学云手册》和火山及重要航空地貌的世界图所列内容填写。

（6）D项应另起一行，以项目编号"D）"开始，后接火山的坐标（整数度）或距导航设施的方位和距离。

（7）E项应另起一行，以项目编号"E）"开始，后接表示火山活动状况的告警色码等级，包括红（RED）、橙（ORANGE）、黄（YELLOW）、绿（GREEN）四个等级（见表4-12）。

表4-12 火山告警色码等级

告警颜色码等级	火山活动状况
红色告警	火山正在爆发，观测到的火山灰柱/云高于FL250；或者火山存在危险，可能要爆发，火山灰柱/云预计FL250
橙色告警	火山正在爆发，火山灰柱/云没有达到且估计不会达到FL250；或者火山存在危险，可能要爆发，并估计火山灰柱/云不会达到FL250
黄色告警	火山活动频繁而且近期明显加强，据分析，当前无爆发的危险，但应密切观测；或者（火山爆发一次之后，即从红色或橙色告警变成黄色告警）火山活动明显减弱，据此认为当前无爆发的危险，但应密切观测
绿色告警	据告火山活动已停止，火山恢复正常状态

注：有关国家负责火山观测的机构应向区域管制中心提供火山活动状态告警颜色码和先前火山活动情况的任何变化。

（8）F项，如果报告对飞行有重要影响的火山灰云，用经纬度（整数度）和千米（英尺）高度或距火山源的径向及距离表示灰云的水平范围和灰云的云底与云顶。最初情报可能基于特殊的空中报告，气候情报可以根据负责的气象观测室和/或火山灰云咨询中心通知的详细情况进行报告。

（9）G项应根据负责的气象观测室和/或火山灰云咨询中心通知的详细情况，报告在选定高度上火山灰云的预报活动方向。

（10）H项表示正在或预计会受到影响的航路、航段和飞行高度层。

（11）I项表示关闭的空域、航路、航段和可用的备份航路。

（12）J项填写资料来源，如"特殊空中报告"或"火山观测机构"等。情报来源应为必报内容，无论火山是否已经爆发或是否报告有火山云。

（13）K项的明语说明应另起一行，以项目编号"K）"开始，用明语和简缩字补充说明除A项至J所列内容外，对飞行有重要意义的火山信息，并在K项内容之后加反括号"）"作为火山通告的结束符。

三、火山通告举例

火山通告原文：

> VAWR0319 WAAF 11201133
> (ASHTAM 0319
> A）UJUNG PANDANG FIR
> B）10261307
> C）MERAPI 0603-25
> D）S073200E1102600
> E）RED
> F）SFC/FL150 S0710E11035-S0755E11035-S0815E10935-S0735E10900-S0655E10925-S0710E11035
> G）MOV W 15KT
> H）W17，W17S
> I）NIL
> J）INFO SOURCE: MTSAT-2，CVGHM.
> K）ERUPTION DETAILS: VA PLUME TO FL150 LAST OBS 30 NM TO W AT 20/0230Z.
> FCST VA CLD +6HR: 20/1700Z
> SFC/FL150S0710E11035-S0755E11035-S0815E10935-S0735E10900-S0655E10925-S0710E11035
> RMK: VA NOT IDENTIFIABLE ON LATEST SATELLITE IMAGERY DUE TO METEOROLOGICAL CLOUD，HOWEVER VA STILL EXPECTED IN AREA.
> NEXT ADVISORY: NO LATER THAN 20101120/1700Z.）

火山通告译文：

> 简化报头：印度尼西亚第 319 号火山通告，乌戎潘当飞行情报区，报告时间：11 月 20 日 11 时 33 分。火山通告标志和序号：ASHTAM 0319
> A）受影响的飞行情报区：乌戎潘当飞行情报区
> B）火山第一次爆发时间：10 月 26 日 13 时 7 分
> C）火山名称：默拉皮火山，火山编号：0603-25
> D）火山位置：坐标 S073200E1102600
> E）告警色码等级：红色
> F）火山灰云状况：影响水平范围在 S0710E11035-S0755E11035-S0815E10935-S0735E10900-S0655E10925-S0710E11035 五点连线范围内，垂直范围从地面至 FL150
> G）火山灰云移动趋势：预计向西移动，速度 15 节
> H）受影响的航路：W17 和 W17S
> I）关闭的航路：无
> J）信息来源：2 号多功能运载卫星（MTSAT-2），由印尼火山及地质减灾中心（CVGHM）

提供

K）火山爆发详细情况：在 20 日 2 时 30 分观测到的火山灰云位于火山以西 30 n mile 处，高度达到 FL150；预测火山灰云在未来 6 小时内，即 20 日 17 时整，影响水平范围将在 S0710E11035-S0755E11035-S0815E10935- S0735E10900-S0655E10925-S0710E11035 五点连线范围内，垂直范围：地面至 FL150。

备注：由于有气象云团遮挡，最新的卫星观测图像未能显示火山灰云，但预计该区域仍存在火山灰云。

下次报告时间：不迟于 11 月 20 日 17 时。

本章复习思考题

一、单选题

1．一级航行通告 C 项中填写 "PERM"，表示（　　）。
   A．该通告的有效时间为预计一个月
   B．该通告的结束时间待进一步通知
   C．该通告的有效时间为永久

2．对于一级航行通告 C 项中含有 EST 的通告，下列说法中正确的是（　　）。
   A．需要以后再发布一个航行通告以取消或代替
   B．表示该资料为永久性资料
   C．到预计时间后自行失效

3．关于 "NOTAMC"，下列说法中正确的是（　　）。
   A．NOTAMC 表示该通告为取消通告
   B．NOTAMC 表示该通告为一份新的通告
   C．NOTAMC 表示该通告代替其他通告

4．C 系列一级航行通告采用的时制为（　　）。
   A．北京时间　　　B．UTC 时间　　　C．发电地址所在地的地方时间

5．在雪情通告格式的简化报头中，"iiii" 表示（　　）。
   A．日期和时间　　B．四字地名代码　　C．雪情通告序号

6．雪情通告的最长有效时间为（　　）。
   A．12 小时　　　　B．8 小时　　　　C．10 小时

7．雪情通告格式的 B 项用来填写（　　）。
   A．ICAO 规定的机场四字地名代码　　B．观测日期和时间
   C．收报地址

8．火山通告的电报等级为（　　）。
   A．SS　　　　B．GG　　　　C．JJ

9．若火山通告 E 项填写为 "YELLOW ALERT"，则表示（　　）。
   A．预报火山活动部门位置的经纬度为 S1630.7E16820.1

B．火山爆发位置的经纬度为 S1630.7 E16820.1

C．飞行员空中看到火山所估计的位置

10．火山通告 K 项应填写（　　）。

A．明语说明补充前述内容中任何对飞行有重要意义的情报

B．火山位置的经纬度或距导航设施的径向和距离

C．受影响的 FIR

二、简答题

1．什么叫航行通告？

2．航行通告有哪些种类？

3．什么叫雪情通告？

4．什么叫火山通告？

第五章 航空资料汇编

本章学习目标

- 了解《中华人民共和国航空资料汇编》的内容及格式；
- 了解《中国民航国内航空资料汇编》的组成部分及要求；
- 理解民用航空机场使用细则；
- 掌握机场飞行前资料公告。

第一节 《中华人民共和国航空资料汇编》

建立航空资料汇编的目的有：
- 为使用者提供有关空中飞行设施、程序和服务的资料。
- 保证国际飞行的机长能够熟悉和使用各种保证飞行安全的资料。
- 航空器运营人能够获得可能会用到的各种不同的有关空中飞行设施和服务的情报。

除此之外，航空资料汇编构成了永久性资料和长期存在的临时性变更的基本情报来源。

为达到上述目的，建议采用统一的标准和辅助资料。由于越来越多的国家和地区采用情报自动化，航空资料汇编中的情报资料最好能自动使用，既能自动打印生成，又能自动存储于情报库中。

一、《中华人民共和国航空资料汇编》简述

《中华人民共和国航空资料汇编》是指由国家发行或国家授权发行，载有空中航行所必需的具有持久性质的航空资料的出版物，是国际航行所必需的可用于交换的持久性航空资料。如实际可行，提供此种资料的格式的设计应便于飞行中使用。

《中华人民共和国航空资料汇编》由三部分组成：总则（GEN）、航路（ENR）和机场（AD）。为使用标准电子资料进行储存和检索，对节和分节统一编号。

1．总则

在总则中应列出：

（1）对该汇编所涉及的空中航行设施、服务或程序负责的主管当局。

（2）该项服务或设施可供国际使用的一般条件。

（3）列表说明该国规章与ICAO有关的标准、建议措施和程序的重要差异，以便使用人能够很容易区分该国的要求与ICAO各条款的差异。

（4）在ICAO的标准、建议措施和程序中，对每个重要问题如有两种方法并可以任选其一时，则应说明该国的抉择，包括没有重要到发布航行通告的有关管理和说明种类的情报资料。

2．航路

航路部分包括前言、目录、总则和程序、ATS空域、ATS航路、无线电导航设施/系统、航行警告、航路图等。

3．机场

机场部分包括有关机场/直升机场及使用时的相关情报资料。

二、《中华人民共和国航空资料汇编》有关要求

（1）《中华人民共和国航空资料汇编》是外国民用航空器在我国境内飞行必备的综合性资料。

（2）《中华人民共和国航空资料汇编》采用活页资料形式，每页资料上印有易于查找的页码标志，并且在资料下方注明。

（3）如果需要对外提供未编入《中华人民共和国航空资料汇编》的资料，应由民航局报经国家有关主管部门批准。

第二节 《中国民航国内航空资料汇编》

一、《中国民航国内航空资料汇编》基本要求

（1）《中国民航国内航空资料汇编》由国务院民用航空行政主管部门负责出版发行，不包括中华人民共和国香港特别行政区、澳门特别行政区和台湾地区的航空资料。

（2）《中国民航国内航空资料汇编》根据CCAR-175TM-R1《民用航空情报工作规则》第三章的规定出版，是我国民用航空器进行国内飞行时必备的综合性技术资料。

（3）《中国民航国内航空资料汇编》是一体化航空情报系列资料的一个组成部分，包括民用机场和军民合用机场的民用部分、航路、设施及有关的规章制度等内容，分为总则、航路和机场三部分。

（4）《中国民航国内航空资料汇编》包括印刷纸张版和电子版，印刷纸张版应以活页形式发放。

（5）《中国民航国内航空资料汇编》每页都应注明出版日期和（或）生效日期，日期由年、月、日构成。

（6）应定期印发列有航空资料汇编每页页码和出版日期的校验单，以帮助用户保持其汇编为现行版本。

（7）《中国民航国内航空资料汇编》应在每页上加注说明，以清楚表明《中国民航国内航空资料汇编》的名称、发布国家和制作组织（部门）的名称及页码/航图名称。

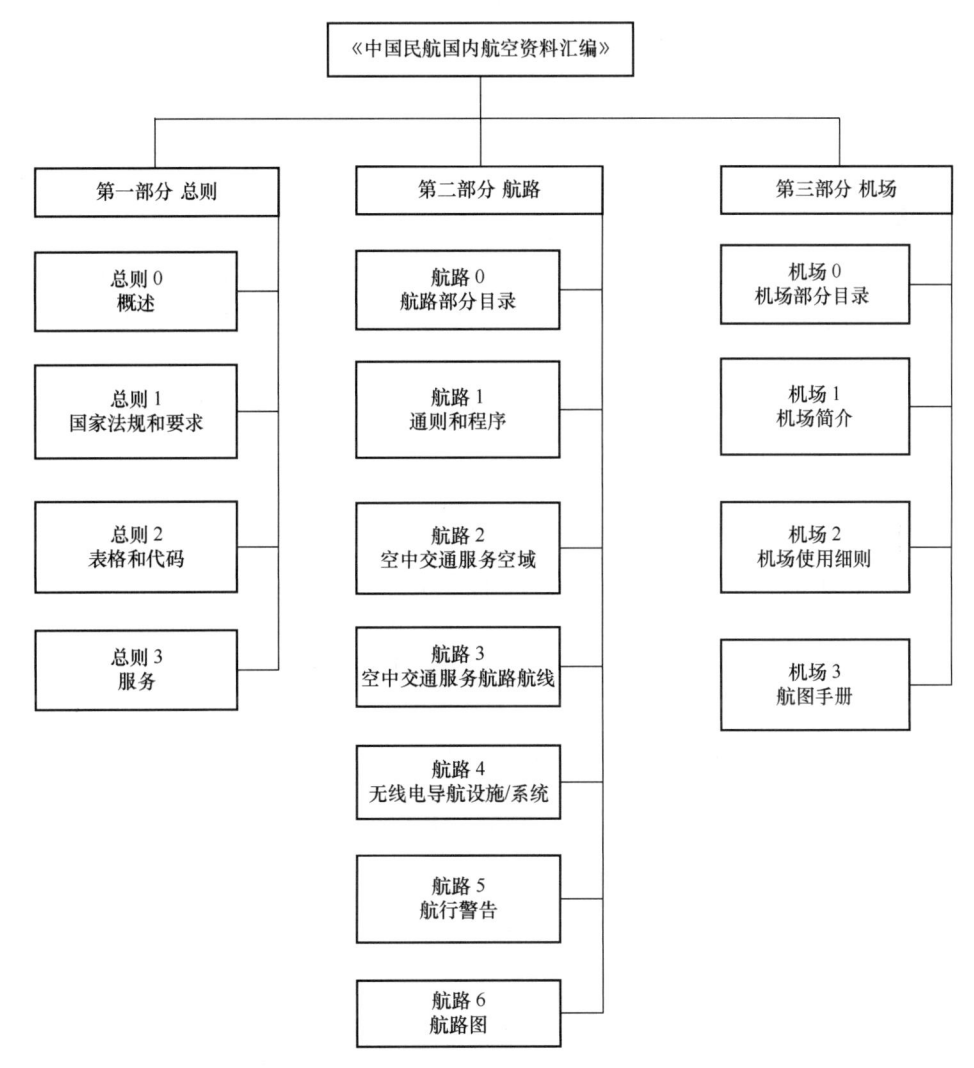

（8）《中国民航国内航空资料汇编》航图手册部分的纸张尺寸应为 148 mm×210 mm，其他部分纸张尺寸应为 210 mm×297 mm，但如能折叠成同样大小，也可使用较大的纸张。

（9）对《中国民航国内航空资料汇编》所有变更之处均应以明显的符号或注释标明。

二、《中国民航国内航空资料汇编》的组成

《中国民航国内航空资料汇编》的组成如图 5-1 所示。

图 5-1 《中国民航国内航空资料汇编》的组成

三、航空资料汇编一般规范

（1）每一航空资料汇编都应内容齐全并有目录表。为方便起见或避免过于厚重，可将航空资料汇编分为若干册发行，但每册均应说明其余资料见某册。每一航空资料汇编的内容不得在本汇编内重复，或者与其他渠道得来的资料重复。当两国或若干国联合发行一本合编的航空资料汇编时，应在封面上和目录中说明此情况。

（2）每一航空资料汇编都应注明日期。如航空资料汇编以活页形式发行，每页上应注明日期，该日期应是航空资料编入的年、月和日。

（3）应经常重新印发列有航空资料汇编每页现行日期的校核单，以帮助使用者确认其汇编为现行版本。页码/航图名称和校核单日期应印在校核单上。

（4）装订成册发行的每一航空资料汇编和以活页形式发行的航空资料汇编的每一页，应加注以便清楚标明：

① 航空资料汇编的名称；
② 包括地区及其分区（必要时）；
③ 发行国家和出版组织（当局）的名称；
④ 页码/航图名称；
⑤ 如航空资料有疑问，其可信程度。

（5）对航空资料汇编所有变动或重印资料中的新内容，应以明显的符号或加注释表示。

（6）对航空资料汇编中对飞行有重要意义的变动，应按照航空资料定期颁发制的程序公布，并用 AIRAC 加以识别。

（7）航空资料汇编应根据需要按照定期间隔修订或重新印发，使之保持最新。应尽量减少手改或注释，正常的修订应以换页的形式进行。

四、航空资料汇编修订的规范

（1）航空资料汇编的永久性变动，应以航空资料汇编修订资料形式公布。

（2）每一期航空资料汇编修订都应编有连续的顺序期号。

（3）每一期航空资料汇编修订的首页中都应有发布日期。

（4）每一期定期制航空资料汇编修订的首页都应标明生效日期。

（5）在发布航空资料汇编时，如一体化航空情报系列资料的内容已收入修订，应注明这些资料的原顺序号。

（6）在航空资料汇编修订首页中应简述本期修订涉及的内容。

（7）在规定的周期或出版日期无航空资料汇编修订印发时，应按规定在每月有效航行通告的明语摘要中签发无资料的通告。

五、航空资料汇编补充资料的规范

（1）对长期存在（三个月或三个月以上）的临时性变动及以大量文字和图表表示的短期情报，应按航空资料汇编补充资料的形式公布。

（2）每期航空资料汇编补充资料都应编有以日历年为基础的连续的顺序号。

（3）只有航空资料汇编补充资料的全部或部分仍然有效时，该补充资料仍应保留在航空资料汇编中。

（4）当发布航空资料汇编补充资料取代航行通告时，应注明该航行通告的顺序号。

（5）现行航空资料汇编补充资料的校核单应不超过一个月发布一次。该校核单通过每月印发的有效航行通告明语摘要发布。

第三节 民用航空机场使用细则

应分地区详细公布各机场设施、服务和程序，应公布 ICAO 指配的四字地名代码和国际航空运输协会（International Air Transport Association，IATA）指配的三字地名代码，同一飞行情报区内的机场按 ICAO 机场四字地名代码排列顺序公布。机场使用细则包括机场资料及各种数据表，具体内容如下（本书以太原武宿国际机场使用细则为例，详见附录 A）。

一、机场地名代码和名称

应公布 ICAO 指配的四字地名代码和 IATA 指配的三字地名代码。

二、机场地理位置和管理资料

（1）机场基准点位置：机场基准点相对跑道中心或某一跑道入口的位置，以精确到秒的坐标表示。

（2）与城市的位置关系：机场基准点相对机场所服务的城镇显著位置点的真方位和距离。真方位精确至度，距离精确至 0.1 千米。

（3）机场标高/基准温度：跑道上的最高点标高，精确到 0.1 米。机场基准温度精确至 0.1℃，并注明月份。

（4）机场标高位置/大地水准面波幅：机场标高点位置的大地水准面波幅，精确至 0.1 米或 1 英尺。

（5）磁差：机场所在地的磁北与真北的差值磁差，以度和分为单位，精确至分。

（6）机场开放时间：包括 H24、HS、HO、O/R 或其中两者的综合。

（7）机场管理部门通信信息：机场管理部门地址、电话及传真。

（8）允许飞行种类：该机场允许使用的飞行种类，IFR 表示仅允许仪表飞行，VFR 表示仅允许目视飞行，IFR/VFR 表示两者都允许。

（9）机场性质/飞行区指标：机场性质应公布民用机场或军民合用机场。应公布飞行区指标，如果有多条跑道且各条跑道的飞行区指标不一致，应分别公布。

三、地勤服务和设施

（1）货物装卸设施：货物装卸设施的搬运能力和种类。

（2）燃油/滑油牌号：可提供的燃油和滑油牌号。

（3）加油设施/能力：可提供的加油设施的种类和服务项目，以及加油设施的加注能力（单位为升每秒）。如果没有限制，应注明"无限制"。

（4）除冰设施：如果有，应公布除冰设施类型、数量和除冰液型号及是否有专用除冰坪。

（5）过站航空器机库：可接收的机型、数量，或者可提供的机库及其面积，同时说明机库是否有供暖设施。

（6）过站航空器的维修设施：可提供的维修种类、能维修的机型、可提供的零部件、换发动机时可供使用的设施情况。

四、援救与消防服务

（1）机场消防等级及援救设施：机场消防等级及可提供的消防、援救车辆和设施。

（2）搬移受损航空器的能力：搬动能力应以能搬动的最大机型或飞机重量为准。

五、可用季节-扫雪

（1）可用季节及扫雪设备类型：应公布机场是否一年四季均可用。如不是四季可用，应注明不能使用的月份、原因和应采取的防范措施及在此期间使用时的注意事项。如有扫雪设备，应注明设备类型；如无扫雪设备，但冬天可能会下雪，应注明"无扫雪设备"；若冬天不会下雪，不需扫雪设备，应注明"扫雪设备不适用"。

（2）扫雪顺序：如果机场活动区需要扫雪，应公布清扫跑道、滑行道和停机坪的优先顺序。宜采用如下清扫顺序：跑道→滑行道→停机坪。

六、停机坪、滑行道及校正位置数据

（1）停机坪道面和强度：停机坪铺筑材料。停机坪强度以 PCN 值表示。

（2）滑行道道面、宽度和强度：滑行道道面铺筑材料。滑行道宽度按不同宽度分别标明，滑行道强度以 PCN 值表示。

（3）高度表校正点的位置及其标高：如果有，应注明位置，标高精确至 0.1 米或 1 英尺。

（4）VOR/INS 校准点：如果有，VOR/INS 校准点应描述其所在位置。INS 校准点应注明其位置和坐标，坐标精确至 0.01″。

七、地面活动引导和管制系统与标识

（1）航空器机位号码标记牌、滑行道引导线、航空器目视停靠引导系统的使用。

（2）跑道和滑行道标志及灯光：具有的跑道和滑行道标志及灯光名称。

（3）停止排灯：应公布停止排灯的具体位置。

八、地形特征和障碍物

（1）航站区域：根据实际情况，用中心点及半径或坐标点连线表述边界范围。

（2）地形特征：简述机场周围的地形特点。

（3）主要障碍物：机场 15 千米和 50 千米范围内的主要障碍物，分别包括以机场基准点为中心，半径 15 千米和 50 千米范围内影响飞行的重要山头和人工障碍物。

九、气象特征和气象资料

（1）气象特征：一年四季天气现象的概述和影响飞行的主要天气现象。
（2）气象资料：应按月份公布一年内的月平均气温、平均相对湿度、平均气压，每5年更新一次数据。

十、机场气象观测和报告

（1）观测站名称/地名代码：一般为机场名称和 ICAO 指定的机场四字地名代码。
（2）观测类型与频率/自动观测设备：观测类型包括例行观测、特殊观测和事故观测，例行观测频率通常每小时一次或每半小时一次。自动观测设备应按实际情况公布"自动观测系统"、"自动气象站"或"无自动观测设备"。
（3）机场天气报告类型：包括 METAR、SPECI。
（4）观测系统及安装位置：应按实际情况公布 RVR 设备、测风仪、云高仪的位置。

十一、提供的气象情报

（1）气象服务时间，以及服务时间以外的责任气象台：应公布具体气象服务时间，一般为 H24 或 HO；若不是 H24 开放，公布在本气象台关闭期间能代为提供气象情报的气象台名称。
（2）负责编发 TAF 的气象台、有效时段、发布间隔：应公布负责编发 TAF 的气象台、TAF 的有效时段（有效时段一般为 9 小时和 24 小时）和发布间隔。如果有多个不同的有效时段，应分别说明。
（3）趋势预报、发布间隔：应公布趋势预报间隔，通常为 30 分钟或 1 小时。出现特殊天气时，随特殊天气报告发布。
（4）所提供的讲解/咨询服务：应公布提供讲解/咨询服务的方式，一般包括面对面讲解、电话讲解、视频讲解和自助讲解。

十二、跑道物理特征

（1）跑道代号：应公布跑道号码。
（2）跑道真方位和磁方位：应公布真方位和磁方位。真方位精确至 0.01°，磁方位精确至 1 度。
（3）标高：跑道入口标高，精确至 0.1 米。
（4）跑道、停止道、净空道长宽：精确至米。
（5）升降带长宽：应公布实际的升降带长度、宽度，精确至 1 米。
（6）强度：跑道承重强度，以 PCN 值表示。
（7）跑道强度、跑道/停止道道面：应公布跑道强度（PCN 和有关数据）和每条跑道及相关停止道道面的类别。

十三、公布距离

应公布每一跑道的公布距离（包括非全跑道运行），按跑道号码从小到大排列，多跑道机场同一条物理跑道的两个跑道号码应连续公布。公布内容包括：

（1）跑道号码。
（2）可用起飞滑跑距离。
（3）可用起飞距离。
（4）可用加速停止距离。
（5）可用着陆距离。
（6）备注：其他重要信息。如某条跑道不能用于起飞或着陆，在此说明。非全跑道运行应说明进入位置。

十四、进近和跑道灯光

应列出每一跑道进近和跑道灯光的情况，按跑道号码从小到大排列，多跑道机场同一条物理跑道的两个跑道号码应连续公布。应列表公布以下内容。
（1）跑道号码。
（2）进近灯光类型、有无 SFL、长度、强度。
（3）入口灯颜色、有无翼排灯。
（4）坡度灯类型、位置、仰角、MEHT。
（5）接地带灯长度。
（6）跑道中线灯长度、间隔、颜色、强度，其中跑道中线灯颜色为沿本跑道方向看到的灯光颜色；如果强度可调，注明"可变高强度"。
（7）跑道边灯长度、间隔、颜色、强度，跑道边灯颜色为沿本跑道方向看到的灯光颜色；如果强度可调，注明"可变高强度"。
（8）跑道末端灯颜色。
（9）停止道灯长度、颜色。
（10）备注。

十五、其他灯光、备份电源

应公布机场灯标/识别灯标位置、特性和工作时间、着陆方向标/风向标位置和有无灯光、滑行道边灯和中线灯的灯光/反光标志物的颜色、备份电源的设置情况及其转换时间。

十六、直升机着陆区域

应公布 TLOF 几何中心或 FATO 入口的坐标和大地水准面波幅（如有），坐标精确至 0.01″。非精密进近大地水准面波幅精确至 0.1 米或 1 英尺；精密进近大地水准面波幅精确至 0.1 米或 1 英尺。

十七、空中交通服务空域

应公布与终端区飞行有关的空域，如机场管制地带、塔台管制区、航站区域、放油区、特殊空域（如训练空域、试飞空域）等，进近管制区不在此公布。

十八、空中交通服务通信设施

应根据实际情况按以下顺序公布机场的空中交通服务通信设施：ATIS、APP、TWR、GND、APN、DELIVERY、OP-CTL、EMG。

十九、无线电导航和着陆设施

应公布与终端区飞行有关的导航设施名称及类型，其中远台、近台、指点标、航向信标、下滑信标、下滑合装的测距台应注明相关跑道号，航向信标应注明类别（ILS CAT Ⅰ、CAT Ⅱ或 CAT Ⅲ）。应按跑道号码从小到大的顺序公布与跑道相关的导航设施，同一跑道的导航设施应按以下顺序公布：远台、外指点标台、近台、中指点标台、内指点标台、航向信标、下滑信标、下滑合装的测距台。

二十、本场飞行规定

应公布适用于本场飞行的各种规定及要求，以及跑道和滑行道、机坪和机位的使用。

二十一、主要邻近机场

（1）邻近机场名称。
（2）机场标高（精确到 0.1 米）。
（3）跑道数据：磁方向，长、宽及质量和道面强度 PCN 值。
（4）邻近机场的磁方位和距离。
（5）飞往邻近机场的地区最低安全高度。

二十二、噪声限制规定及减噪程序

应公布为减少航空器起飞和着陆过程中噪声对地面的影响而采取的限制规定。

二十三、飞行程序

（1）起落航线。
（2）应公布起落航线的运行规则、运行高度、运行限制。
（3）仪表飞行程序。
（4）应公布仪表飞行时进场、离场、等待、进近程序的规定。
（5）雷达程序和/或 ADS-B 程序。
（6）应公布本机场制定的实施雷达程序和 ADS-B 程序的工作流程及其他相关内容。
（7）本机场公布了最低监视引导高度图的，应详细描述最低监视引导高度扇区范围。
（8）无线电通信失效程序。
（9）应公布在本机场通信失效的情况下，飞行各阶段的处置程序。不必列出通用程序。
（10）目视飞行规定。

（11）应公布机场范围内可实施目视飞行的范围及条件，宜详细描述在目视飞行规则下的管制，以及飞行的具体实施内容、办法。

二十四、其他资料

应公布与机场运行有关或有影响的情况及附加信息，鸟情资料宜在此公布。

第四节 飞行前资料公告

飞行前和飞行后航空情报服务是直接为每日飞行所提供的航空情报服务，是机场航空情报室的重要工作。机场民用航空情报单位的飞行前航空情报服务主要包括飞行前资料公告、讲解服务和资料查询。

机场民用航空情报单位提供的飞行前资料公告要遵守以下规定。

（1）飞行前资料公告至少包括制作时间、发布单位、有效期、起飞站、第一降落站及其备降场、航路及与本次飞行有关的航行通告和其他紧急资料。

（2）提供的飞行前资料公告不得早于预计起飞前90分钟从航行通告处理系统中提取。

（3）飞行前资料公告的提供情况应有相应的记录。

一、飞行前航空情报服务

为我国机组提供飞行前航空情报服务时，航空情报员应当讲解和受理查询与该机组飞行任务有关的资料。为外国机组提供飞行前航空情报服务时，航空情报员只能讲解和受理查询《中华人民共和国航空资料汇编》、批准对外提供的航行规定及国际航行规定和资料。

1. 向机组提供自我准备所需要的规定和资料

（1）设立航行通告栏，展示有关的航行通告。

（2）设立危险动态图，标出与飞行有关的危险动态。

（3）设立地图板，张挂航空地图。

（4）必须备有供机组查阅的航空情报资料。

（5）必须备有供机组查阅的飞行规章、文件。

此外，起飞机场还应备有下列情况的补充现行资料：

（6）在机动区或紧靠机动区的修建或维修工程。

（7）机动区有标志或无标志的任何不平坦部分，如跑道和滑行道的破裂部分。

（8）跑道和滑行道上的雪/冰或水及其深度，包括其对道面摩擦性的影响。

（9）在跑道和滑行道上或附近的雪堆或吹雪。

（10）在滑行道上或紧靠滑行道停放的航空器或其他物体。

（11）存在包括鸟害情况的其他临时险情。

（12）机场灯光系统，包括进近、着陆入口、跑道、滑行道、障碍物等和机动区停用灯光，以及机场电源的部分或全部失效或不正常。

（13）仪表着陆系统，包括指点标、监视雷达、着陆雷达、测距台、二次监视雷达、甚高频全向信标台、无方向性导航台、甚高频航空移动通信波道、跑道视程观测系统和备份电源的失效、工作不正常及其变动情况。

（14）我国对外开放的机场，还应当备有国际民用航空组织的有关文件。

航空情报员在提供讲解服务时，按讲解服务清单逐项进行提示或检查，结合不同的飞行要求，对有关项目进行重点讲解。

2．讲解服务清单的内容

（1）航空资料及其修订、航行通告、空中交通服务程序、放油区、等待区及其他空域规定。

（2）航路、机场及其服务情况，航线数据和规定，搜寻援救方面的有关规定。

（3）通信设施和程序。

（4）气象服务简况。

（5）航行中的危险情况。

（6）其他影响飞行的重要信息。

对于我国机组，只能讲解和受理查询与该机组飞行任务有关的资料；对于外国机组，只能讲解和受理查询《中华人民共和国航空资料汇编》、已经批准对外提供的航行规章及国际航行规章和资料。

二、机场航空情报室值班制度

为了便于向机组提供飞行前和飞行后航空情报服务，机场航空情报室应当建立值班制度。

1．准备工作

机场民用航空情报单位的航空情报员，应当于每日本机场飞行活动开始前 90 分钟完成提供飞行前航空情报服务的各项准备工作，主要包括以下各项。

（1）了解当日的飞行计划和动态。

（2）检查处理航行通告。

（3）了解机场、航路、设施的变化情况和有关气象资料。

（4）检查各种必备的资料、规章是否完整、准确。

（5）检查本单位设备的工作情况。

2．机场航空情报室值班员职责

机场航空情报室值班员的职责主要包括以下各项。

（1）收集各有关职务部门提供的航空情报原始资料。

（2）编写、发布本机场区域的一级航行通告、雪情通告和校核电报。

（3）签收、处理各类航行通告。

（4）收发、处理航空情报业务电报、函件和电话。

（5）公布航行通告，标绘危险动态，提供飞行前资料公告。

（6）保管和修订各种航空情报资料，保持资料完整可靠。

（7）向机组提供飞行前、飞行后航空情报服务。

（8）使用和维护管理本室的各种设备。

（9）填写值班日志和各种登记表。

航空运输和通用航空企业的航空情报室，应结合本企业经营范围和规模，建立值班室、飞行准备室、资料室，设立航行通告栏、危险动态图，并向本企业飞行人员提供飞行前航空情报讲解服务。必要时，应对飞行人员的准备情况进行检查。

本章复习思考题

一、单项选择题

1. 《中华人民共和国航空资料汇编》应提供（　　）资料。
   A. 所有民用航空机场和空军对民航开放的机场
   B. 所有有关民用航空的规章制度
   C. 经国家主管部门批准对国外开放的机场、航路、设施及有关规章制度

2. 下列有关《中华人民共和国航空资料汇编》的说法正确的是（　　）。
   A. 仅使用中文编辑出版
   B. 是我国民用航空器使用的综合性技术资料
   C. 其结构包括总则、航路和机场三部分

3. 编入《中国民航国内航空资料汇编》的机场，应当是（　　）。
   A. 所有民用机场
   B. 所有民用机场和军民合用机场的民用部分
   C. 所有民用机场和军民合用机场

4. 下列有关航空资料汇编补充资料的说法错误的是（　　）。
   A. 需定期出版
   B. 顺序编号按日历年
   C. 资料发布后应当以触发性航行通告的形式予以提示

5. 航空资料汇编补充资料公布临时变更且有效期在（　　）。
   A. 1个月以上　　B. 3个月以上　　C. 一年以上

6. 航空资料汇编补充资料不定期出版，自每年（　　）起从0001开始连续编号。
   A. 1月1日　　B. 10月1日　　C. 12月31日

7. 航空资料通报是指（　　）。
   A. 不适宜以航空资料汇编或航行通告形式公布，但涉及飞行安全、空中航行、技术、管理和立法等的内容
   B. 有关航图、飞行程序的修订资料的总称
   C. 在规定时间内飞行情报区的航行通告的总称

8. 永久性航行通告的内容编入航空资料汇编后，应在航空资料汇编修订生效后（　　）发布取消航行通告，予以取消。
   A. 7天　　B. 14天　　C. 15天

9．下列关于航空资料通报的说法错误的是（　　）。

　　A．人道主义救援活动的实施应以航空资料通报的形式公布

　　B．航空资料通报应当按日历年连续编号

　　C．航空资料通报是不定期印发的

10．航空资料汇编修订不能修订如下哪种资料的内容？（　　）

　　A．航空资料汇编补充资料

　　B．《中华人民共和国航空资料汇编》

　　C．《中国民航国内航空资料汇编》

二、简答题

1．简述飞行应提供的飞行资料。

2．简述飞行后提供的服务。

3．简述跑道的物理特征。

4．简述《中华人民共和国航空资料汇编》的有关要求。

第六章

导航数据库与编码

本章学习目标

- 熟悉导航数据库的组成和分类；
- 掌握导航数据库数据处理流程；
- 掌握机载导航数据库保障时间要求；
- 了解如何采用 ARIAC 424 对导航数据元素进行编码分解。

机载导航数据库是现代大中型运输机飞行管理系统及自动飞行控制系统飞行操控的主要信息源和重要依据，是保障航空器飞行和运行安全的重要环节之一。基于性能的导航（Performance Based Navigation，PBN）运行，将飞行方式从台（导航台）到台（导航台）飞行转变为点（航路点）到点（航路点）飞行，使航空器的飞行和运行极大地依赖导航数据库。

第一节　导航数据库

一、导航数据库概述

1. 导航数据库的基本概念

导航数据库（Navigation Database），是指以电子形式存储在系统中，用于支持导航应用的导航数据集合、打包及格式化文件的总称。

2. 导航数据库的构成

导航数据库包括导航设备、航路点、航路数据、机场及跑道数据、进离场程序、等待程序、公司航线、特殊用途空域、公司特别程序等内容。其结构如图 6-1 所示。

图 6-1 导航数据库结构

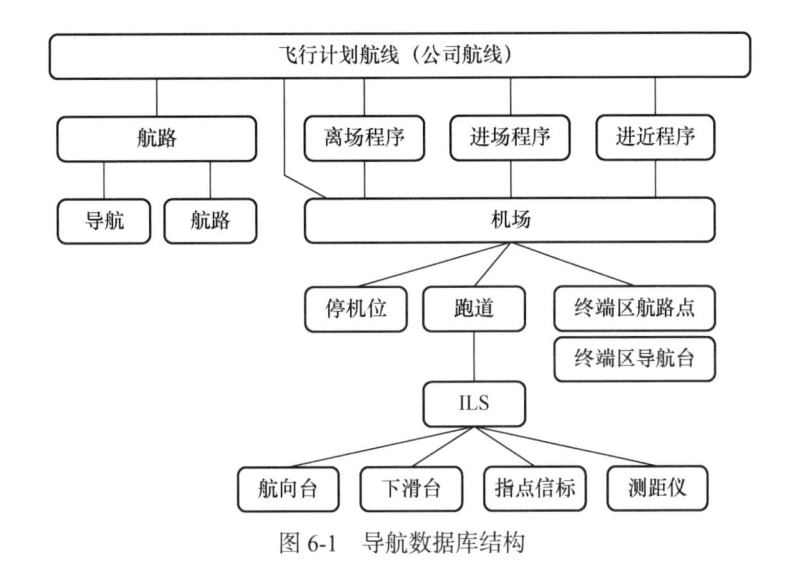

机载导航数据库的数据格式采用 ARINC 424 导航数据库标准（以下简称 ARINC 424），该标准是美国航空无线电通信公司（ARINC）1975 年制定的，并被航空电子工程委员会采纳。ARINC 424 是由航空业界推荐的机载导航系统参考数据的陈述性文件，文件中所描述的数据库也适用于运行和控制计算机飞行计划系统、飞机模拟机及其他应用。文件中所描述的数据库标准适用于导航数据服务提供商、机载航电制造商，以及其他用于飞行运行、制订飞行计划的数据库用户。

ARINC 424 分为若干章，每章用不同的字母代替，如导航台（D）、航路（E）、机场（P）、公司航路（R）、特殊用途空域（U）、巡航高度表（T）、最低航路偏航高度（A），各章再细化为具体的节，同样以不同的字母或空格代替，如导航台（D）又分为 NDB（B）和 VHF（空格）。

3．导航数据的分类

根据数据来源不同，可以将导航数据划分为标准数据和客户化数据，如图 6-2 所示。

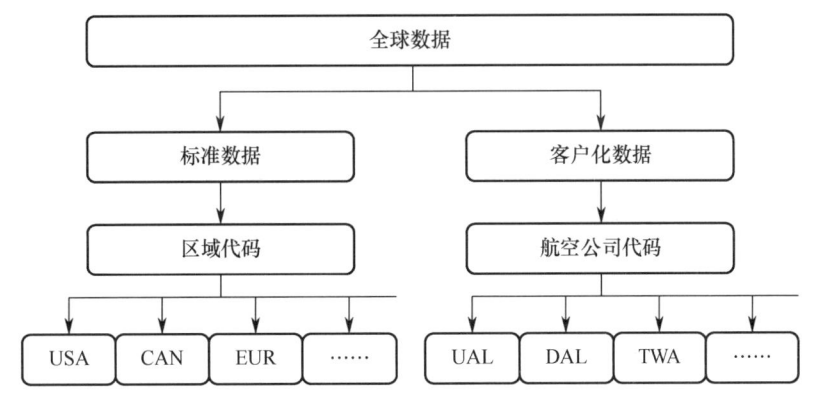

图 6-2 导航数据的分类

1）标准数据

标准数据是根据各国/地区公布的航空资料汇编、修订/补充资料、航行通告及其他相关文件制作的航空数据。

2）客户化数据

客户化数据是根据航空运营人向数据服务提供商提供的原始数据及信息，由数据服务提供商根据航空运营人的客户化要求定制的航空数据。客户化数据主要包括公司航路、航空公司制定的 RNP AR 程序及单发失效程序。

二、导航数据库的数据处理流程

导航数据库的数据处理流程分为六个阶段，即数据接收、数据汇总、数据转换、数据选择、数据格式化和数据分发，如图 6-3 所示。

1. 数据接收阶段

在数据接收阶段，涉及数据接收、检查、验证等工作。检查数据以确保收到的数据在传送过程中是完好的，验证数据以便核实数据的一致性和可用性。如果发现错误、遗漏或不一致之处，须向数据供应商（或数据提供方）报告，通过数据跟踪来修改数据。

2. 数据汇总阶段

在数据汇总阶段，收集和校对来自不同数据供应商的数据。通过数据汇总，可以得到满足航空数据链中下一环节要求的数据集。

对已汇总数据进行检查，可以保证数据满足质量要求。如果发现错误、遗漏或不一致之处，须告知责任数据供应商并提请分析和修改，由数据汇总方跟踪数据源以确保正确修改数据，记录相关问题并提醒下一环节参与方。

如果收到的源数据精度、分辨率和完好性等有任何变更，需要记录变更详情并归档备查。

3. 数据转换阶段

在数据转换阶段，涉及数据信息表达形式的转变。如果仪表飞行程序用文本形式描述，则需要按照 ARINC 424 编码规则将其转变为 ARINC 424 格式航段类型（或航径终结码）。

数据转换后须进行检查，确保转换过程没有改变原始数据的一致性和完整性。

4. 数据选择阶段

在数据选择阶段，主要从经汇总处理后收集的航空数据中选择需要的数据元素。该阶段结束后，将生成一个原始收集数据子集，该子集符合下一环节对数据质量的要求。

在数据选择阶段，须检查数据子集，以确保与原始收集数据一致，确保所需数据没有被遗漏或更改。

5. 数据格式化阶段

在数据格式化阶段，将选择的数据子集转换为下一环节可接受的格式。导航数据可以参照 ARINC 424 进行格式化，以便生成便于飞机导航、飞行计划、飞机模拟机使用的导航数据库，或者按照专利格式转换为目标系统可接受的格式，或者按照其他可以接受的格式转换。在格式化过程中，须检查格式化数据是否与选定数据格式一致，力求发现每项误差产生的原因，以便修改。

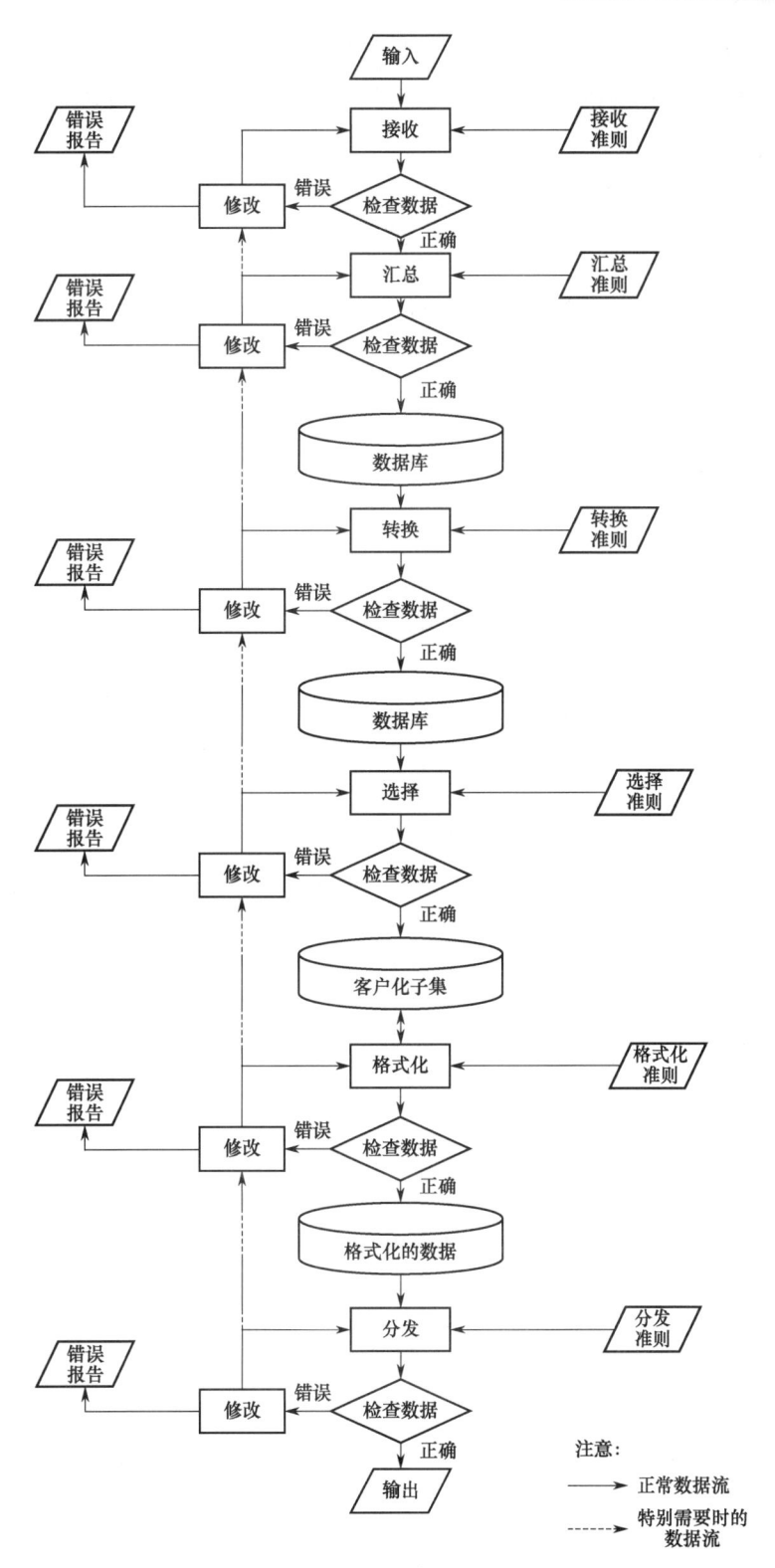

图 6-3 导航数据库的数据处理流程

有时虽然数据存在错误，却通过了用户的检查和验证。为了预防这种情况的发生，在数据格式化过程中可以采取满足数据最低要求的完好性保护措施（如 CRC 校验）来检查数据。

6．数据分发阶段

数据分发是航空数据处理的最后一个阶段，该阶段的主要任务是将格式化数据子集打包成数据库并分发给用户。可以用磁盘或光盘来分发数据，也可以通过互联网或其他可接受的方式分发数据。

在分发过程中，须进行数据检查，并确保分发数据满足用户要求且无物理介质错误。如果航空运营人发现数据错误或信息遗漏，须通报数据供应商并按流程修改数据，数据供应商应记录相关问题并通告终端用户。

三、机载导航数据库保障时间要求

为了保证航空公司收到的机载导航数据库能够在 AIRAC 规定的共同生效日生效，需遵循如图 6-4 所示的时间要求。

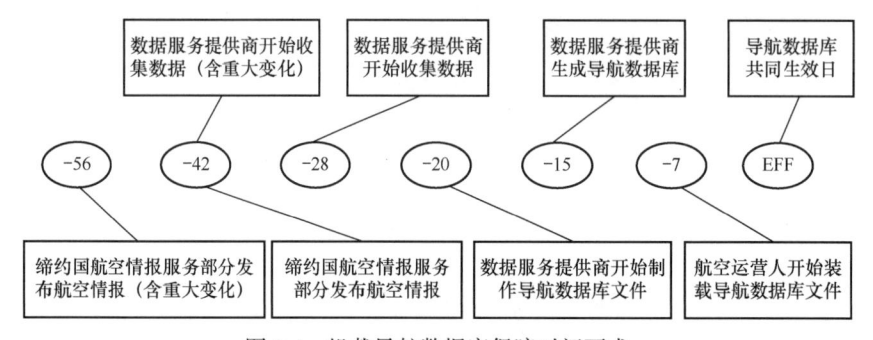

图 6-4 机载导航数据库保障时间要求

（1）在生效日前 7 天，航空公司收到导航数据库文件，根据一体化航空资料变化情况及提交的客户化需求，自行或委托第三方对导航数据库数据的准确性进行检查。如果存在航空公司认为不可接受的异常或错误，应要求数据供应商提供二版或三版数据库。没有数据异常或航空公司认为可接受时，则安排装载至航空器的飞行管理系统、飞行计划系统和性能系统。

（2）在生效日前 15 天，数据服务提供商生成导航数据库，向航空公司提供导航数据库。

（3）在生效日前 20 天，数据服务提供商开始制作导航数据库文件。

（4）在生效日前 28 天，数据服务提供商收集新一期生效的标准数据和航空公司提供的客户化数据。

（5）在生效日前 42 天，缔约国航空情报服务部门发布新一期生效的航空情报。

（6）对于包含重大变化的航空情报，国际民航组织建议航空情报发布时间应在生效日前 56 天。

第二节　导航数据库编码

一、ARINC 424 编码基本规范

ARINC 424 对导航规范格式统一采用 132 位纯文本记录，对各种导航数据库元素进行编码，

从 1 到 132 位，使用若干位定义某航空要素的某一特定属性。对不同的航空要素有不同的定义格式，具体可分为下列几种常见格式：机场、跑道、终端区程序（进场、离场、进近）、导航台、航路点、航路、航路等待、停机位、公司航线等。

1．导航台的数据库编码格式

导航台的数据库编码包含导航台频率、导航台等级、导航台经纬度坐标等信息。VOR 导航台主记录数据编码信息如表 6-1 所示。

表 6-1 VOR 导航台主记录数据编码信息

位	含义（长度）	位	含义（长度）
1	记录类型（1）	52~55	DME 台的识别标志（4）
2~4	客户/区域代码（3）	56~64	DME 台的纬度（9）
5	章代码（1）	65~74	DME 台的经度（10）
6	节代码（1）	75~79	DME 台的台偏差（5）
7~10	机场 ICAO 四字地名代码	80~84	DME 台的天线标高（5）
11~12	ICAO 代码（2）	85	VOR 信号状态指示（1）
13	空格（1）	86~87	ILS/DME 偏置（2）
14~17	VOR 识别标志（4）	88~90	频率保护距离（3）
18~19	空格（2）	91~93	水平参考系统（3）
20~21	ICAO 代码（2）	94~118	VOR 导航台的全称（25）
22	连续记录号（1）	119~121	空格（3）
23~27	VOR 频率（5）	122	不适用于 RNAV 航路的 DME 说明（1）
28~32	导航台的等级（5）	123	DME 运行信号覆盖范围（1）
33~41	VOR 台的纬度（9）	124~128	文件记录号（5）
42~51	VOR 台的经度（10）	129~132	周期日期（4）

例如，XINGLIN VOR/DME 导航台信息如图 6-5 所示。

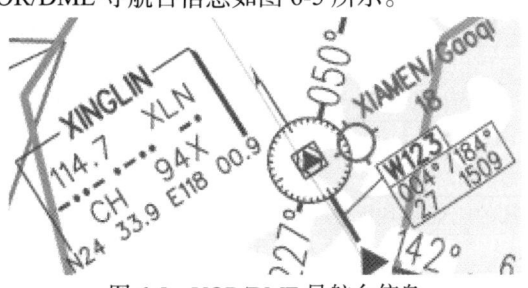

图 6-5 VOR/DME 导航台信息

则 XINGLIN VOR/DME 导航台的 ARINC 424 编码如下：

SEEUD ZSAMZS XLN ZS 11470VDHWN24335400E 118005400 XLNN24335400E 118005400 W00201442 XINGLIN。

根据表 6-1 对 ARINC 424 编码进行分解，如表 6-2 所示。

表 6-2 XINGLIN VOR/DME 导航台 ARINC 424 编码分解

1	2~4	5	6	7~10	11~12	13	14~17	18~19	20~21	22	23~27
S	EEU	D		ZSAM	ZS		XLN		ZS		11470

28~32	33~41	42~51	52~55	56~64
VDHW	N24335400	E118005400	XLN	N24335400

65~74	75~79	80~84	85	86~87	88~90	91~93	94~100
E118005400	W0020	1442					XINGLIN

101~118	119~121	122	123	119~121	122	123	124~128	129~132

第 1 位"S"是"标准"（Standard）的缩写，表示该记录为标准格式。第 2~4 位"EEU"表示该程序所处的地理分区（East Europe）的代码，'EEU'区为中国所属区。第 5 位"D"表示主章节号。第 6 位是空白间隔符。第 7~10 位"ZSAM"表示厦门高崎机场 4 字码。第 11~12 位"ZS"表示机场所在情报区。第 14~17 位为导航台识别编码。第 20~21 位为该导航台所属情报区。第 23~27 位为该 VOR 台的频率。第 28~32 位为该导航台的等级（V-VOR, D-DME, H-High Altitude, W-No Voice on Frequency）。第 33~51 位为 VOR 台的纬度和经度。第 52~55 位为 DME 台的识别码。第 56~74 位为 DME 台的纬度和经度。第 75~79 位为磁差值。第 80~84 位为 DME 台天线的标高。第 94~123 位为该导航台的全名。

2. 终端区程序的数据库编码格式

终端区程序分为进场、离场和进近三种程序。终端区程序主记录数据编码信息如表 6-3 所示。

表 6-3 终端区程序主记录数据编码信息

位	含义（长度）	位	含义（长度）
1	记录类型（1）	67~70	距导航台的距离（4）
2~4	客户/区域代码（3）	71~74	磁航道（4）
5	章代码（1）	75~78	航段里程/等待距离或时间（4）
6	空格（1）	79	推荐导航设备章代码（1）
7~10	机场 ICAO 四字地名代码（4）	80	推荐导航设备节代码（1）
11、12	ICAO 代码（2）	81	入航边/出航边指示（1）
13	节代码（1）	82	预留（扩展）（1）
14~19	SID/STAR/进近程序编号（6）	83	高度描述（1）
20	航路类型（1）	84	高度由 ATC 指定（1）
21~25	过渡识别标志（5）	85~89	高度（5）
26	程序设计使用的航空器类型（1）	90~94	高度（5）
27~29	顺序号（1）	95~99	过渡高度（5）
30~34	定位点识别（5）	100~102	速度限制（3）
35、36	定位点所属情报区的 ICAO 代码（2）	103~106	垂直角（4）
37	VOR 经度（1）	107~111	中心定位点或 TAA 程序转弯点(5)

(续)

位	含义（长度）	位	含义（长度）
38	节代码（1）	112	多扇区代码或 TAA 扇区代码（1）
39	连续记录号（1）	113、114	ICAO 代码（2）
40~43	航路点描述代码（4）	115	章代码（1）
44	转弯方向（1）	116	节代码（1）
45~47	RNP（3）	117	GNSS/FMS 代码（1）
48、49	航径终止码（4）	118	速度限制描述（1）
50	提前转弯指示（1）	119	航路类型 1（1）
51~54	推荐的导航设备（4）	120	航路类型 2（1）
55、56	ICAO 代码（2）	121~123	垂直偏差量（3）
57~62	固定半径转弯的半径（6）	124~128	文件记录号（5）
63~66	磁方位（4）	129~132	周期日期（4）

二、航径终止码

为了使航空器能够解读终端区程序中每个航段的飞行方式，航空界为终端区程序开发了"航径与终止条件"这一概念，规定了飞行程序依据标准的航径终止码进行存储，描述了航段的导航方式和终止条件，即精确描述了航空器在某一航段的飞行方式。

ARINC 424 中确定了不同航段的航径终止码。航径终止码由两个字母组成，在描述航空器的机动飞行时，每个字母都有各自的含义。其中，第一个字母表示航段导航方式，第二个字母表示航段终止方式，如表 6-4 所示。每个航段的终止条件同时作为下一航段的起始条件，从而连续而完整地完成对飞行程序的编码描述。

表 6-4 航径终止码中两个字母的含义

第一个字母（导航方式）	含义	第二个字母（终止方式）	含义
A	沿 DME 弧至	A	规定高度
C	沿航线至	C	规定的沿航迹距离
D	直飞至	D	指定 DME 距离
F	自定位点开始沿规定航向飞行至	F	定位点
H	实施等待程序	I	截获
I	起始位置	M	人为终止
P	程序转弯	R	规定径向线
R	保持固定转弯半径至		
T	沿预定航迹至		
V	保持航向至		

可以看出，航迹共有四种几何构型：直线（C、D、F、T、V）、圆弧（A、R）、等待程序（H）和程序转弯（P）。航迹的终止时机可以分为固定的点（F）、无线电限制信号（I、D、R）、距离限制（C）、高度限制（A）和人工接管（M）。

目前，ARINC 424中确定的航径终止码有23种，如表6-5所示。其中14种可以应用于RNAV飞行程序，如表6-6所示。

表6-5 23种航径终止码

		终止						
		定位点	高度	手动终止	距离	DME 距离	截获下一航段	径向线
航径	定位点	IF						
	从定位点沿航迹至	TF	FA	FM	FC	FD		
	沿航线角至	CF	CA			CD	CI	CR
	飞航向至		VA	VM		VD	VI	VR
	直飞	DF						
	等待	HF	HA	HM				
	沿DME弧至	AF						
	沿固定半径至	RF						
	程序转弯						PI	

表6-6 RNAV飞行程序使用的航径终止码

航径终止码	含义	航径终止码	含义
IF	起始定位点	HM	等待至手动结束
TF	定位点至定位点的航迹	CA	沿×××航向至高度
RF	至定位点的半径	FM	定位点至手动结束
DF	直飞定位点	VA	沿×××航向至高度
FA	定位点高度	VM	沿×××航向至手动结束
CF	沿×××航向至定位点	VI	沿×××航向切入
HF	至定位点的等待		

第三节 导航数据库的数据比对和验证

根据民航法规规定，导航数据库需要 28 天更新一次。每次需要更新的导航数据库称为周期内导航数据库。这一数据库中数据的格式并不是根据ARINC 424编制的，而是根据计算机应用的通用数据库数据格式编制的。数据内容是导航数据库编码人员通过对航空情报进行理解、分析、编码之后形成的数据。

一、数据比对和验证流程

航空运营人是导航数据库的终端用户，也是航空数据链中的最后一个环节，负责导航数据库的最后比对和验证，确保数据准确无误。比对和验证工作可以由航空运营人完成，也可以委托第三方完成。

与传统运行相比，PBN 运行对导航数据的完好性要求更高，因此航空运营人必须对涉及 PBN 运行的终端区导航数据进行严格比对和验证。

比对和验证的主要内容包括但不限于以下几项。

（1）比对新周期导航数据并做记录。

（2）委托有资质的第三方比对新周期导航数据，并向委托方提供比对报告。

（3）如果验证结果表明导航数据存在飞行安全潜在风险，航空运营人须与航空数据链相关方进行充分沟通并提请修改导航数据，生成适用于飞行运行的导航数据。

（4）对于新增加的 PBN 飞行程序或有修改的 PBN 飞行程序，航空运营人如果在机场首次使用该程序运行，必须使用合适的软件工具或委托第三方对该程序中的导航数据进行比对，必要时航空运营人应对该程序进行飞机模拟机验证和/或实地飞机试飞验证。

模拟机导航数据库验证的主要目的是验证飞行管理计算机对导航数据库的解析结果、导航数据库的完好性及飞行程序的可飞性等。模拟机导航数据库验证流程如图 6-6 所示。

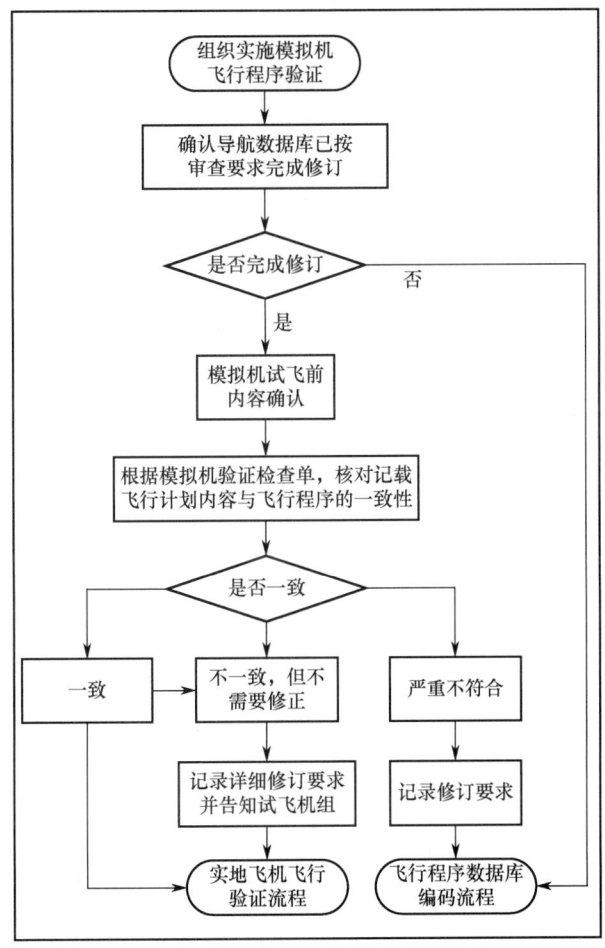

图 6-6 模拟机导航数据库验证流程

试飞机组按照制订的模拟机验证计划，验证飞行程序的可飞性、导航数据库的完好性和飞行程序编码的正确性等。承担试飞验证任务的航空运营人，应详细、准确和如实地记录模拟机验证飞行情况，并向地区管理局提交试飞验证报告。

通过飞机实地试飞验证，可以进一步验证机载飞行管理计算机对导航数据库的解析结果、导航数据库的完好性及飞行程序的可飞性等，并且可以发现模拟机验证过程中没有呈现的导航数据库相关问题。仪表飞行程序及对应的导航数据库只有在通过模拟机验证后，才能对其进行实地试飞验证。承担试飞验证任务的试飞机组，应严格按照实地飞机试飞验证计划进行验证飞行。在验证飞行过程中，如果发现任何危及飞行安全的潜在问题，应立即终止试飞验证工作。承担实地试飞验证任务的航空运营人，应详细、准确和如实地记录实地飞机试飞验证情况，并向地区管理局提交试飞验证报告。实地试飞验证流程如图 6-7 所示。

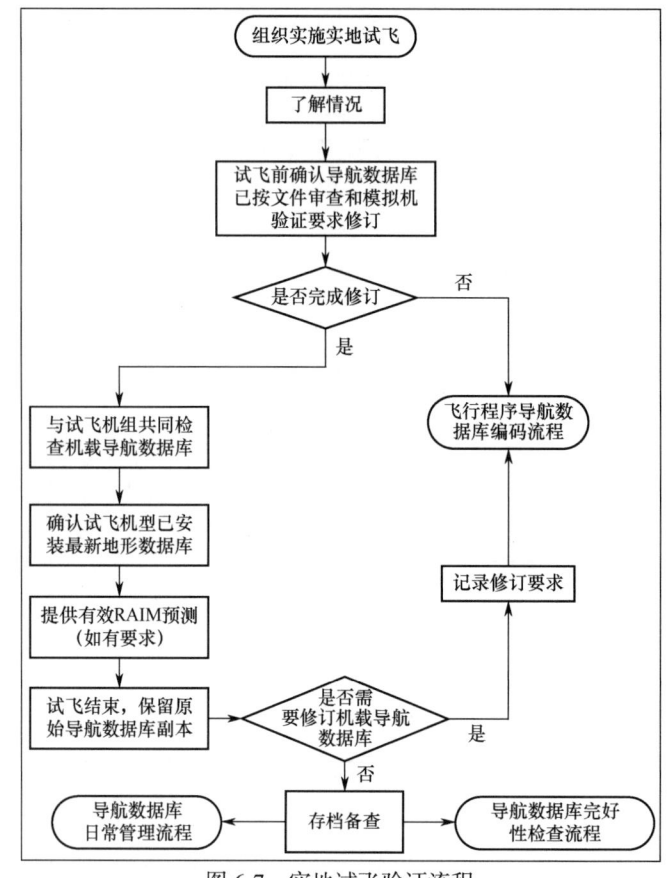

图 6-7 实地试飞验证流程

二、导航数据库比对和验证中的常见错误

导航数据库比对和验证中的常见错误包括部分飞行程序缺失、失效飞行程序未删除、航路点名称或信息错误、公司航路错误等。针对导航数据库比对和验证中发现的错误，航空公司会采取相应的处理措施。举例如下。

某航空公司对 2019 年第 11 期一版导航数据库（NAV DATE:XXX1911101）进行校验，发现问题如下：数据库中太原/武宿和呼和浩特/白塔机场 RNP APCH 进近程序缺失，导致不能执行上述机场 RNP APCH 进近程序。

应对方案如下：1911 期二版导航数据库中的数据已更新，但部分飞机未装载二版数据库，因此发布公司航行通告如下：

(X0070/19 NOTAMN

Q)ZBPE/QNPLT/IV/NBO/A/000/999/

A)ZBHHB)1910100000C)PERM

E) 因厂商原因，1911 期一版导航数据库（NAV DATE:XXX1191101）中误删除进近程序 RNP RWY08 和 RNP RWY26，该进近程序无法执行；

1911 期二版数据库（NAV DATE:XXX1191102）数据正确，可正常执行。两个数据库版本有效期相同，均为 OCT10–NOV06/19。目前部分飞机已装载二版，请飞行机组人员注意核实数据库版本，确定程序可用性。）

本章复习思考题

简答题

1．导航数据库中的客户化数据包括哪些？
2．为什么航空情报发布部门需要保证在生效日之前 28 天将航空情报资料送达用户手中？
3．ARINC 424 规定应统一采用多少位纯文本记录对各种导航数据库元素进行编码？
4．航径终止码 CA 和 VA 的区别是什么？航径终止码 FC 和 FD 的区别是什么？
5．数据比对和验证的主要内容包括哪些？
6．导航数据库比对和验证中的常见错误包括哪些？

第七章

电子飞行包

本章学习目标

- 掌握电子飞行包的审定依据;
- 熟悉电子飞行包批准程序;
- 熟悉电子飞行包软硬件等级分类。

第一节 电子飞行包审定依据和批准程序

电子飞行包（Electronic Flight Bag System，EFB）系统是一种飞行员飞行辅助工具，它结合计算机信息融合与管理技术，提供空中和地面信息管理的一体化解决方案，旨在提供驾驶舱额外的显示媒介，营造"无纸化驾驶舱"。

EFB 是一种由硬件和软件组成的，用于驾驶舱或客舱以支持飞行运行的电子信息系统。EFB 能显示多种航空信息数据或进行基本的性能、配载等计算。其具体内容包括：各类电子飞行手册，飞行各阶段的航图，指导飞行员在遇到突发情况时操纵飞机及有关目的地和当前地理位置的飞行手册，当飞往条件差的机场时为飞行员提供补充安全信息的机场质量信息，以及可以迅即报告飞机故障的电子记录本等。电子记录本可以帮助飞行员对飞行时间、飞行过程和当前状态进行迅速、准确的跟踪。EFB 具有快速检索的功能。

一、电子飞行包的审定依据

EFB 作为航空公司使用和管理运行信息的重大革新之一，近年来已在世界各国航空公司得到了广泛应用。为适应 EFB 技术的快速发展，推动 EFB 的规范应用，特别是便携式 EFB 的使用，ICAO 采纳了关于 EFB 的标准和建议措施，并发布了相应的指导手册《电子飞行包（EFB）手册》（ICAO Doc10020）。美国联邦航空局、欧洲航空安全局等多个国家或地区的民航当局也相应地对其 EFB 运行规章进行了修订，包括美国联邦航空局发布的《电子飞行包的认证、适航和运行使用指南》（FAA AC120-76C）、《电子飞行包的使用批准》（FAA AC120-76D）、

《电子飞行包组件的安装》（FAA AC20-173），欧洲航空安全局发布的《电子飞行包（EFBs）的适航和运行考虑》（EASA AMC 20-25）。

我国在 2010 年 12 月 3 日发布了规范性文件《电子飞行包的运行批准管理程序》（AP-121-FS-2010-04），用于民航局处理航空运营人 EFB 运行的申请、审查、评估和批准工作。2018 年 8 月发布了咨询通告《电子飞行包（EFB）运行批准指南》（AC-121-FS-2018-031R1），该通告描述了 EFB 的功能、特点和加载的主要应用，为航空运营人评估 EFB 应用软件和使用 EFB 提供了设计和使用指南，为民航局批准航空运营人的 EFB 运行提供依据和指导。

二、电子飞行包的批准程序

对按照 CCAR 121 部和 135 部运行的航空运营人，在驾驶舱和客舱中引入和使用 EFB 需要得到民航局的批准。民航局评估的内容包括所有操作程序、相关的训练模块、检查单、运行手册、训练手册、维修方案、最低设备清单，以及其他相关文件和报告程序。

民航局批准 EFB 运行的过程包括下列 5 个阶段。

1. 预先申请

航空运营人向民航局申请运行批准，民航局和航空运营人应就航空运营人做的工作、民航局的作用和工作、航空运营人必须准备好的报告和文件等达成共识。

2. 正式申请

航空运营人向民航局提交正式审定申请。民航局必须确保在进行彻底的审查和分析以前，航空运营人提交的申请材料是完整的且符合格式要求。民航局指定监察员开展审定工作；若需要，应协调航空器评审组。

航空运营人提交的申请材料一般应包括以下几项。

（1）EFB 构型文件。
（2）公司 EFB 使用政策和管理制度。
（3）适航审定文件（如适用）。
（4）航空器评审组评估报告（如适用）。
（5）飞机飞行手册（如适用）/公司相关运行手册，内容包括：
① 系统限制。
② 非正常程序。
③ 正常程序，包括飞行前和飞行后检查单。
④ 硬件和软件系统描述。
（6）训练大纲。
（7）最低设备清单（如适用）。
（8）工程管理手册（如适用）。
（9）维修方案及维修手册文件（如适用）。
（10）信息安全管理文件。
（11）风险评估报告。
（12）EFB 应用软件开发报告。

3. 文件审查和临时批准

民航局对航空运营人提交的申请材料就以下几个方面做深度审查和分析：规章符合性、安全运行程序、工作计划合理性及相关人员训练等。

在文件审查期间，航空运营人应组织开展桌面推演，并在停放的飞机或经过认证的模拟机上进行演示，以评估 EFB 的实际运行情况。民航局完成 EFB 评审后，向航空运营人授予临时批准，进入一般不少于 6 个月的验证测试阶段。

4. 验证测试

验证阶段是运行批准程序的主要阶段，涉及有效性测试。在该阶段，航空运营人将执行特定的运行，以便采集数据或监察员观察。航空运营人收集数据并达到计划目标后，可以申请减少运行测试时间。但测试期少于 6 个月的，需要由民航局决定。在验证测试结束前，民航局应开展飞行评估。在运行测试结束后，航空运营人应出具运行评估报告。如果航空运营人提供了达到所有计划目标的充分证据，或者航空运营人不能令人满意地完成计划，第四阶段就宣告结束。

5. 最终批准

验证测试成功完成（或终结）之后，民航局正式批准计划中成功完成的项目，或者对未完成（或终结）的项目不予批准并书面告知航空运营人。对于按照 CCAR 121 和 135 部运行的航空运营人，民航局通过颁布运行规范 A0046 对 EFB 运行授予批准。

第二节　电子飞行包软硬件等级分类

一、电子飞行包软件等级分类

1.《电子飞行包的运行批准管理程序》对 EFB 软件的等级分类

《电子飞行包的运行批准管理程序》将 EFB 的软件分为 A 类应用软件、B 类应用软件和 C 类应用软件。

1）A 类应用软件

A 类应用软件主要应用于飞行员工作负荷较小的地面运行或飞行的非关键飞行阶段，如地面滑行、巡航等。A 类应用软件包括目前以纸质材料提供的预先确定的数据，如飞行手册、重量和配平手册、维护手册、操作规范等。A 类应用软件的故障只限于"轻微的失效影响"类，对飞行运行不产生负面影响。可以在任何硬件等级的 EFB 上装载运行 A 类应用软件，不需要适航审定部门的设计和批准。

2）B 类应用软件

B 类应用软件是指可在关键飞行阶段使用的应用软件，或者包含必须进行软件和算法精确度与可靠性测试的应用软件。

所谓的飞行关键阶段，是指对飞行任务至关重要的起飞和进近着陆阶段，包括飞行过程中高度低于 3 000 米的除巡航外的飞行阶段，包括起飞、离场、进场、进近、最后着陆、复飞等。

B 类应用软件可以替代提供航空信息的纸质应用，可以在任何硬件等级的 EFB 上装载运行，不需要适航审定部门的设计和批准，能对数据进行操作和显示，可以在所有飞行阶段使用，是具有人机交互功能的应用程序。

3）C 类应用软件

C 类应用软件包括一些 EFB 范围之外的航电应用软件，如通信、导航和监视，主要用于机载功能，其失效条件等级达到重要或更高。C 类应用软件的载重平衡和性能应用程序是特定的，在批准后可以作为 AFM 或 AFM 补充件的一个部分。C 类应用软件的装载运行需要由民航局批准。

2.《电子飞行包（EFB）运行批准指南》对 EFB 软件的等级分类

《电子飞行包（EFB）运行批准指南》将 EFB 应用软件按失效状况的影响程度分为 A 类应用软件和 B 类应用软件，可以加载在便携式或安装式 EFB 上。

1）A 类应用软件

（1）失效状况类别为无安全影响。

（2）不能替代或取代任何适航或运行规章要求的纸质材料、系统或设备。

（3）不要求特别的使用批准，A 类应用软件不需要在运行规范中列出和管控。

2）B 类应用软件

B 类应用软件可以替代提供航空信息的纸质应用，可以用于飞行计划中和飞行的各个阶段，能对数据进行操作和显示，是具有人机交互功能的应用程序。

（1）失效状况类别为轻微危害。

（2）可以替代或取代要求的用于签派放行或飞机上应携带的纸质信息产品；不能替代或取代任何适航或运行规章要求的安装设备。

（3）要求特定的运行使用批准，每个 B 类应用软件都由民航局在运行规范中单独批准。

与飞行运行无直接关系的其他应用软件，不能对 EFB 的运行产生不利影响。

二、电子飞行包硬件等级分类

1.《电子飞行包的运行批准管理程序》对 EFB 硬件的等级分类

《电子飞行包的运行批准管理程序》从硬件角度将 EFB 分为一级 EFB、二级 EFB 和三级 EFB。

1）一级 EFB

从系统运行使用角度看，一级 EFB 具备以下几个特点。

（1）必须是便携式商用成品计算机，可视为飞行员飞行资料箱的一部分，不固定在飞机上。

（2）可以在飞行的非关键阶段使用。安装有 B 类航图、电子检查单等应用程序的一级 EFB 必须固定好且可读，不影响飞行操纵活动，可在飞行关键阶段使用。

（3）在使用上，如果此类 EFB 只使用 A 类应用程序，则一般只用于查看文件和填写检查单，不用于管理控制过程。

2）二级 EFB

从系统运行使用角度看，二级 EFB 具备以下几个特点。

（1）二级 EFB 也属于便携式 EFB，但其通过一个装置固定在飞机上，并可与数据源、硬连接式电源或安装的天线连接。

（2）可在所有飞行阶段使用；必须安装在驾驶舱，在所有飞行阶段机组可控。

（3）由于在驾驶舱加装了支架，所以二级 EFB 在航空器上的添加、拆卸或使用需要通过管理控制过程来完成。

（4）组成设备/模块位于驾驶舱，机组容易取用，不使用工具就能拆除。需要注意的是，由于是加装设备，二级 EFB 的电源、数据线、天线等固定设备需要经过航空器适航审定部门批准。

3）三级 EFB

从系统运行使用角度看，三级 EFB 是安装式设备，由飞机制造商在生产时按照可续需求集成在驾驶舱的各显示系统中，其使用同样需要获得航空器适航审定部门的批准。另外，三级 EFB 的硬件和安装的 C 类应用软件，除被用户修改的 A 类和 B 类应用软件外，还应按照航空器适航审定部门的相应规定通过合格审定。

目前几乎所有的主流大型客机（如 A380、B 87 等）出厂时都安装了三级 EFB，但这些 EFB 的使用还需要得到民航局的适航许可。

2.《电子飞行包（EFB）运行批准指南》对 EFB 硬件的等级分类

《电子飞行包（EFB）运行批准指南》将 EFB 从硬件角度分为便携式 EFB 和安装式 EFB。

1）便携式 EFB

便携式 EFB 是指能够显示 EFB 应用软件的便携式电子设备。对于便携式 EFB：

（1）飞行机组必须可控，且无须工具和维护活动就能方便地将其从固定装置上移除或连接到固定装置上。

（2）能够临时连接到现有的飞机电源插座为电池充电。

（3）可以连接到安装式飞机电源、数据接口（有线或无线）或天线。

便携式 EFB 功能完善，可覆盖飞行全周期。其软件为自主开发软件，可实现各种要求，拓展性高。目前我国安装便携式 EFB 的机型较多，运行经验丰富。

2）安装式 EFB

安装式 EFB 是指按照相应适航规章安装的 EFB，被视为航空器的一部分。安装式 EFB 采用原厂设备材质，质量高，但同时增加了运行成本，只能供机上适用，不能覆盖飞行全周期，并且因无法自行开发软件，客户化程度较低。我国目前选装安装式 EFB 的机型较少。

本章复习思考题

简答题

1. 简述 EFB 批准程序。

2. 对于按照 CCAR 121 部和 135 部运行的航空运营人，民航局通过颁布什么文件对其 EFB 运行授予批准？

3. 简述 EFB 软件等级分类。

4. 简述 EFB 硬件等级分类。

5. 简述我国的 EFB 审定依据。

附录 A
太原武宿国际机场使用细则样本

一、机场概况

1．机场资料（见表 A-1）

表 A-1　机场资料

基准点	机场标高	与城市的位置关系	电报地址	电话	磁差
a	b	c	d	e	f
N374447 E1123741	785.01 米	位于太原市五一广场直方位156°、13.8 米	ZBYNZPZX	（0351）7012325	1°7'w

2．物理特性（见表 A-2）

表 A-2　物理特性

跑道			长×宽（米）				强度	道面	
代号	真向	标高	跑道	停止道	净空道	升降道	跑道	跑道	停止道
a	b	c	d	e	f	g	h	i	j
13 31	127° 307°	776.16 785.01	3 200×15	60×60	60×150	3 320×300	73/R/B/W/T	水泥	沥青

3．跑道使用数据（见表 A-3）

表 A-3　跑道使用数据

跑道	可用起飞滑跑距离	可用起飞距离	可用加速停止距离	可用着陆距离	坡度
a	b	c	d	e	f
13 31	3 200 米	3 260 米	3 260 米	3 200 米	0.27%

4．滑行道、停机坪（见表 A-4）

表 A-4　滑行道、停机坪

滑行道	停机坪
道面：水泥混凝土 宽度：A 滑 23 米和 27 米，B、E 滑 28.5 米，C、D 滑 34 米，F、G、M 滑 31 米	道面：水泥混凝土 强度：PCN73/RZB/W/T VOR 校准点： 惯导校准点： 备注：

二、无线电、导航设施（见表 A-5）

表 A-5　无线电、导航设施

设备名称	代号	频率	坐标	位置		附注
				磁向（度）	距离（米）	
a	b	c	d	e	f	g
中郝台 NDB	WD	439KHZ	N0373925 E1121647	131	15 074（端）	距 RWY31T 入口
OM （RWY31）		75MHZ	N0374154 E1124229	131	7 257（端）	距 RWY31 入口
LMM （RWY31）	B	228KHZ	N0374356 E1123908	131	1 050（端）	距 RWY31 入口
卧龙台 NDB	YF	201KHZ	N0375232 E1122135	331	22 384（端）	距 RWY13 入口 标高 1 220.7 米
OM （RWY13）		75MHZ	N0371835 E1123419	331	10 100（端）	距 RWY13 入口
LMM （RWY13）	C	113KHZ	N0374512 El123610	331	1 200（端）	距 RWY13 入口 标高 786.1
ILS/LIZ （RWY13）	ICC	110.9MHZ	N0371111 EU23811	131	260（端）	距中线北 60 米
ILS/GP （RWY13）		330.0MHZ	N0371509 E1123656		310（端）	距中线南 122 米
ILS/LIZ （RWY31）	IBB	109.3MHZ	N0374523 E1123640	331	260（端）	距中线北 60 米
ILS/GP （RWY31）		330.8MHZ	N0374419 E1123819		335（端）	距中线南 122 米
VOR/DME	TYN	113.1MHZ CH78X	N0374459 E1123706		700（端）	距中线南 250 米

三、灯光设施（见表 A-6）

表 A-6 灯光设施

名　称	灯光特性
a	b
进近灯	RWY13：Ⅰ类精密进近灯光系统 RWY31：Ⅰ类精密进近灯光系统，顺序闪光灯 PAPI 灯（双向）
跑道灯	高强度白色跑道中线灯（在 2 300～2 900 米为红白色相间，2 900～3200 米为红色）灯距 30 米。高强度白色跑道边线灯（最后 600 米为黄色）灯距 60 米
滑行道灯	蓝色滑行道边灯
其他灯光	高强度红色跑道端灯，高强度绿色着陆入口灯（16 套），蓝色停机坪边灯

四、航站区域及地形特征和主要障碍物

1. 航站区域

以机场基准点为中心，半径 50 千米范围内为航站区。

2. 地形特征

本机场位于太榆公路西侧，西、北、东三面环面，距东北方向的山脚最近距离为 7 千米，西南方向地势平坦。

3. 主要障碍物（见表 A-7 和表 A-8）

表 A-7 半径 15 千米内主要障碍物（从跑道中心算起）

序号	障碍物名称	磁方位（度）	距离（米）	海拔（米）	备注
1	机场烟囱	10	787	810.88	
2	烟囱	10	5 330	893.69	控制障碍物
3	山	15	9 000	1 032.7	控制障碍物
4	山	23	11 250	1 154.1	
5	五里山	42	14 200	1 371.6	
6	交通学校烟囱	86	2 445	821.57	
7	供校水塔	106	2 869	814.7	
8	供校烟囱	110	3 058	828.16	*控制障碍物
9	榆次电视塔	127	12 837	921.14	*控制障碍物
10	高压线架	127	5 964	825.87	*控制障碍物
11	天线	131	12 664	859.28	*
12	东南下滑天线	137	1 271	792.46	控制障碍物
13	山	221	12 900	1 271	
14	五里山	234	13 250	1 251.5	
15	天线	261	5 931	839.18	*
16	西北下滑天线	306	1 296	786.1	
17	大都会楼	308	7 148	859.6	控制障碍物

（续）

序号	障碍物名称	磁方位（度）	距离（米）	海拔（米）	备注
18	烟囱	313	8 928	824.8	
19	大楼	322	10 667	846.05	
20	经管学院楼	324	6 560	850.33	*
21	烟囱	325	5 318	827.15	控制障碍物
22	烟囱	326	5 209	831.16	*
23	烟囱	330	5 700	879.04	*
24	烟囱	332	5 106	830.65	*控制障碍物
25	烟囱	336	5 054	839.39	*
26	机场塔台	337	1 132	5 825.44	控制障碍物
27	水塔	342	4 900	833.46	*
28	烟囱	344	13 596	1 011.09	*
29	烟囱	344	5 355	843.7	*
30	烟囱	351	4 751	833.61	*
31	烟囱	352	5 207	820.87	*
32	电修厂烟囱	355	4 155	832.77	*控制障碍物

注：*表示有障碍灯。

表 A-8　半径 15～50 千米内主要障碍物（从跑道中心算起）

序号	障碍物名称	磁方位（度）	距离（米）	海拔（米）	备注
1	山	8	20 200	1 123.1	
2	山	19	58 700	2 001	
3	龙角山	32	22 400	1 637	
4	班司寺南山	33	38 000	1 748.9	
5	五里山	35	15 900	1 392.4	
6	大威山	49	41 800	1 715.3	
7	山	121	33 100	1 165	
8	山	122	48 500	1 584	
9	山	128	32 000	1 150	
10	山	132	27 400	1 061	
11	紫中坪北山	137	34 100	1 354.5	控制障碍物
12	紫中坪南山	138	36 600	1 356	
13	大塔村山	140	44 300	1 630.7	
14	高地	141	28 200	996	
15	山	156	50 100	1 679.9	
16	等高线	180	21 000	1 600	
17	山	185	61 400	2 023	
18	山	191	57 800	1 859	
19	山	257	43 000	1 297	
20	山	063	23 400	1 148.7	

(续)

序号	障碍物名称	磁方位（度）	距离（米）	海拔（米）	备注
21	山	271	44 400	1 723	
22	庙前山	272	52 400	2 000	
23	山	273	29 000	1 073.4	
24	山	275	57 800	2 202	
25	庙前山	286	27 200	1 865.6	控制障碍物
26	山	300	18 600	1 175.5	
27	山	300	31 100	1 449.74	
28	山	302	28 700	149.0	
29	山	309	18 700	1 078	
30	烟囱	312	17 500	974	
31	店头山	316	27 600	1 444.3	控制障碍物
32	山	323	38 300	1 585.3	
33	崖南沟山	325	45 100	1 702	
34	神脑山	325	41 200	1 677.4	
35	横岭山	329	32 400	1 468	
36	山	338	42 400	1 698.5	
37	山	342	55 300	1 824.5	
38	山	348	46 500	1 711.9	

五、气象特征和机场运行最低标准

1. 气象特征

（1）全年多东风，日变化为夜间到早晨 8、9 点多东风，日间多南风，冬春两季多西北风，最大平均风速为 17 米/秒，最大阵风曾达 28 米/秒。

（2）夏季（5—9 月）午后多出现雷阵雨天气，气温下降，风速剧变。

（3）秋冬两季多浓雾、霜，全年多烟，能见度小于 1 600 米。

2. 气象资料（见表 A-9）

表 A-9 气象资料

月份	月平均气温（℃）		平均相对湿度（%）	平均气压（HPA）
	最高	最低		
1 月	2.2	−12.2	49	1 024.8
2 月	6.9	−7.7	46	1 022.9
3 月	11.3	−2.1	52	1 019.6
4 月	20.2	5.2	49	1 015.1
5 月	25.5	11	51	1 012.6
6 月	29.2	15.5	60	1 008.6
7 月	30	18.1	73	1 007.3
8 月	28.5	16.3	76	1 011.5

（续）

月份	月平均气温（℃）		平均相对湿度（%）	平均气压（HPA）
	最高	最低		
9月	24.4	10.6	71	1 017.1
10月	17.7	2.6	64	1 022.7
11月	9.7	-4.4	63	1 024.2
12月	3.8	-10.6	65	1026
年平均	17.45	3.53	59.9	1 017.7

注：表中数据为 1982—1911 年资料平均值。

3．机场运行最低标准

机场运行最低标准详见航线手册仪表进近图和机场平面图。

六、起落航线规定

起落航线左、右均可，起落航线高度为 1 100～1 300 米（QNH）。

七、仪表进近程序、过渡高度和过渡高度层、等待程序

1．仪表进近程序

见仪表进近图。

2．过渡高度和过渡高度层

过渡高度：3 000 米；QNH 小于 980HPA 时为 2 700 米，QNH 大于 1 030HPA 时为 3 300 米。
过渡高度层：3 600 米。
机场使用 QNH 水平区域边界：以太原机场 VOR/DNE（TYN）为中心，半径 55 千米范围内。

3．等待程序

（1）等待高度：过渡高度层（含）以上，使用 1 013.2HPA；过渡高度层以下，使用修正海平面气压。
（2）等待航线：见标准仪表进场图。

八、空中走廊、空域、放油区

1．空中走廊

（无）

2．空域

以榆社为中心，半径 50 千米，向北可以延长到榆次、太谷。

3．放油区

过东南超过台后沿 131°磁航迹飞至 24 千米处（N37°36′E113°03′—N37°20′E113°28′—N37°28′E112°58′—N37°12′E113°21′）宽 50 千米范围内，高度 4 000 米。

九、进离场规定

1. 目视进离场

1）目视飞行各条航线的上升下滑点规定

北京方向切孟县；西安、临汾方向切孝义（介体）；大同方向为忻县南10千米。

2）进场

保持各航线安全高度飞至各规定下滑点后方向下降高度。

3）离场

（1）飞往北京方向的飞机向131°起飞时，凡上升梯度保持在6%以上的飞机，可直接加入航线，沿航线上升至指定高度；其他各机型应右转上升至1500米，方向通场加入航线。

（2）飞往西安、长治方向的各型机，不论起飞方向，起飞后均可直接加入航线。

（3）飞往大同、呼和浩特、包头、银川、兰川、延安方向的C、D类飞机，不论起飞方向，均可直接加入航线；A、B类飞机均应在本场上升至1500米，方向通场加入航线。

（4）由本场飞往各航线的飞机，在飞至各航线规定的上升下滑点之前，应上升至航线规定的高度层。

2. 仪表进、离场

见标准仪表进场图和标准仪表离场图。

十、机场内航空器及人员、车辆活动规定

（1）航空器滑行规定：航空器听从ATC的指令滑行。

（2）人员、车辆活动规定：本场飞行地带禁止无关人员通行。如必须通行，需经管制员同意，按指定地点、指定时间通行。

十一、主要邻近机场（见表A-10）

表A-10 主要邻近机场

名称	磁方位（度）	距离（千米）	跑道 磁向、长×宽（米）及质量	标高（米）	航线最低安全高度（米）
a	b	c	d	e	f
长治/王村	171	169	011°—191° 2 600×50 水泥 PCN16/R/B/X/T	923.4	2 623
临汾	212	215	024°—204° 2 500×70 PCN	451	3 151
石家庄/正定	070	178	152°—332° 3 400×45 水泥 PCN63/R/B/W/T	71	2 404

十二、特殊规定和注意事项

1. 炮射靶场

黄寨固定靶场以（N38°02′E112°40′）半径 10~20 千米范围内，位于机场磁向 013°、34 千米处，炮射活动频繁。当靶场有炮射活动时，来往北京、平朔、呼和浩特方向的飞机，应加强空地联系，机组注意行动听指挥，严禁飞入炮区，确保飞行安全。

2. 注意事项

机场东北距山较近，同时在 360°~040° 范围内工厂烟囱密集，高度在 1 200 米以上，飞机起降时应予注意。

参 考 文 献

[1] 李萍. 飞行前资料公告（PIB）内容分析和质量提高[J]. 科技与创新，2017（13）：140-141.
[2] 田亚琳. PIB中航行通告的筛选和数据优化[J]. 民航管理，2016（9）：58-60.
[3] 王立章，林石平等. 航行情报一体化服务[J]. 空中交通管理，2014（04）：40-43.
[4] 覃伟民. 浅谈航空情报服务向航空情报管理的过渡.[J]. 军民两用信息与产品，2016，03（2）：30.
[5] 杨晋. 提升航空情报数据质量 打好AIS向AIM过渡基础[J]. 通讯世界，2017（20）：282-283.
[6] 张峰. 浅谈航空情报服务（AIS）向航空信息管理（AIM）转变[J]. 山东工业技术，2017（16）：140.
[7] 秦海臻. 从欧洲模式看AIS到AIM[J]. 学术论坛，2013（20）：216.
[8] 郑昊昱. 如何改善航行情报数据/资料质量[J]. 中国新技术新产品，2014(5)：153-154.
[9] 黄丽秋. 遵循AIRAC制度提升航空公司安全运行[J]. 民航学报，2019，3(3)：10-13.
[10] 杨舟. 在行业内贯彻推广航空情报定期颁发制的积极意义[J]. 中国民用航空，2014(1)：52-54.
[11] 王熠娟. 数字化航行通告[J]. 管理科学. 2016，(3)：112-113.
[12] 李宇飞. 美国数字化航行通告系统的运行及思考[J]. 空运商务，2019（1）：44-46.
[13] 张功佑. 通用航空飞行准备中如何高效应用电子航图[J]. 数字化用户，2017（44）：292.
[14] 李林艳. 连续下降进近（CDA）航迹优化与起始点分析[D]. 天津：中国民航大学，2017.
[15] 张俊俊. 浅析连续爬升/下降运行在飞行程序设计中的应用[J]. 民航学报(增刊)，2019（11）：77-80.
[16] 肖瑶. CCO/CDO程序在我国的应用[J]. 民航学报. 2019，3（4）：20-23.
[17] 王云磊，蒋维安，赵廷渝. 连续下降运行（CDO）可行性研究[J]. 中国西部科技，2014，13(4)：14-16.
[18] 陶媚. 航图[M]. 北京：清华大学出版社，2015.
[19] 方学东，由扬. 杰普逊航图教程[M]. 北京：中国民航出版社，2008.
[20] 陈肯，何光勤. 航空情报服务[M]. 成都：西南交通大学出版社，2017.
[21] 陶媚. 航空情报服务[M]. 北京：清华大学出版社，2020.
[22] 李延英，赵晶. 国际民航组织新版雪情通告格式学习解读[J]. 民航管理，2020（10）：64-68.

反侵权盗版声明

电子工业出版社依法对本作品享有专有出版权。任何未经权利人书面许可，复制、销售或通过信息网络传播本作品的行为；歪曲、篡改、剽窃本作品的行为，均违反《中华人民共和国著作权法》，其行为人应承担相应的民事责任和行政责任，构成犯罪的，将被依法追究刑事责任。

为了维护市场秩序，保护权利人的合法权益，我社将依法查处和打击侵权盗版的单位和个人。欢迎社会各界人士积极举报侵权盗版行为，本社将奖励举报有功人员，并保证举报人的信息不被泄露。

举报电话：（010）88254396；（010）88258888
传　　真：（010）88254397
E-mail：dbqq@phei.com.cn
通信地址：北京市万寿路173信箱
　　　　　电子工业出版社总编办公室
邮　　编：100036